*Martin Lampert | Alterssicherung im Spannungsfeld
von demographischer Entwicklung und
intergenerationeller Gerechtigkeit*

Alterssicherung im Spannungsfeld von demographischer Entwicklung und intergenerationeller Gerechtigkeit

Martin Lampert

Herbert Utz Verlag · München

ta ethika

herausgegeben von

*Prof. Dr. mult. Nikolaus Knoepffler, Universität Jena
und
Prof. Dr. Elke Mack, Universität Erfurt*

Band 10

Zugl.: Diss., Erfurt, Univ., 2008

Umschlagabbildung: »Energie« © danielll / photocase.de

*Bibliografische Information der Deutschen Nationalbibliothek:
Die Deutsche Nationalbibliothek verzeichnet diese Publikation
in der Deutschen Nationalbibliografie; detaillierte bibliografische
Daten sind im Internet über http://dnb.d-nb.de abrufbar.*

*Dieses Werk ist urheberrechtlich geschützt.
Die dadurch begründeten Rechte, insbesondere die der Übersetzung, des Nachdrucks, der Entnahme von Abbildungen, der
Wiedergabe auf fotomechanischem oder ähnlichem Wege und der
Speicherung in Datenverarbeitungsanlagen bleiben – auch bei
nur auszugsweiser Verwendung – vorbehalten.*

Copyright © Herbert Utz Verlag GmbH · 2009

ISBN 978-3-8316-0910-9

*Printed in Germany
Herbert Utz Verlag GmbH, München
089-277791-00 · www.utzverlag.de*

Leider läßt sich eine wahrhafte Dankbarkeit
mit Worten nicht ausdrücken.
(Johann Wolfgang von Goethe)

Danksagung:

*Meiner Mutter,
in stillem Gedenken*

zum Dank!

Die vorliegende Veröffentlichung »Alterssicherung im Spannungsfeld von demografischer Entwicklung und intergenerationeller Gerechtigkeit« entstand in den Jahren 2004 bis 2008 als Dissertationsprojekt am Lehrstuhl für Christliche Sozialwissenschaft an der Katholisch-Theologischen Fakultät der Universität Erfurt.

Viele haben in dieser Zeit zum Gelingen des Projekts beigetragen. Sie alle zu erwähnen und mich gebührend zu bedanken würde wohl den dafür zugedachten Rahmen nachhaltig sprengen.

Stellvertretend gilt daher mein Dank der Betreuerin und meiner Doktormutter Frau Professor Dr. Elke Mack für ein waches Auge, ihre konstruktiv-kritische Begleitung, manche Ermutigung und ständige Ansprechbarkeit.

Ebenso gebührt dem Zweitkorrektor der Arbeit, Herrn Professor Dr. Josef Römelt, Dank für manch guten Rat in- und außerhalb des Doktoranden-Kolloquiums.

Ein herzlicher Dank gilt ebenso Frau Doris Meyer-Ahlen, Herrn Tobias Tietze und Herrn Christian Scherer für die Endredaktion dieser Schrift.

Zum Gelingen des Projekts beigetragen haben ebenso viele Kolleginnen und Kollegen an der Theologischen Fakultät durch regen fachlichen und nichtfachlichen Austausch, aufmerksames Zuhören und nicht zuletzt die sehr angenehme Arbeitsatmosphäre innerhalb der Fakultät.

Nicht zuletzt gilt mein Dank auch meiner Familie und allen Freundinnen und Freunden für ihr Engagement, ihre Unterstützung, das Ertragen manch kleiner Übellaunigkeit und sinnvolle kleinere und größere Ablenkungen.

Inhaltsverzeichnis

Abbildungsverzeichnis 15
Tabellenverzeichnis 17

Einleitung 19
   1. Die Fragestellung 19
   2. Methodische Vorüberlegungen 24
   3. Inhaltliche Vorüberlegungen 36

Kapitel I: Hermeneutische Einbettung 45
   1. Christliche Grundnorm: »Ehre deinen Vater und deine Mutter« 45
   2. Sozialethischer Gestaltungsauftrag: Eine vorrangige Option für die Armen 52
      2.1 Einführung 52
      2.2 Entstehung und Entwicklung der theologischen Aussage: »vorrangige Option für die Armen« 57
         2.2.1 Voraussetzungen 57
         2.2.2 Zentrale lehramtliche Dokumente der lateinamerikanischen Kirche 61
            2.2.2.1 Die Abschlusserklärung der Zweiten Generalversammlung des lateinamerikanischen Episkopats in Medellín 1968 62
            2.2.2.2 Die Abschlusserklärung der Dritten Generalversammlung des lateinamerikanischen Episkopats in Puebla de los Angeles 1979 65
      2.3 Systematische Erwägungen 68
         2.3.1 Was bedeutet es, eine Option zu treffen? 68
         2.3.2 Ein theologischer Armutsbegriff 68
         2.3.3 Die Bedeutung von »für« und »vorrangig« 71
         2.3.4 Einwände 72
            2.3.4.1 Der erste Einwand: Partikularität statt Universalität 73

2.3.4.2 Der zweite Einwand: Option für den
Klassenkampf 77
2.3.4.3 Der dritte Einwand: Verengte materielle Lösung 82
2.3.5 Weiterentwicklungen des Konzepts der vorrangigen
Option für die Armen 85
2.3.5.1 Die Abschlusserklärung der vierten Generalver-
sammlung des lateinamerikanischen Episkopats in
Santo Domingo 87
2.3.5.2 Lehramtliche Dokumente der Gesamtkirche 89
2.3.5.3 Die Veröffentlichung der Bischofskonferenz der
Vereinigten Staaten von Amerika 92
2.3.5.4 Aktuelle Dokumente der Deutschen Bischofs-
konferenz 97
3. Zwischenfazit 101

Kapitel II: Empirische Problemanalyse 107
1. Einleitung 107
2. Begriffe und Verwendungsweisen 110
2.1 Armut in der Bundesrepublik als empirisches
Faktum 110
2.1.1 Sozialwissenschaftlich-empirische Ansätze einer
Definition des Begriffes Armut 111
2.1.1.1 Konzepte der absoluten Armutsbestimmung 114
2.1.1.2 Konzepte der relativen Armutsmessung 118
2.1.1.2.1 Objektive eindimensionale Methoden 118
2.1.1.2.2 Mehrdimensionale Methoden relativer Armutsbe-
stimmung 122
2.1.2 Material-inhaltliche Konzepte des Verständnisses von
Armut 126
2.2 Generationen im Sozialstaat 133
2.3 Grundlegende Konstruktionsprinzipien des deutschen
Modells der Alterssicherung 137
3. Demographische Entwicklung 147
3.1 Die bisherige demografische Entwicklung 147
3.2 Bevölkerungsvorausberechnung bis 2050 154

4. Entwicklung der Erwerbsarbeit 164
5. Entwicklung der Einkommensverteilung und Armut 171
    5.1 Grundlegende Begriffe und ihre Verwendungsweisen 175
    5.2 Ergebnisse 179
        5.2.1 Einkommensverteilung in der Bundesrepublik
              Deutschland 179
        5.2.2 Armut 185
            5.2.2.1 Armut in der Bundesrepublik Deutschland auf der
                  Basis des jüngsten Human Development Reports der
                  Vereinten Nationen 185
            5.2.2.2 Relative Einkommensarmut 187
6. Stabilität von Lebensgemeinschaften und Alterssicherung
   von Frauen 197
7. Zwischenfazit: Anforderungen an ein zukunftsfähiges
   Alterssicherungssystem 203

Kapitel III: Ethische Normbegründung für den Bereich der
gesetzlichen Rentenversicherung in Deutschland 213
1. Anforderungen an eine ethische Normbegründung aus
   christlich sozialethischer Perspektive 213
2. Der Politische Liberalismus als Beispiel einer
   anschlussfähigen Theorie sozialer Gerechtigkeit 221
    2.1 Vorstellung der Theorie 221
    2.2 Kritik 234
        2.2.1 Zur Anschlussfähigkeit der Theorie im Hinblick auf
              den theologisch-ethischen Kernbestand einer vorran-
              gigen Option für die Armen und zentraler Einsichten
              der Tradition christlicher Sozialethik 234
        2.2.2 Innerphilosophische Kritik an der Konzeption von
              Rawls und problemorientierte Weiterentwicklung 237
3. Zwischenfazit: Anforderungen an ein gerechtes Alters-
   sicherungssystem 275

Kapitel IV: Modell eines gerechten und zukunftsfähigen Alterssicherungssystems für die Bundesrepublik Deutschland 281
1. Vergleich verschiedener Typen von Alterssicherungssystemen 285
1.1 Grundlegender ethischer Systemvergleich 285
1.1.1 Grundtypen verschiedener Alterssicherungssysteme 285
1.1.2 Ethischer Vergleich verschiedener Merkmale von .... Grundtypen der Alterssicherung in Europa 289
1.2 Der zweite Vergleich: Europäische Alterssicherungskonzeptionen 296
1.2.1 Das deutsche Modell der Alterssicherung 297
1.2.1.1 Grundlegende Konstruktionsprinzipien des deutschen Modells der Alterssicherung 297
1.2.1.2 Wertungt aus der ursprünglichen Position hinter einem dünnen Schleier des Nichtwissens 298
1.2.2 Das Alterssicherungssystem des Vereinigten Königreiches als Beveridge typisches Modell 304
1.2.2.1 Darstellung des Modells 304
1.2.2.2 Kritik 308
1.2.3 Das Alterssicherungssystem der Schweiz 311
1.2.3.1 Darstellung des Modells 311
1.2.3.2 Kritik 315
1.2.4 Die Alterssicherungskonzeption der Niederlande 317
1.2.4.1 Vorstellung des Modells 317
1.2.4.2 Kritik der Repräsentanten hinter einem dünnen Schleier des Nichtwissens 321
2. Bausteine eines sozial gerechten und zukunftsfähigen Alterssicherungssystems für Deutschland 325
2.1 Modell eines gerechten und zukunftsfähigen Alterssicherungssystems für die Bundesrepublik Deutschland 327
2.1.1 Die Ausgestaltung der ersten Säule der Alterssicherung: Vergleichende Darstellung der Reformmodelle 327
2.1.1.1 Das Reformmodell von Hans-Werner Sinn 328

    2.1.1.2 Das Modell der Industriegewerkschaft Bauen-Agrar-Umwelt 329
    2.1.1.3 Die Alterssicherungskonzeption von Meinhard Miegel und Stefanie Wahl 332
    2.1.1.4 Wertung der Repräsentanten hinter einem dünnen Schleier des Nichtwissens 336
  2.1.2 Einzelne Reformoptionen für die zweite Säule der Alterssicherung in Deutschland 341
  2.1.3 Kritik der Repräsentanten und Weiterentwicklung der zweiten Säule der Alterssicherung 343
 2.2 Systematisierung: Ein Modell eines gerechten und zukunftsfähigen Alterssicherungssystems für die Bundesrepublik Deutschland 346
 2.3 Überprüfung des Modells hinsichtlich seiner Verwirklichung grundlegender christlich-sozialethischer Anforderungen 349

Zusammenfassung und Ausblick 355
  1. Zusammenfassung 355
  2. Ausblick: Das Soziale neu gedacht 374

Literaturverzeichnis 383
  Lehramtliche Dokumente 383
  Literatur 385
  Internetquellen 415

Abbildungsverzeichnis

Abbildung 1: Methodische Vorgehensweise 35

Abbildung 2: Zuordnung verschiedener Armutsdefinitionen 113

Abbildung 3: Altersaufbau der Bevölkerung zwischen 1910 und 2050 158

Abbildung 4: Verteilung des Jugend-, Alten- und Gesamtquotienten im Bezug auf die potentielle Erwerbsbevölkerung bis 2050 163

Abbildung 5: Statistik der Eheschließungen und rechtskräftigen Scheidungen in der Bundesrepublik Deutschland 1960 bis 2005 199

Abbildung 6: Simulierte Alterseinkünfte von Frauen aus der 1. und 2. Säule der Alterssicherung, in % der Inklusionsgrenze (40 % des nationalen Bruttoeinkommens) 200

Abbildung 7: Das Alterssicherungssystem im Vereinigten Königreich 308

Abbildung 8: Das schweizerische System der Alterssicherung 314

Abbildung 9: Das niederländische Alterssicherungssystem 321

Abbildung 10: Modell eines gerechten und zukunftsfähigen Alterssicherungssystems für Deutschland 349

Tabellenverzeichnis

Tabelle 1: Entwicklung von Kinderlosigkeit und Geburtenrate in
Deutschland zwischen 1896 und 1970 148

Tabelle 2: Kinderlosigkeit und endgültige Kinderzahl von
Frauen im Lebensverlauf 149

Tabelle 3: Altersspezifische Sterbeziffern nach Geschlecht in
Deutschland 1913 und 1995 151

Tabelle 4: Eckdaten zum Altersaufbau der Bevölkerung in
Deutschland 1991 und 1999 152

Tabelle 5: Varianten der 11. koordinierten Bevölkerungsvorausberechnung des Bundesamtes für Statistik 155

Tabelle 6: Anteile verschiedener Altersgruppen an der Gesamtbevölkerung Deutschlands bis 2050 159

Tabelle 7: Verteilung der Bruttoeinkommen aus unselbständiger
Arbeit vollzeitbeschäftigter Arbeitnehmer 1998 bis 2003 180

Tabelle 8: Anteile am Bruttoeinkommen aus unselbständiger
Arbeit der vollzeitbeschäftigten Arbeitnehmer
1978 bis 2003 in % 182

Tabelle 9: Verteilung der primären Äquivalenzeinkommen auf die
Gesamtbevölkerung 1998 bis 2003 183

Tabelle 10: Armutsrisikoquoten 1998 bis 2003 in % bei
alternativen Armutsgrenzen 189

Tabelle 11: Gruppenspezifische Armutsquoten in Deutschland nach Merkmalen des Haushaltsvorstands, in % 191

Tabelle 12: Gruppenspezifische Armutsquoten nach Haushaltstypen, neue OECD-Skala, in % 193

Tabelle 13: Typologie verschiedener Alterssicherungssysteme innerhalb der Europäischen Union 289

Einleitung

1. Die Fragestellung

Der deutsche Sozialstaat, einst als vorbildliches Modell sozialer Absicherung über die Maximen Versicherung, Versorgung und Fürsorge gepriesen, ist spätestens seit der Wiedervereinigung starken Anfragen ausgesetzt. Das Problemfeld der Verwirklichung intergenerationeller Gerechtigkeit ist dabei eine der zentralen philosophischen, politischen, und sozialethischen Fragestellungen der letzten Jahre. Verschiedene Anfragen und Lösungskonzepte in Politik, Wissenschaft und der interessierten Öffentlichkeit nach dem Umbau sozialer Sicherungssysteme in Hinblick auf die veränderten Erfordernisse, resultierend aus Wandlungstendenzen am Arbeitsmarkt und der langfristigen demographischen Entwicklung, verdeutlichen dies zunehmend. Dabei herrscht über die grundsätzliche Reformbedürftigkeit aller sozialen Sicherungssysteme in allen öffentlichen Diskursen ein seltenes Ausmaß an Einigkeit. Übereinstimmend wird festgestellt, dass der deutsche Sozialstaat spätestens in den 1990er Jahren in eine chronische Krise geraten ist.[1]

Sinn diagnostiziert in diesem Zusammenhang drei sich überlagernde Entwicklungen, die das deutsche System sozialer Sicherung in besonderem Maße belasten[2]:

- ▶ Globalisierung:
  Seit dem Zusammenbruch der ehemaligen kommunistischen Staaten und der industriellen Entwicklung Südostasiens ist die deutsche Wirtschaft einem zunehmenden Wettbewerbsdruck aus Niedriglohnländern ausgesetzt.

---

1 Vgl. *Raffelhüschen*, Bernd (2001), 51, vgl. ebenso: *Pilz*, Frank (2004), 11–13, *Kaufmann*, Franz-Xafer (1997), 7–10, *Kaufmann*, Franz-Xafer (2005), 10, *Vogt*, Markus (2003), 127f., *Miegel*, Meinhard (2004), 9–11.

2 Vgl. *Sinn*, Hans-Werner (2000), 15–18.

- Demographische Entwicklung:
  Die deutsche Bevölkerung wird zunehmend älter und hat spätestens seit den 1970er Jahren ein gleich bleibend hohes Geburtendefizit.

- Die Wiedervereinigung Deutschlands:
  Die wirtschaftliche Entwicklung Ostdeutschlands wird von der Politik nur in unzureichendem Maße und mit unsachgemäßen Mitteln betrieben. Die anhaltend hohe Arbeitslosenquote in den neuen Bundesländern und die überproportional ansteigenden Staatsschulden seit der Wiedervereinigung sind die treffendsten Indikatoren für diese fehlgeleitete Wirtschaftspolitik.

Nun wäre aber die Einsicht, dass in einer sich wandelnden Umwelt die sozialen Sicherungssysteme beständig modernisiert und angepasst werden müssen, trivial. Vielmehr sind es gerade die Fragen nach dem Ziel und konkreten Reformmitteln, die nach *Vobruba* »eine Situation fruchtbarer Unübersichtlichkeit«[3] ergibt.

Besonders im dauerhaften Diskussionsprozess um mögliche Reformen der deutschen gesetzlichen Rentenversicherung, als zentraler Säule der Alterssicherung, herrscht derzeit eine große Unsicherheit sowohl auf Seiten der interessierten Öffentlichkeit als auch im politischen und ökonomischen Diskurs vor. Als zentrale Diskursgegenstände manifestieren sich dabei die Suche nach sozialer Gerechtigkeit und der Finanzierungsdiskurs, die analog die im Diskurs vertretenen Gruppen aus betroffener Öffentlichkeit sowie Fach- und Politikvertretern spiegeln.[4] Die in der Diskussion vorgebrachten Vorschläge reichen in Bezug auf die gesetzliche Rentenversicherung von der Forderung nach einer radikalen Systemveränderung[5] bis hin zu behutsamer Anpassung[6] dieser wichtigen und für viele Bevölkerungsschichten einzigen Altersabsi-

---

3 *Vobruba*, Georg (1990a), 7.
4 Vgl. *Nullmeier*, Frank / *Vobruba*, Georg (1994), 35–46.
5 Vgl. exemplarisch: *Farmer*, Karl (2002).
6 Vgl. exemplarisch: *Wagner*, Gerd (2000).

cherung, die ebenfalls auf die ihnen zugrunde liegende Perspektive der einseitigen Suche nach sozialer Gerechtigkeit oder nach Möglichkeiten einer künftigen Finanzierbarkeit zurückgeführt werden können.⁷

Auch die katholische Sozialethik sollte sich intensiv an diesem öffentlichen Diskussionsprozess beteiligen. Als ihr konstitutiver Beitrag ist dabei ihr spezifischer hermeneutischer Horizont zu werten, den sie in zahlreichen Veröffentlichungen zur Thematik in diesen Prozess einbringt.⁸ Besonderes Gewicht in der sozialethischen Diskussion ist dabei seit den 1960er Jahren auf den zentralen Topos der vorrangigen Option für die Armen zu legen, der »als theologisch-praktische Leitidee die Forderung nach der Verwirklichung von Gerechtigkeit in gelebter Solidarität mit den Armen in der Schaffung einer geschwisterlichen Gesellschaft und die eschatologische Perspektive der Aufrichtung des göttlichen Reiches der Gerechtigkeit«⁹ bündelt.

Die vorliegende Untersuchung wird sich diesen Perspektiven des hervorgetretenen gegenwärtigen sozialpolitischen Diskussionsprozesses widmen in der zentralen These: Das Hauptaugenmerk in der ethischen Diskussion der letzten Jahrzehnte lag darin, Ansprüche von Generationen gegeneinander zu begründen. Dies geschah hauptsächlich im Themenfeld der Umweltproblematik in den Fragestellungen von Ressourcenschonung, Regenerativität der Natur und jüngst ebenso der

---

7 So diagnostizieren auch *Nullenmeier*, Frank / *Vobruba*, Georg (1994, 14f.), dass weder ein einheitlicher Gerechtigkeitsbegriff des Sozialstaates in Deutschland vorhanden ist, noch eine intensive normativ-politische Debatte geführt wird, vielmehr prägen marktlich-liberale Vorstellungen die bundesdeutsche politische Sozialstaatsdebatte als Diskussion über aktuelle Bedeutung und Interpretation der versicherungsmathematischen Beitragsäquivalenz.

8 Vgl. die überblicksartige Darstellung der Entwicklung, Inhalte und des gesamtkirchlichen Bezuges der »vorrangigen Option für die Armen« in Kapitel I, sowie die deutschen lehramtlichen Veröffentlichungen zu dieser Thematik: *Kirchenamt der Evangelischen Kirche in Deutschland, Deutsche Bischofskonferenz* (1997). Vgl. ebenso *Die deutschen Bischöfe-Kommission für gesellschaftliche und soziale Fragen* (2003). Um eine aktuelle theologische Diskussion zentraler Inhalte müht sich der Sammelband von *Holztrattner*, Magdalena (2005).

9 *Heimbach-Steins*, Marianne (1992), 57.

Problemstellung genetischer Eingriffe in die Tier- und Pflanzenwelt.[10] Die künftigen Entwicklungen der wirtschaftlichen und sozialen Lage in Deutschland, insbesondere der sozialen Sicherungssysteme, erfordern zusätzlich zu einer Übereinkunft über die Begründung aber aus meiner Sicht gleichzeitig eine verantwortliche und praktikable ethische Abgrenzung dieser Unterstützungsansprüche. Beides, Begründungsleistungen und das Erfordernis einer Abgrenzung von Unterstützungsansprüchen, sind hierbei simultan zu beleuchten, will man einerseits eine ausreichende, Armut vermeidende Unterstützung im Alter sicherstellen, andererseits aber ebenso künftige Unterstützung-Leistende vor Überforderung bewahren. Die Erörterung dieses Problems ist dabei vor allem aus drei Gründen heraus geboten: zum Ersten ist die Fragestellung nach sozialen Anspruchsrechten nicht nur eine pragmatisch aufzulösende Anfrage, vielmehr sind diese im Kern ethische Forderungen zunächst im Einzelfall zu begründen und als legitim zu erweisen; zum Zweiten verdeutlichen zentrale empirische Daten einen grundlegenden Reformbedarf der gesetzlichen Rentenversicherung in Deutschland, die es für die Zeiten des demographischen Wandels in veränderten Erwerbsstrukturen anzupassen gilt; zum Dritten schließlich sind diese Reformen wiederum nicht allein in pragmatischer Weise durchführbar. Vielmehr ist auch hier die Suche nach der angemessenen Verwirklichung sozialer Gerechtigkeit nach dem Maßstab der christlichen Hermeneutik und zentraler philosophisch-ethischer Antworten einzubeziehen, will man nicht das praktische Kriterium der Finanzierbarkeit als alleiniges heuristisches Maß der Reformbemühungen heranziehen.[11] Die Thematik einer Gerechtigkeit zwischen Generationen stellt sich somit im

---

10 Vgl. hierzu insbesondere für Deutschland die Veröffentlichungen von *Birnbacher*, Dieter (1988, 2001) und aus sozialethischer Sicht von *Vogt*, Markus (1996, 2003, 2005).

11 Ähnliches formulierte auch *Döring* als vordringliche Betrachtungsebenen normativer Fragen der Politik sozialer Sicherung. Vgl. *Döring*, Diether (1998), 214f. Die grundsätzliche Neuerung dieser Untersuchung liegt in ihrer spezifisch theologisch-ethischen Hermeneutik und der systematischen Zusammenschau der Begründungs- und Abgrenzungsfrage von Unterstützungsleistungen der Generationen gegeneinander im sozialstaatlichen Bezug.

Problemfeld der Sozialpolitik wesentlich als die Suche nach einer auch künftig finanzierbaren und gleichzeitig ausreichenden Unterstützung im Alter dar. Auch von sozialethischer Seite sind hierzu in den letzten Jahren einige Vorarbeiten geleistet worden.[12] Eine integrative Theorie sozialer Gerechtigkeit angesichts des demographischen Wandels im Bezug auf Generationenverhältnisse speziell für die Alterssicherung in der Bundesrepublik fehlt jedoch bislang. Dies ist gerade deshalb nötig, weil zum einen die gesetzliche Rentenversicherung in Deutschland aufgrund ihrer Reichweite und Sicherungstiefe als soziales Sicherungssystem fast der gesamten Bevölkerung zu bezeichnen ist, andererseits neuere empirische Entwicklungen eine ausreichende Alterssicherung immer unwahrscheinlicher werden lassen.

Aufgabe dieser Untersuchung soll es damit sein, ein Konzept vorzulegen, dass zum einen der empirisch wichtigen Anfrage nach einer finanziell nachhaltigen Ausgestaltung der Alterssicherung in der Bundesrepublik Deutschland Rechnung trägt, gleichzeitig aber auch theologischen und philosophisch-ethischen Entgegnungen, dass die Herstellung einer solchen finanziellen Nachhaltigkeit nicht zur Schlechterstellung der ohnehin am wenigsten begünstigten Gesellschaftsmitglieder führen darf, aufnimmt.

---

12 Vgl. hierzu die Veröffentlichungen von: *Veith*, Werner (2005, 2006), *Möhring-Hesse*, Matthias (2005), *Wiemeyer*, Joachim (2004), von lehramtlicher Seite: *Kirchenamt der Evangelischen Kirche in Deutschland / Sekretariat der deutschen Bischofskonferenz* (2000).

2. Methodische Vorüberlegungen

Die vorliegende Arbeit steht methodisch vor einer doppelten Herausforderung: zum einen soll sie als spezifisch theologisch-sozialethische Arbeit den Ansprüchen einer theologischen Methodenreflexion zur Normfindung genügen, zum anderen muss sie geeignet sein, zur Klärung eines aktuellen ökonomischen, politischen und gesamtgesellschaftlichen Problems beizutragen. In der Suche nach intergenerationeller Gerechtigkeit im Kontext der aktuellen Diskussion um geeignete Reformen der deutschen gesetzlichen Rentenversicherung wird diese Arbeit konfrontiert mit generellen Anfragen an die Konzeption einer theologischen Ethik insgesamt, die sich nach *Mack* auf folgende drei Fragen reduzieren lassen:

> »Auf welche Weise partizipiert christliche Ethik an der Formulierung verallgemeinerbarer Gerechtigkeitsnormen im politischen Kontext? Wie beteiligt sie sich (und kann sich beteiligen, M.L.) an der Gestaltung politisch-normativer Institutionen, die modernen Gesellschaften Orientierung bieten? ... Kann christliche Ethik verallgemeinerbare Normen über Prinzipien der Gerechtigkeit in den politischen Diskurs einbringen und welche Funktionen besitzen diese für rechtsstaatliche Demokratien?«[13]

Eine besondere methodische Herausforderung der vorliegenden Arbeit liegt somit in deren probleminduzierter interdisziplinärer Vorgehensweise, der Integration von empirischer Sozialforschung und ethischer Reflexion.[14] Beide Disziplinen sind in dieser Untersuchung eng aufeinander bezogen. Das Integrationsfeld von beiden bildet das zentrale Problem der Suche nach Gerechtigkeit zwischen den Generationen in der Lösung der Rentenproblematik für die nächsten Jahrzehnte. Die Methoden und Theorieansätze empirischer Sozialwissenschaften und

---

13 *Mack*, Elke (2002a), 14.
14 Zu Grundsatzfragen hierzu vgl. *Korff*, Wilhelm (1985a), 131–143.

der Ethik sind dabei so aufeinander zu beziehen, dass beide Disziplinen gleichrangig behandelt werden. Einen weiteren Integrationshorizont eröffnet dabei die innersoziologische Methodendiskussion. Insbesondere der in den 1960er Jahren geführte Positivismusstreit zwischen *Popper* und *Adorno* sowie des modernen Common Sense in der Soziologie, dass Wertfreiheit lediglich für die empirische Methode der Soziologie als solche, nicht aber für die Auswahl des Forschungsgegenstandes oder gar die Wirklichkeit insgesamt zu gelten habe, eröffnen sich neue Anknüpfungspunkte für ethische Reflexionen.[15]

Eine letzte Anforderung liegt schließlich in der Vermeidung sowohl empiristischer- als auch normativistischer Fehlschlüsse.[16] Dies bedeutet in der Konsequenz die Wahrnehmung einer gegenseitigen Abhängigkeitsbeziehung zwischen empirischen Wissenschaften und Ethik. Die empirischen Wissenschaften sind dabei besonders in ihrer ideologiekritischen Funktion, die theologische und philosophische Ethik im Aufweis vormethodischer Wertentscheidungen und verantworteten Gewichtung der Ergebnisse zu betonen.[17]

15 Zum Positivismusstreit in der deutschen Soziologie vgl. *Adorno*, Theodor W. / *Albert*, Hans / *Dahrendorf*, Ralf / *Habermas*, Jürgen / *Pilot*, Harald / *Popper*, Karl R. (1993). Gegen den expansiven Positivismus argumentieren im modernen Diskurs u. a. *Putnam*, Hilary (2002), *Graeser*, Andreas (1999). Zu ähnlichen Ergebnissen kommt aus sprachanalytischer Sicht auch *von der Pfordten*, Dietmar (1993). Verschiedene Anknüpfungspunkte von soziologischer Forschung und Ethik erarbeitet u. a. *Lamnek*, Siegfried (2002).

16 Empiristische Fehlschlüsse ergeben sich oft aus der direkten Ableitung von Handlungsempfehlungen aus der empirischen Situation, ohne dass deren hermeneutische und normative Vorentscheidungen dabei näher beleuchtet werden. Normativistische Fehlschlüsse ergeben sich zumeist aus der direkten Ableitung praktischer Forderungen aus normativen Idealen ohne Einbezug der tatsächlichen empirischen Situation. Um diese Fehlschlüsse zu vermeiden, benötigt daher die Ethik nicht nur ewine theoretische Grundlage, sondern auch den Einbezug der Kenntnisse empirischer Sozialwissenschaften, wie der Soziologie oder der Ökonomik. Vgl. hierzu *Suchanek*, Andreas (2001), 23–25; vgl. ebenso *Homann*, Karl / *Suchanek*, Andreas (2000), 395f.

17 Die direkte Ableitung von Sollensnormen aus faktisch Vorhandenem ist dabei meiner Meinung nach genauso geeignet zur Ideologisierung, wie die direkte Impementation von Normen ohne Einbezug der faktischen Gegebenheiten. Zur wechselseitigen Kritikfunktion vgl. auch *Korff*, Wilhelm (1985a), 133–135.

Im Anschluss an diese grundlegenden Überlegungen zur Methodik einer modernen christlichen Sozialethik, werden nun zwei methodische Ansätze vorgestellt. Die vorliegende Untersuchung wird sich an beiden Ansätzen, die einander sehr ähnlich sind, mit einer kleinen Erweiterung orientieren. Beide Ansätze beziehen sich in ihrer jeweiligen Grundstruktur auf dem von *Cardijn* für die theologische Sozialethik entwickelten Instrumentarium des Dreischritts von Sehen, Urteilen und Handeln.[18]

Den ersten vorzustellenden methodischen Ansatz liefert *Heimbach-Steins*[19], die ihrerseits auf das Konzept zweier amerikanischer Jesuiten, Peter *Henriot* und Joe *Holland*, zurückgreift.[20] Dem Ansatz von *Henriot* und *Holland* liegt dabei das Bild der Gesellschaft als »Kunstwerk« zugrunde. Sie entwickelten, als Ergebnis der 32. Generalkongregation der Gesellschaft Jesu, das methodische Ziel einer Verbindung von Glaubensenergien mit dem Engagement für Frieden und Gerechtigkeit. Ebenso sollte das ignatianische Prinzip der Unterscheidung der Geister auf ein gesellschaftsanalytisches Verfahren angewendet werden. Der von ihnen entworfene »pastoral circle« beinhaltet methodisch vier Stufen, die getrennt voneinander zu betrachten sind:

> ▶ Verortung / Einwurzelung:
> In diesem ersten Schritt des Sehens wird zunächst der Reflexionsprozess im Kontext einer bestimmten Praxis betrachtet. Zugleich soll aber auch das Vorverständnis, die eigene Wertgrundlage, herausgestellt werden, denn jedes Problem erscheint, je nach der darauf eingenommenen Perspektive entsprechend anders und die zu eröffnenden Handlungsmöglichkeiten variieren ebenfalls je nach dieser grundlegenden hermeneutischen Perspektive.

---

18 Vgl. *Heimbach-Steins*, Marianne (1995), 111, vgl. ebenso *Mack*, Elke (2002b), 197. *Mack* übersetzt dabei diesen Dreischritt wissenschaftstheoretisch in: Analyse, Synthese und Operationalisierung.

19 Vgl. zu den folgenden Ausführungen: *Heimbach-Steins*, Marianne (1995), 102–120.

20 Der originäre Ansatz erschien 1984 unter dem Titel: *Henriot*, Peter / *Holland*, Joe: Social Analysis. Linking faith and justice, Blackburn (Australia) 1984.

- Gesellschaftsanalyse:
  Im zweiten Schritt des »pastoral circles« wird eine Diagnose des Problems in seinem konkreten gesellschaftlichen Kontext vorgenommen, der als Set von Handlungsbedingungen zu entschlüsseln und vorzustellen ist. Das Verstehen der das Problem konstituierenden oder beeinflussenden Rahmenbedingungen soll so in seinem umfassenden historischen und sozialen Beziehungs- und Strukturzusammenhang ermöglicht werden. Diese Analyse der Kultur-, Sozial- Mentalitäts-, Institutionen- und internationalen Struktur wirkt ebenfalls einer Reduktion des Gegenstandes auf die Ebene individueller moralischer Güter entgegen und hebt diejenigen gesellschaftlichen Strukturzusammenhänge hervor, die die Ungleichverteilung von Chancen und Ressourcen konstituieren. Mittels einer historischen Kontextualisierung soll abschließend ein Gegenüber zum Status quo generiert werden, das zugleich als Handlungsmotivator dienen kann. Der Schritt der Gesellschaftsanalyse bereitet somit den dritten Schritt des circles vor.

»Im Zusammenhang der Gesellschaftsanalyse erscheinen Tatsachen und Probleme nicht mehr als isolierte Fragestellungen. Vielmehr werden sie als untereinander vernetzte Elemente eines Ganzen verstanden. Indem wir von der Gesellschaftsanalyse Gebrauch machen, sind wir in der Lage, in einer systematischeren Weise auf dieses umfassendere Szenario zu reagieren. Indem wir uns eher mit dem Ganzen befassen als mit abgetrennten Einzelteilen, können wir über einen problemorientierten oder in erster Linie pragmatischen Zugang hinausgehen in Richtung auf eine ganzheitliche oder systemische Vorgehensweise.«[21]

---

21 *Henriot*, Peter / *Holland*, Joe (1984), 11; zitiert in: *Heimbach-Steins*, Marianne (1995), 115.

- Theologische Reflexion:
  Im dritten Schritt wird die zuvor vorgenommene Gesellschaftsanalyse in ihren verschiedenen Dimensionen im Licht des Glaubens, der Heiligen Schrift, theologischen-ethischen Tradition und des extrapolierten Vorverständnisses gedeutet. Die so gewonnenen Einsichten dienen dazu, die Situation auf neue Antworten und Lösungsmöglichkeiten hin zu öffnen und ein zusätzliches Set von Handlungsmöglichkeiten aufzubereiten.

- Handlungsoption:
  In diesem letzten Schritt des »pastoral circles« wird schließlich eine Umsetzung der vorgängigen Analyse und Reflexion in eine konkrete Antwort auf den Untersuchungsgegenstand als Anspruch der konkreten Situation vorgenommen.

> »Die Prüfung der eigenen Wertgrundlage und des leitenden Vorverständnisses dient dabei als eine Hauptquelle für die Festlegung von Kriterien, anhand deren bestimmte Elemente als grundlegender bzw. wichtiger für die Erschließung und Deutung der Situation als Basis einer Entscheidung über zukünftige Handlungsweisen identifiziert werden können.«[22]

Das Ziel kann es hierbei nicht sein, ad hoc Entscheidungen zu provozieren, vielmehr sollen gerade durch den Schritt der multidimensionalen Gesellschaftsanalyse längerfristig wirksame, auf systemische Zusammenhänge bezogene Handlungsoptionen eröffnet und zur Diskussion gestellt werden.

Den zweiten vorzustellenden methodischen Ansatz liefert *Mack* als: »Anmerkungen zur Methode einer theologischen Wirtschafts- und Sozialethik«[23]. Auch sie knüpft an den grundlegenden Basisansatz von *Cardijn* an, den sie

---

22 *Heimbach-Steins*, Marianne (1995), 114.
23 Vgl. zu den folgenden Ausführungen: *Mack*, Elke (2002b), 174–200.

allerdings in einigen Bereichen modifiziert und erweitert. *Mack* stellt zunächst als Spezifikum einer theologischen Sozialethik deren Transzendenzbezug heraus.

> »Sie (theologisch-ethische Ansätze, M. L.) erfolgen nicht mit der moralphilosophischen Selbstbeschränkung eines Verzichts auf transzendente Bezüge, sondern in bewusster Einbeziehung derselben. Menschliche Bedürfnisse, Interessen, ihre Würdeansprüche oder ihr Selbstverständnis überhaupt, das durch wirtschaftsethische Normen geschützt werde soll, werden auch und grundsätzlich unter der Differenz von Immanenz und Transzendenz reflektiert. [...] Die theologische Ethik interessiert die Relation von Welt, Mensch, Moral zu deren transzendentaler Bedingung.«[24]

Sie unterscheidet im Einzelnen drei methodologische Schritte, die jedoch nicht nacheinander, sondern synchron zu vollziehen sind.[25]

▶ Hermeneutische Reflexion und empirische Problemanalyse: Bezug nehmend auf *Gadamer* weist *Mack* zunächst auf die grundsätzliche Bedeutung einer hermeneutischen Reflexion am Beginn einer wissenschaftlichen Untersuchung hin. Jede dieser Analysen beginnt nach der Autorin mit einem evaluativ geprägten Vorverständnis des zu untersuchenden Sachverhaltes, das »zwischen Norm und Sachverhalt eine vorgängige Relation herstellt und den Horizont für weitere Schlussfolgerungen öffnet«[26]. Diese hermeneutische Ebene ist in allen wissenschaftlichen Untersuchungen unvermeidlich, muss aber zugleich durch vorangehende Reflexion und Darstellung einem rationalen Diskurs zugänglich sein.[27] Das

---

24 *Mack*, Elke (2002b), 175f.
25 Vgl. ebd. 179.
26 Ebd.
27 Zur hermeneutischen Ebene sozialwissenschaftlicher Analysen vgl. insbesondere auch: *Apel*, Karl-Otto (1994), 17–47.

so ermittelte Vorverständnis muss im Gegensatz zur universalen Begründungsebene (Schritt 2) jedoch nicht mit denselben unbedingten Begründungs- und strikte Geltungsansprüchen erfolgen, handelt es sich doch in diesem vorgängigen Schritt der Untersuchung lediglich um das Ausweisen und die Bezugnahme zu einer umfassenden und dennoch je individuellen Theorie des Guten, die in einer pluralen Gesellschaft nie universal verallgemeinerbar und verpflichtend für alle Menschen sein kann. In einer christlichen Sozialethik konstituiert sich dieses hermeneutische Vorverständnis unter anderem durch die Reflexion biblischer Quellen, theologisch-ethischer Traditionen, der lehramtlichen Sozialverkündigung aber auch konkreter christlicher Lebenspraxis.

Eine zweite Stufe innerhalb dieses ersten methodischen Schrittes bildet die empirische Analyse des normativen Ausgangsproblems. Auf dieser Stufe der Untersuchung geht es darum, ausreichende Sachkenntnis über den Gegenstand zu gewinnen, der je nach Art des Problems unter Einbezug sozialwissenschaftlicher Erkenntnisse über politische-, ökonomische oder gesellschaftliche Strukturen zu analysieren ist.

> »Die empirische und ökonomische Analyse der Handlungsbedingungen ist unentbehrlich, weil nur durch die Betrachtung der Handlungsbedingungen deutlich wird, dass Handlungsfolgen auch unter ethischer Rücksicht positiv oder negativ für die Betroffenen sind. Auch für eine theologische Wirtschafts- und Sozialordnung verbietet es sich in dem genannten Fall, bei den Handlungspräferenzen anzusetzen und Einfluss auf die freie Entscheidung der einzelnen durch moralische Werturteile auszuüben, so dass die eine oder andere Präferenz vorgezogen würde.«[28]

---

28 Ebd. 183f.

▶ Normative ethische Begründung:
Aufgabe dieses zweiten methodischen Schrittes ist es »mit Hilfe der in der Hermeneutik gewonnenen Grundoption Normen zu begründen, die menschliche Personen schützen, deren Grundgüter sichern, ihnen verantwortbares Handeln ermöglichen und im sozialen Miteinander gerechte Interaktionen zur Bedingung machen«[29].
Die christliche Sozialethik bedient sich dabei als Strukturenethik der Begründungs- und Plausibilitätsargumentation philosophisch-ethischer Gerechtigkeitstheorien, die im Gegensatz zu normativen Theorien des guten Lebens eine größere Reichweite und höhere Verbindlichkeitsgrade beanspruchen dürfen.[30] Auf dieser Ebene der normativen ethischen Begründung dürfen auch die im ersten Schritt hermeneutisch gewonnenen Grundgüter und Theorien des Guten nicht vernachlässigt werden, ihre Einlösung wird allerdings institutionell betrieben werden.
Der Einbezug des philosophisch-ethischen Begründungsdiskurses ist dabei aus zwei Gründen an dieser Stelle gegeben. Zum einen lassen sich ethische Probleme auf einer institutionelle Ebene nur dann lösen, wenn verallgemeinerbare Grundsätze gefunden und universalisierbare Normen vorgeschlagen werden können. Bedingt durch die vorherrschende Pluralität moderner Gesellschaften sind diese nicht über eine Ethik des guten Lebens, wie sie auch theologische Individualethik darstellen könnte, zu lösen, sondern müssen über Theorien der Gerechtigkeit nach deren Konsensparadigma extrapoliert, plausibilisiert und einer universalen Begründung zugeführt werden.

»Die Brücke zwischen Hermeneutik und normativer Ethik wird dadurch geschaffen, dass universale hermeneutische Einsichten in Grundgüter wie soziale Gerechtigkeit, Gleichheit, Freiheit und Selbstzwecklichkeit (und die Gewichtung zwischen diesen, M. L.) als allgemeine Basis in die Rekons-

---

29 Ebd. 184.
30 Vgl. hierzu *Mack*, Elke (2002a). Vgl. ebenso *Schramm*, Michael (1996), 396–402.

truktion des hypothetischen Konsenses trotz ihrer Komplexität mit hineingenommen werden können. Der Konsens erstreckt sich dann auf gerechte Normen, die aus der Sicht der betroffenen Personen diese Grundgüter sichern, weil sie mit ihnen korrespondieren. Hierbei handelt es sich um konstitutive Präferenzen für eine dünne Theorie des Guten.«[31]

- Operationalisierung von Normen:
  Im Rückbezug auf das konkrete Ausgangsproblem sollen in diesem dritten methodischen Schritt die im vorherigen Schritt gewonnenen Normen implementiert werden. Aus zwei Gründen plädiert *Mack* für diesen dritten methodischen Schritt: Erstens bleiben ethische Begründungen meist in der Theorie verhaftet, wenn deren Implementationsmöglichkeiten und deren konkrete Bedingungen nicht simultan durchdacht werden. Die jeweiligen realen Bedingungszusammenhänge sind also schon bei der Formulierung von Regeln und deren konsensueller Begründung mit einzubeziehen. Zweitens können Normen, die ohne simultanen Einbezug der konkreten empirischen Situation entwickelt wurden in manchen Fällen das Gegenteil dessen erreichen, was diese ursprünglich regeln sollten.[32]

»Ethische Zielsetzungen werden noch nicht mit der Begründung von Normen sondern erst mit deren Implementation erreicht, also dann wenn gegebenenfalls kontraintuitive, aber systemadäquate Mittel zur Realisierung in komplexen ausdifferenzierten Wirtschaftssystemen angewandt werden.«[33]

Die beiden vorgestellten Ansätze von *Heimbach-Steins* und *Mack* stellen das methodische Gerüst der vorliegenden Untersuchung dar. Ich beziehe

---

31 *Mack*, Elke (2002b), 188.
32 Vgl. ebd. 189f.
33 Ebd. 190.

mich in wesentlichen Elementen auf die vorangehenden Ausführungen. Diese sind allerdings in dem Schritt theologisch-ethische Reflexion beziehungsweise normative ethische Begründung aus zwei Gründen ergänzungsbedürftig und sollen durch Bezugnahme beider Ansätze aufeinander erweitert werden. Erstens geht *Heimbach-Steins* im zweiten Schritt des von ihr vorgestellten methodischen Ansatzes lediglich von einer theologisch-ethischen Reflexion der vorgängigen Gesellschaftsanalyse aus. Sollen Normen allerdings in die Rahmenbedingungen moderner pluraler und systemisch ausdifferenzierter Gesellschaften implementiert werden, in denen ein Konsens der Betroffenen über ihre je eigenen Prinzipien des guten Lebens nicht vorauszusetzen ist, bedarf es einer zusätzlichen Begründungsebene, die in diesem Schritt mittels eines hypothetischen Konsensverfahrens der modernen Gerechtigkeitstheorie hergestellt werden soll. Der Ansatz von *Mack*, die als Begründungsebene lediglich den philosophisch-ethischen Diskurs und die problemrelationale Bezugnahme auf das hermeneutische Vorverständnis anführt, ist dadurch zu akzentuieren, dass die in ihm gewonnenen Normen noch einmal durch die auf der hermeneutischen Ebene gewonnene Voreinsicht und die in ihr dargestellten Bedingungen einer theologischen Heuristik gerechter Gesellschaft im Rahmen eines Paralleldiskurses zu überprüfen ist. Es soll damit abschließend ein Konzept einer gerechten und zukunftsfähigen Alterssicherung vorgestellt werden, dass beiden Untersuchungsebenen, einer theologisch-ethischen und gerechtigkeitstheoretischen, gleichermaßen genügt. *Mack* wies in diesem Zusammenhang zu recht darauf hin, dass »weiteste Strecken einer völlig gleichgerichteten vernunftethischen Argumentation«[34] zwischen beiden Diskursen vorhanden sind. »Beispielsweise würde eine säkular begründete Menschenwürde neben einem transzendentalen Personenbegriff stehen und beide würden auf der normativen Ebene mit den Menschenrechten korrespondieren.«[35]

Es ergibt sich damit für die vorliegende Arbeit folgende methodische Konzeption in vier Analyseschritten, die simultan ablaufend zusammenzudenken sind:

34 Ebd. 186.
35 Ebd. 188.

1.) Hermeneutische Ebene (Sichtbar-Machen):
Auf dieser Ebene wird das die Arbeit leitende Vorverständnis in einem Entwurf der theologischen Ethik entwickelt und vorgestellt.

2.) Gesellschaftsanalyse (Sehen):
Dieser Schritt beinhaltet eine empirisch-sozialwissenschaftliche Analyse aller konkreten Problemkausalitäten und soll so ein umfassenderes Verständnis des Untersuchungsgegenstandes ermöglichen.

3.) Normbegründung (Urteilen und Synthese):
Der dritte methodische Teilschritt wird eine Doppelfunktion innerhalb der vorliegenden Arbeit erfüllen. Zunächst werden philosophisch-ethisch konsensfähige problemangemessene Normen begründet, die nochmals auf Widerspruchsfreiheit hin im Bezug auf das die Untersuchung leitende Vorverständnis überprüft werden.

4.) Operationalisierung (Handlungsoptionen):
Im letzten methodischen Schritt werden schließlich die extrapolierten Normen unter Einbezug der analysierten empirischen Situation auf den Gegenstand dieser Untersuchung angewendet.

Zusammenfassend lässt sich die Methode der vorliegenden Arbeit in folgender Grafik veranschaulichen:

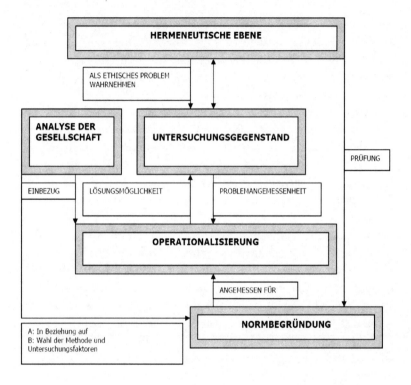

Abbildung 1: Methodische Vorgehensweise (Quelle: eigene Darstellung)

3. Inhaltliche Vorüberlegungen

Gemäß der eingangs vorgestellten Problematik der vorliegenden Arbeit, der gleich gewichteten Suche nach einer Begründung und Abgrenzung sozialstaatlicher Unterstützungsansprüche von Generationen gegeneinander im Bezug auf die Alterssicherung in Deutschland, ergibt sich folgende inhaltliche Vorgehensweise:

In einem ersten Kapitel wird das Konzept der *vorrangigen Option für die Armen* als ein hermeneutischer Schlüssel sozialethischen Fragens nach dem Vaticanum II vorgestellt. Dieses Konzept erfüllt, ausgehend von der lateinamerikanischen Theologie der Befreiung, weiterentwickelt und inklusiv gedeutet als die Forderung nach Gerechtigkeit für alle Gesellschaftsmitglieder die Funktion einer heuristischen Orientierung innerhalb dieser Untersuchung. Die vorrangige Option für die Armen nimmt dabei eine Doppelstellung ein: Sie ist zugleich normativer Orientierungsrahmen und kritischer Maßstab der im weiteren Verlauf entwickelten philosophisch-ethischen Begründungs- und praktischen Lösungsansätze der Fragestellung. Es werden hierin theologisch-ethische Kriterien für den weiteren Untersuchungsgang gewonnen werden, an dem sowohl eine Theorie sozialer Gerechtigkeit, welche die *Frage nach dem Warum Unterstützung?* und *In welcher Höhe Unterstützung?* klärt, als auch die folgenden praktischen Politikempfehlungen für eine Reform der Alterssicherung in Deutschland gemessen werden sollen.

Bezug nehmend auf diese grundlegende hermeneutisch-heuristische Ebene, sind darauf folgend einige grundlegende Begrifflichkeiten dieser Arbeit näher zu klassifizieren. Im Einzelnen werden hierbei die Begriffe: Armut im Sozialstaat, Generation in ihrem sozialstaatlichen Bezug sowie das deutsche System der Alterssicherung vorgestellt. Der Begriff der Armut nimmt hierbei eine zentrale Stellung ein: zum Ersten ist – wie ausgeführt werden wird – eine vorrangige Sorge für Arme als Ausgeschlossene aus politischen, wirtschaftlichen und sozialen Belangen der Gesellschaft der spezifische gesellschaftliche Gestaltungsauftrag einer modernen theologischen Sozialethik; zum Zweiten lassen im Gegenzug hierzu wichtige empirische Kenndaten eine vermehrte

Altersarmut befürchten; zum Dritten schließlich gilt der Vermeidung von Altersarmut als Verletzung von Freiheitsrechten des Individuums ebenso das vordringlichste philosophisch-ethische Interesse in der Umsetzung möglicher Reformen der Alterssicherung. Unter Berücksichtigung verschiedener klassischer und moderner Armutsbegriffe wird hier zunächst eine für die deutsche Situation, als die einer hoch entwickelten Industrienation mit ausdifferenzierten sozialen Sicherungssystemen, angemessene Definition des Begriffs entwickelt werden. Gegenüber allen stark material-normativen[36] Ansätzen der Annäherung an das Phänomen der Armut, beziehe ich mich auf eine Mischform zwischen diesen und empirisch-formalen Untersuchungskriterien. Der so gewonnene Armutsbegriff ist darüber hinaus ebenso zu vergleichen mit spezifisch theologischen Interpretationen[37] dieses Phänomens.

Gemäß der in Abschnitt 1 vorgestellten Methode eines solchen problemindikatorischen Vorgehens[38] unter diskursivem Einbezug der Ergeb-

---

36 Material-normative Ansätze seien in dieser Arbeit klassifiziert als neoaristotelische, neohegelianische oder neopragmatische Ansätze der Lebenskunst, die auf der Ebene von Einzelpersonen nach Gelingensbedingungen ihrer individuellen Vorstellung eines ethisch glückenden Lebens fragen. Dem gegenüber aggredieren empirisch-formale Theorien verschiedene Merkmale von Einzelindividuen zu Typologien und untersuchen diese Typologien hinsichtlich verschiedener Problemklassen. Für diese Untersuchung ist also nicht mehr das Einzelindividuum mit seinen je spezifischen Einzelmerkmalen relevant, sondern die durch die Theorie klassifizierten Betroffenengruppen und ihre vergleichbaren Merkmale. Es soll aber betont werden, dass auch die Armutsbegriffe einer empirisch-formalen Theorie politisch-normativer Natur sind. Vgl. *Hanesch*, Walter [u.a.] (1994), 23. Zur Diskussion vgl. exemplarisch *Nussbaum*, Matha C. (1999), 86–130; *Sennett*, Richard (2002). Eine Aufstellung materialer Ansätze des guten Lebens findet sich auch bei *Barkhaus*, Annette / *Hollstein*, Bettina (2003).

37 Vgl. exemplarisch GS 31: »Doch zu diesem Verantwortungsbewusstsein kommt der Mensch kaum, wenn die Lebensbedingungen ihn nicht zu einer Erfahrung seiner Würde und zur Erfüllung seiner Berufung durch die Hingabe seiner selbst für Gott und den Nächsten kommen lassen. Die menschliche Freiheit ist oft eingeschränkt, wenn der Mensch in äußerster Armut lebt, wie sie umgekehrt verkommt, wenn der Mensch es sich im Leben zu bequem macht und sich in seiner »einsamen Selbstherrlichkeit« verschanzt.«; vgl. ebenso PP 41, SS 42.

38 Zur Methode des Problemindikatorischen Vorgehens vgl. *Mack*, Elke (2002a), 17–24.

nisse empirischer Sozialwissenschaften und philosophischer Ethik, ist es zweckmäßig, die relevanten empirischen Untersuchungen der Soziologie in die Diskussion einzubeziehen. Ich orientiere mich dabei an Analysen der Makrostruktur der Gesellschaft. Diese sind im Hinblick auf den institutionenethisch zu untersuchenden Problemkreis der intergenerationellen Gerechtigkeit im deutschen Alterssicherungssystem deshalb angemessen, weil sie sich im Gegensatz zur Mikrosoziologie für die Fortentwicklung von Institutionen der Gesellschaft durch den Einbezug aller Betroffenengruppen in die statistische Aggregation eignen. Die einbezogenen Ergebnisse orientieren sich dabei am Untersuchungsgegenstand. Als das Kernproblem der gesetzlichen Alterssicherung in Deutschland als einem beitragsfinanzierten Modell des Drei-Generationen-Vertrages ist dabei zunächst die demographische Entwicklung vorzustellen. Da im derzeitigen Modell deutscher Alterssicherung die Ansprüche der Leistungsempfänger direkt aus den Beitragsleistungen, den sozialversicherungspflichtigen Erwerbseinkommen, der Beitragszahlergeneration als deren unmittelbaren Nachkommen gedeckt werden, wirkt sich eine ungünstige Bevölkerungsentwicklung direkt auf die finanzielle Ausstattung der gesetzlichen Rentenversicherung und damit auf die Höhe der Rentenleistungen aus. Die demographische Entwicklung hat also direkte Auswirkungen auf die Beitragszahler-Rentenempfänger-Relation, wobei ein sinkender Anteil an Beitragszahlern direkt nur durch Beitragserhöhungen oder Reduktion der Versorgungsleistungen ausgeglichen werden kann.[39] Es werden dabei in diesem Teil der empirischen Untersuchung hauptsächlich langfristige Trends und demographische Bevölkerungsvorausberechnungen des Bundesamtes für Statistik in Wiesbaden in die Diskussion einbezogen werden, da mögliche Reformen der deutschen gesetzlichen Alterssicherung immer einen langfristigen Zeithorizont berücksichtigen müssen. Dies ergibt sich vor allem aus dem Faktum, dass die Beitragszahler für Rentenempfänger etwa bis zum Jahr 2050 bereits geboren sind und somit in die grundlegende Betrachtung der Relation zwischen diesen einbezogen werden können. Ein weiterer zentraler empirischer

---

39 Vgl. *Kaufmann*, Franz-Xafer (1997), 69–73.

Untersuchungsgegenstand bildet die Entwicklung der Erwerbsarbeit in Deutschland. Bereits in vorangegangenen Untersuchungen habe ich darauf hingewiesen, dass das deutsche System sozialer Sicherung in weitem Maße lohnarbeitszentriert ist.[40] Zahlreiche Leistungsrechte des deutschen Hauptsicherungstyps über Sozialversicherungen sind so an die Partizipation der Betroffenen am Arbeitsmarkt geknüpft. Auch in der gesetzlichen Rentenversicherung sind Beitragsleistungen im Rentenalter eng an die zuvor im Erwerbsprozess erworbenen Leistungsanrechte gekoppelt. Dies hat zur Folge, dass ausschließlich voll am Arbeitsmarkt integrierte Menschen mit einer nahezu durchgängigen Erwerbsbiographie erstrangig abgesichert sind. Inwieweit der Arbeitsmarkt zukünftig diese Funktion als zentrale Zugangsbedingung sozialer Absicherung erfüllen kann, wird Gegenstand dieser Untersuchung sein.

Als ein weiterer Gegenstand empirischer Sozialwissenschaften wird im Anschluss daran die Analyse der Einkommensverteilung in der Bundesrepublik in den Diskurs einbezogen werden. Von besonderem Interesse für die Problemstellung der intergenerationellen Gerechtigkeit in ihrem sozialstaatlichen Bezug ist, wie gewichtig das Phänomen der Altersarmut derzeitig und unter Berücksichtigung künftiger Entwicklungen zu werten ist. Um diesem Untersuchungsgegenstand gerecht zu werden, ist es ferner nötig, auch die Interdependenzen dieses Phänomens zu den bereits vorgestellten Ergebnissen der empirischen Sozialwissenschaften darzustellen.

Als abschließende empirische Untersuchung soll auch die gegenwärtige Finanzierungssituation der deutschen gesetzlichen Rentenversicherung in den Diskurs dieser Arbeit einbezogen werden. Dies ist vor allem aus zwei Gründen geboten. Zum einen machen die gewonnenen empirischen Daten die Finanzausstattung der Versicherung unter der derzeitigen Beitragszahler-Rentenempfänger-Relation deutlich, zum anderen können aus ihr wichtige Schlüsse über die künftige Situation im Hinblick auf die prognostizierte demographische Entwicklung gezogen werden. Ich orientiere mich in diesem Teil der Untersuchung

---

40 Vgl. *Lampert*, Martin (2006), 82–87, vgl. ebenso *Vobruba*, Georg (1990b), 11–80; *Rosner*, Siegfried (1990), 97–113.

hauptsächlich an Materialien der deutschen Rentenversicherung Bund, dem Zusammenschluss der Bundesversicherungsanstalt für Angestellte und dem Verband deutscher Rentenversicherungsträger.

Der zentralen Ausgangsthese dieser Untersuchung folgend, dass Ansprüche von Generationen gegeneinander nicht nur ethisch zu begründen, sondern auch verantwortet gegeneinander abzugrenzen sind, wird in einem nächsten Kapitel diese Fragestellung philosophisch-ethisch untersucht werden. Die Transformation dieser Rahmenthese in philosophisch-ethische Theorien trägt dabei aus vier Gründen zur Klärung des Problems bei. Zum Ersten erfordert die genannte These die Lösung der Fragestellung, wie Versorgungsansprüche einer Generation gegenüber der Nachfolgegeneration begründet werden können. Die kirchliche Soziallehre gibt hierfür allerdings eine weitgehend ungenügende Antwort, die in den beiden Postulaten »Recht auf Privateigentum« und »Pflicht zur Unterstützung von Armut betroffener Menschen« besteht.[41] Zum Zweiten ist der Adressat der vorliegenden Arbeit die gesamte Gesellschaft, das heißt die zu extrapolierenden Normen sind auf die Zustimmungsfähigkeit aller Betroffenen hin zu überprüfen. Eine direkte Normableitung aus einer christlichen Hermeneutik des Guten erfüllt durch ihre spezifischen Annahmen des guten Lebens diese Voraussetzung nicht. Zum Dritten ist auch das Problem zu klären, wie weit Unterstützungsleistungen reichen dürfen. Sie sind meiner Ansicht nach im Kontext der aktuellen empirischen Problemsituation ebenso ethisch verantwortet nach oben hin zu begrenzen. Auch diese

---

41 Vgl. zum Recht auf Privateigentum exemplarisch: RN 3f., QA 44–46, MM 18, PT 21, GS 71: »Privateigentum und ein gewisses Maß an Verfügungsmacht über äußere Güter vermitteln den unbedingt nötigen Raum für eigenverantwortliche Gestaltung des persönlichen Lebens jedes einzelnen und seiner Familie; sie müssen als eine Art Verlängerung der menschlichen Freiheit betrachtet werden; auch spornen sie an zu Übernahme von Aufgaben und Verantwortung; damit zählen sie zu den Voraussetzungen staatsbürgerlicher Freiheit«. Zur Pflicht der Unterstützung Mittelloser vgl. exemplarisch: GS 88, PP 74, OA 22, SS 42: Heute muß angesichts der weltweiten Bedeutung, die die soziale Frage erlangt hat ..., diese vorrangige Liebe mit den von ihr inspirierten Entscheidungen die unzähligen Scharen von Hungernden, Bettlern, Obdachlosen, Menschen ohne medizinische Hilfe und vor allem ohne Hoffnung auf eine bessere Zukunft umfassen: Es ist unmöglich, diese Wirklichkeit nicht zur Kenntnis zu nehmen.«

Fragestellung ist mittels der katholischen Soziallehre allein nicht lösbar, wird doch in zahlreichen Dokumenten neben dem Recht auf Privateigentum die Sozialpflichtigkeit dessen lediglich postuliert.[42] Zum Vierten ist schließlich in den letzten Jahrzehnten eine Annäherung zwischen philosophischer Ethik und katholischer Sozialethik zu konstatieren, die es ermöglicht, die Methoden dieser Disziplin gleichrangig in den Diskurs aktueller ethischer Probleme einzubeziehen.[43] Dabei darf eine solche Theorie sozialer Gerechtigkeit zum einen nicht dem zentralen theologisch-ethischen Gestaltungsauftrag einer vorrangigen Option für die Armen widersprechen, zum anderen muss sie dennoch geeignet sein, die beiden Fragestellungen nach einem *Warum Unterstützung?* und *Wie weit Unterstützung?* zu beantworten. Es ergibt sich somit für diesen Abschnitt ein doppelter Arbeitsauftrag: zum einen werden philosophisch-ethische Kriterien für eine Begründung und Abgrenzung von Unterstützungsleistungen verschiedener Generationen gegeneinander entwickelt werden, die dann zum anderen in einem zweiten Abschnitt im Rahmen eines Paralleldiskurses auf Widerspruchsfreiheit zum theologischen Gestaltungsauftrag einer vorrangigen Option für die Armen hin geprüft werden sollen.

Abschließend werden in einem letzten Kapitel die gewonnenen und sozialethisch geprüften Ergebnisse des philosophisch-ethischen Diskurses auf das aktuelle Problem möglicher Reformschritte der deutschen gesetzlichen Rentenversicherung angewendet werden. Es wird zu untersuchen sein, ob und gegebenenfalls in welcher Weise die Alterssicherung in der Bundesrepublik reformbedürftig ist. Die dargestellte lebensweltliche Verankerung der Fragestellung in vielfältigen Diskussionen und Lösungsentwürfen der Fach- und Nichtfachöffentlichkeit liefert dabei einen ersten Orientierungsrahmen hinsichtlich des in der Bevölkerung verankerten Problembewusstseins und deren Risikoeinschätzung. In den praktischen Teil dieser Untersuchung sollen auch Ergebnisse des gesamteuropäischen Reformprozesses einfließen, denn für nahezu alle Länder der Europäischen Union kann konstatiert werden, dass diese

---

42 Vgl. MM 19, LE 2–7.

43 Vgl. *Mack*, Elke (2002), 17, vgl. ebenso *Korff*, Wilhelm (1985b), 48–78.

sich in einem demographischen Ungleichgewicht befinden.[44] Neben einer vergleichbaren Problemlage in diesen Ländern begünstigen auch ähnliche politische und analoge Wirtschaftssysteme die Heranziehung und Einarbeitung konkreter Reformschritte in das deutsche Modell der gesetzlichen Alterssicherung. Neben den extrapolierten ethischen Normen werde ich mich in diesem abschließenden Teil der Untersuchung auch an den dargelegten empirischen Rahmenbedingungen orientieren. Dies ist nötig, um abschließend einen praktikablen Lösungsvorschlag zu entwickeln, der sowohl den ethischen als auch den empirischen Erfordernissen Rechnung trägt, somit also einer interdisziplinären argumentativen Prüfung standhält. Ebenso wird es für diesen Teil der vorliegenden Arbeit ein Lösungsvorschlag favorisiert werden, der neben den genannten Erfordernissen demographisch insensitiv ist, dennoch aber die Möglichkeiten flankierender bevölkerungspolitischer Rahmenregelungen offen lässt. Das heißt, der unterbreitete Reformvorschlag sollte zusätzlich unabhängig von der tatsächlichen Bevölkerungsentwicklung ein ausreichend hohes Mindestsicherungsniveau garantieren und möglichst positive Anreizbedingungen für die Rückkehr zu einem demographischen Gleichgewicht bieten, das für viele andere gesellschaftliche Sicherungssysteme sowie für die wirtschaftliche Entwicklung im Ganzen vorteilhaft ist. Die Konsequenz daraus kann allerdings nicht die Forderung nach einer aktiven, die individuellen Bedürfnisse der Bürger missachtenden staatlichen Bevölkerungspolitik sein, vielmehr soll auf die zahlreichen negativen Anreizstrukturen für Familiengründungen und Reproduktion aufmerksam gemacht werden, die ohne Einschränkungen der Freiheit aller Staatsbürger gesellschaftlich veränderbar sind.

Der Aufbau dieser Arbeit spiegelt damit sowohl den Problemkreis intergenerationeller Gerechtigkeit im Rahmen der deutschen gesetzlichen Alterssicherung als auch die methodische Verfahrensweise des interdisziplinären probleminduzierten Vorgehens wider. Zum einen wird sich die Arbeit an einem aktuellen Forschungsgegenstand theologischer Ethik orientieren, das im weiterentwickelten Konzept der vorrangigen Option für die Armen besteht. Dieses soll zugleich einen

---

44 Vgl. *Birg*, Herwig (2003), 6.

hermeneutischen Orientierungsrahmen und heuristischen Maßstab aller zu extrapolierenden Normen bilden. Ferner werden zur Lösung des Problems verschiedene Methoden empirischer Sozialwissenschaften und der aktuelle philosophisch-ethische Diskurs herangezogen werden. Abschließend sollte ein Konzept für eine Reform der Alterssicherung in Deutschland vorgeschlagen werden, dass dieser dreifachen Prüfinstanz, dem theologisch-ethischen Gestaltungsauftrag einer vorrangigen Option für die Armen, der empirischen Problemkonstellation und schließlich auch der philosophisch-ethischen Norm sozialer Gerechtigkeit genügt.

Kapitel I: Hermeneutische Einbettung

1. Christliche Grundnorm: »Ehre deinen Vater und deine Mutter«

Neben der empirischen und sozialphilosophischen Fragestellung dieser Untersuchung, dem Aufweis eines gerechten und zukunftsfähigen Verhältnisses zwischen den Generationen im Bezug auf das deutsche Kernsystem der Alterssicherung, ist es zu Beginn notwendig, auch die theologische Dimension einer solchen Gerechtigkeit zwischen Generationen näher zu befragen. Den biblisch-theologischen Leitbegriff hierzu bildet eine zentrale ethische Forderung der Hl. Schrift: »Ehre deinen Vater und deine Mutter, damit du lange lebst in dem Land, das der Herr, dein Gott, dir gibt.«[45] Mit diesem Elterngebot beginnt in den beiden alttestamentlichen Fassungen des Dekalogs in Ex 20 und Dtn 5 die Reihe der so genannten Sozialgebote. Sie sind beide jedoch in einem größeren Zusammenhang zu verstehen. Dieser soll innerhalb des folgenden Abschnittes zunächst kurz skizziert werden. Anschließend wird die Bedeutung des Elternehrungsgebots dargestellt und auf die Fragestellung der vorliegenden Arbeit bezogen.

Den integrativen Zusammenhang des Gebotes bildet die alttestamentliche Fragestellung nach dem Verhältnis zwischen Individuum und Gemeinschaft im Ganzen sowie dem biblischen Menschenbild. Bereits im Schöpfungsbericht der Priesterschrift in Gen 1 heißt es hierzu: »Lasst uns Menschen machen als unser Abbild, uns ähnlich. Sie sollen herrschen über die Vögel des Himmels, über das Vieh, über die ganze Erde und über alle Kriechtiere auf dem Land. Gott schuf also den Menschen als sein Abbild; als Abbild Gottes schuf er ihn. Als Mann und Frau schuf er sie. Gott segnete sie und sprach zu ihnen: Seid fruchtbar und vermehrt euch, bevölkert die Erde, unterwerft sie euch und herrscht über die Fische des Meeres, über die Vögel des Himmels und über alle

---

45 Ex 20,12, parallel: Dt 5,16, Lk 18,20.

Tiere, die sich auf dem Land regen.«[46] Die Sonderstellung des Menschen wird hierin auf die Kurzformel des »Bildes Gottes« gebracht, der Anteil hat an der Schöpfermacht Gottes im »Herrschen« über die Schöpfung.[47] Nach biblischer Überzeugung soll der Mensch also seine Umwelt aktiv und eigenverantwortlich gestalten.

»Dabei ist der »Herrschaftsauftrag« (Gen 1, 28) immer in Verbindung mit dem Gärtnerauftrag« (Gen 2, 15) zu lesen: Herrschaft / Gestaltung und Verantwortung / Sorge für Gottes Schöpfung gehören untrennbar zusammen.«[48]

Als Herrscher ist der Mensch dabei Bild Gottes, aber nicht im Sinne eines Willkürherrschers, sondern als stellvertretend Verantwortlicher, als Sachwalter der Welt, der Schöpfung Gottes. Somit sind Menschen auch niemals letzte Herren über die Schöpfung, sondern Gott selbst Rechenschaft schuldig.[49] Diesen so genannten Herrschaftsauftrag verknüpft der priesterschriftliche Schöpfungsbericht weiterhin mit dem Auftrag zur Vermehrung des Menschen. Beachtenswert ist an dieser Stelle ebenfalls, dass dies mit einem elementaren Grundwort der Hl. Schrift eingeleitet wird, dass Vermehrung und Fruchtbarkeit ein Segen ist, in dem Gott durch den Menschen in seiner Schöpfung wirkt.[50] Auch in der Generationenfolge des Menschen wirkt sich damit der Segen Gottes für seine Schöpfung aus.[51]

---

46 Gen 1,26–28.

47 Vgl. hierzu: *Lehmann*, Karl (1993), 43–50, 63–75, 142, 155.

48 *Vogt*, Markus (2005), 6.

49 Vgl. *Lehmann*, Karl (2003), 18. Die sachgerechte biblische Interpretation des so genannten Herrschaftsauftrages aus dem priesterschriftlichen Schöpfungsbericht als Kultur- und Hegeauftrag ist hierbei besonders in der öko-sozialen Dimension intergenerationeller Gerechtigkeit hervorzuheben. Vgl. hierzu Vogt, Markus (2005), vgl. ebenso: ders. (2004), 92f.

50 Vgl. hierzu: *Lohfink*, Norbert (1988), 246.

51 Vgl. *Westermann*, Claus (1978), 75.

> »Die Zuordnung von Mann und Frau hat sicher nicht nur, aber doch zu einem wesentlichen Teil ihren Sinn darin, Kinder zu zeugen. Nach der Priesterschrift kann die Menschheit ihre Kulturaufgabe nur wahrnehmen, wenn sie sich vermehrt.«[52]

In diese positiven Aussagen der Hl. Schrift über die Generationenfolge des Menschen ist nun auch das 4. Gebot in seinem Sinngehalt einzuordnen. Es bildet zusammen mit dem Gebot der Heiligung des Sabbat die Mitte und den Kern des Dekalogs. Besonders auffällig ist an dieser Stelle, dass diese beiden Gebote als einzige im eigentlichen Sinne als Gebots formuliert sind; alle anderen sind Verbote. Beide sind ebenfalls durch Begründungen unterstrichen, von denen die des Sabbatgebotes in die Vergangenheit verweist, die des Elternehrungsgebotes Zukunftsdimensionen eröffnet.[53] Damit umspannen beide Gebote die gesamte Heilsgeschichte von den Ursprüngen der Befreiung aus Ägypten, der Landgabe in Israel bis hin zur fernen Zukunft.

Dem ursprünglichen Sinn nach richtet sich dieses Gebot der Elternehrung an die erwachsenen Kinder und impliziert die Pflicht, alt gewordene Eltern zu versorgen.

> »Es geht im vierten Gebot nicht um Wohlverhalten von Kindern und Jugendlichen ihren Eltern gegenüber – wie Generationen aus dem Katechismus lernen mussten. Es geht vielmehr darum, Verpflichtungen zwischen Erwachsenen zu regeln.«[54]

---

52 *Wolff*, Hans Walter (2002), 259: Angesichts dieser positiven Aussage der Bibel über Wachstum und Vermehrung des Menschen rückt hier vor allem die moderne Problematik von Umweltschutz, Überbevölkerung und Ressourcenschonung in den Blick. Für eine sachgerechte Interpretation ist hierbei vor allem der andere Zeitkontext, die konkrete wirtschaftliche, politische und soziale Lage Israels zur Zeit der Abfassung dieses Schöpfungshymnus zu beachten.

53 Vgl. *Schenker*, Adrian (1995), 12f.

54 *Mittler-Holzem*, Marlies (2001), 70.

In der biblischen Sozialsituation müssen wir dabei von einer Zeit ausgehen, in der die Großfamilie, der Sippenverbund, dafür zuständig war, die soziale und wirtschaftliche Absicherung aller seiner Mitglieder im Falle von Krankheit, Tod und Arbeitsunfähigkeit zu regeln. Alte, kranke und schwache Menschen waren allein auf die Versorgung durch den Sippenverbund angewiesen. Da die Geldwirtschaft ebenfalls sehr geringe Bedeutung hatte, war die Bildung langfristiger Rücklagen unmöglich. Außerhalb des jeweiligen Familienverbundes konnte somit keine eigenständige Altersvorsorge betrieben werden.[55] Der geschilderte soziale und wirtschaftliche Kontext der biblischen Weisung impliziert damit zwei grundlegende Folgerungen: zum einen waren Kinder, insbesondere Söhne, die im Familienverbund blieben, für die eigene Alterssicherung und den Fortbestand der Sippe unabdingbar, zum anderen musste das Verhältnis zwischen erwachsenen Kindern und den alt gewordenen Eltern geregelt werden. Das Wort »ehren«, hebräisch kibbed, im vierten Gebot meint in diesem Zusammenhang sehr konkret die Verpflichtung zu materiellen Versorgungsleistungen der Jüngeren gegenüber den Älteren der Familie.

> »Das Gebot zielt also nicht auf eine spezifische Legitimation elterlicher Gewalt, sondern will vielmehr der Gefahr der Mittel- und Hilflosigkeit, der gerade der alte Mensch ausgesetzt war, entgegenwirken.«[56]

Im Einzelnen sind hierin eine stetige Versorgung mit Kleidung und Nahrung, ein würdiges Begräbnis, respektvoller Umgang und Verzicht auf Prozesse, Verteidigung gegen Fremde und sonstige Hilfeleistungen angesprochen.[57] Neben der materiellen Dimension der Versorgungsleistungen an Ältere im Rahmen des Sippenverbundes beinhaltet das Gebot also auch immaterielle Leistungen, wie das Zeigen von Respekt und Achtung gegenüber Älteren. Das hebräische Wort kibbed kommt

---

55 Vgl. ebd., 71.
56 *Korff*, Wilhelm (1986), 871.
57 Vgl. *Mittler-Holzem*, Marlies (2001), 71.

in diesem Zusammenhang häufig auch in der Beziehung zu Gott vor und beschreibt hier ein Verhältnis, »das ein deutliches Beziehungsgefälle, ein ‚Oben und Unten', anerkennt«[58].

Soziale Beziehungen konstituieren sich, neben der angesprochenen grundlegenden Pflicht zur Versorgung Älterer in der Gemeinschaft, ebenso auch durch die Perspektive der Reziprozität, sind mithin auf Wechselseitigkeit von Geben und Nehmen hin angelegt. Die alt gewordenen Eltern haben so im Dekalog vor allem deshalb eine eigene Stellung und Würde, weil ihnen die Aufgabe zugewiesen ist, die Tora weiterzugeben und ihre Kinder darin zu unterweisen.[59] Da sich die damalige Überlieferungspraxis vor allem auf mündliche Weitergabe des Glaubens beschränkte, schließt eine solche Tradierung zugleich die Praxis eines Lebens aus dem Glauben ein. Dies gilt gerade innerhalb eines Zeitkontextes, in denen die vorhandenen Institutionen der Glaubensweitergabe und Glaubenspraxis durch Fremdherrschaft, Kriege, Vertreibungen und Deportationen im Israel des 5. bis 7. Jahrhunderts v. Chr. stets in der Gefahr waren, vollständig zusammenzubrechen und aufgelöst zu werden.[60]

> »Es besteht kaum ein Zweifel, dass dieser generationenübergreifende Zusammenhang, der den Glauben kommenden Generationen weitergibt, für das Überleben nicht zuletzt auch des Judentums und des christlichen Glaubens über Tausende von Jahren eine entscheidende Rolle spielt. Dabei geht es nicht nur um die Weitergabe isolierter und abstrakter Glaubensüberzeugungen, sondern es geht um die Voraussetzungen und Bedingungen, die gegeben sein müssen, um geistige, spirituelle Erfahrungen, Werte und Inhalte weiterzuvermitteln.«[61]

---

58 Ebd., 73.
59 Vgl. hierzu: Dt 4,9f.; 11,18–21.
60 Vgl. hierzu: *Lehmann*, Karl (2003), 22.
61 Ebd.

Die zentralen Inhalte dieses reziproken Verhältnisses, Elternehrung einerseits, Glaubensweitergabe an die jüngere Generation andererseits, begründen somit den Zusammenhalt über mindestens zwei Generationen hinweg. Besonders die spätere Weisheitsliteratur betont auch den sakralen Charakter eines solchen gelingenden Generationenverhältnisses: »Wer den Vater ehrt, erlangt Verzeihung der Sünden, und wer seine Mutter achtet, gleicht einem Menschen, der Schätze sammelt. Wer den Vater ehrt, wird Freude haben an den eigenen Kindern, und wenn er betet, wird er Erhörung finden. Wer den Vater achtet, wird lange leben, und wer seiner Mutter Ehre erweist, der erweist sie dem Herrn. Wer den Herrn fürchtet, ehrt seinen Vater und dient seinen Eltern wie Vorgesetzten.«[62] Das Gebot der Elternehre ist dabei kontextuell in beiden Fassungen des Dekalogs hineingestellt in die Erinnerung an das Befreiungshandeln Gottes am Volk Israel und sichert zugleich den beständigen Segen Gottes für den Erhalt der Gemeinschaft.[63] Die alten Eltern zu ehren ist somit also kein Almosen, das den Empfänger von der Willkür des Gebers abhängig machen würde, sondern Ausdruck der Solidarität innerhalb eines befreiten Volkes. Dieser Akt der Solidarität wird ausdrücklich an das Heilshandeln Gottes rückgebunden. Es bedeutet somit letztlich, die von Gott geschenkte Freiheit immer wieder neu anzuerkennen und weiterzutradieren.[64]

Das vierte Gebot erschließt somit die Frage nach dem Verhältnis von Generationen untereinander in einem dreifachen Zusammenhang: zum Ersten wird eindeutig die Verpflichtung zu materiellen und immateriellen Unterhaltsleistungen der erwachsenen Kinder gegenüber ihren alten Eltern betont; zum Zweiten wird diese Verpflichtung mit der reziproken Aufgabe der älteren zur Glaubensweitergabe an die jüngere Generation begründet und zum dritten schließlich ordnet die Bibel diese wechselseitige Pflicht kultisch im Rückverweis auf das Befreiungshandeln Gottes am Volk Israel ein.

---

62 Sir 3,3–7.
63 Vgl. *Schenker*, Adrian (1995), 12f.
64 Vgl. *Mittler-Holzem*, Marlies (2001), 71f.

»Das Verhältnis der Generationen ist in dem Gebot verpackt, wenn das auch in den urtümlichen Worten schwer erkennbar ist. Dann besagt es, dass die Älteren die Lebensmöglichkeiten der Nachkommen im Auge haben müssen – denn sonst sind sie nicht ehrenwert. Und es besagt, dass die Jüngeren die ‹Ausgebrauchten› nicht als Entsorgungsfälle betrachten dürfen, weil sie sonst die Humanität ihrer Gesellschaft beschädigen. Überträgt man das Gebot auf unsere modernen Verhältnisse, dann erinnert es daran, dass Egoismus – der dem anderen seine Würde abspricht – die Substanz einer menschenwürdigen Gesellschaft zerstört. Mehr als Erinnerungshilfe kann das Gebot nicht sein, es spricht sehr deutlich in eine vorneuzeitliche Lebenslage, die durch den Familienverband bestimmt ist. Je weniger das Leben des Einzelnen aber durch familiäre Verhältnisse geprägt ist, desto mehr muss der Geist dieses Gebotes auf die neuen [...] multikulturellen Verhältnisse des Menschen angepasst werden.«[65]

---

[65] *Gronemeyer*, Reimer (1999), 151.

2. Sozialethischer Gestaltungsauftrag: Eine vorrangige Option für die Armen

2.1 Einführung

Betrachtet man neuere lehramtliche Veröffentlichungen[66] zur Soziallehre der Kirche so nimmt das Thema der sozialen Gerechtigkeit innerhalb einzelner Gesellschaften, zwischen Nationalstaaten oder auf globaler Ebene eine Vorrangstellung als ethisch-heuristisches Kriterium neben eher traditionellen Argumentationsformen mittels der Sozialprinzipien ein. Als spezifischer eigener Beitrag einer katholischen Position zur Wirtschafts- und Sozialethik muss dabei die »vorrangige Option für die Armen« als ein Kernbestand theologischer Ethik und lehramtlicher Verlautbarungen gewertet werden.[67] Dieser ist ausgehend vom historischen Kontext seiner Genese in der lateinamerikanischen Theologie der Befreiung[68] über Auseinandersetzungen und Weiterentwicklungen in der weltweiten theologischen Diskussion eine große Bereicherung sowohl für den innertheologischen Gerechtigkeitsdiskurs als auch material-inhaltlich für die säkulare wissenschaftliche Gerechtigkeitsdebatte. In ihr entfaltet sich ein zentraler Auftrag der Gesellschaftsgestaltung aus dem Blick einer theologischen Sozialethik heraus. Dabei dient die Option für die Armen ethisch als heuristisches Kriterium für die Bezugnahme unterschiedlicher Hauptanliegen sozialer Gerechtigkeit

---

66 Der Topos »neuere lehramtliche Veröffentlichungen« bezieht sich in dieser Untersuchung auf den Zeitraum seit dem Vaticanum II, also etwa seit Mitte der 1960er Jahre.

67 Vgl. *Kruip*, Gerhard (2003), 117.

68 Mit dem Begriff Theologie der Befreiung bezeichnet man eine diffuse theologische Strömung im lateinamerikanischen Kontext etwa seit der Mitte des 20. Jahrhunderts. Der Begriff selbst ist spätestens seit 1975 in einer breiten Literatur verschiedener Autoren in Gebrauch. Vgl. *Schöpfer*, Hans (1979), 102. Bis zu diesem Zeitpunkt gibt es allerdings nach einer interdisziplinären Grundlagenbibliographie bereits rund 6000 Publikationen, die dieser Strömung zuzurechnen sind. Vgl. *Schöpfer*, Hans (1977), 652. Als ein Durchbruch ist dabei das Werk »Theologie der Befreiung« von Gustavo *Gutierrez* (1973; Original 1971) zu werten. Vgl. *Flohr*, Florian (1985), 15.

aufeinander, für die Gewichtung widerstrebender Ziele in Anwendungsfragen und besitzt schließlich unmittelbare Praxisrelevanz in der Individual- und Sozialethik.[69] Die vorrangige Option für die Armen ist dabei gerade in der theologischen Gerechtigkeitsdebatte besonders relevant durch ihre Herleitungsmöglichkeit unmittelbar aus dem biblischen Kontext, der innertheologischen Schärfung des Armutsbegriffs und seiner sozialethisch methodischen Stringenz. Die Theologie der Befreiung, deren Autoren diesen ethischen Grundtopos entwickelt und in die theologische Diskussion eingebracht haben, schließt dabei eng an zentrale Aussagen der Pastoralkonstitution des Zweiten Vatikanischen Konzils, Gaudium et Spes, an. Hierbei gilt es hauptsächlich, auf die kreative Rezeption des Konzils durch die lateinamerikanische Befreiungstheologie hinzuweisen. Als besonders anschlussfähig wurde die von vom Konzil angeregte »Deutung der Zeichen der Zeit im Licht des Evangeliums«[70] (GS 4) betrachtet, die einerseits auf eine notwendige sozialwissenschaftliche Vermittlung der vorgefundenen Wirklichkeit drängt, andererseits aber gerade die Möglichkeit theologisch-ethischer Deutung dieser offen hält. Der Einbezug empirisch sozialwissenschaftlicher Ergebnisse in den theologischen Diskurs kann dabei als große methodische Bereicherung der theologischen Ethik verstanden werden.[71] Am deutlichsten tritt die Verbindung zwischen der Theologie der Befreiung und dem Zweiten Vatikanischen Konzil dabei aus lateinamerikanischer Sicht in der zweiten Vollversammlung des lateinamerikanischen Episkopats in Medellín hervor. Die Konferenz »wurde einberufen, um ‚die Kirche in der gegenwärtigen Umwandlung Lateinamerikas im Licht des Konzils' zu betrachten und sich Rechenschaft darüber abzulegen, wie das Konzil bei den lateinamerikanischen Völkern anzuwenden ist. Indem sie [die in Medellín versammelten Bischöfe, M.L.]

---

69 Vgl. *Büchele*, Herwig (1989), 109f.

70 Dieser Topos geht dabei auf die erstmalige Erwähnung durch *Johannes XXIII*. in der Enzyklika »Pacem in terris« zurück. Der Papst verwendet ihn am angegebenen Ort im Kontext einer Situationsanalyse besonderer gesellschaftlicher Merkmale in der Entstehungszeit der Enzyklika. Vgl. PT, 39–45.

71 Vgl. *Garcia-Mateo*, Rogelio (1986), 386–396. Vgl. ebenso: *Boff*, Leonardo (1984), 628–634.

dem Weg folgen, den das Konzil eröffnet hat, versuchen sie gründlich die Zeichen der Zeit zu erkennen und sie im Licht des Evangeliums zu interpretieren«[72].

Ausgehend von diesen einleitenden Bemerkungen ergibt sich im Rahmen des hermeneutischen Teils der vorliegenden Untersuchung folgende Vorgehensweise: in einem ersten Schritt wird die Entstehungsgeschichte der Theologie der Befreiung in ihrem lateinamerikanischen Kontext betrachtet, ohne diesen die Beiträge dieser Art, Theologie zu betreiben, nicht erklärbar sind. Der Kontext der Genese des Begriffs der Option für die Armen bildet dabei eine erste Informationsinstanz zur Erklärung wichtiger Inhalte und ihrer jeweiligen Entstehung. Ausgehend von einigen Grundvoraussetzungen, der spezifischen Lage der Kirche in Lateinamerika und der weltweiten Öffnung der katholischen Kirche ab der Mitte des 20. Jahrhunders, werden unter Bezugnahme auf zentrale Dokumente des lateinamerikanischen Bischofsrates anschließend wichtige Grundlinien der vorrangigen Option für die Armen dargestellt.

In einem nächsten Schritt erfolgt eine kurze Definition zentraler Topoi der Befreiungstheologie. In diesem Abschnitt wird eine Definition der vorrangigen Option für die Armen in ihren einzelnen Bestandteilen erfolgen. Besonders werden dabei die Begriffe *Option* und *vorrangig* erläutert werden müssen. Ebenfalls wird im Rahmen des hermeneutischen Teiles dieser Arbeit, *Armut* theologisch-ethisch im Rahmen der Begrifflichkeit der Befreiungstheologie erläutert werden.

In einem nächsten Abschnitt wird die Kernaussage der lateinamerikanischen Befreiungstheologie, die vorrangige Option für die Armen, kritisch hinsichtlich inner- und außerkirchlicher Anfragen an dieses Konzept diskutiert. Es werden dabei drei Haupteinwände gegen diese Art der Theologie untersucht werden[73]:

---

72 *Garcia-Mateo*, Rogelio (1986), 389.

73 Eine Zusammenstellung zentraler theologischer und sozialwissenschaftlicher Einwände gegen die Theologie der Befreiung findet sich bei: *Fisch*, Andreas (2002), 50–61 und *Bedford-Strohm*, Heinrich (1993), 190–199. Für zentrale theologische Einwände vgl. *Ratzinger*, Josef (1986) sowie die beiden Instruktionen der *Kongregation für die Glaubenslehre* (1984 und 1986), in: *Greinacher*, Norbert (1990).

- Die exklusive Deutung der vorrangigen Option für die Armen stünde im Gegensatz zur universalen Heilsbotschaft der Kirche. Die Option stelle hierbei eine Verherrlichung einer einzigen sozialen Klasse dar und wäre somit nicht mit der Sendung der Kirche an alle Menschen und Völker vereinbar.

- Die Deutung der zentralen Parteinahme für die Marginalisierten und Unterdrückten im Volk als Klassenkampf widerspräche dem Willen zum Frieden und spaltet alle Gesellschaftsordnungen. Die marxistische sozialwissenschaftliche Analyse wäre dabei für ein sachgerechtes Verstehen gesellschaftlich-struktureller Wirkmechanismen eher hinderlich als nützlich und zudem ideologisch vorgeprägt.

- Die Theologie der Befreiung strebe mit der vorrangigen Option für die Armen nur eine rein materielle Lösung des Armutsproblems an. Diese bliebe aber hinter den eigenen offenbarungstheologischen Bezügen und ethischen Grundanforderungen zurück. Eine Fokussierung einzig auf diese Lösungsmöglichkeit wäre dann vielmehr das Ergebnis einer ideologisierten Gesellschaftsanalyse und müsste folglich abgelehnt werden.

Ein nächster Abschnitt innerhalb dieses hermeneutischen Teiles wird sich mit spezifischen Weiterentwicklungen des Konzepts der vorrangigen Option für die Armen beschäftigen. Es wird zu zeigen sein, dass diese Modifikationen zum Teil aus berechtigter Kritik an doktrinären Lösungsansätzen und Untersuchungsmethoden resultieren, zu einem erheblichen Anteil aber auch durch den Eingang dieser theologischen Kurzformel in andere sozialethische Veröffentlichungen und lehramtliche Verlautbarungen modifiziert und behutsam weiter entfaltet wurde, ohne die eigentliche Kernaussage dabei zu gefährden. Hierbei ist es wichtig zu betonen, dass kaum ein anderer theologisch-ethischer Gegenstand, der in einer Ortskirche entwickelt wurde, eine vergleichbare Wirkungsgeschichte entfaltet hat.[74] Anhand wichtiger gesamt- und ortskirchlicher Dokumente wird diese Wirkungsgeschichte nachfolgend vorgestellt und die Weiterentwicklung des ethischen Topos der vorrangigen Option für die Armen innerhalb der katholischen Soziallehre untersucht werden. Der Untersuchungsrahmen wird dabei vom Gegenstand dieser Arbeit vorgegeben. Ich beziehe mich hierbei auf wichtige neuere Dokumente der Deutschen Bischofskonferenz und auf gesamtkirchliche Verlautbarungen. Als Ergänzung wird eine bedeutende Veröffentlichung der Bischöfe der USA herangezogen, die ausgehend vom ethischen Gehalt der Option aktuelle Grundfragen der amerikanischen Wirtschaft bearbeitet. Es wird hierbei zu prüfen sein, inwieweit besonders die Art der gewählten sozialwissenschaftlichen Vermittlung als integraler Bestandteil des befreiungstheologischen Diskurses zu werten ist. Weiterhin ist zu untersuchen, ob zentrale materiale Aussagen isoliert auf den lateinamerikanischen Kontext beschränkt bleiben oder ob diese anwendbar auf Länder mit anderen soziokulturellen Zusammenhängen sind. Die Beschränkung einer solchen kurzen Darstellung der Rezeptionsgeschichte der »Option« auf lehramtliche Dokumente allein erfolgt dabei im Hinblick auf den Untersuchungsgegenstand. Es soll damit gezeigt werden, dass der Topos bereits als genuines, breit rezipiertes Allgemeingut der christlichen Sozialethik und Soziallehre aufzufassen ist, das auch als hermeneutische Grundlage einer Arbeit zur sozialen Gerechtigkeit im Bezug auf die Alterssicherung in der Bundesrepublik Deutschland fungieren kann. Eine breitere Darstellung der Rezeptionsgeschichte und neuerer theologischer Entwicklungen würde eine eigene differenziertere Forschungsarbeit bezogen auf diesen Bereich nötig machen.[75]

Abschließend werden im letzten Teil dieses einleitenden Kapitels einige Konsequenzen für die theologisch-ethische Diskussion aktueller gesellschaftlicher Problemlagen gezogen.

---

74 Vgl. *Boff*, Leonardo / *Elizondo*, Virgil (1986), 325.

75 Zur Begriffsgeschichte und einzelnen Entwicklungslinien vgl. *Calderón*, Marietta (2005).

2.2 Entstehung und Entwicklung der theologischen Aussage: »vorrangige Option für die Armen«

2.2.1 Voraussetzungen

Die theologisch-ethische Aussage von einer *vorrangigen Option für die Armen* wurde erstmals im Kontext der lateinamerikanischen Theologie der Befreiung entwickelt und in den binnenkirchlichen Diskurs um soziale Gerechtigkeit eingebracht.

Nach Florian *Flohr* liegt eine erste Voraussetzung für die Entstehung einer spezifischen Form der Theologie in Lateinamerika in der historischen Situation dieses Kontinents.[76] Eine wichtige Ausgangsbedingung der Befreiungstheologie war demnach die europäische Kolonialisierung und ihre Folgewirkungen für diesen Erdteil beginnend mit den Eroberungsfeldzügen der frühen großen Kolonialmächte Spanien und Portugal im 15. und 16. Jahrhundert. Für Lateinamerika sind als Folgewirkungen dieser historisch bis dahin beispiellosen Ausdehnung europäischer Hegemonie religiös die beginnende Missionstätigkeit und Christianisierung fast aller dort beheimateten Stämme und Kulturen, wirtschaftlich-sozial dagegen Zerstörungen, Plünderungen und Raub der natürlichen Lebensgrundlagen zu nennen.[77] Theologiegeschichtlich wurde, resultierend hauptsächlich aus der Methode der spanischen Mission, die europäische Gestalt des Christentums und deren Theologie ohne einen Inkulturationsprozess in den spezifischen Kontext dieses Subkontinents adaptiert.[78]

---

76 Vgl. *Flohr*, Florian (1985), 9–12.

77 *Flohr* illustriert in diesem Zusammenhang durch folgendes Beispiel: »Durch Kriege, Überausbeutung der Arbeitskräfte und neue, von den Eroberern mitgebrachte Krankheiten wurde etwa in derselben Zeit [zwischen 1500 und 1600, M.L.] die Indianerbevölkerung Lateinamerikas von ca. 100 Millionen (1492) auf 10 Millionen (1570) buchstäblich dezimiert.« Vgl. *Flohr*, Florian (1985), 10.

78 Vgl. *Sigmund*, Paul E. (1990), 17: »This was the religio-political outlook, that was brought to Spanish and Portuguese America by the era of colonial conquest. The spread of the faith by missionaries and soldiers ('The cross and the sword') but a further extension of the crusading spirit that hat only recently (1492) liberated southern Spain from

Als zeitlich nähere historische Ursache wird in der Literatur das Scheitern der globalen *Allianz für den Fortschritt* [79] genannt. Diese als Abwehr kommunistischer Einflüsse gedachte und zur wirtschaftlichen Entwicklung befähigende Adaption westlicher Entwicklungsmuster führten aus lateinamerikanischer Perspektive im Äußeren zu größerer wirtschaftlicher und politischer Abhängigkeit durch Rückzahlungsverspflichtungen gewährter Entwicklungshilfekredite gegenüber westlichen Industrieländern und im Inneren zu einer größeren Spaltung zwischen reichen Profiteuren dieses Entwicklungskonzepts und Marginalisierten, die dadurch in großer wirtschaftlicher Abhängigkeit gehalten wurden.[80]

Auf zwei weitere zentrale Grundvoraussetzungen für die Theologie der Befreiung im heutigen Kontext macht Gerhard *Kruip* aufmerksam. Er nennt die spezifische derzeitige Situation Lateinamerikas, als Subkontinent in Abhängigkeit, und die Impulse des Zweiten Vatikanischen Konzils als maßgebliche innere und äußere Ursachen im 20. Jahrhundert für die Entwicklung einer eigenen Theologie in diesem Erdteil.[81]

Die Situation Lateinamerikas in den 1960er Jahren muss beschrieben werden als von vielfältigen Formen von Ausbeutung und Unterdrückung gekennzeichnet. *Greinacher* gibt in diesem Zusammenhang einen Überblick über fünf Dimensionen dieser Unterdrückungssituation für viele Einwohner des Kontinents[82]:

Moslem rule."

79 Vgl. *Eicher*, Peter (1991), 128f.

80 Vgl. *Greinacher*, Norbert (1990), 26f. *Greinacher* nennt auch die Zahl von insgesamt 600 Millionen USD an Geldleistungen der USA für Lateinamerika im Rahmen der Allianz für den Fortschritt. Zum Scheitern der Allianz für den Fortschritt durch ihren nicht auf die lateinamerikanische Situation bezogenen Entwicklungsgedanken und daraus resultierend den unangemessenen Fortschrittbegriff vgl. auch *Gutierrez*, Gustavo (1990), 35–37. Zu den Folgewirkungen für die Länder Lateinamerikas, größere äußere Abhängigkeit und tiefere innere Spaltung der Gesellschaft in arm und reich, vgl. auch *Peruanische Bischofskonferenz* (1990), 70, 72f.

81 Vgl. *Kruip*, Gerhard (2003), 117f.

82 Vgl. *Greinacher*, Norbert (1990), 23–27.

- Rassismus:
  Die Urbevölkerung Lateinamerikas wird unterdrückt in Leib und Leben, ihrer eigenen Kultur, Sprache, Tradition und Geschichte.

- Machismo:
  Diese Dimension bezieht sich auf die Repression der Frau durch patriarchalische Elemente der dortigen Gesellschaft. Der Begriff bezieht sich aber in einem weiteren Kontext auch auf die Ausbeutung sozialer Klassen durch die wirtschaftlich und politisch beherrschende Oberschicht.

- Militarismus:
  In der Entstehungszeit der Befreiungstheologie bestimmten zumeist Militärdiktaturen die politischen Geschicke der Länder Lateinamerikas. Dominiert und legitimiert durch die vorherrschende »Doktrien der nationalen Sicherheit«[83] wurden durch diese Diktaturen politische Gegner massiv unterdrückt, politisch verfolgt und nicht selten ermordet.

- Das kapitalistische Wirtschaftssystem:
  Die Wirtschaftssysteme Lateinamerikas sind nach *Greinacher* international hauptsächlich von großen multinationalen Unternehmen aus Europa oder den USA abhängig. Die einheimischen Volkswirtschaften sind dabei in die Rolle dienstbarer Rohstofflieferanten oder des Reservoirs an billigen Arbeitskräften gedrängt. Bedingt durch diese wirtschaftliche Anhängigkeitssituation verschärft sich innenpolitisch der Unterschied zwischen wenigen Reichen, die von dieser wirtschaftlichen Situation profitieren und der großen

---

83 Die »Doktrien der nationalen Sicherheit« kennzeichnet den Versuch, mittels starrer Regime in Lateinamerika und massiver Interventionen der USA, bestehende westliche Orientierungen dieser Länder aufrechtzuerhalten und die Gefahr einer kommunistischen Revolution abzuwenden. Vgl. hierzu: *Biancucci*, Duilio (1987), 15. *Greinacher* nennt die Zahl von 150 offiziellen militärischen Interventionen der Vereinigten Staaten in Lateinamerika bis 1970. Vgl. *Greinacher*, Norbert (1990), 25.

Masse armer Bevölkerungsschichten, die nur mittelbar am Erfolg der wirtschaftlichen und politischen Elite teilhat.

- Nordamerikanischer Imperialismus:
  Verstärkt seit Mitte der 1940er Jahre greifen die Vereinigten Staaten von Amerika direkt oder indirekt in die Entwicklung der Länder Lateinamerikas ein. Neben der Zahl von 150 offiziellen militärischen Interventionen bis 1970 geben andere Zählungen die Summe von 984 für den gleichen Zeitraum an.[84]

Eine weitere zentrale Grundvoraussetzung für das Entstehen einer eigenen lateinamerikanischen Theologie sind in den Impulsen des Zweiten Vatikanischen Konzils für die weltweite Kirche angelegt. Bereits vor der Konzilseröffnung durch Johannes XXIII. formierten sich in diesem Subkontinent eigenständige kirchliche Bewegungen, die ihren unmittelbaren Ausdruck in der Gründung der lateinamerikanischen Bischofskonferenz, Consejo Episcopal Latinoamericano (CELAM), 1955 in Rio de Janeiro, oder in der Bildung der ersten kirchlichen Basisgemeinschaft, »Bewegung für die Erziehung an der Basis«, 1955 fand.[85]

Das zweite Vaticanum bildete nach *Boff* als Pastoralkonzil einen entscheidenden Ausgangspunkt für die eigenständige kirchliche Entwicklung in diesem Erdteil.[86] Der Autor nennt hierfür fünf zentrale Ursachen[87]:

- die Annahme der modernen Welt mit ihren codifizierten Freiheiten als Grundkonsens jeder demokratischen Ordnung,

- die Achtung vor der Würde jeder menschlichen Person in ihrer Subjektivität als Grundstein jeder christlichen Ethik,

---

84 Vgl. *Greinacher*, Norbert (1990), 25: einbezogen sind hier auch politische und diplomatische Interventionen der USA in den Ländern Lateinamerikas.
85 Vgl. *Boff*, Leonardo (1984), 634–638.
86 Vgl. ebd. 628–654.
87 Vgl. ebd. 629–634.

- die Einheit der Menschheitsgeschichte wurde in heilsgeschichtlicher Perspektive gelesen,

- die Achtung anderer christlicher Kirchen und nichtchristlicher Religionen, sowie

- die Dialogbereitschaft der Kirche nach innen und außen in der gemeinsamen Suche nach Wahrheit, die alle Religionen eint.

Die Bedeutung des Konzils lag damit vor allem in der Legitimation eigenständiger ortskirchlicher Erneuerungsbewegungen und in der Ermöglichung einer kreativen Rezeption und Adaption der Beschlüsse durch das Konzil selbst.[88]

2.2.2 Zentrale lehramtliche Dokumente der lateinamerikanischen Kirche

Für die Entwicklung der lateinamerikanischen Theologie der Befreiung und dem Grundtopos der vorrangigen Option für die Armen sind zwei Dokumente des lateinamerikanischen Bischofsrates von entscheidender Bedeutung: »Die Kirche in der gegenwärtigen Umwandlung Lateinamerikas im Lichte des Konzils« (Abschlusserklärung der Zweiten Vollversammlung der lateinamerikanischen Bischöfe in Medellín 1968)[89] sowie »Die Evangelisierung Lateinamerikas in Gegenwart und Zukunft« (Abschlusserklärung der Dritten Vollversammlung der lateinamerikanischen Bischöfe in Puebla de los Angeles 1979)[90]. Aus beiden Dokumenten werden im Folgenden die zentralen Passagen zur Entwicklung und Entfaltung des zentralen ethischen Grundtopos der vorrangigen Option für die Armen vorgestellt und diskutiert.

---

88 Vgl. etwa für die Liturgie SC 37–40 und für die Ethik die zentrale heuristische Vorgabe der Pastoralkonstitution in GS 1–4.
89 Vgl. *CELAM (1968)*.
90 Vgl. *CELAM (1979)*.

2.2.2.1 Die Abschlusserklärung der Zweiten Generalversammlung des lateinamerikanischen Episkopats in Medellín 1968

Die zweite Generalversammlung des lateinamerikanischen Episkopats tagte vom 24.08. bis 06.09. in Medellín. Das Abschlussdokument trägt den Titel: »Die Kirche in der gegenwärtigen Umwandlung Lateinamerikas im Lichte des Konzils«[91]. Die Konferenz von Medellín war dabei der erste lehramtlich herausragende Ausdruck, den der Veränderungsprozess innerhalb der lateinamerikanischen Kirche im 20. Jahrhundert fand.[92] Im Vorfeld der Versammlung trugen hauptsächlich zwei Faktoren zu diesem Wandel bei: (1.) die Wahrnehmung der sozialen Realität als tiefer Bruch zwischen reichen und armen Bevölkerungsschichten, deren Hoffnung auf Wohlstand sich mit dem Scheitern der »Dekade für die Entwicklung«[93] zerschlagen hatte und (2.) die theologische Deutung dieser Realität als konfliktiv und der Botschaft der Evangelien widersprechend. *Bedford-Strohm* führt an, dass auch die Impulse des Zweiten Vatikanischen Konzils für diese Sicht eine hervorragende Basis bieten.[94] Besonders die Pastoralkonstitution, Gaudium et spes, bietet in Nr. 4 einen solchen hervorragenden Anknüpfungspunkt in der Ermutigung zur Wahrnehmung und Analyse sozialer Problemlagen und zum Engagement von Christinnen und Christen, die Ursachen dieser Probleme zu bekämpfen.[95]

---

91 *CELAM (1968)*. Der Originaltext ist erhältlich unter: *Conferencia General del Episcopado Latinoamericano* (Hg.): La Iglesia en la actual transformacion de America Latina a la luz del Concilo. Segunda conferencia general del Episcopado Latinoamericano, Bogota 1968.

92 Vgl. *Greinacher*, Norbert (1980), 79.

93 Zur Dekade für die Entwicklung, die ihren unmittelbaren Ausdruck in der Allianz für den Fortschritt fand vgl. *Eicher*, Peter (1991), 128f.

94 Vgl. *Bedford-Strohm*, Heinrich (1993), 152.

95 GS 4: »Freude und Hoffnung, Trauer und Angst der Menschen von heute, besonders der Armen und Bedrängten aller Art, sind auch Freude und Hoffnung, Trauer und Angst der Jünger Christi.«

Bedford-Strohm schreibt:

> »Schon die Überschrift des Schlußdokuments ‚Die Kirche in der gegenwärtigen Umwandlung Lateinamerikas im Lichts des Konzils' ist ein deutliches Indiz für diese Diagnose.«[96]

Die theologisch-ethische Kurzformel der Option für die Armen wurde auf dieser Konferenz erstmalig implizit unter den Überschriften: Gerechtigkeit, Frieden und Armut der Kirche formuliert. Auch wenn hier noch keine explizite Formulierung der Option niedergeschrieben wurde, sind die genannten Kapitel doch eine deutliche Hinführung an den Inhalt der späteren Formel.[97] Die Option selbst wurde erstmalig im Schlussdokument des Dritten internationalen Treffens der peruanischen Priesterbewegung (ONIS) in Lima als historische Vermittlung der Liebe in einer Welt der Ungerechtigkeit und der Gegensätze formuliert.[98]

Das Schlussdokument von Medellín[99] geht implizit in den Kontexten (1.) der Suche nach Gerechtigkeit, (2.) der Hoffnung auf Frieden und (3.) der Armut der Kirche auf die spätere inhaltliche Ausrichtung der Option ein.

(1.) In diesem Abschnitt wird soziales Elend und Armut empirisch als Massenerscheinung wahrgenommen und ethisch als solche verurteilt. Besonders die Situationen der Frauen, deren Gleichstellung mangelhaft ist, der Jugendlichen und Kinder, die kaum Bildungschancen haben und der Landarbeiter, deren Arbeitsplätze stark vom Weltmarkt abhängig sind, wird als Phänomen betrachtet (Gerechtigkeit 1, 17–23). Als Gründe für die genannte Situation werden in diesem Dokument fehlende soziokulturelle Integration

---

96 *Bedford-Strohm*, Heinrich (1993), 152.
97 Vgl. *Fisch*, Andreas (2002), 48.
98 *Collet*, Giancarlo (1992), 78. Vgl. auch *Fisch*, Andreas (2002), 48f.
99 Zu allen direkten Zitaten von Medellín vgl. *CELAM (1968)*. Die Zitation erfolgt nach Abschnitt und Nummer.

und strukturelle Anpassungsprobleme angegeben (Gerechtigkeit 2). Als Ausweg beschreibt Medellín, gleichrangig neben individuellen, strukturelle Lösungsmöglichkeiten durch den Dienst an der Gewissensbildung der Gläubigen und der institutionellen Ermöglichung von Teilhabe auch in Politik und Wirtschaft (Gerechtigkeit 6 bis 15). Ausdrücklich wird auch die Möglichkeit politischer Reformen mit dem Ziel der Förderung von Beteiligungsmöglichkeiten und Volksvertretungen hervorgehoben (Gerechtigkeit 16).

(2.) Grundlegend in diesem Teil ist die Wahrnehmung der unlösbaren Verbindung zwischen Gerechtigkeit und Frieden (Frieden 14). So wird betont, dass die Unterentwicklung Lateinamerikas als Bedrohung des Friedens einzustufen ist, die sich in drei Aspekten äußert: in Spannungen zwischen den Klassen und internem Kolonialismus (Frieden 2 bis 7), internationalen Spannungen und externem Kolonialismus (Frieden 8 bis 10) sowie schließlich in Spannungen zwischen den lateinamerikanischen Ländern selbst. Diese Zustände werden als soziale Sünden gebrandmarkt (Frieden 1). Während sich der erste Aspekt hauptsächlich in verschiedenen Formen der Marginalisierung zeigt und zu übermäßiger Ungleichheit zwischen Bevölkerungsgruppen eines Landes und wachsender Frustration führt, ist das Kennzeichen des zweiten Aspekts die wirtschaftliche Abhängigkeit Lateinamerikas vom Machtzentrum der Vereinigten Staaten von Amerika. Der dritte Aspekt ist durch einen übersteigerten Nationalismus der Länder Lateinamerikas selbst begründet, der Integration verhindert und zu einem Rüstungswettlauf zwischen diesen führt.

(3.) Im Abschnitt »Armut der Kirche« wird zunächst über innerkirchliche Fehler reflektiert. Angesichts der ungeheuren sozialen Ungerechtigkeit wird beklagt, dass sich manchmal Priester oder Teile des Episkopats mit reichen Bevölkerungsschichten zulasten der Armen verbunden haben (Armut 1f.). Armut wird danach theologisch dreifach differenziert als verurteilenswerter Mangel an Gütern dieser Welt, als Anerkennung des größeren Wertes des

Reiches Gottes (geistliche Armut) und schließlich als Engagement in der freiwilligen Annahme zur Solidarisierung mit allen Marginalisierten (Armut 4f.). Als innerkirchliche Lösungsmöglichkeit wird schließlich individualethisch und strukturell Solidarität, Gewissensbildung, Dienst an den Armen und Hilfe zur Selbsthilfe vorgeschlagen (Armut 8 bis 18).

2.2.2.2 Die Abschlusserklärung der Dritten Generalversammlung des lateinamerikanischen Episkopats in Puebla de los Angeles 1979

Die dritte Generalkonferenz des lateinamerikanischen Episkopats tagte im Januar und Februar 1979 in Puebla de los Angeles (Mexiko). Ihr Abschlussdokument: »Die Evangelisierung in der Gegenwart und in der Zukunft Lateinamerikas«[100] wurde am 13. Februar 1979 beschlossen.[101]

Der herausragende thematischer Schwerpunkt der Konferenz bestand nicht darin, neue systematische Traktate der Dogmatik oder Pastoraltheologie zu schaffen, vielmehr sollten für die Evangelisierung wichtige Gesichtspunkte aus pastoraler Sicht verhandelt werden[102], denn für »Lateinamerika ist endlich auch die Stunde gekommen, die gegenseitigen Dienste zwischen den Teilkirchen zu verstärken und jenseits der eigenen Grenzen zu wirken«[103]. Die Konferenz von Puebla war somit wesentlich als Fortsetzung der vorausgegangenen Zusammenkunft in Medellín (1968) gedacht, gleichzeitig sollte eine Weiterentwicklung der Formel nach externer und interner Kritik geleistet werden.[104]

---

100 Der deutsche Text findet sich unter: *CELAM* (1979a). Der Originaltext ist erhältlich unter: *Conferencia General del Episcopado Latinoamericano* (Hg.): La Evangelizacion en el presente y en el futuro de America Latina, Documento de consulta, Bogota 1979.

101 Vgl. *Schlegelberger*, Bruno / *Sayer*, Josef / *Weber*, Karl (1980), 183.

102 Vgl. ebd.

103 Ebd. Nr. 368.

104 Zur Kritik vgl. die detaillierte Diskussion einiger Einwände im Abschnitt vier dieses hermeneutischen Teiles der vorliegenden Untersuchung.

Das Dokument von Puebla[105] geht im Abschnitt IV unter der Überschrift »Die missionierende Kirche im Dienst der Evangelisierung in Lateinamerika« unter den Nummern 1134 bis 1165 auf die Option ein. Der betreffende Teil ist dabei in drei Abschnitte gegliedert: 1. eine Bestandsaufnahme der Zeit von Medellín bis zu dieser Konferenz (Nr. 1134 bis 1140), 2. die theologische Reflexion des Armutsbegriffs (Nr. 1141 bis 1152) und schließlich 3. die Formulierung pastoraler Richtlinien als Folgen für die Kirche vor Ort (Nr. 1153 bis 1165).

Im ersten Anschnitt finden sich dabei neben der Feststellung, dass sich die Lage der Unterdrückten und Marginalisierten in diesem Subkontinent seit der Konferenz von Medellín nicht verbessert habe, phänomenologische Betrachtungen des Problems Armut. Sie wird hier klassifiziert als Situation der Entbehrung elementarer Grundgüter und fehlender wirtschaftlicher und politischer Mitbeteiligung (Nr. 1135f.). Als Gründe für diese Lage werden bereits unter den Nummern 63 bis 71 unter anderem angegeben: eine mangelnde Integration der Staaten auf internationaler Ebene, wirtschaftliche und Abhängigkeit der Länder Lateinamerikas, der Rüstungswettlauf, fehlende Strukturreformen in der Landwirtschaft und Korruption.

Im zweiten Abschnitt findet sich eine theologische Reflexion des Armutsbegriffs durch die Konferenz. Das Engagement für die Armen wird darin in einem ersten Schritt offenbarungstheologisch begründet als Nachfolge Christi, der selbst arm war, um so den Ausgeschlossenen die Frohe Botschaft zu verkünden (Nr. 1141).

> »Allein aus diesem Grunde haben die Armen ein Anrecht auf besondere Fürsorge, ungeachtet ihrer moralischen oder persönlichen Situation. Geschaffen nach dem Bilde Gottes und ihm ähnlich (...), damit sie seine Kinder seien, ist dieses Ebenbild dennoch verdunkelt und wird verhöhnt.«[106]

Ferner erfolgt in diesem Abschnitt auch eine Unterscheidung zwischen der spirituellen Armutsform, als Ausdruck besonderer Hinwendung zu

---

105 Vgl. im Folgenden, wenn nicht anders angegeben: *CELAM* (1979).
106 *CELAM* (1979), Nr. 1142.

Gott durch Freiheit von irdischen Gütern und der materiellen Armutsform als Übel (Nr. 1148 bis 1152).

Im dritten Abschnitt dieses Kapitels wird als grundsätzliche pastorale Richtlinie zunächst das vorrangige Eintreten der Kirche für die Armen als Ziel ihres Verkündigungsauftrages betont (Nr. 1153). Neben der individualethischen Forderung nach einem brüderlicheren Zusammenleben, liegt der deutliche Vorrang auf der Suche nach strukturellen Lösungsmöglichkeiten (Nr. 1155, 1160, 1162f.). Auch die Strukturen der Kirche sind nach Maßgabe der vorrangigen Option für die Armen zu überprüfen (Nr. 1157).

Neben einer ausdrücklichen Bestätigung der Ergebnisse von Medellín (Nr. 1134) formulieren die vertretenden Bischöfe und Theologen auch einige Fortentwicklungen. Ein erstes wichtiges Kennzeichen des Dokuments von Puebla stellt dabei das systematische und zusammenhängende Eingehen auf die Option und aus ihr abzuleitende Folgerungen dar. Während man sich in Medellín in vielen verschiedenen Kontexten der Option näherte[107], gibt Puebla einen systematischen Überblick über die Thematik.

Ein weiteres wichtiges Ergebnis stellt die Einfügung des Attributes »vorrangig« in die theologische Kurzformel dar. Wohl als Reaktion auf die binnenkirchlichen Vorwürfe der Parteinahme und Exklusivität der Option als Widerspruch zur universalen Heilssendung der Kirche präzisierte die Versammlung die getroffene Option als Grundentscheidung und kontextualisierte sie durch andere Optionen.[108] Im unmittelbaren Textumfeld der Option für die Armen findet sich auch die vorrangige Option für die Jugendlichen, die Mitwirkung der Kirche am Aufbau der Gesellschaft Lateinamerikas und der Völkergemeinschaft. (Vgl. Kapitel IV).

Eine letzte Weiterentwicklung ist mit der deutlicheren Präzisierung eines christlichen Armutsbegriffs (Nr. 1141 bis 1152), der treffenderen Benennung struktureller Ursachen (Nr. 63 bis 71) und des Ansprechens

---

107 Vgl. etwa *CELAM* (1968), Gerechtigkeit 1f., 10–14 und Armut 1–3 zu Ursachen; Frieden 1–33 und Armut 8–13 zum näheren Inhalt.

108 Vgl. *Eicher*, Peter (1991), 128–133 als Kommentar zu Puebla.

spezifischerer struktureller Lösungsmöglichkeiten des Problems (Nr. 1162 bis 1164) erreicht.

2.3 Systematische Erwägungen

2.3.1 Was bedeutet es, eine Option zu treffen?

Das Wort Option bedeutet eine getroffene Auswahl in Freiheit und Freiwilligkeit. Eine solche Auswahl setzt damit zum einen eine Wahlmöglichkeit zum anderen ein Auserwähltes voraus. Eine Option zu treffen, bezeichnet auch einen festen Entschluss unter Inkaufnahme der damit verbundenen Risiken.[109] Im Kontext der lateinamerikanischen Befreiungstheologie bedeutet die Rede von einer Option eine radikale Parteinahme für die angezielte Sache oder die ausgewählte Gruppe von Menschen. Das Problem wird dabei im Rahmen eines fundamentalen Perspektivwechsels aus der unmittelbaren Betroffenenperspektive betrachtet, um so zum einen eine advokatorische Position der Kirche für die Leidtragenden zu provozieren und zum anderen einen Beitrag zu einer angemessenen Lösung einzubringen.[110]

2.3.2 Ein theologischer Armutsbegriff

Als Materialobjekt der theologisch-ethischen Kurzformel bildet die theologische Analyse des Phänomens der Armut einen entscheidenden Kernbegriff zum Verstehen dieser Formel. Verschiedene Autoren geben einen klaren Überblick über die theologische Definition dieses Phänomens.

Boff und Pixley geben zunächst einen phänomenologischen Überblick über die Ursachen des Problems und verschiedene Betroffenengruppen. Theologisch muss hierbei zunächst grundlegend unterschieden werden

---

109 Vgl. *Fisch*, Andreas (2002), 44.
110 Vgl. *Fraling*, Bernhard (1992), 33f.

zwischen einer spirituellen Armutsform, als Ausdruck einer besonderen Offenheit für Gott durch Befreiung von der Sorge um irdisch dinghafte Güter, und einer erzwungenen materiellen und soziokulturellen Form der Armut, als Skandal und Widerspruch zum Heilswillen Gottes und der Würde der menschlichen Person.[111] Obwohl sich auch die erzwungene Armut in einem besonderen Glauben und einer besonderen Nähe zu Gott äußern kann, muss sie dennoch theologisch-ethisch verurteilt werden aufgrund ihres repressiven Charakters und der Ermangelungssituation fundamentaler Grundgüter.[112] Im Kontext der Theologie der Befreiung, in allen weiterführenden lehramtlichen Dokumente und sozialethischen Veröffentlichungen bezieht sich die vorrangige Option für die Armen auf das Phänomen der materiellen und soziokulturellen Marginalisierung als zentralen Bezugsrahmen.

Als phänomenologische Ursachen des Armutsproblems nennen *Boff* und *Pixley* strukturelle Gründe: das Faktum der ihrer endogenen Entstehung, als Resultat des vorherrschenden Wirtschaftssystems sowie vorherrschende Ausbeutungsstrukturen und Marginalisierungseffekte. Armut ist nach den beiden Autoren somit das Ergebnis eines konfliktiven Prozesses, in dem arme Menschen immer ärmer werden, während Reiche zunehmend wohlhabender werden.[113]

Als Betroffenengruppen gelten nach ihnen vor allem ethnische Minderheiten, Frauen und die so genannten »neuen Armen der Industriegesellschaft«[114].

---

111 Vgl. *Boff*, Clodovis / *Pixley*, Jorge (1987), 18–125. Vgl. ebenso *Bonino*, Miguez J. (1977), 99f, vgl. auch: *Dussel*, Enrique (1988), 31–82.

112 Diese Mangelsituation steht dabei auch im Kontrast zum praktizierten evangelischen Rat der Armut in Ordensgemeinschaften, dessen Kennzeichen der bewusste Verzicht auf persönlichen Besitz darstellt, jedoch nicht die kollektive Entbehrung lebensnotwendiger Grundgüter.

113 Vgl. *Boff*, Clodovis / *Pixley*, Jorge (1987), 23f.

114 Der Topos der »neuen Armen der Industriegesellschaft« bezeichnet vor allem Menschen mit Behinderungen, Flüchtlinge, Arbeitslose, Rentner und Ausländer. Ihr einziges Vergleichsmerkmal stellt deren Marginalisierung und Unterdrückung im vorherrschenden politischen und ökonomischen System dar. Vgl. *Boff*, Clodovis / *Pixley*, Jorge (1987), 27.

Auch die *lateinamerikanische Bischofskonferenz* gibt im Schlussdokument ihrer dritten Vollversammlung einen umfassenden Überblick über die Betroffenengruppen des Phänomens Armut. Nach ihr sind folgende Personengruppen vorrangig betroffen[115]:

- Kinder aufgrund ihres aus Armut resultierenden Mangels an Selbstverwirklichungschancen,

- Jugendliche, die als Betroffene ihren Ort in der Gesellschaft nicht finden,

- Indios und Afroamerikaner,

- die Landbevölkerung, die von Großgrundbesitzern ausgebeutet und unterdrückt wird

- Lohnarbeiter, welche oft eine Entlohnung knapp über dem Existenzminimum erhalten,

- Unterbeschäftigte und Arbeitslose sowie

- alte Menschen als Ausgeschlossene der Fortschrittsgesellschaft.

Zusammenfassend ist zu konstatieren, dass sich Armut grundlegend an fehlender Teilhabe am gesellschaftlichen Leben und Fortschritt zeigt. Sie ist materiell in zwei Grundtypen beschreibbar[116]: sozioökonomisch und soziokulturell. Während sich sozioökonomisch Armut hauptsäch-

---

115 Vgl. *CELAM* (1968) Nr. 31–39. Vgl. analog *Bohmann*, Manfred K.(2003), 75–86. Eine andere Klassifizierungsmöglichkeit beschreiben *Boff*, Leonardo und *Boff*, Clodovis. Sie unterscheiden die Betroffenengruppen der ethnischen Minderheiten und Frauen. Sie zeigen sich als erniedrigte und Beleidigte im Empfinden des Volkes sowie theologisch betrachtet als entstellte Kinder Gottes. Vgl. *Boff*, Leonardo / *Boff*, Clodovis (1990), 211–214.

116 Vgl. *Fraling*, Bernhard (1992), 32. Der Autor vertritt die Meinung, dass Armut nicht definiert werden kann, sondern beschrieben werden muss.

lich im »Sterben vor der Zeit«[117], aufgrund schlechterer medizinischer Versorgung und Nahrungsmittelknappheit, Unbedeutend-Sein und Schuldlosigkeit[118] zeigt, rekurriert der Begriff der soziokulturellen Armut auf gesellschaftliche Marginalisierung und Bedeutungslosigkeit. Zentrales Kennzeichen beider Beschreibungsarten ist die Ohnmacht der Betroffenen, den eigenen Zustand zu beseitigen. Die Ursache der soziokulturellen Armutsform besteht dabei vorrangig in der sozioökonomischen Marginalisierung der Betroffenengruppe.[119]

2.3.3 Die Bedeutung von »für« und »vorrangig«

Als besonderer Fortschritt in der lateinamerikanischen Diskussion des Armutsbegriffs gegenüber früheren lehramtlichen Dokumenten ist deren veränderte Herangehensweise an das Problem. Der Umgang mit Armut wird im Kontext der Befreiungstheologie partizipativ und ermächtigend gedeutet. Die Präposition »für« ist in diesem Zusammenhang zunächst im Sinne eines stellvertretenden Handelns zu verstehen. Die Kirche soll danach zunächst die Position der an den Rand der Gesellschaft gedrängten Menschen einnehmen, um für sie ihre Position im öffentlichen Leben anwaltschaftlich zu vertreten.[120] Diese Kirche für die Armen soll sich aber über eine Kirche mit den Armen, im Sinne eines partizipativen gemeinschaftlichen Handelns, zu einer Kirche der Armen in der Bedeutung einer Ermächtigung zu eigenverantwortlicher Lebensführung entwickeln.[121] Diese Personengruppe selbst ist also, theologisch betrachtet als Opfer des Bösen und der Unterdrückung, Subjekt des Reiches Gottes und bevorzugter Adressat der Verkündigung des Evangeliums.[122] Weiterhin ist die Methode der Befreiung aus diesem

---

117 Vgl. *Gutierrez*, Gustavo (1995), 294.
118 Vgl. *Rottländer*, Peter (1988), 81–83.
119 Vgl. *Fisch*, Andreas (2002), 44f.
120 Vgl. *Flohr*, Florian (1985), 16.
121 Vgl. *Boff*, Clodovis / *Pixley*, Jorge (1987), 151f.
122 Vgl. *Dussel*, Enrique (1988), 63.

Unrechtszustand konsequent am Prinzip der Hilfe zur Selbsthilfe orientiert.[123] Die betroffenen Personen sollen sowohl durch die Kirche als Fürsprecher als auch durch alle öffentlichen und privaten Hilfsorganisationen ermächtigt werden, sich selbst strukturell und individuell aus ihrer Lage zu befreien.

Das Attribut »vorrangig« wurde durch die Dritte Generalversammlung des lateinamerikanischen Episkopats in Puebla de los Angeles 1979 als Reaktion auf kritische externe Anfragen bezüglich der Partikularität des Lösungskonzepts und ihrem Verhältnis zur universalen Sendung der Kirche in die Kurzformel eingefügt und kontextualisiert etwa mit der Option für die Jugend. Mit diesem Wort wird die »klare erstrangige Zuwendung zu den Armen ausgedrückt, aber auch die darin zur Geltung kommende Universalität umschrieben«[124]. Die theologische Kurzformel ist also kein Ausdruck einer partikulären Sendung, sondern einer erstrangigen Zuwendung zu besonders der Unterstützung und Ermächtigung Bedürftigen innerhalb der universalen Heilssendung der Kirche.[125]

2.3.4 Einwände

Im Laufe der Phase der Entstehung und Entwicklung des Konzepts der vorrangigen Option für die Armen wurden von verschiedenen Autoren innerhalb und außerhalb der Theologie einige Einwände gegen die Kurzformel geltend gemacht. Diese lassen sich in drei Hauptgruppen systematisieren, die nachfolgend vorgetragen und diskutiert werden sollen. Diese Klärung trägt dabei auch zu einem konturierteren Verständnis der Option bei.

---

123 Vgl. *Monanzera*, Miguel (1974), 67f.

124 *Fisch*, Andreas (2002), 48.

125 Vgl. *Eicher*, Peter (1991), 143–150, *Fraling*, Bernhard (1992), 32–34, Gutierrez (1995), 298–300, *Dussel*, Enrique (1988), 83f.

2.3.4.1 Der erste Einwand: Partikularität statt Universalität

Dieser von *Höffner* als Eröffnungsreferat bei der Herbstvollversammlung der Deutschen Bischofskonferenz 1984[126] in seinem Kern vorgetragene Einwand lautet folgendermaßen: Eine exklusive Deutung der vorrangigen Option für die Armen stehe im Gegensatz zur universalen Heilsbotschaft der Kirche. Die Option stelle hierbei die Verherrlichung einer einzigen sozialen Klasse dar und ist somit nicht mit der Sendung der Kirche an alle Menschen und Völker vereinbar.

Höffner geht dabei davon aus, dass die Botschaft Christi nicht auf partikuläre gesellschaftliche Verhältnisse ausgerichtet ist und von ihnen maßgeblich bestimmt wird. Da diese Verhältnisse einem fortwährenden Wandel unterworfen sind, würde so auch »die Botschaft Christi selber dem Wandel unterworfen«[127]. Dieses, im Kern theologische, Problem argumentiert der Autor zunächst historisch mit dem Verweis auf die Zeit der Industrialisierung in Deutschland und Europa. Einer Phase klassenkämpferischen Aufbegehrens gegen Unrechtszustände in der Gesellschaft und Elend in der Arbeiterschaft folgte schließlich die Phase der sozialen Integration des Proletariats in eine wesentlich vom arbeitenden Menschen geprägte Gesellschaft. Integration meint hierbei einen umfassenden Begriff. Neben dem gesellschaftlichen Bereich sind hier vor allem auch der wirtschaftliche und politische Bereich zu betonen.[128]

Höffner betont abschließend:

»Die Erfahrung lehrt, daß sich in der entwickelten Industriegesellschaft ein mittelständischer Lebenszuschnitt durchsetzt

---

126 Vgl. *Höffner*, Josef (1984). Ein Abdruck der Kernthesen findet sich auch bei *Schwieger*, Michael (1987), 268f.

127 *Höffner*, Josef (1984), 34..

128 Vgl. hierzu exemplarisch etwa die Sozialgesetzgebung Bismarcks Ende des 19. Jahrhunderts, die durch Herstellung einer kollektiven Absicherung allgemeiner Lebensrisiken eine weit reichende wirtschaftliche Integration der Arbeiter in Deutschland ermöglichte.

und daß die breite Mittelschicht die tragende Kraft im Staat wird. Die Folgen währen verhängnisvoll, wenn die Kirche die Mittelschicht gleichsam ‚ausstoßen' würde.«[129]

In der Argumentation des Autors ist zunächst zwischen dem theologischen Anliegen und einer historischen Argumentation im Bezugsrahmen Deutschlands in der Zeit der Industrialisierung zu unterscheiden, um schließlich die befreiungstheologische Position näher zu erläutern.

Dieser theologischen These, muss die Öffnung der Kirche für spezifische Inkulturationsprozesse des Christentums ab der Zeit des Zweiten Vatikanischen Konzils entgegnet werden.

Robert *Schreitner* fasst die Etappen dieses Perspektivwechsels aus dem westlichen Kontext heraus folgendermaßen zusammen:

»1. Neuartige Fragen wurden gestellt, für die noch keine Antworten aus dem traditionellen Bereich zur Verfügung standen. [...] 2. Alte Antworten wurden den Kulturen und Gebieten, die sich mit neuen Fragen beschäftigten einfach aufgedrängt. [...] 3. [...] Es entwickelte sich eine neue Form christlicher Identität, die sich in vielem von traditionellen Konzepten in der Geschichte des Christentums unterschied. Aus dieser neuen Identität erwuchs eine Theologie, die sich besonders sensibel zeigte und zwar 1. gegenüber dem Kontext, 2. hinsichtlich der Vorgehensweise und 3. in Bezug auf die Geschichte.«[130]

Gegenüber einer bloßen Adaption des europäischen Christentums, seines spezifischen Glaubensverständnisses und besonderer Ausdrucksweisen, die im Bereich der Theologie und in Glaubensformeln vorwiegend antikes griechisches und mittelalterlich scholastisches Denken spiegelte, setzt diese Form der Glaubensweitergabe bei den Besonderheiten jeder Kultur selbst an und sucht über ihre je eigenen Ausdrucksweisen

---

129 *Höffner*, Josef (1984), 35.
130 *Schreitner*, Robert (1992), 17–19.

die Botschaft des christlichen Glaubens zu vermitteln, allerdings ohne den Kern des Glaubens dabei infrage zu stellen. Dies setzt neben dem Transformationsprozess selbst zunächst die Klärung unbedingter Glaubensinhalte voraus.[131] Die Grundfrage der Theologie der Befreiung im Entdeckungszusammenhang der vorrangigen Option für die Armen ist ebenfalls eine theologische Fragestellung: Wie lässt sich die Frohe Botschaft von der Erlösung des Menschen verkünden angesichts des großen Elends so vieler Menschen in Lateinamerika?[132] Im Zusammenhang dieser Grundfrage der Kirche Lateinamerikas kann die Option auch als spezifische Form der Gewinnung eines nichteuropäischen Christentums in diesem Subkontinent gewertet werden, in dem die Kernbotschaft der Menschwerdung und Erlösung durch Christus übertragen und im Kontext dieses Erdteils beheimatet wird.[133]

Auch die historische Argumentation *Höffners*, der implizit von einer geschichtlich determinierten Entwicklung innerhalb des Verlaufs der Industrialisierung ausgeht und die deutsche Erfahrung kritiklos auf Lateinamerika überträgt, erweist sich in diesem Zusammenhang aus zwei Gründen heraus als nicht stichhaltig. Sowohl *Lampert* als auch *Vobruba* betonen beispielsweise, dass gerade im Erstarken der Arbeiterschaft und ihrer beginnenden politischen Organisierung, wodurch die Gefahr einer Destabilisierung des Kaiserreiches ausging, eine wesentliche Ursache für die Schaffung des bismarckschen Sozialversicherungssystems Ende des 19. Jahrhunderts lag.[134] Zum zweiten ist zu betonen,

---

131 Vgl. *Fornet-Betancourt*, Raul (1994), 100.

132 Vgl. *CELAM* (1968), Gerechtigkeit 1–3. Ein sicheres Indiz für die theologische Problemstellung ist auch der Titel des Abschlussdokuments der III. Generalversammlung des lateinamerikanischen Episkopats in Puebla 1979: »Die Evangelisierung in der Gegenwart und in der Zukunft Lateinamerikas« vgl. *CELAM* (1979). Vgl. auch *Eicher*, Peter (1991), 128–133.

133 Es gilt dabei allerdings zu beachten, dass die Formel der vorrangigen Option für die Armen nicht auf den Kontext ihrer Genese zu beschränken ist, vielmehr auch Anwendung finden kann im Bereich westlicher Industrieländer. Weiterhin gilt es darauf aufmerksam zu machen, dass durch den Inkulturationsprozess wesentliche Glaubensinhalte nicht verloren gehen dürfen. Vgl. hierzu die Argumentation weiterer Einwände gegen das Konzept.

134 Vgl. *Lampert*, Heinz (2001), 19f., vgl. ebenso *Vobruba*, Georg (1990), 23–26.

dass die Bevölkerungsgruppe der Armen in Lateinamerika, wie sie innerhalb der Befreiungstheologie beschrieben wird, nicht identisch ist mit dem Proletariat zur Zeit Bismarcks. Zur Gruppe der Armen in Lateinamerika gehören so beispielsweise auch ethnische Minderheiten, Frauen und Landarbeiter, die gerade über keine politische Organisationsmöglichkeit verfügen.[135] Auch im deutschen Kaiserreich, so *Vobruba* wurde aufgrund dieser Tatsache streng zwischen Arbeiter- und Armutspolitik unterschieden. Während die Arbeiterschaft, die über einen hohen Organisationsgrad verfügte institutionell gegen allgemeine Lebensrisiken abgesichert wurde, erfolgte die Versorgung und Unterstützung der Armen weitgehend durch caritative Einrichtungen.[136]

Dem vorgetragenen Einwand schließlich, dass die vorrangige Option für die Armen die Mittelschichten ausschließen würde, sind die Ausführungen verschiedener Befreiungstheologen und lehramtlichen Dokumente entgegenzustellen. Sowohl *Muñoz* als auch *Boff* und *Pixley* betonen übereinstimmend, dass die Option nicht im Sinne einer Exklusion anderer Bevölkerungsschichten zu verstehen ist, sondern diese inklusiv im Rahmen einer bevorrangigten Zuwendung zu den Armen behandelt.[137] Besonders *Boff* und *Pixley* machen geltend, dass die Option inhaltlich keine Exklusivität darstellt, sondern gegenwärtig als vordringlich eingestuft werden muss. Durch den Kampf für Gerechtigkeit in einer Gesellschaft, den die Kurzformel impliziert, werde darüber hinaus ein entscheidender Beitrag für eine dauerhaftere Stabilität des Gemeinwesens geleistet, in dem aus theologischer Sicht, die Reichen auch zur Befreiung aus Egoismus und materieller Abhängigkeit geführt werden.[138] Dieses Verständnis stellt somit auch indirekt eine »Option für die Reichen«[139] dar.

---

135 Vgl. die Erklärung des Armutsbegriffs unter 2.3.2.

136 Vgl. *Vobruba*, Georg (1990), 23–26.

137 Vgl. *Muñoz*, Ronaldo (1987), 129f. Vgl. auch *Boff*, Clodovis / *Pixley*, Jorge (1987), 141–145.

138 Vgl. *Boff*, Clodovis / *Pixley*, Jorge (1987), 141–145.

139 Ebd., 150.

Einen weiteren Beitrag zur Klärung dieses Einwandes leistete die Dritte Generalkonferenz des lateinamerikanischen Episkopats in Puebla 1979 durch die Hinzufügung des Attributs »vorrangig« zur Formel der Option für die Armen. Dadurch wird auch in der Wortwahl das Anliegen der Formel präzisiert. *Goldstein* weist abschließend auch darauf hin, dass auch in der Praxis der Befreiungschristen kein Beleg für eine Exklusion anderer Bevölkerungsschichten gefunden werden kann.[140]

»Die Option für die Armen ist am besten so zu charakterisieren: *partielle Solidarität als Mittel zur universellen Solidarität.*«[141]

2.3.4.2 Der zweite Einwand: Option für den Klassenkampf

Einem zweiten Einwand gegen das Konzept der vorrangigen Option liegt die Befürchtung zugrunde, die Option sei ein Aufruf zum Klassenkampf.[142] Dies widerspricht dem fundamentalen christlichen Willen zum Frieden, da dieser zu Gesellschaftsspaltungen und bürgerkriegsähnlichen Auseinandersetzungen führt. *Ratzinger*[143] führt hierzu exemplarisch aus, dass der Ausgangspunkt der Theologie der Befreiung, die Schwierigkeit von Gott und Erlösung im Kontext von Armut und Unterdrückung zu

---

140 Vgl. *Goldstein*, Horst (1991), 165.

141 *Bedford-Strohm*, Heinrich (1993), 194, Hervorhebung im Original.

142 So auch im Kern die Befrüchtung der ersten Instruktion der Kongregation für die Glaubenslehre über einige Aspekte der »Theologie der Befreiung« (1984), in welcher betont wird, dass die Übernahme marxistischer Elemente in eine theologische Erörterung des Armutsproblems wesentliche Grundelemente des christlichen Glaubens verletze. In der Instructio wird unter anderem der unkritische Einbezug der Gesellschaftsanalyse aufgrund ihrer unzulässigen Vereinfachung des Problems, die Reduktion von Wahrheit auf Klassenwahrheit und ihre Adaption ins Christliche, die sich etwa in der Umdeutung der Eucharistiefeier zur Klassenkampffeier und der Übernahme der Theorie als strukturierendes Geschichtsprinzip äußert, verurteilt. Vgl. *Greinacher*, Norbert (1990), 335–343 (entspricht: *Kongregation für die Glaubenslehre* (1984), Marxistische Analyse 1–13, Wahrheit 1–9, theologische Übersetzung 1–13. Die Zitation erfolgt in Kapitel und Nummer.)

143 Vgl. *Ratzinger*, Joseph (1986).

reden, nachvollziehbar sei. Seine Anfrage an das Konzept richte sich somit auch nicht gegen den Ausgangspunkt, sondern vielmehr gegen das Lösungskonzept, das die Befreiungstheologie vorschlägt. Der Haupteinwand zielt dabei vor allem auf die befreiungstheologisch benutzte Analyse der Abhängigkeitsverhältnisse als Klassenkampf.

> »Der biblische Begriff des ‚Armen' bietet den Ansatz zur Verschmelzung zwischen dem Geschichtsbild der Bibel und der marxistischen Dialektik; er wird mit der Idee des Proletariats im marxistischen Sinn interpretiert und rechtfertigt damit zugleich den Marxismus als die legitime Hermeneutik für das Verstehen der Bibel.«[144]

Die vielfältigen inneren und äußeren Abhängigkeitsverhältnisse Lateinamerikas werden somit unter der Hermeneutik des Klassenkampfes gedeutet, aus der eine Revolution die einzige logische Befreiungsmöglichkeit mit dem Ziel eines spezifisch lateinamerikanischen Sozialismus bietet. Implizites Ziel sei es dabei, so der damalige Präfekt der Glaubenkongregation, den Menschen nicht zu einem Mehr an Haben zu führen, sondern einen neuen Menschen durch eine breite Kulturrevolution zu erschaffen.[145] Gegen diese Auffassung wendet sich *Ratzinger* in mehreren Argumentationsschritten. Zunächst betont der damalige Kardinal einige Unstimmigkeiten im Konzept selbst. Es sei zum Ersten empirisch nicht belegbar, zeigten etwa Beispiele aus Cuba oder anderen Ländern, wie durch das Konzept des Klassenkampfes eine Lösung politischer und wirtschaftlicher Probleme erreicht werden könne. Ebenso bliebe es zum Zweiten konzeptionell unklar, weshalb ein politischer Prozess ein theologisches Resultat haben sollte, das in der Erlösung, verstanden als die Schaffung einer neuen und gerechten Gesellschaftsordnung, liege. So begründe im Kern die Utopie des Geschichtsprojektes sowohl die politischen, als auch die theologischen Konsequenzen als Befreiung.[146]

144 *Ratzinger*, Joseph (1990), 329.
145 Vgl. *Ratzinger*, Joseph (1986), 9f.
146 Vgl. ebd. 10–20.

Diese äußerst komplexe Argumentation *Ratzingers* ist zunächst in die Untersuchung des zentralen Begriffs des »Klassenkampfes« in einen geschichtsphilosophischen Teil und ferner in einen empirischen Abschnitt zu gliedern. Zum Ersten ist die befreiungstheologische Bedeutung des Begriffes »Kassenkampf« zu untersuchen.

Die Grundlage der gesellschaftlichen Analyse der Theologie der Befreiung ist die Wahrnehmung Armer als kollektive Größe, als Klasse. Die Brüder *Boff* wenden sich mit dieser Deutung gegen liberalistisch-individualistische Verstehensweisen, die materielle Armut als Laster kennzeichnen, deren Grund im individuellen Bereich zu suchen ist, beispielsweise in persönlicher Faulheit. Diese Interpretation würde jedoch der strukturellen Dimension des Problems nicht gerecht, so die Autoren.[147]

Während *Ratzinger* unter Verweis auf Gutierrez (1973) die marxistische Deutungsweise des Verständnisses von »Klassenkampf« nahe legt, zeichnet sich die gesamte Strömung der lateinamerikanischen Befreiungstheologie durch ein sehr viel breiteres Spektrum an Verstehensmöglichkeiten aus.[148]

---

[147] Vgl. *Boff*, Leonardo / *Boff*, Clodovis (1990), 206–214; vgl. ebenso die Typologisierung der Betroffenengruppen im Dokument von Puebla unter: *CELAM* (1979), 31–39.

[148] *Gutierrez* geht zunächst davon aus, dass der Versuch eines Entwicklungsprozesses in diesem Subkontinent gescheitert ist. Als Grund gibt er die enge Verbindung zwischen Organisationen, die den Entwicklungsprozess steuern sollten, und Regierungen der wirtschaftlich führenden Nationen der Welt an. Aufgrund dieser engen Verbindung blieben
»Änderungen, die man anstrebte, [...] innerhalb des formalen und institutionellen Rahmen des Bestehenden, ohne daß dieser seinerseits in Frage gestellt wurde. [...] In vielen Fällen waren diese vermeintlichen Änderungen nichts anderes als neue und getarnte Formen, die Macht der großen Wirtschaftsgruppen ins Spiel zu bringen. [...] Ihre Maßnahmen sind ängstlich und auf lange Sicht unwirksam, wenn nicht falsch und bewirken schließlich das Gegenteil einer wirklichen Umgestaltung.« (*Gutierrez*, Gustavo 1992), 90.)
Als einzigen Ausweg bezeichnet der Autor die Erlangung eines neuen Selbstbewusstseins durch die Staaten Lateinamerikas und eine radikale Befreiung aus der grundlegenden Abhängigkeitssituation. »Nur ein radikales Zerbrechen des gegenwärtigen Standes der Dinge, eine tiefgreifende Umgestaltung in den Eigentumsverhältnissen, ein Ergreifen der Macht von seiten der ausgebeuteten Klassen und eine soziale Revolution, die die

Auch Gutierrez selbst unterschätzt in seiner Analyse allerdings entscheidend die Potentiale einer reformorientierten Umgestaltung der Wirtschafts- und Politiksysteme von Nationalstaaten. Dass der berechtigterweise vorgetragenen Kritik an wirtschaftlichen und politischen Missständen innerhalb kapitalistischer Systeme und dem Scheitern erster Entwicklungsversuche notwendig eine sozialrevolutionäre Umgestaltung der Gesellschaften als einzige Lösung folgen muss, ist nicht einsichtig. Zum einen können auch Entwicklungshilfeprojekte durch das Prinzip der Hilfe zur Selbsthilfe, eine eigenständige Entwicklung befördern und paternalistische Einmischungen verhindern, zum anderen beweist das Scheitern eines reformorientierten Lösungsmodells noch nicht das zwangsläufige Scheitern aller solcher Projekte.[149] Weitere Vertreter der Theologie der Befreiung sind nachfolgend in ihrer Gesellschaftsanalyser auch weit vorsichtiger als *Gutierrez*. Während so beispielsweise *Boff* und *Pixley* betonen, dass unter Klassenkampf »jede Art von Aktion« zu verstehen sei, »der es darum geht, die legitimen Interessen einer Klasse zu verteidigen (und nicht nur und vor allem den gewaltsamen Kampf)«[150], behandeln ihn die beiden entscheidenden Generalkonferenzen des lateinamerikanischen Episkopats in ihren Abschlussdokumenten an keiner Stelle.[151] Auch die in diesem Zusammenhang wichtige Frage nach der Gewalt als einem legitimen Mittel zur Umgestaltung der Gesellschaft wird unterschiedlich

bestehende Abhängigkeit zerbricht, ermöglicht den Schritt in eine anders geartete, sozialistische Gesellschaft oder bewirkt wenigstens, daß diese ermöglicht wird.« (*Gutierrez*, Gustavo (1992), 91.)

149 Ein Indiz für die Aufgabe marxistischer Elemente der Gesellschaftsanalyse im Denken *Gutierrez'* selbst, ist seine Abkehr von der Dependenztheorie als Werkzeug für die Analyse internationaler Austauschbeziehungen zwischen Lateinamerika und westlichen Industrieländern. In der dependenztheorie ging man davon aus, dass sich zwischen wirtschaftlich entwickelten- und unterentwickelten Ländern asymmetrische Handelsbeziehungen zugunsten reicher Industriestaaten bilden, die zur Verarmung der Entwicklungsländer als Rohstofflieferanten einen entscheidenden Beitrag leisten. *Gutierrez* geht nun davon aus, dass diese Theorie systematisch zu kurz greift, weil sie weder die Komplexität der Handelsbeziehungen, noch die innere Dynamik aller Entwicklungsländer erfasst. Vgl. *Gutierrez*, Gustavo (1995), 295–297.

150 *Boff*, Clodovis / *Pixley*, Jorge (1987), 190.

151 *CELAM* (1979), *CELAM* (1968).

beantwortet. Während *Muñoz*[152] von einem gewaltlosen Druck als Mittel ausgeht, beharren andere Autoren auf der Legitimität von Waffengewalt als letztem Mittel zur Durchsetzung ihrer berechtigten Interessen.[153] Der Analyse *Ratzingers* zur Interpretation der Formel des »Klassenkampfes« bei *Gutierrez* ist daher zuzustimmen, sie übersieht aber andererseits die Vielfalt der begrifflichen Deutungsmöglichkeiten innerhalb der lateinamerikanischen Theologie der Befreiung. Besonders die Interpretation von *Boff* und *Pixley* lässt sich auch im Sinne einer refomorientierten Entwicklung der Gesellschaft begreifen und muss nicht als kommunistische Erschaffung einer neuen Gesellschaftsordnung verstanden werden.

Auch der grundlegenden empirisch-historischen Feststellung des damaligen Kardinals ist zuzustimmen. Es ist nicht belegbar, dass die Deutung der menschlichen Geschichte als Auseinandersetzung zwischen verschiedenen Klassen und das Befreiungsmittel der proletarischen Revolution zu einer nachhaltigen Verbesserung der Güterausstattung der Bedürftigen geführt haben. Im Gegenteil ist zu konstatieren, dass die durch diese Revolutionen herbeigeführte sozialistisch-planwirtschaftliche Wirtschaftsweise gerade durch starke Ineffizienz im Vergleich zur Marktwirtschaft einen wichtigen Beitrag zum Zusammenbruch des kommunistisch geprägten Osteuropas und zur wirtschaftlichen Verarmung Cubas lieferte.[154]

---

152 Vgl. *Muñoz*, Ronaldo (1987), 132f.

153 Vgl. *Romero*, Oscar Arnulfo (1990), 201–205: Der Autor behandelt die Frage nach der Gewalt im Kontext struktureller, willkürlicher und terroristischer Gewalt als vorgefundene Situation in Lateinamerika selbst. Er argumentiert zur Begründung legitimer Gewaltanwendung mit der Enzyklika Popolorum Progressio (Paul VI.), in der der Papst ein gewalttätiges Aufbegehren gegen andauernde und offensichtliche Tyrannei zulässt, wenn diese die Grundrechte des Einzelnen schwer verletzt und die Gesellschaft im Ganzen schädigt. Vgl. PP 31.

154 Vgl. zur Theorie der Marktwirtschaft im Unterschied zu anderen Wirtschaftsverfahren exemplarisch: *Gödeler*, Carl (1981), 13: »Die zweite von der Natur gesetzte Grundlage ist die Erkenntnis, daß höchste Leistung nur im Kampf erzielt werden kann. In der Wirtschaft ist Kampf gleich Wettbewerb. Also müssen auf allen Gebieten möglichst viel schöpferische und ausführende Kräfte in Wettbewerb miteinander treten. Dritte Grundlage ist die Erkenntnis, daß der Mensch um so mehr leistet, je klarer das Ergebnis seiner Leistung sein eigenes Schicksal bestimmt.«

2.3.4.3 Der dritte Einwand: Verengte materielle Lösung

Der dritte Einwand gegen das Konzept der vorrangigen Option für die Armen ist ähnlich der zweiten diskutierten Gegenposition: Die Theologie der Befreiung strebe mit der vorrangigen Option für die Armen nur eine rein materielle Lösung des Problems an. Diese bliebe aber hinter den eigenen offenbarungstheologischen Bezügen und ethischen Grundanforderungen zurück. Eine Fokussierung auf diese Lösungsmöglichkeit allein wäre vielmehr das Ergebnis einer ideologisch geprägten Gesellschaftsanalyse und müsste daher abgelehnt werden. Dieser Einwand wurde in seinem Kern von der *Kongregation für die Glaubenslehre* in ihrer zweiten Instructio »Über die christliche Freiheit und die Befreiung« 1986 vorgetragen.[155] Die Kongregation argumentiert dabei zunächst theologisch, indem sie betont, dass Christus als der Retter der Welt allein die Wahrheit sei, die von Gott kommt. Er hätte die umfassende Befreiung bewirkt, als Erlösung und Errettung vom radikalsten Bösen, von der Sünde und der Macht des Todes.[156] So müsse die Wahrheit als Erlösungswahrheit »Wurzel und der Maßstab der Freiheit, das Fundament und die Richtschnur allen befreienden Handelns«[157] sein. Die Kongregation betont weiterhin, dass Jesus in seiner Menschwerdung den Stand der Armen gewählt hätte, »um zu zeigen, worin der wahre Reichtum besteht, den man suchen soll, nämlich die Lebensgemeinschaft mit Gott«[158]. Die christliche Praxis der Befreiung darf somit nicht auf einen Aspekt allein eingeschränkt werden.

> »Die soteriologische Dimension der Befreiung darf nicht auf die sozialethische Dimension, die eine Folge daraus ist, eingeschränkt werden. Die von Christus bewirkte Befreiung bis in die Wurzel hinein, die dem Menschen die wahre Freiheit

---

155 Vgl. *Kongregation für die Glaubenslehre* (1986).
156 Vgl. ebd., 3.
157 Ebd.
158 Ebd., 66.

zurückgibt, weist ihm zugleich eine Aufgabe zu: eine christliche Lebensführung als Verwirklichung des Hauptgebotes der Liebe.«[159]

Somit greife die Argumentation, nach der eine rein materielle Lösung des Problems angezielt wird, nach christlichem Verständnis systematisch und inhaltlich zu kurz.[160]

Zur Diskussion dieses Einwands der *Kongregation für die Glaubenslehre* ist zunächst analytisch zu unterscheiden zwischen der Sorge, dass erstens die vorrangige Wahrnehmung des Problems der materiellen Armut alle anderen Formen christlicher Armut überdeckt und zweitens, dass diese verengte Wahrnehmung das Ergebnis des Einbezugs der materialistischen Gesellschaftsanalyse in die Konzeption darstellt.

Zur Deutung von Armut innerhalb der Theologie der Befreiung ist grundsätzlich auf zwei unterschiedliche Arten dieser hinzuweisen. Zunächst wird in einem grundsätzlichen Befund zwischen materieller Verelendung, einem Leben auf der Ebene des Existenzminimums oder darunter, und spiritueller Armut, als geistige Kindschaft Gottes unterschieden.[161] Während materielle Armut, die sich äußert in den Kategorien Unbedeutend-Sein, Vor der Zeit sterben müssen und Schuldlosigkeit[162], als Übel zu betrachten ist, gilt geistige Armut als ein besonderer Ausdruck einer vom Individuum selbst gewählten christlichen Lebensweise der Befreiung von irdischen Gütern zur Ermöglichung evangeliumsgemäßer Nachfolge. Die Form der spirituellen Armut unterscheidet sich somit wesentlich von materiellen Verelendungssituationen durch vorrangig zwei Kriterien: erstens die freie Wahl der Aufgabe persönlichen Besitzes und zweitens die Ermöglichung der Befriedigung

---

159 Ebd., 71.

160 Vgl. ebd. 78: »Diejenigen aber, die den Weg der Reformen verächtlich machen zugunsten des Mythos der Revolution, nähren nicht nur die Illusion, die Beseitigung einer ungerechten Situation reiche in sich bereits aus, um eine menschlichere Gesellschaft zu schaffen, sondern fördern sogar das Aufkommen von totalitären Regimen.«

161 Vgl. *Boff*, Clodovis / *Pixley*, Jorge (1987), 155–163; vgl. ebenso: *Gutierrez*, Gustavo (1990), 54f.

162 Vgl. *Gutierrez*, Gustavo zitiert in *Rottländer*, Peter (1988), 81f.

menschlicher Grundbedürfnisse.[163] Während die Formel der vorrangigen Option für die Armen auf den Bereich der materiellen Armut insistiert, diese verurteilt und die Notlage davon betroffener Menschen zu lindern sucht, gibt es dagegen innerhalb der Befreiungstheologie eine große Hochschätzung spiritueller Armutsformen.[164]

Materielle Armut wird innerhalb dieses Konzepts für Lateinamerika gedeutet als durch den Zwang äußerer Umstände hervorgerufene Form kollektiver Unterdrückung einer Personengruppe.[165] Grundlegend für die Beschreibung des Phänomens ist also die Wahrnehmung materiell Armer als Gruppe. Diese materielle Form der Exklusion wird hierbei historisch-strukturell erklärt als die Auswirkung einer bestimmten ökonomischen Organisation der Gesellschaft selbst.[166] Dabei ist zu konstatieren, dass auch innerhalb dieses Phänomens viele unterschiedliche Gruppen von Menschen mit dem Problem konfrontiert sind.[167] Diese Arten der Betroffenheit von Armut sind nach Ansicht von *Boff* und *Boff* jedoch im Kern zurückzuführen auf eine Exklusion aufgrund ihrer sozioökonomischen Situation als strukturelle Unterdrückung.

> »Von hier, von dieser infrastrukturellen Unterdrückung müssen wir ausgehen, wenn wir die anderen Formen von Unterdrückung richtig verstehen und in der gebotenen richtigen

---

163 So muss insbesondere auch die Wahrnehmung materieller von geistiger Armut her entschieden als Missachtung der Würde menschlicher Personen zurückgewiesen werden. Nach dieser besitzt auch materielle Exklusion aufgrund der Befreiung von irdischen Gütern eine besondere geistliche Dimension und kann daher nicht als Übel bezeichnet werden, auf das die Kirche mit besonderer Nähe und Solidarität für die Betroffenen reagieren muss. Vgl. zur Diskussion dieser Sichtweise: Memorandum Westdeutscher Theologen (1990), 318.

164 Vgl. exemplarisch: *Gutierrez*, Gustavo (1992), 352: »So verstandene Armut ist das Gegenteil von Stolz und Selbstgefälligkeit und wird zum Synonym für Glauben, Selbstverleugnung und Vertrauen auf den Herrn. (...) Die geistige Armut wird Bedingung für die Nähe zu Gott.«

165 Vgl. *Rottländer*, Peter (1988), 74–77.

166 Vgl. *Boff*, Leonardo / *Boff*, Clodovis (1990), 208f.

167 Vgl. die Aufzählung von Puebla in *CELAM* (1979), 31–39.

Weise miteinander verknüpfen wollen. Tatsächlich beeinflußt, wie wir noch deutlich sehen werden, die sozio-ökonomische Form von Unterdrückung auf irgendeine Weise alle anderen Formen.«[168]

Die Wahrnehmung der Menschen, die von der Form der materiellen Armut betroffen sind, als Gruppe ist somit nicht das Resultat einer materialistischen Gesellschaftsanalyse selbst, sondern Ergebnis der gleichen Betroffenheit dieser Menschen von struktureller Unterdrückung und dem gesellschaftlichen Ziel der Befreiung daraus. Der Vorwurf einer unkritischen Übernahme der marxistischen Analyse des Geschichtsprozesses als ein Resultat von Klassenkämpfen kann daher für die grundsätzliche Analyse des Problems der Armut innerhalb der lateinamerikanischen Gesellschaften nicht gehalten werden. Die Option selbst ist nicht das Produkt einer einseitig ideologisch geprägten Gesellschaftsanalyse. Der Vorwurf ist dagegen für manche Autoren der Befreiungstheologie berechtigt in der Frage nach gesellschaftspolitischen Lösungsmöglichkeiten des Problems, in der insbesondere, wie zuvor gezeigt, *Gutierrez* eine radikale Gesellschaftsumgestaltung durch eine Revolution befürwortet. Andere Vertreter der theologischen Strömung sind dagegen eher reformorientiert.

2.3.5 Weiterentwicklungen des Konzepts der vorrangigen Option für die Armen

Im Folgenden wird auf einige lehramtliche Ausfaltungen des theologischsozialethischen Terminus technicus der »vorrangigen Option für die Armen« eingegangen. Ich beziehe dabei sowohl gesamt- als auch partikularkirchliche Dokumente in die Erörterung ein. Ziel dieses Abschnittes soll es sein, zu zeigen, dass dieser eine breite Rezeption innerhalb kirchlicher Verlautbarungen gefunden hat und daher als heuristisches Grundanliegen der gesamten neueren Soziallehre zu begreifen ist.

---

168 *Boff*, Leonardo / *Boff*, Clodovis (1990), 207.

Das erste vorzustellende Dokument: »Neue Evangelisierung. Förderung des Menschen. Christliche Kultur«[169] bezieht sich dabei noch einmal auf den lateinamerikanischen Kontext.

Für die gesamtkirchliche Entwicklung wird anschließend die Rezeption der Formel in den päpstlichen Enzykliken »Redemptoris Mater« und »Redemptoris Missio«, sowie der Sozialverkündigung in »Sollicitudo rei socialis« und »Centesimus annus« vorgestellt.

Ein wichtiges Dokument für die Übernahme dieser Formel in den spezifischen Kontext eines westlichen Industrielandes stellt der Hirtenbrief der *Bischofskonferenz der Vereinigten Staaten von Amerika* »Wirtschaftliche Gerechtigkeit für alle. Die katholische Soziallehre und die amerikanische Wirtschaft«[170] dar. An diesem Dokument soll im Weiteren untersucht werden, auf welche Weise die Kurzformel im Zusammenhang drängender nordamerikanischer Probleme eingebracht und entwickelt wird. Das Dokument stellt dabei einen wichtigen Übergang in der Verwendungsweise der Option in den Kontext eines westlichen Industrielandes dar. Der Terminus wird darin also aus dem ursprünglich lateinamerikanischen Kontext gelöst und auf sozialpolitische Probleme eines hoch entwickelten Landes hin angewendet.

Abschließend ist auf den deutschen Kontext und die Verwendungsweise der Formel im Zusammenhang sozialpolitischer Probleme dieses Landes einzugehen. Ich orientiere mich hierbei an den neuesten Veröffentlichungen der Deutschen Bischofskonferenz zu Fragen der Sozialpolitik.

---

169 Vgl. *CELAM* (1992).

170 Vgl. *Nationale Konferenz der katholischen Bischöfe der Vereinigten Staaten von Amerika* (1986).

2.3.5.1 Die Abschlusserklärung der vierten Generalversammlung des lateinamerikanischen Episkopats in Santo Domingo

Die vierte Generalversammlung der lateinamerikanischen Bischöfe fand vom 12. bis 28. Oktober 1992 in Santo Domingo statt. Innerhalb ihres Abschlussdokuments: »Neue Evangelisierung, Förderung des Menschen, Christliche Kultur. Jesus Christus gestern, heute und in Ewigkeit«[171] wird explizit auf die sozialethische Kurzformel der vorrangigen Option für die Armen im Kapitel II: »Förderung des Menschen« als neues »Zeichen der Zeit im Bereich der Förderung des Menschen«[172] im Bereich »Verarmung und Solidarität«[173] eingegangen.

Nach einem ausführlichen Rückbezug auf biblische und lehramtliche Zeugnisse, in welche die Option Eingang gefunden hat, folgt in Nummer 179 die Schilderung der pastoralen Herausforderung für die Bischöfe in der gegenwärtigen Situation Lateinamerikas. Das Problem der Armut wird darin als wachsendes, sowohl in relativer als auch in absoluter Betrachtungsweise, beschrieben.[174]

Die Bischöfe betrachten Armut nicht nur als sozialwissenschaftlich vermitteltes Phänomen, sondern sie bemühen sich, dieses aus der Perspektive der Betroffenen zu betrachten, »aus der Erfahrung vieler Menschen heraus, mit denen wir als Hirten ihren täglichen Kampf ums Überleben teilen« (Nr. 179). Als maßgeblichen Grund für diesen Umstand benennt das Dokument die neoliberale Politik der Regierungen Lateinamerikas, die durch Deregulierung der Märkte, Kürzungen von Sozialleistungen und Abschaffung wichtiger Teile der Arbeitsgesetzgebung diesen Zustand befördere (Nr. 179). Andererseits werden auch Fortschritte im Kampf gegen die Armut wahrgenommen, die sich in einer wachsenden Mitbeteiligung von zunehmend mehr Menschen äußert (Nr. 179). Als zukünftiges Mittel zur weiteren Eindämmung von Armut werden vorgeordnet individualethische Ansätze, wie brüderliche

---

171 Vgl. *CELAM* (1992).
172 Vgl. *CELAM* (1992), Nr. 164–227.
173 Vgl. ebd., Nr. 178–181.
174 Ebd., Nr. 179.

Nächstenliebe nach dem Vorbild des barmherzigen Samariters, benannt (Nr. 180). Daneben finden sich allerdings auch strukturenethische Ansätze, die sich hauptsächlich auf die Überprüfung armutsfördernder Strukturen sowie der Durchsetzung von Partizipationsmöglichkeiten beschränken (Nr. 180f.).

Gegenüber dem vorangegangenen Dokument von Puebla[175] sind hauptsächlich drei Entwicklungen im Bezug auf die »vorrangige Option« feststellbar. In Nummer 178 des Dokuments von Santo Domingo wird der sozialethische Terminus noch einmal präzisiert hinsichtlich des Vorwurfs der Exklusion Nicht-Armer. Die vorrangige Option für die Armen wird darin unter Bezugnahme auf die Abschlussdokumente der zweiten und dritten Generalversammlung des lateinamerikanischen Episkopats in Medellín und Puebla kenntlich gemacht als:

- fest und unwiderruflich
- nicht ausschließlich und
- nicht ausschließend.

Eine weitere Fortentwicklung stellt die deutlichere Präzisierung der Mittel dar, die nach Ansicht der Bischöfe Erfolg versprechend im Kampf gegen Armut sind. Auf struktureller Ebene geben die Bischöfe dabei die Förderung breiter Partizipationsmöglichkeiten an, was andererseits auch auf die Präzisierung der phänomenologischen Armutsbeschreibung schließen lässt. So werden betroffene Menschen zwar als Individuen betrachtet, aber auch indirekt das allen Betroffenengruppen gemeinsame Armutscharakteristikum als fehlende Beteiligung erschlossen (Nr. 180).

Als Rückschritt gegenüber dem Dokument von Puebla muss allerdings die Vorordnung individualethischer Hilfsansätze vor sozialethischen-, sicher auch als Reaktion auf die innerkirchliche Sorge um den

---

175 Vgl. *CELAM* (1979).

latenten Kommunismus innerhalb der Theologie der Befreiung, konstatiert werden (Nr. 180f.).

Zwar ist individuelle Hilfeleistung ein wichtiger Aspekt im Kampf gegen das Problem, es ist allerdings bezweifelbar, ob die Ursachen von Marginalisierung und Unterdrückung armer Bevölkerungsschichten vorrangig dadurch gelöst werden können.

2.3.5.2 Lehramtliche Dokumente der Gesamtkirche

Johannes Paul II. geht in seinem Rundschreiben »Laborem exercens« von 1981 auf das Problem der Armut im Kontext der Lohnarbeit unter ausdrücklichem Bezug auf die Verwirklichung sozialer Gerechtigkeit als heuristisches Ziel ein. In diesem Zusammenhang fordert der Papst Solidarität der Arbeitenden untereinander, »wo die gesellschaftliche Herabwürdigung des Subjekts der Arbeit die Ausbeutung der Arbeitnehmer und das wachsende Ausmaß von Elend oder sogar Hunger sie herausfordern«[176]. Auch die Kirche sieht *Johannes Paul II.* als »Kirche der Armen« in der Verantwortung für Solidarität aufgrund ihrer eigenen Sendung auf im Weg der Nachfolge.[177]

In der Enzyklika »Sollicitudo rei socialis« von 1987 beschäftigt sich der Papst im Kontext von Entwicklungsmöglichkeiten der Dritten Welt mit der sozialethischen Kurzformel der vorrangigen Option für die Armen. In Nummer 42 dieses Dokuments erwähnt sie der Papst explizit und bestimmt den Terminus als »vorrangige Liebe für die Armen. Dies ist eine Option oder ein besonderer Vorrang in der Weise, wie die christliche Liebe ausgeübt wird«[178]. Sie wird im Folgenden sowohl in der Individual- als auch in der Sozialethik verankert und zur kirchlichen Eigentumslehre in Bezug gesetzt, dadurch, dass der Papst die Sozialpflichtigkeit neben dem Recht auf Privateigentum betont.[179] In

---

176 LE, 8.
177 Vgl. ebd.
178 SRS, 42.
179 Vgl. ebd.

der Frage nach den Entwicklungsmöglichkeiten dieser Länder betont *Johannes Paul II.* in diesem Kontext hauptsächlich strukturelle Reformen und die Stärkung der Selbstentwicklungsmöglichkeiten als Erfolg versprechend.[180]

In der Enzyklika »Redemptoris Mater« von 1987 ordnet der Papst seine Überlegungen zur vorrangigen Option für die Armen in die Betrachtungen des marianischen Magnifikats ein. *Johannes Paul II.* betont hierin die Wichtigkeit und Dringlichkeit des neuen Sendungsauftrages der Kirche am Ende des letzten Jahrtausends.

Er bezieht die Formel hier ausdrücklich auf die biblische Offenbarung:

> »Indem die Kirche aus dem Herzen Marias schöpft, aus ihrem tiefen Glauben, wie er in den Worten des Magnifikat zum Ausdruck kommt, wird sich die Kirche immer wieder neu und besser bewußt, *daß man die Wahrheit über Gott, der rettet*, über Gott, die Quelle jeglicher Gabe, *nicht von dem Bekunden seiner vorrangigen Liebe für die Armen und Niedrigen trennen kann*, wie sie bereits im Magnifikat besungen, dann in den Worten und Taten Jesu ihren Ausdruck findet.«[181]

Die theologisch sozialethische Kurzformel der vorrangigen Option für die Armen wird also in dieser Enzyklika ausdrücklich als theologale Option, als aus der biblischen Offenbarung abgeleitet, vorgestellt.

Eine Bestätigung findet diese erste Diagnose in der Enzyklika »Redemptoris Missio« von 1990. Auch in dieser Veröffentlichung stellt *Johannes Paul II.* die Option in den Kontext der biblischen Offenbarung. Durch die Menschwerdung Jesu als Armer und seine Verkündigung in Worten und Taten ermöglicht er zugleich Heilung und Vergebung für den Menschen, als Ausdruck einer umfassenden Befreiung.[182]

180 Vgl. ebd., 43f.
181 RMa, 37.
182 RMi, 14.

Auch die Kirche wird als zu dieser Nachfolge berufene vorgestellt. Sie darf Befreiung allerdings weder anthropozentrisch verkürzt verkünden, als allein irdisch-säkulare Befreiung, noch ausschließlich theozentrisch bezeugen, im Sinne einer Übergehung des Erlösungswerkes Christi.[183] Schließlich wird innerhalb der Enzyklika auch eindeutig Bezug genommen auf das Abschlussdokument der dritten Generalkonferenz des lateinamerikanischen Episkopats in Puebla zur Verdeutlichung dieser offenbarungstheoretischen Begründung der Option (Nr. 60).

In der Enzyklika »Centesimus Annus« zum hundertjährigen Jubiläum der ersten Sozialenzyklika »Rerum novarum« beschäftigt sich *Johannes Paul II.* sehr ausführlich mit der Option. Er definiert diese zunächst im Rückbezug auf »Sollicitudo rei socialis« als einen »besonderen Vorrang, wie die christliche Liebe ausgeübt wird« und ordnet sie gemeinsam mit der Wahrung der Würde menschlicher Personen als Maßstab zur Beurteilung wirtschaftlicher Entwicklung ein.[184] Weiterhin wird die Formel als inklusive vorgestellt. Sie schließe weder andere Bevölkerungsgruppen aus, noch gilt sie als gegen andere Formen frei gewählter Armut gerichtet.[185] Zum dritten wird die vorrangige Option für die Armen in den Kontext der Förderung von Gerechtigkeit durch strukturelle Reformen als deren konkrete Verwirklichungsmöglichkeit eingebracht.[186]

Zusammenfassend stellt Andreas *Fisch* fest, dass die Option in lehramtliche Dokumente der Gesamtkirche eingeht als theologale, analytische, politische und partizipative Option.[187] Sie wird in den lehramtlichen Dokumenten erstens als biblisch begründete vorgestellt; sie erfordert zweitens eine grundlegende Gesellschaftsanalyse; sie legt drittens politische Reformen nahe und schließt viertens einerseits andere Menschen nicht von der Liebe der Kirche aus und ist andererseits orientiert auf die Ermöglichung eines höheren Maßes an Teilhabegerech-

---

183 Vgl. ebd. 17, 20.
184 Vgl. CA, 11.
185 Vgl. CA, 57.
186 Vgl. CA, 58.
187 Vgl. *Fisch*, Andreas (2002), 62–67.

tigkeit. Durch diese ausführliche Würdigung der »vorrangigen Option für die Armen« in den lehramtlichen Dokumenten der Gesamtkirche kann sie als fundamentaler Grundsatz einer ethisch-politischen Orientierung der Gesamtkirche herangezogen werden.[188]

2.3.5.3 Die Veröffentlichung der Bischofskonferenz der Vereinigten Staaten von Amerika

Der Hirtenbrief »Wirtschaftliche Gerechtigkeit für alle: Die katholische Soziallehre und die amerikanische Wirtschaft«[189] wurde am 13. November 1986 durch die Bischofskonferenz der Vereinigten Staaten von Amerika veröffentlicht. Der Veröffentlichung ging ein sechsjähriger breiter Diskussionsprozess innerhalb der katholischen Kirche der Vereinigten Staaten und zwischen der Bischofskonferenz und der gesamten Gesellschaft voraus.

Die Bischofskonferenz der Vereinigten Staaten von Amerika beschäftigt sich in diesem Dokument mit allen wichtigen Wirtschaftsfragen aus christlicher Sicht. Nach einer Einführung wird zunächst im zweiten Kapitel das Wirtschaftsleben in christlicher Sicht nach der Maßgabe der Heiligen Schrift beleuchtet (Nr. 28 bis 126). Als zentrale Norm wird hierbei die Forderung nach mehr Gerechtigkeit erhoben (Nr. 96 bis 124). Die theologische Kurzformel der »vorrangigen Option für die Armen« findet Eingang in das dritte Kapitel, in dem ausgewählte Themen der Wirtschaftspolitik näher untersucht werden (Nr. 127 bis 292). Konkret werden innerhalb eines eigenen Abschnitts zum Problem der Armut (Nr. 170 bis 215) zunächst einige charakteristische Merkmale und Betroffenengruppen vorgestellt (Nr. 174 bis 182). In einem zweiten Schritt erfolgt danach eine Analyse wirtschaftlicher Ungleichheit, die als ein Hauptgrund der Problematik angeführt wird (Nr. 183 bis 185) um abschließend einige Leitlinien des Handelns im Kampf gegen

---

188 Vgl. *Büchele*, Herwig (1989), 118.

189 Vgl. *Nationale Konferenz der katholischen Bischöfe der Vereinigten Staaten von Amerika* (1986).

Armut vorzustellen (Nr. 186 bis 214). Die leitenden Normen innerhalb der Untersuchung der Bischofskonferenz sind Menschenwürde und die »bevorzugte Behandlung der Armen«[190].

Die Bischofskonferenz analysiert zunächst die amerikanische Situation und beschreibt diese im Bezug auf das Problem Armut in der Wahrnehmung einer steigenden Anzahl armer Menschen in den Vereinigten Staaten. Sie stellt die Betroffenengruppe zunächst im Zusammenhang der pastoralen Situation in den Ortskirchen als vielschichtig vor. Als Gruppen mit einem erhöhten Armutsrisiko werden bezeichnet: Kinder, deren Familien keine öffentlichen Unterstützungen erhalten (Nr. 176f.), Frauen aufgrund der geringeren Bezahlung im Vergleich zu Männern im gleichen Beruf (Nr. 178 bis 180) sowie ethnische Minderheiten durch wirtschaftliche Diskriminierungen (Nr. 181f.).

Dabei ist Armut

> »kein isoliertes Problem einer kleinen Anzahl von anonymen Menschen, die in unseren Städten leben. Sie ist auch nicht begrenzt auf eine abhängige Unterschicht oder auf eine bestimmte Gruppe in Amerika. Sie ist eine Erfahrung, die viele Menschen unterschiedlicher Berufe und unterschiedlicher Lebensumstände irgendwann einmal machen«[191].

Als wichtiger Grund für das Entstehen von Armut wird die starke Ungleichheit in der Verteilung von Einkommen und Vermögen angegeben. »Diese Ungleichheiten sind deswegen von besonderer Bedeutung, weil sie unterschiedliche Machtverhältnisse in unserer Gesellschaft widerspiegeln.«[192] Eine Folge von Armut und zugleich eine sie verstärkende Ursache stellt somit der Mangel an Teilhabe im politischen und sozialen Bereich aufgrund fehlender Güterausstattung dar. Diese wird bei fehlender Grundausstattung als relevant für die Menschenwürde

---

190 *Nationale Konferenz der katholischen Bischöfe der Vereinigten Staaten von Amerika* (1986), 170.

191 Ebd., Nr. 174.

192 Ebd., Nr. 184.

der Betroffenen bezeichnet. Der Kampf gegen Armut stellt somit einen wichtigen Beitrag zur Wahrung der Würde jedes Menschen dar.[193]

Als Leitlinien des Handelns werden in einem dritten Abschnitt zunächst strukturelle Möglichkeiten der Abhilfe benannt. Diese liegen unter anderem, begründet durch das Prinzip der Solidarität, in der Änderung derjenigen Strukturen, die enorme Ungleichheiten begünstigen und Teilhabe der Menschen verhindern. Als Grundprinzip der Änderung wird dabei Hilfe zur Selbsthilfe bezeichnet, wodurch auch paternalistische Lösungskonzepte zurückgewiesen werden.[194] Daneben wird auch der Wert individueller Hilfeleistungen betont, die sich in Werken der Nächstenliebe und persönlichem Einsatz zeigen können. Diese individuellen Hilfen werden jedoch als alleiniges Mittel als nicht ausreichend für die Lösung des Problems Armut bezeichnet.

> »Freilich sind private Mitmenschlichkeit und freiwillige Maßnahmen allein nicht ausreichend. Wir erfüllen unsere moralische Pflicht den Armen gegenüber auch dadurch, daß wir als Gemeinwesen durch die Regierung dafür sorgen, daß eine gerechte und wirksame Politik gemacht wird.«[195]

Gegenüber dem Abschlussdokument der vierten Generalversammlung des lateinamerikanischen Episkopats in Santo Domingo und lehramtlichen Dokumenten der Gesamtkirche sind folgende Entwicklungen bezogen auf den Topos der vorrangigen Option für die Armen zu verdeutlichen:

Die Option selbst findet namentlich keinen Eingang in die Veröffentlichung der katholischen Bischöfe der Vereinigten Staaten von Amerika. Dennoch lässt sich die Formel der »bevorzugten Behandlung der Armen« (Nr. 170) in diesem Sinne deuten. Der verwendete Topos bildet zusammen mit der Orientierung auf die Menschenwürde das

---

193 Vgl. ebd., Nr. 172.
194 Vgl. ebd., Nr. 186–188.
195 Ebd., Nr. 189.

zentrale heuristische Kriterium bei der Behandlung des Themas Armut innerhalb des Hirtenbriefs.

Materielle Armut wird im Hirtenbrief sozio-ökonomisch als Geldmangel bestimmt, die sich aber nicht nur in dieser wirtschaftlich prekären Lage äußert, sondern auch im »Verlust der Beteiligung am gesellschaftlichen Leben sowie Ohnmacht, die Entscheidungen, von denen man betroffen ist, zu beeinflussen«[196]. Eine solch breite Folgewirkung des Phänomens für die Betroffenen wird als Verletzung ihrer Menschenwürde bezeichnet. Diese phänomenologische Analyse der Folgen von Armut ist dabei eine entscheidende Weiterentwicklung der kirchlichen Sicht des Phänomens. Materielle Armut ist daher in Industrieländern nicht nur aufgrund des relativen Geldmangels im Bezug zur sonstigen Bevölkerung gekennzeichnet, sondern gewinnt ihre hervorragende ethische Relevanz hauptsächlich aufgrund der Exklusion Betroffener aus weiten Bereichen des öffentlichen Lebens. Dies äußert sich auch in den vorgeschlagenen Lösungsansätzen, die sich vorrangig am Prinzip der Hilfe zur Selbsthilfe als Abwehr aller paternalistischen Lösungsansätze orientieren müssen (Nr. 188).

Armut wird im Hirtenbrief sowohl individuell als auch kollektiv beschrieben. Damit wird dieses Dokument einerseits der Individualität aller Betroffenen gerecht, kann andererseits aber auch strukturelle Defizite als Auslöser von Armut aufzeigen. Besonders deutlich wird diese Zugangsweise in den vorgestellten Lösungsansätzen aus dem Problem, wobei die Bischöfe eindeutig strukturelle Änderungen im Kampf gegen Armut favorisieren. Diese Feststellung der nordamerikanischen Bischöfe muss als herausragende Entwicklung dessen verstanden werden, was mit dem Topos der vorrangigen Option für die Armen ausgedrückt werden soll. Innerhalb individualethischer Ansätze allein kann das Phänomen nicht in der gebotenen Tiefe erfasst werden[197]; folglich greifen auch vorgeschlagene Lösungsansätze innerhalb dieses Paradig-

---

196 *Hengsbach*, Friedhelm (1987), 221.

197 Vgl. auch ebd.: »Verletzend sind auch die in der Mittelschicht verbreiteten Fehleinschätzungen und Vorurteile, die Armen seien aus freien Stücken oder aus Faulheit arm, sie könnten durch harte Arbeit der Armut entkommen, würden aber durch die hohen Sozialleistungen davon abgehalten.«

mas in ihrer Extensität systematisch zu kurz. Dies bedeutet andererseits aber nicht die vollständige Aufgabe individueller Bemühungen um Linderung der Auswirkungen von Armut; diese können jedoch nicht als alleiniges Reformmittel verstanden werden (Nr. 189).

Eine bedeutende Fortentwicklung der Formel innerhalb des nordamerikanischen Hirtenbriefs stellt auch deren konsequente Interpretation im Sinne einer reformorientierten Gesellschaftsumgestaltung dar. So wird beispielsweise ein gewisses Maß an Einkommensungleichheit, das für eine marktwirtschaftliche Organisationsform der Wirtschaft ein bestimmendes Kriterium ist, für zulässig und aus wirtschaftlichen und sozialen Gründen sogar als wünschenswert erklärt. Diese Einkommensungleichheit ist allerdings ethisch und reformorientiert an der Priorität der Grundbedürfnisse Armer und daraus abgeleitet der Notwendigkeit verbesserter Teilhabe Betroffener am gesellschaftlichen Leben zu bemessen (Nr. 185).

Eine bedeutende Fortentwicklung des amerikanischen Wirtschaftshirtenbriefes im Bezug auf die theologisch-ethische Gerechtigkeitsdebatte stellt schließlich auch die Entwicklung des Begriffes der Beteiligungsgerechtigkeit dar. Unter der Überschrift »Gerechtigkeit und Teilnahme« (Nr. 68–78) geht die Bischofskonferenz explizit auf diesen Schlüsselbegriff ein. Sie verdeutlicht hier, dass, gegenüber klassischen Argumentationsformen und ihrer Einforderung der Beteiligung jedes Menschen am Aufbau des Gemeinwohls[198], die Gesellschaft spiegelbildlich eine Verpflichtung hat, dem Einzelnen diese Beteiligung auch zu ermöglichen:

> »Die Gerechtigkeit fordert auch bestimmte Organisationsformen für soziale, wirtschaftliche und politische Institutionen. Die soziale Gerechtigkeit beinhaltet, daß die Menschen die Pflicht zu aktiver und produktiver Teilnahme am Gesellschaftsleben haben und daß die Gesellschaft die Verpflichtung hat, dem einzelnen diese Teilnahme zur ermöglichen. [...] Zur Bedeutung der sozialen Gerechtigkeit gehört auch die Pflicht,

---

198 Vgl. exemplarisch für die katholische Soziallehre: QA, Nr. 188.

wirtschaftliche und soziale Institutionen einzurichten, damit die Menschen einen Beitrag zur Gesellschaft leisten können, auf eine Art, die ihre Freiheit und Würde respektiert.«[199]

Der Hirtenbrief übersetzt damit, nach einer vorhergehenden Darstellung der Gerechtigkeitsdimensionen von Tausch- und Leistung, soziale Gerechtigkeit neu in den Kontext der amerikanischen Gesellschaft hinein als kontributive oder Beteiligungsgerechtigkeit. Distributive Gerechtigkeit des Staates und soziale Gerechtigkeit, gedeutet als Beteiligungsrecht, spiegelbildlich als Beteiligungsverpflichtung der Gesellschaft, werden hierbei gleichgeordnet.[200] Sie bildet somit hauptsächlich für die Frage nach Lösungsmöglichkeiten aus dem Problem der Armut einen zentralen Schlüssel, denn Beteiligungsgerechtigkeit fordert, als eine Kombination aus Leistungs- und Verteilungsgerechtigkeit, die Teilhabe aller Gesellschaftsmitglieder über subsidiär organisierte Solidaritätsformen sicherzustellen, wendet sich also gegen fremd verursachte gesellschaftliche Exklusionen aller Art.

2.3.5.4 Aktuelle Dokumente der Deutschen Bischofskonferenz

In der Untersuchung der Weiterentwicklungen der theologisch-sozialethischen Kurzformel der vorrangigen Option für die Armen wird im Folgenden hauptsächlich Bezug genommen auf das ausführlichste Papier zur Sozialpolitik in den 1990er Jahren: »Für eine Zukunft in Solidarität und Gerechtigkeit. Wort des Rates der Evangelischen Kirche in Deutschland und der Deutschen Bischofskonferenz zur wirtschaftlichen und sozialen Lage in Deutschland«[201]. Die Vorstellung einiger

---

199 Vgl. *Nationale Konferenz der katholischen Bischöfe der Vereinigten Staaten von Amerika* (1986), 71f. Hervorhebung im Original.

200 Vgl. den deutschen Kommentar zum Wirtschaftshirtenbrief von *Hengsbach*, Friedhelm (1987), 260–270.

201 Vgl. *Kirchenamt der Evangelischen Kirche in Deutschland / Sekretariat der Deutschen Bischofskonferenz* (1997).

kleinerer Veröffentlichungen vervollständigt die Analyse der Rezeption der »vorrangigen Option für die Armen« im deutschen Kontext.

Das gemeinsame Wort geht im Kapitel der Vorstellung grundlegender ethischer Prinzipien für die deutsche Wirtschaft (Nr. 103 bis 125) ausführlich auf die Formel ein (Nr. 105 bis107). Im Dokument wird dabei zunächst grundsätzlich die Wichtigkeit der Option betont, die eine konkrete Darstellungsweise christlicher Nächstenliebe, begründet durch die biblische Offenbarung, aufzeigt (Nr. 105). Die Bibel selbst stellt nach dem Dokument eine Beziehung zwischen dieser Option Gottes durch seine Zuwendung zu Armen und dem gerechten Tun der Menschen her. »Die versöhnliche Begegnung mit den Armen, die Solidarität mit ihnen, wird zu einem Ort der Gottesbegegnung.« (Nr. 106) Somit bildet die vorrangige Option für die Armen als Konkretion von Gottes- und Nächstenliebe ein Leitmotiv gesellschaftlichen Handelns (Nr. 107).

> »In der Perspektive einer christlichen Ethik muß darum alles Handeln und Entscheiden in Gesellschaft, Politik und Wirtschaft an der Frage gemessen werden, inwiefern es die Armen betrifft, ihnen nützt und sie zu eigenständigem Handeln befähigt.«[202]

Die Option erfährt somit eine partizipative Ausrichtung. Auch in der Frage nach Lösungsmöglichkeiten aus dem Problem der Armut zeigt sich dieser partizipative Charakter der Option in herausragender Weise in der Forderung nach Überwindung gesellschaftlicher Ausgrenzungen und Förderung verantwortlicher Teilnahme aller am gesellschaftlichen und wirtschaftlichen Leben durch strukturelle Reformen (Nr. 107 und 113).

Im Impulstext »Das Soziale neu denken. Für eine langfristig angelegte Reformpolitik«[203] wird auf die Formel im Kontext von Grundorientierungen für die Sozial- und Wirtschaftspolitik eingegangen. Der Text betont in diesem Kapitel unter Rückbezug auf die Enzyklika »Mater et

---

202 Vgl. ebd., Nr. 107.
203 Vgl. *Sekretariat der Deutschen Bischofskonferenz* (2003).

Magistra« von Johannes dem XXIII., wonach der Mensch Träger und Schöpfer aller gesellschaftlichen Einrichtungen ist[204], die Notwendigkeit, alle sozialpolitischen Reformen an ihrer Wirkung auf die Wohlfahrt des einzelnen Menschen zu bemessen. Die Würde jedes Menschen verlange dabei die Absicherung des Existenzminimums, um für ihn eine freie Entfaltung und Teilhabe an den gesellschaftlichen Gütern zu ermöglichen. Soziale Ungleichheiten sind daher zu begrenzen.[205] Auch in der Frage nach Lösungsmöglichkeiten für notwendige soziale Reformen wird ein höheres Maß an Beteiligungsgerechtigkeit als heuristischer Maßstab formuliert.[206] In das Memorandum einer Expertengruppe berufen durch die Deutsche Bischofskonferenz findet die Formel keinen expliziten Eingang. Es wird allerdings indirekt als wichtiges Gebot im notwendigen Anpassungsvorgang des Sozialstaats an neue Herausforderungen formuliert, dass ein höheres Maß an Beteiligungsgerechtigkeit, dem Einbezug möglichst aller Menschen in das wirtschaftliche, soziale und politische Leben eines Landes, wünschenswert sei. Der Staat sollte bei dieser Umgestaltung auf seine Kernaufgaben beschränkt werden, die im Papier als die Schaffung einer günstigen Rahmenordnung und dadurch einer Befähigung und Belohnung von Eigeninitiative vorgestellt werden. [207]

In die beiden neueren Dokumente der Deutschen Bischofskonferenz zum Thema Alterssicherung, die gemeinsame Erklärung »Verantwortung und Weitsicht«[208] und »Zusammenhalt und Gerechtigkeit, Solidarität und Verantwortung zwischen den Generationen«[209] findet der Terminus der »vorrangigen Option für die Armen« keinen Eingang. Dies ist aus mehreren Gründen bedauerlich. Zum Ersten nimmt selbst die gemeinsame Erklärung des Rates der Evangelischen Kirche in Deutschland und der Deutschen Bischofskonferenz das gegenwär-

---

204 Vgl. MM, 219.

205 Vgl. *Sekretariat der Deutschen Bischofskonferenz* (2003), 18f.

206 Vgl. ebd. 16f.

207 Vgl. *Sekretariat der Deutschen Bischofskonferenz* (1998), 6–12.

208 Vgl. *Kirchenamt der Evangelischen Kirche in Deutschland / Sekretariat der Deutschen Bischofskonferenz* (2000).

209 Vgl. *Lehmann*, Karl (2003).

tige Problem der Altersarmut, verursacht durch die demographische Entwicklung und brüchiger familiärer Bindungen, als vordringliches wahr und beharrt deshalb auf einem kollektiven Sicherungssystem.[210] Zum Zweiten wurde die Option bereits neben der Orientierung auf die Würde aller menschlichen Personen als grundsätzliches ethisches Maß aller sozialstaatlichen Reformbemühungen vorgestellt[211] und zum Dritten stellt die Option aufgrund ihrer Genese und offenbarungstheologischen Begründung einen herausragenden eigenständigen Beitrag christlich-normativer Ethik dar. Als Gründe für das Fehlen einer Bezugnahme auf diesen Kerntopos können an dieser Stelle nur die ungenügende Wahrnehmung des derzeitigen und künftig sehr viel drängender zu erwartenden Problems der Altersarmut und die Beschränkung der Analyse auf das demographische Ungleichgewicht Deutschlands vermutet werden. Durch diese Beschränkung geraten meiner Ansicht nach aber wichtige, in die Analyse der Situation einzubeziehende Interdependenzen beispielsweise mit der Lage auf dem Arbeitsmarkt, die eine künftige Prognose über die zu erwartenden Leistungen der Gesetzlichen Rentenversicherung erlaubt, nur unzureichend in den Blick.

---

210 Vgl. *Kirchenamt der Evangelischen Kirche in Deutschland / Sekretariat der Deutschen Bischofskonferenz* (2000), 4.

211 *Dies.* (1997), 107.

3. Zwischenfazit

Innerhalb dieser abschließenden Betrachtungen soll zunächst ein kurzes Resümee des hermeneutischen Teiles der vorliegenden Untersuchung gezogen werden, um in einem zweiten Schritt einige Folgerungen für die weiteren Betrachtungen zu ziehen.

- ▸ Zu Beginn dieses Kapitels wurde zunächst die zentrale biblische Forderung des vierten Gebotes, »Du sollst deinen Vater und deine Mutter ehren«, kurz betrachtet und in ihrem alttestamentlichen Kontext vorgestellt. Es wurde aufgezeigt, dass sich diese Verpflichtung ihrem ursprünglichen Sinn nach an erwachsene Kinder richtet und die Aufgabe zur Versorgung ihrer alt gewordenen Eltern im Rahmen des Sippenverbundes impliziert. Ferner wurde festgestellt, dass eine solche Versorgungsleistung materielle und immaterielle Komponenten einschließt. Neben der materiellen Versorgung mit Grundgütern des Lebens, sind somit auch andere Güter, wie das Zeigen von Respekt und Achtung in allen Lebensphasen inkludiert. Die Bibel ordnet diese Forderung schließlich auch in ein reziprokes Generationenverhältnis und in das Gottesverhältnis des Volkes ein. Trotz der vollständig verschiedenen sozio-kulturellen Lebensumstände des damaligen Zeitkontextes wurden in diesem ersten Schritt einige Grundanforderungen im Bezug auf das Generationenverhältnis in unsere heutige Zeit übertragen. Die Verpflichtung zur Unterstützung einer älteren Generation, die Wechselseitigkeit der Verpflichtung von Gabe und Gegengabe im diachronen Zeitverlauf sowie die Ausdehnung dieser Verpflichtung über rein materielle Versorgungsleistungen hinaus bilden damit auch derzeit wesentliche heuristische Vorgaben eines gelingenden Generationenverhältnisses.

- ▸ Zur vorrangigen Option für die Armen:
  Es wurde deutlich gemacht, dass die theologisch-sozialethische Kurzformel der vorrangigen Option für die Armen als ein Kern-

bestand neuerer Theologie und kirchlicher Verkündigung im Bereich der Ethik zu bezeichnen ist. Diese hat ausgehend von ihrer Genese im lateinamerikanischen Kulturkreis eine breite Wirkungsgeschichte innerhalb der theologischen Ethik sowohl auf lehramtlicher als auch auf wissenschaftlicher Seite erfahren und gewann den Stellenwert eines wichtigen heuristischen Maßes zur Beurteilung der gegenwärtigen Gesellschaftssituation und in der Diskussion um die künftige Ausgestaltung sozialer Sicherung.

▸ Zur Genese:
Die Option wurde im lateinamerikanischen Kontext innerhalb der Theologie der Befreiung entwickelt, in der dortigen Situation eines armen und zugleich christlichen Volkes, einer Situation der inneren und äußeren Abhängigkeit, großer Einkommensunterschiede und struktureller Unterdrückungssituationen vieler Menschen. Als Hauptgrund für die Entstehung ist dabei nicht zuerst das Motiv der Abschaffung der durch Armut hervorgerufenen Notlagen zu nennen, vielmehr ist als solches die Sorge um eine angemessene Verkündigung des Evangeliums anzuführen, aus der sich dann konkrete pastorale Notwendigkeiten ableiten. Die beiden Dokumente des Consejo Episcopal Latinoamericano von Medellín (1968) und Puebla de los Angeles (1979) wurden dabei als lehramtliche Hauptveröffentlichungen für das Entstehen der Formel hervorgehoben. Sie bestimmten und konkretisierten maßgeblich den Inhalt dessen, was in der vorrangigen Option für die Armen ausgesprochen ist.

▸ Zum Inhalt:
In der Vorstellung des Terminus wurde anhand der Textbestandteile ein systematischer Überblick über einzelne Inhalte vermittelt. So war zunächst festzustellen, dass das Wort Option eine radikale und freiwillige Parteinahme zugunsten der ausgewählten Gruppe von Menschen meint. Zur Verdeutlichung eines theologischen Armutsbegriffs ist zunächst zu unterscheiden zwischen materieller Armut, die als Übel verurteilt wird, und spiritueller Armut, die als Verzicht auf irdische Güter zur Nachfolge Christi eine besondere

Hochschätzung durch die Theologie der Befreiung erfährt. Von materieller Armut Betroffene wurden in der Untersuchung als Gruppen charakterisiert, deren Vergleichbarkeit durch dieselben Folgewirkungen von Armut, Ohnmacht und Sterben vor der Zeit, gewährleistet ist. Ein besonderes phänomenologisches Wahrnehmungskriterium von Armut stellt auch die gesellschaftliche, wirtschaftliche und politische Exklusion der Betroffenengruppen dar. Als besondere Armutsauslöser wurden sowohl in den Dokumenten von CELAM wie auch in späteren Veröffentlichungen ethnische und ökonomische Diskriminierungen benannt. Die Ursachen von Armut als gesellschaftlicher Erscheinung somit hauptsächlich struktureller Natur. Folgerichtig wurde sowohl eine rein individualistischer Armutsbegriff, in der Verelendung als persönliches Laster beschrieben wird, wie auch eine funktionalistische Deutung des Problems, innerhalb derer die Lösungsmöglichkeiten aus Armut in paternalistischer Bevormundung liegen, entschieden zurückgewiesen. Mit der Präposition »für« wird in der Interpretation der Befreiungstheologie eine Umgangsform von Gesellschaft und Kirche mit dem Phänomen beschrieben, die das Ziel einer gleichberechtigten Suche nach Auswegen aus Armutszuständen über zunächst anwaltschaftliche Stellvertretung für die Betroffenen zu erreichen sucht. Die Erläuterung »vorrangig« wurde im Abschlussdokument der Dritten Generalkonferenz des lateinamerikanischen Episkopats in Puebla als Reaktion auf einige kritische Anfragen bezüglich einer exklusiven Deutung in den Terminus eingefügt. Damit sollte ausgedrückt werden, dass der Heilsauftrag der Kirche universell ist, sich die Kirche aber in der gegenwärtigen Situation zunächst gemäß dem biblischen Auftrag der Marginalisierten des Volkes annimmt.

▶ Lösungsmöglichkeiten:
Auch in der Frage nach Lösungsmöglichkeiten aus dem Problemkreis Armut wird die Heuristik der »vorrangigen Option« umgesetzt. So werden folgerichtig zunehmend strukturelle Verän-

derungen gegenüber individueller Hilfeleistung als Erfolg versprechend betont.

- Zur Klärung der Einwände:
  Im Folgenden wurden mehrere Einwände gegen die Formel der vorrangigen Option für die Armen diskutiert. Zunächst wurde in einem ersten Schritt die Inklusivität der Option, die als solche von den betrachteten lateinamerikanischen Befreiungstheologen und sämtlichen lehramtlichen Dokumenten bezeichnet wird, gegen den Einwand einer exklusiven Interpretationsmöglichkeit hervorgehoben. In einem zweiten Schritt wurde gegen die von einigen Theologen der Befreiung verwendete kommunistische Gesellschaftsanalyse Stellung bezogen. Es konnte hier besonders im Verlauf der Rezeptionsgeschichte der Formel gezeigt werden, dass diese zunehmend reformorientierter verstanden wurde und nicht notwendig im Sinne einer revolutionären Gesellschaftsentwicklung gedeutet werden muss. Der Einbezug von Ergebnissen empirischer Sozialwissenschaften in eine theologisch ethisch systematische Untersuchung stellt meiner Ansicht nach dabei eine konsequente Umsetzung von Gaudium et Spes 4, der »Deutung der Zeichen der Zeit im Licht des Evangeliums« dar. Auch wenn dies bei einigen Vertretern der Theologie der Befreiung im Rahmen einer kommunistisch geprägten Gesellschaftsanalyse geschah, ist die Formel auch im Rahmen einer anderen Analysemethode nutzbringend. Durch die Klassifizierung eines theologischen Armutsbegriffs in materielle und spirituelle Armut wurde der Einwand einer Beschränkung des theologischen Begriffs »Heil« auf eine rein quantitative Größe des Besitzes schließlich abgewehrt.

- Lehramtliche Rezeption:
  Es konnte im Verlauf des Einbezuges der Rezeptionsgeschichte der Kurzformel gezeigt werden, dass diese sehr deutlich im theologisch ethischen Bewusstsein verankert ist. Sie wurde dabei aus dem Kontext ihrer Genese in Lateinamerika auch auf die spezifische Situation in westlichen Industrieländern und der Gesamtkirche

übertragen und fortentwickelt. Als deutliche Fortentwicklungen wurde deren zunehmende Orientierung auf eine reformatorische Umgestaltung der Gesellschaft, die klare Markierung der Inklusivität und die Nutzung im Hinblick auf sehr differenzierte Rahmenbedingungen verschiedener Länder hervorgehoben. Hierbei stellt insbesondere das Konzept der Beteiligungsgerechtigkeit, wie es im Hirtenbrief der US-amerikanischen Bischofskonferenz formuliert wurde, eine wichtige Neuerung im theologisch-ethischen Gerechtigkeitsdiskurs dar. Gegenüber einer einseitigen Fokussierung auf die Forderung nach einer Beteiligung des Einzelnen am Aufbau des Gemeinwohls macht die Bischofskonferenz ebenso die korrespondierende Verpflichtung der Gesellschaft deutlich, dem Individuum diese Beteiligung auch zu ermöglichen. Der Problemwahrnehmung von Armut als Ausgeschlossensein aus wichtigen politischen, wirtschaftlichen und sozialen Belangen der Gesellschaft entspricht damit die Forderung nach Inklusion in die Gesellschaft, die sich in Teilhabegerechtigkeit zeigt.

▸ Die Option bildet damit als reformorientiertes, inklusives, partizipatives und subsidiäres Konzept, das die Würde des einzelnen Menschen, besonders jedoch aller Marginalisierten der Gesellschaft betont, als klarer theologisch-ethischer Auftrag der Gesellschaftsgestaltung den hermeneutisch-heuristischen Horizont der weiteren Untersuchung.

Kapitel II: Empirische Problemanalyse

1. Einleitung

Nach der Vorstellung des eigentlichen Propriums einer modernen theologischen Sozialethik, widme ich mich im zweiten Kapitel der vorliegenden Arbeit der Deutung der »Zeichen der Zeit« (GS 4) im Lichte dieser hermeneutischen Vorüberlegungen. Methodisch spiegelt sich damit zum einen die Forderung nach einer Gesellschaftsanalyse als unbedingter Voraussetzung sachgemäßer theologischer Ethik[212], zum anderen legt diese die Grundlage für alle weiteren Reformvorschläge und deren ethische Wertung.

Am Beginn dieses Kapitels erfolgt zunächst die Definition zentraler sozialwissenschaftlicher Grundbegriffe der vorliegenden Arbeit mit der Klärung der Topoi Armut und Generationen im Sozialstaat sowie einem kurzen Überblick über wichtige Grundprinzipien der deutschen gesetzlichen Rentenversicherung. Der Begriff der Armut nimmt hierbei den zentralen Stellenwert ein. Gemäß der eingangs geäußerten These, der Notwendigkeit eines Zusammendenkens von Begründungs- und Abgrenzungsargumenten für Unterstützungsleistungen im Bezug auf die Reform der Alterssicherung in Deutschland, ist damit gerade für die Frage nach einer Begründung auf eine ausreichende Höhe der künftigen Alterssicherung zu achten. Eine »ausreichende« Höhe bestimmt sich wesentlich, resultierend aus dem theologisch-ethischen Gestaltungsauftrag für Gesellschaften, durch die tatsächliche Vermeidung von Armut. Die Klärung dieses Begriffes sollte somit zwei Zwecken dienen, er sollte zum einen das theologische Konzept sozialwissenschaftlich operabel gestalten, zum anderen aber ebenso wichtigen Vorgaben dessen genügen. Die Analyse des Begriffs der Generation im Sozialstaat und die Vorstellung zentraler Konstruktionsprinzipien des deutschen Modells der Alterssicherung runden diesen Abschnitt ab.

---

212 Vgl. hierzu: *Hengsbach*, Friedhelm (1995), 75–83.

Gemäß den dann aufgeführten grundlegenden Konstruktionsprinzipien der deutschen gesetzlichen Rentenversicherung sind in die empirische Problemanalyse des zweiten Abschnitts dabei folgende vier Untersuchungsgegenstände einzubeziehen:

- Demographische Entwicklung:
  Bedingt durch das grundlegende Konstruktionsprinzip des Einperioden-Umlageverfahrens der gesetzlichen Rentenversicherung ist diese Art der Alterssicherung in besonderer Weise abhängig von demographischen Entwicklungsdaten.

- Entwicklung der Erwerbsarbeit:
  Neben demographischen Wandlungsprozessen beeinflusst auch die Entwicklung der Erwerbsarbeit direkt die gesetzliche Rentenersicherung. Zwei Wechselwirkungen sind hierbei grundlegend feststellbar: zum einen wirken Wandlungsprozesse am Arbeitsmarkt, bedingt durch die Art der Finanzierung über Beiträge und damit der engen Lohnzentrierung der gesetzlichen Rentenversicherung, selbst wieder auf die Finanzierungsbasis der Versicherung, zum anderen wird die Arbeitsmarktpartizipation des Einzelnen durch das Prinzip der Beitragsäquivalenz direkt ebenso in dessen Altersabsicherung gespiegelt. Das Risiko von Altersarmut und Unterversorgung des Versicherten entspricht also dem Grad, Dauer und Verdienstniveau innerhalb des vorherigen Erwerbslebens.

- Entwicklung der Einkommensverteilung und Armut:
  Ein integraler Bestandteil der Rede von einer *vorrangigen Option für die Armen* ist die Forderung nach einem Perspektivwechsel zugunsten Benachteiligter in der Gesellschaft. Dadurch, dass die öffentlich-institutionelle Form der Alterssicherung in der Bundesrepublik bedingt durch deren Konstruktionsprinzipien sehr eng an die Entwicklung des Arbeitsmarktes angekoppelt ist und in ihrer Finanzierungsbasis stark vom Wandel der Relation zwischen Beitragszahlern und Rentenempfängern abhängt, lassen beide Wand-

lungstendenzen eine zunehmende Altersarmut in Deutschland befürchten.

▸ Veränderungen von Lebensgemeinschaften und Alterssicherung von Frauen:
Schließlich soll abschließend innerhalb des empirischen Teiles der vorliegenden Arbeit auch die Wertentwicklung in der Gesellschaft und die Veränderung von Lebensformen untersucht werden. Dadurch, dass die abgeleitete Hinterbliebenensicherung für Angehörige sehr stark an stabile Lebensgemeinschaften anknüpft, könnte Instabilität dieser die Entstehung von Altersarmut, insbesondere für Frauen begünstigen.

Während die demographische Entwicklung, der Wandel der Erwerbsarbeit und der Lebensgemeinschaften in der Gesellschaft äußere empirische Rahmenbedingungen der gesetzlichen Rentenversicherung in Deutschland darstellen, greift die Analyse von Altersarmut die inneren Folgewirkungen der Konstruktionsprinzipien der Versicherung auf.

Die zentrale These dieses Abschnittes lautet: Durch den Wandel der aufgezeigten empirischen Rahmenbedingungen und der ihnen ungenügend entsprechenden Konstruktionsprinzipien der gesetzlichen Rentenversicherung sind zum einen eine mangelhafte Finanzierungsbasis der Alterssicherung und daraus resultierend zum anderen zunehmende Armut im Alter zu befürchten. Da Armut, verstanden als Exklusion aus der Gesellschaft, der eigentliche Skandal eines modernen demokratischen Gemeinwesens ist, wird demzufolge das System der gesetzlichen Alterssicherung in Deutschland als dringend reformbedürftig ausgewiesen.

Abschließend werden dem entsprechend aus der aufgezeigten empirischen Problemsituation einige Anforderungen hauptsächlich an eine Neugestaltung der deutschen gesetzlichen Rentenversicherung vorgestellt. Einzelne Erfordernisse einer Reform der betrieblichen Sicherung und der Weiterentwicklung von Formen privaten Ansparens zur Altersvorsorge werden ebenfalls abgeleitet, gegenüber der Rentenversicherung aber nachrangig behandelt.

2. Begriffe und Verwendungsweisen

2.1 Armut in der Bundesrepublik als empirisches Faktum

Der Begriff der Armut, spezifiziert auf Altersarmut hin, stellt für die vorliegende Arbeit zur Gerechtigkeit zwischen den Generationen im deutschen Sozialstaat mit dem Bezug zur gesetzlichen Rentenversicherung, ein entscheidendes sowohl empirisch als auch normativ geprägtes Berichtsobjekt dar.

> »Auf die Frage, was Armut ist oder wer arm ist, gibt es überhaupt keine objektive, wissenschaftlich beweisbare Antwort. Man kann daher nur die in der sozialwissenschaftlichen Literatur, in der Politik oder in der Gesellschaft vertretenen Auffassungen herausarbeiten; anschließend muss man eine Entscheidung treffen, um das Berichtsobjekt abzugrenzen und entsprechende Informationen zusammenstellen zu können.«[213]

Dieses Zitat von Richard *Hauser* verdeutlicht die Schwierigkeiten, die sich aus der Annäherung an das Problem ergeben. Zum Ersten wird der Begriff äußerst vielschichtig und mehrdeutig im politischen, wissenschaftlichen und öffentlichen Diskurs gebraucht, zum Zweiten leiten sich aus der zugrunde gelegten Definition von Armut entscheidende sozialwissenschaftliche Abgrenzungen des Objektes und damit auch deren empirische Überprüfung ab und zum Dritten schließlich folgt aus dem empirisch erhobenen Datensatz nicht selten ein spezifischer Appell an politische Entscheidungsträger, diese, nach dem Datensatz aufgezeigte Situation, zu beheben oder zumindest Erfolg versprechende Maßnahmen hierzu einzuleiten.

---

213 *Hauser*, Richard (1997a), 19f.

»Bis heute gibt es in der armutspolitischen Diskussion in der Bundesrepublik keinen allgemein akzeptierten Armutsbegriff. Dies ist umso bedenklicher, da das jeweilige Definitionskonzept und das herangezogene Messverfahren ganz erheblichen Einfluss auf Umfang und Struktur der Armenbevölkerung haben.«[214]

Dies macht somit deutlich, dass bei der Beschreibung dieses äußerst komplexen Phänomens eine empirische Herangehensweise allein nicht ausreichend ist, vielmehr müssen auch stets die normativen Grundlagen des Betrachters expliziert und kritisierbar gemacht werden.[215] Aufgabe innerhalb dieses vorangehenden Teiles der Begriffsbestimmung wird es nachfolgend sein deskriptiv-sozialwissenschaftliche Definitionen vorzustellen, diese hinsichtlich des Erreichens der Grundbedingungen des theologischen Armutskonzeptes zu hinterfragen und schließlich grundlegende Bezüge auf die Funktionsweise des Systems sozialer Sicherheit in Deutschland herzustellen.

2.1.1 Sozialwissenschaftlich-empirische Ansätze einer Definition des Begriffes Armut

Eine grundlegende Unterscheidung sozialwissenschaftlicher Armutsdefinitionen besteht in deren Grundausrichtung auf eine material-inhaltliche oder formale Beschreibung des Phänomens. Eine solche material-inhaltliche Definition wird nachfolgend mit dem Ansatz von Amartya *Sen* vorgestellt werden. Formale Definitionen bieten die Ansätze einer absoluten Klassifizierung von Armut in der Berechnung eines zwingend notwendigen Existenzminimums zur Subsistenzsicherung oder die Bestimmung von Armut über Einkommen sowie notwendige Grundgüter in Relation zum Durchschnitt der jeweiligen Vergleichsbevölkerung. Eine grundlegende Unterscheidung innerhalb der verwendeten relativen For-

---

214 *Hanesch*, Walter (2000), 23.
215 Vgl. hierzu auch: *Jacobs*, Herbert (2000), 241f.

schungskonzepte besteht hinsichtlich des Einbezuges einer bestimmten Anzahl von Vergleichsindikatoren. Hierbei ist zu differenzieren zwischen ein- und mehrdimensionalen Konzepten der Armutsmessung.[216] Innerhalb dieser relativen Messkonzepte der Armutsforschung ist weiterhin zu unterscheiden zwischen ressourcenorientierten, lebenslagenorientierten[217] und dynamisch lebenslauforientierten[218] Forschungskonzepten.[219] Die in der Bundesrepublik Deutschland sozialpolitisch vorherrschende Armutsdefinition durch die politische Festlegung des soziokulturellen Existenzminimums als quasi offizielle Armutsgrenze ergänzt dabei die Analyse.[220]

Im Unterschied zu den erst genannten Möglichkeiten einer Querschnittsanalyse der Betroffenheit von Armut, die das Phänomen zeitlich punktuell zu erfassen sucht, legen Vertreter einer dynamisch-lebenslauforientierten Forschung ihren Fokus auf die Untersuchung einzelner Betroffener über einen längeren Zeitraum, beschreiben somit den Umgang einzelner von Armut Betroffener in Längsschnittanalysen über einen größeren Zeitraum. Wichtige Ziele einer solchen Untersuchungsmethode sind dabei, im Gegensatz zur punktuellen Armutsmessung, das Aufzeigen individueller Strategien des Umgangs mit dem Problem und die verschiedenen Reaktionen Betroffener auf gleiche gesellschaftsstrukturelle Bedingungen. Vertreter dieser Methode entwickeln im eigentlichen Sinne meist keine Definition davon, was unter Armut zu verstehen sei, sondern lehnen sich in ihrer Untersuchung an vorhandene ressourcen- oder lebenslagenorientierte Konzepte an. Die Ergebnisse ihrer Forschungen haben gleichwohl sozialpolitische Auswirkungen dergestalt, dass durch die Offenlegung spezifischer

---

216 Vgl. *Hock,* Beate u. a. (2000), 19–21.

217 Zur Grundunterscheidung zwischen ressourcen- und lebenslagenorientierten Forschungskonzepten innerhalb der empirischen Armutsforschung vgl. auch: *Hauser,* Richard (1995), 4.

218 Vgl. hierzu: *Leibfried,* Stephan / *Leisering,* Lutz (1995). Vgl. ebenso: *Ludwig,* Monika / *Leisering,* Lutz / *Buhr,* Petra (1995).

219 Vgl. *Butterwegge,* Christoph u. a. (2004), 28–30.

220 In der Sozialpolitik für die Bundesrepublik Deutschland gilt der Bezug sozialer Grundsicherung als quasi offizielle Armutsgrenze. Vgl. *Neumann,* Udo (1999), 47.

Strategien des Umgang mit Armut, ihrer Ursachen und spezifischen Auswirkungen für einzelne Betroffene, passgenaue Konzepte der Einzelfallhilfe erarbeitet und umgesetzt werden können. Die dynamisch-lebenslauforientierte Forschungsrichtung bietet damit eine notwendige und sinnvolle Ergänzung zu statischen Konzepten der Armutsmessung. Für die Bundesrepublik Deutschland legten eine solche Untersuchung beispielsweise *Leibfried* und *Leisering* in der Bremer Langzeitstudie von Sozialhilfeempfängern vor.[221]

Weiterhin zu unterscheiden sind die vorgelegten sozialwissenschaftlichen Untersuchungskonzepte hinsichtlich ihrer jeweiligen Blickrichtungen in gesamtgesellschaftliche Definitionen und subjektive Bestimmungen von Armut. Während in der gesamtgesellschaftlichen Definition von Armut ein Indikator auf alle Mitglieder der Gesellschaft anwendet wird, mithin als »Armut« bestimmt wird, fragen Vertreter der subjektiven Methode der Armutsmessung, was »arm sein« für die jeweils Betroffenen bedeutet und bestimmen über die Aggregation dieser Datensätze eine gültige Armutsgrenze zur Messung von Deprivation.[222]

Armut		
Messung: statisch-punktuell versus dynamisch		
Kriterien: eindimensional versus mehrdimensional		
Betrachtungsperspektive: subjektiv versus gesamtgesellschaftlich		

Material-Inhaltlich	Formal	
	Absolut	**Relativ**
Amartya Sen	*Weltbankdefinition*	*Ressourcenorientiert*
	Ältere deutsche politische Armutsgrenze	*Lebenslagenorientiert*
		Dynamisch-Lebenslauforientiert
		Neuere deutsche politische Armutsgrenze

Abbildung 2: Zuordnung verschiedener Armutsdefinitionen (Quelle: eigene Darstellung)

---

221 Vgl. *Leibfried*, Stephan / *Leisering*, Lutz (1995).
222 Vgl. *Barlösius*, Eva (2001), 71.

2.1.1.1 Konzepte der absoluten Armutsbestimmung

Innerhalb von Konzepten der absoluten Armutsmessung besteht die Fragerichtung darin, nach welchen Kriterien Armut zu definieren sei und ab welcher Grenze der Unterversorgung Armut beginne. Als Begründer dieser Methode in Europa gilt *B. Seebohm Rowntree* 1902 mit dem Werk: »Social Theories of the City«[223], in dem der Autor über Messungen zum physischen Überleben notwendiger Kalorienzahlen neben Ausgaben für Wohnraum, Kleidung und Haushaltsgegenstände umgerechnet in den dafür mindestens notwendigen Gegenwert in Geldeinheiten die erste absolute Armutsgrenze berechnete.

Vertreter von Konzepten der absoluten Armutsmessung streben das Ziel an, einen festen empirischen Maßstab zur Bestimmung dieses Phänomens liefern zu können. Sie setzen daher oft bei der Bestimmung des physischen Existenzminimums eines Menschen, den absolut notwendigen Gütern zur Subsistenzsicherung an und berechnen diese nach der zum Erhalt notwendigen Kaufkraft in US-Dollar.[224] Diese Grundbedürfnisse umfassen so etwa Nahrung, Zugang zu sauberem Trinkwasser, Kleidung und angemessenen Wohnraum. Ein Beispiel einer solchen Berechnung des physischen Existenzminimums liefert die Weltbank, die in ihren Berechnungen für Entwicklungsländer von einer Einkommensgrenze von 1 USD pro Tag in Kaufkraftparitäten zur Sicherstellung des physischen Existenzminimums ausgeht. Nach dieser Grenze leben beispielsweise ca. 54 Millionen Menschen in Äthiopien, oder 82 % der Gesamtbevölkerung dieses Landes unterhalb dieser Grenze, sind damit als absolut Arme zu bezeichnen.[225]

Ein Beispiel für eine absolute Bestimmung von Armut in einer weitergehenden Definition als der Sicherung der physischen Existenz alleine bildet die offizielle Armutsgrenze in den Vereinigten Staaten von Amerika. Dieses Konzept wurde in den 1960er Jahren entwickelt zur Auf-

---

223 Vgl. *Rowntree*, B. Seebohm (1997).
224 Vgl. *Hanesch*, Walter (2002), 49.
225 Vgl. zu Definition und Datenlage: http://www.global-society-dialogue.org/eqdeu.pdf, Entnahme am 16.03.2005.

stellung von Ernährungsplänen zur Korrektur von Mangelernährung hauptsächlich bei Kindern. Vier unterschiedliche Typen von Ernährungsweisen wurden hierzu je nach Umfang und zu erwartenden Kosten bestimmt und berechnet: Liberal, Moderate, Low Cost und Economy. Die absolute Armutsgrenze lehnt sich dabei an den geringsten Kosten für Ernährung, dem Economy-Level, an. In der Berechnung wird diese Größe anschließend mit dem Faktor 3 multipliziert, um den Hilfeempfängern die Abdeckung weiterer Kosten neben der Ernährung zu ermöglichen. Seit den 1960er Jahren werden diese Hilfen an arme Familien zusätzlich beständig um den Faktor der jährlichen Inflationsrate aufgestockt. Im Jahr 2001 lag so die offizielle Armutsgrenze einer vierköpfigen Familie in den Vereinigten Staaten bei 17960 US-Dollar pro Jahr, für eine Einzelperson betrug dieser Wert im Jahr 2000 5500 US-Dollar jährlich.[226] Die Armutsbevölkerung gemessen nach dieser Größe betrug im selben Zeitraum 32,6 Millionen Personen, was einem prozentualen Anteil an der Gesamtbevölkerung von rund 11,6 % entspricht.[227] Bemerkenswert in der Armutsstatistik der Vereinigten Staaten ist die erheblich ungleiche Betroffenheit verschiedener Bevölkerungsgruppen von diesem Phänomen. Während der Anteil der armen Bevölkerung an der weißen Mehrheit im Jahr 2000 circa 9,4 % betrug, umfasste dieser für den afroamerikanischen Teil 22,1 %, eine extreme Ungleichheit, die *Schild* seit den 1960er Jahren für die USA signifikant nachgewiesen hat.[228]

Auch die Definition der Sozialhilfe-Sätze nach dem Bedarfsprinzip als politische Armutsgrenze für die Bundesrepublik Deutschland kann bis zur grundlegenden Strukturreform von 1989 als Beispiel einer absoluten Armutsgrenze herangezogen werden. Ein grundlegender Unterschied zwischen den Messungen der Weltbank und der US-Regierung besteht hierbei allerdings darin, dass die Bezugsgrundlage hierfür nicht das physische Existenzminimum in Relation auf die jeweilige Gesell-

---

226 Vgl. *Marris*, Robin (2001), 26f.

227 Vgl. http://www.global-society-dialogue.org/eqdeu.pdf, Entnahme am 16.03.2005.

228 Vgl. *Schild*, Georg (2003), 101.

schaft, sondern die Gewährung eines sozio-kulturellen Existenzminimums darstellt. Die Sozialhilfe sollte dabei dem Betroffenen ein Leben in Würde ermöglichen und ihn ferner zur eigenständigen Lebensführung befähigen.[229] Die Grundlage für die Ermittlung des Bedarfes innerhalb der Sozialhilfe bildeten die bis 1989 in einem so genannten Warenkorb ermittelten Grundbedürfnisse umgerechnet in Kaufkraft nach Stellung des Haushaltmitgliedes. Diese Bestimmungsmethode wurde 1970 vom Arbeitskreis »Regelsätze« erstellt und blieb bis in die Mitte der 1980er Jahre unveränderter Maßstab für die Hilfegewährung. Neben der Abdeckung von Grundbedürfnissen, wie Nahrungsmitteln, Wohnraum, Kleidung, sollte über diese sehr detaillierte Bestimmungsmethode ebenso die Teilhabe an der Gesellschaft gewährleistet werden. Der Anspruch auf Kino- oder Theaterbesuche sowie die Bewirtung von Gästen beispielsweise ist damit ebenso im Warenkorb zur Gewährleistung des sozio-kulturellen Existenzminimums enthalten. So konnte umgerechnet ein Haushaltsvorstand 1970 etwa 18 cbm Gas und 16 KWh Strom verbrauchen, hatte Anspruch auf fünf Seiten Briefpapier, fünf Umschläge und fünf Marken und konnte circa sechs Mal jährlich ein Kino oder Theater aufsuchen.[230]

Während die Messung absoluter Armut nach dem Standard der Weltbank eher für wirtschaftliche Entwicklungs- und Schwellenländer Gültigkeit und Aussagekraft besitzt, wurden die beiden anderen Standards der Armutsmessung aus dem Kontext westlicher Industrieländer entnommen. Zu beobachten ist hierbei, dass der Grad an Komplexität und Differenziertheit einer solchen Methode je nach ökonomischem Entwicklungsstand der Gesellschaft und deren Erwartungen an Armutsbekämpfung auch an normativen Gehalten zunimmt, was letzlich auch in der Berechnung der Unterstützungsleistungen und jeweiligen Armutsgrenzen Anwendung findet. Den Grund hierfür bildet das normative Anliegen der Gewährleistung eines Mindestmaßes der Teilhabe

---

229 Vgl. BSHG §1 Abs. 2.
230 Vgl. *Schulz*, Joachim (1989), 124f.

Betroffener an der Gesellschaft, wie dies beispielsweise unter anderem im vormaligen Bundessozialhilfegesetz vermerkt ist.[231]

Dennoch sind die Konzepte der absoluten Bestimmung von Armut ethisch zu hinterfragen. Zum einen ist in den beiden Konzepten, der amerikanischen Armutsbestimmung und der Warenkorbdefinition der vormaligen Sozialhilfe in der Bundesrepublik, die jeweilige Berechnung der Armutsgrenze sehr stark politisch beeinflusst und zum Teil willkürlich ohne Einbezug der Betroffenen festgelegt. Zu fragen wäre hierbei, in wie weit die ermittelten Grenzen der notwendigen Unterstützungsleistungen den Bedürftigen tatsächlich gesellschaftliche Teilhabe ermöglichen und diese zu einem eigenverantwortlichen Leben befähigen.

Die Grundlegung der physischen Armutsgrenze durch die Weltbank mit der Maßzahl von einem USD pro Tag in Kaufkraftparitäten ist ein für wirtschaftliche Entwicklungsländer nur in erster Annäherung praktikabler Maßstab der Armutsmessung. Die Sicherung des physischen Überlebens vieler Menschen ist in zahlreichen Ländern der so genannten »Dritten Welt« keineswegs gesichert und genießt normativ auch aus der Sicht einer theologischen Ethik nach dem Prinzip der Personalität, der absoluten Wahrung der Würde jeder menschlichen Person abgeleitet aus der Gottebenbildlichkeit jedes Menschen, oberste Priorität. Für westliche Industrieländer, in denen das physische Überleben gesichert ist, ist die angenommene Grenze jedoch nicht zur Armutsmessung heranzuziehen, denn, um ähnliche Entfaltungschancen für Personen in Relation zur Gesamtgesellschaft zu gewährleisten, wie diese allein durch das Überleben von Menschen in wirtschaftlichen Entwicklungsländern gegeben sind, ist für Industrieländer eine wesentlich höhere Gütermenge erforderlich. Der Grad an gesellschaftlicher Partizipation wäre so beispielsweise in Deutschland allein durch die Sicherstellung physischer Grunderfordernisse wesentlich geringer als dieser in einem afrikanischen Staat südlich der Sahara gegeben wäre.

Ein weiterer Grund für die Ablehnung absoluter Konzepte für die Bestimmung von Armut in westlichen Industrieländern ergibt sich aus

---

231 Vgl. §1 Abs. 2 BSHG.

dem sehr hohen Komplexitätserfordernis solcher Vorgehensweisen in diesem Kontext. Unter der theologisch-ethisch normativen Vorgabe einer maximalen Integration der Betroffenen in die Gesellschaft müsste eine hinreichend große Anzahl von Grundgütern nach Inklusionsermöglichung definiert und ein einheitlicher Maßstab der Deprivation gefunden werden, ab welchem Exklusion vorliegt. Dieser sehr hohe Anspruch an derartige Theorien steht damit aber einer empirisch durchführbaren Operationalisierung entgegen.

2.1.1.2 Konzepte der relativen Armutsmessung

2.1.1.2.1 Objektive eindimensionale Methoden

Objektive eindimensionale Methoden relativer Armutsmessung beziehen sich meist auf Relationen des Einkommens der Betroffenengruppe zum durchschnittlichen Einkommen der Wohnbevölkerung des jeweiligen Vergleichslandes als Bezugsmaß. Nach dem Urteil der Forscher wird zur Bestimmung relativer Einkommensarmut dabei eine 40%-, 50%- oder 60%-Grenze des durchschnittlich verfügbaren Einkommens als Armutsgrenze angenommen. Die Personen unterhalb dieser Grenzen gelten dann als einkommensarm, das heißt, ab dieser Grenze des Einkommens setzten die jeweiligen Vertreter einer solchen Methode voraus, dass dieses für einen gesellschaftlich zumutbaren Lebensstandard nicht ausreicht.[232]

Eine andere Methode der Armutsmessung über den Einkommensbegriff wurde von *Miller* und *Roby* 1971 dargestellt.[233] Sie maßen Armut nach der Einkommensverteilung innerhalb der Bevölkerung eines Landes. Zu Bestimmung dieser teilten die beiden Autoren die Bevölkerung dabei zunächst in Quintile nach der Höhe des Einkommensbezuges ein

---

232 Vgl. hierzu *Hanesch*, Walter (2002), 48f, *Schramm*, Michael (2000), 154, *Böhnke*, Petra / *Delhey*, Jan (2001), 317f.
233 Vgl. *Miller*, Seymour Michael / *Roby*, Pamela A. (1971).

und ordneten anschließend dem untersten Fünftel der so entstehenden Einkommenshierarchie das Prädikat arm zu.[234]

Gegen dieses Konzept einer Messung von Armut nach dem relativen Einkommen der Bedarfsgruppe im Vergleich zum Durchschnitt der Bevölkerung ergeben sich zahlreiche Einwände. Diese Einwände sollen dabei systematisiert nach formalen und inhaltlich-normativen vorgestellt werden.

Ein erster formaler Einwand betrifft dabei die jeweilige Bezugsgröße innerhalb der Messungen. Es ist hier zu differenzieren nach dem Bezug auf Einzelpersonen oder Bedarfsgemeinschaften / Haushalten. Wenn als Bezugsgröße einer Einkommensmessung Einzelpersonen angenommen werden, können bestimmte Teile der Bevölkerung ohne eigenes Einkommen nicht oder nur abgeleitet erfasst werden. Hierzu zählen vor allem Kinder oder Erwerbsunfähige, Menschen mit Behinderungen und Teile der Bevölkerung, die vorübergehend oder dauerhaft kein Einkommen erzielen. Eine solche Armutsmessung wäre somit im Bezug auf die Gesamtbevölkerung eines Staates unvollständig.

Einen Ausweg aus dieser Problematik bietet die Untersuchung der Einkommensrelationen von Bedarfsgemeinschaften, die, wie im Falle von Familien in der Regel aus einem oder zwei Einkommensbeziehern und anderen Mitgliedern des Haushalten bestehen. Zwei Fragen sind hierbei jedoch formal in der Erhebung der Datensätze grundsätzlich zu klären: zum einen muss dargestellt werden, in welchem Umfang andere Mitglieder des Haushaltes am Einkommen anderer partizipieren und zum zweiten sollten sich ergebende Synergieeffekte durch die gemeinsame Haushaltsführung in die Darstellung einbezogen werden. Eine Möglichkeit des Einbezuges dessen bieten die Äquivalenzskalen der OECD. In der Aufsplittung des Einkommens innerhalb von Haushalten legte die Organisation in der älteren Fassung dieser Skala verschiedene Gewichtungsfaktoren für Haushaltsmitglieder je nach der Stellung innerhalb der Gemeinschaft fest.[235]

---

234 Vgl. auch: *Krämer*, Walter (2000), 29.

235 Zur näheren Erläuterung vgl. Kapitel II, Punkt 5: Grundlegende Begriffe und ihre Verwendungsweisen.

Insbesondere *Krämer* macht gegenüber einem solchen Konzept den formalen Einwand, dass auch hierin unklar bleibt, welcher Umfang an Personen für die Vergleichsgröße Haushalt angenommen werden kann. Weiterhin bemängelt dieser Autor auch die willkürliche Setzung der Gewichtungsfaktoren von Konzepten dieser Art. Ebenfalls kritikwürdig ist hierbei auch die in diesen Theorien ebenfalls zugrunde gelegte Relationen zum durchschnittlichen Einkommen eines Referenzhaushaltes[236]. Je nach Annahme des Referenzhaushaltes können dabei die Armutsquoten beträchtlich differieren.[237] Weitere Anfragen an dieses Konzept ergeben sich aus der Referenzgröße des Einkommens. Wichtige Indikatoren für Ungleichheit, insbesondere die Vermögensbestände der Haushalte werden über dieses Konzept nicht erfasst. Es spiegelt somit nicht das tatsächliche Ausmaß von Armut in der Bevölkerung wider. Auf einen weiteren wichtigen Einwand macht an dieser Stelle auch *Neumann* aufmerksam. Um ein einheitliches Vergleichsmaß der Messung von Armut über das Nettoeinkommen verschiedener Haushalte zu gewährleisten, sind Belastungen in erheblicher Größenordnung, die nur ein Teil von Haushalten zu tragen hat, aus dem Vergleich herauszunehmen. Eine solche Belastung einzelner Haushalte ist dabei beispielsweise durch Mietzahlungen gegeben.[238]

Ein zweiter logisch formaler Einwand ergibt sich aus der Messung von Armut in Relation zum verfügbaren durchschnittlichen Nettoäquivalenzeinkommen. Durch die Annahme, dass Armut innerhalb der gezeigten Beispiele immer entweder unter einer definierten Relationsgrenze existiert, bzw. das unterste Quintil der Einkommensbezieher spiegelt, ist dieses Phänomen nie endgültig durch sozialstaatliche Mittel zu bekämpfen. Alle Reformanstrengungen zur Verbesserung des Systems sozialer Sicherheit gerade im Hinblick auf die Bedürftigsten der Gesell-

---

[236] Der Referenzhaushalt besteht in der Regel aus einer allein stehenden erwachsenen Person mit einem durchschnittlichen Nettoeinkommen. Vgl. *Krämer*, Walter (2000), 93.
[237] Vgl. *Krämer*, Walter (2000), 92–95.
[238] Vgl. *Neumann*, Udo (1999), 47f.

schaft wären damit zum Scheitern verurteilt.[239] Gegen das Konzept der Armutsmessung von *Roby* und *Miller* ist der genannte Einwand verstärkt zur Geltung zu bringen. Es ist zu fragen, ob durch die Messung ungleicher Einkommensverteilung direkt auf das Vorhandensein und den Umfang von Armut in einer Bevölkerung geschlossen werden kann.

Einen wichtigen inhaltlich-normativen Einwand gegen das eindimensionale Konzept der Messung von Armut über die Untersuchung von Einkommensungleichheit formuliert darüber hinaus Amartya *Sen*. Der Nobelpreisträger geht in seiner Analyse des Phänomens davon aus, dass Armut nicht allein über das verfügbare Einkommen von Haushalten bestimmt und erfasst werden kann. Die Verfügbarkeit von Einkommen stellt nach ihm lediglich einen instrumentell bedeutsamen Mangel dar, der das Phänomen Armut ungenügend abbildet. Weder kann mit der Erhebung über das Vorhandensein von Einkommen ausgedrückt werden, was die jeweiligen Individuen damit in Relation zu ihren jeweils eigenen Bedarfen erwerben, noch drückt dieser Armutsbegriff die unterschiedlichen Aufteilungen von Einkommen in Bedarfsgemeinschaften aus. Besonders in der Frage nach geschlechtsspezifischen Diskriminierungen in verschiedenen Gesellschaften, die ihren formalen Ausdruck oft in geringen finanziellen Mittelzuweisungen in Haushalten finden, bleibt die Messung von Armut mit Hilfe dieser eindimensionalen Methode mangelhaft.[240]

> »Wenn es einen Grund zum Unmut gibt, dann wegen der relativ großen Bedeutung, die in vielen Wirtschaftstheorien der Ungleichheit auf sehr engem Terrain zugeschrieben wird, nämlich der *Einkommensungleichheit*. Diese Verengung trägt dazu bei, daß andere Sichtweisen auf Ungleichheit und Fairneß aus dem Blick geraten, was wiederum weitreichende Folgen für die Wirtschaftspolitik hat.«[241]

239 Vgl. ebd. 29.

240 Vgl. *Sen*, Amartya (1999), 110–113.

241 Ebd., 134. Auch *Böhnke* und *Delhey* machen für den deutschen Diskurs die fehlende Koppelung von Einkommens- und tatsächlicher Versorgungslage der Haushalte als Einwand gegen das Konzept geltend. Vgl. hierzu: *Böhnke*, Petra / *Delhey*, Jan (2001), 325.

Auch aus der Sicht einer theologisch-normativen Ethik bleibt das Konzept der Bestimmung von Armut über die alleinige Bezugsgröße Einkommen hinter den normativen Vorgaben einer Ermöglichung von Teilhabegerechtigkeit zurück. So bildet ein ausreichendes Einkommen zwar eine wichtige Voraussetzung für gesellschaftliche Integration, kann aber nicht als deren ausschließliche Bedingung gewertet werden. Als wichtige weitere Aspekte wären die Aufteilung finanzieller Mittel unter Haushaltsmitgliedern, erhöhte Bedarfe einzelner Individuen sowie der Einbezug weiterer Faktoren in die Armutsmessung, so insbesondere der erreichbare Bildungsstand, in die empirischen Erhebungen einzubeziehen. Auch die objektive Grenzziehung in Relation zum durchschnittlichen Nettoeinkommen der Bevölkerung oder unterer Lohngruppen, wie dies innerhalb der deutschen Sozialhilfe geschieht, ist kein Ausdruck wirklicher Bedürfnisse der Betroffenen und spiegelt diese innerhalb des Messverfahrens nicht wider. Die Methode selbst muss somit als paternalistisches Konzept betrachtet werden.

2.1.1.2.2 Mehrdimensionale Methoden relativer Armutsbestimmung

Vertreter mehrdimensionaler Ansätze des Verständnisses von Armut gehen über die Bestimmung des Phänomens anhand des Einkommens von Einzelpersonen und Haushalten als alleinigem Indikator zur Messung von Armut hinaus und beziehen mehrere, oft grundlegende Güter in die Analyse ein. Durch ein Fehlen eines oder mehrerer dieser Güter in Relation zu deren Vorhandensein in Vergleichsgruppen wird anschließend auf Armut geschlossen. Vertreter dieser Konzepte vergleichen damit das Verhältnis objektiv gegebener Handlungsspielräume innerhalb der Gesellschaft zur jeweiligen Interessenorientierung der Individuen.[242]

Als Beispiel für einen solchen Ansatz der Armutsbestimmung für Deutschland sei der so genannte Lebenslagenansatz grundgelegt durch

---

242 Vgl. *Eichler*, Peter (2001), 46f.

Otto *Neurath* angeführt. Nach diesem Autor definiert sich Lebenslage als Bündel verschiedener Einzelwirkungen auf ein Individuum, sie ist:

> »der Inbegriff all der Umstände, die verhältnismäßig unmittelbar die Verhaltensweise eines Menschen, seinen Schmerz, seine Freude bedingen. Wohnung, Nahrung, Kleidung, Gesundheitspflege, Bücher, Theater, freundliche menschliche Umgebung, all das gehört zur Lebenslage, auch die Menge der Malariakeime, die bedrohlich einwirken.«[243]

Neurath geht in seinen Forschungen ebenfalls davon aus, dass verschiedene Individuen über ihre jeweilige Lebenslage vergleichbar sind, ein Konzept, das insbesondere für eine genaue Analyse gesellschaftsstruktureller Probleme herangezogen werden soll.

Im Anschluss an *Neurath* formulierte *Neumann* folgende fünf Einzelkriterien als konstitutiv für die Lebenslage Einzelner[244]:

- Versorgungs- und Einkommensspielraum: die Versorgung mit Gütern und Dienstleistungen,

- Kontakt und Kooperationsspielraum: die Möglichkeit zu sozialen Kontakten in ausreichender Zahl,

- Lern- und Erfahrungsspielraum: hierin sind Faktoren, wie Sozialisation, Bildungschancen, berufliche und räumliche Mobilität gebündelt,

- Muße und Regenerationsspielraum: Möglichkeiten zur Erholung vom beruflichen oder schulischen Alltag,

- Dispositionsspielraum: Teilhabemöglichkeit an gesellschaftlichen Entscheidungen in verschiedenen Lebenbereichen.

---

243 Vgl. *Neurath*, Otto (1981), 512.
244 Vgl. *Neumann*, Udo (1999), 26.

Das Konzept der Lebenslage stellt auch in ethischer Hinsicht eine gelungene Gegenposition zu eindimensionalen Konzepten der Armutsforschung dar. Gegenüber den Einwänden einer unzureichenden Erfassung des Phänomens liefert dieses Modell eine komplexe Herangehensweise in der Abbildung vielschichtiger ökonomischer und sozialer Indikatoren, wie der Möglichkeit zur Erzielung von Einkommen und die Versorgung mit Gütern, ebenso wie Räume und Zeiten der Regeneration und der Möglichkeit zur Pflege von Kontaktpersonen. Die Teilhabemöglichkeiten an Aktivitäten des gesellschaftlichen Umfeldes werden hier in ausreichendem Umfang in die Analyse einbezogen. Die Verwirklichung von Entfaltungschancen wird über die Dimensionen der Teilhabe am Lern- und Erfahrungsspielraum sowie dem Dispositionsspielraum ebenfalls in das Konzept inkludiert. Auch dem Einwand von *Sen* gegenüber eindimensionalen Konzepten der Bestimmung von Armut, der mangelnden Orientierung derartiger Konzepte auf die Mittelverwendung durch Individuen, wurde in diesem Ansatz Rechnung getragen.

> »Im Vordergrund steht mehr die tatsächliche Versorgungssituation des Individuums und weniger die potentielle Versorgungslage, wie sie sich über die bloße Verfügbarkeit einer bestimmten Einkommenshöhe ergibt.«[245]

Zwei Einwände ergeben sich allerdings aus der Perspektive einer theologischen Ethik an diesem Konzept: die Bestimmung der Faktoren zur Definition der Lebenslage rein aus der Forscherperspektive heraus sowie die unklare Festlegung der Armutsgrenze.

Verschiedene weitere Konzepte sind als solch mehrdimensionale Ansätze zur Bestimmung von Armut ebenso kenntlich zu machen. Eine Weiterentwicklung des so genannten Lebenslagenansatzes bietet für Großbritannien Peter *Townsend* 1979 mit dem Konzept der relativen Deprivation.[246] Armut wird in diesem Konzept vergleichbar

---

245 Ebd., 27.
246 Vgl. *Townsend*, Peter (1979).

den verschiedenen Lebenslagenansätzen gedeutet als Fehlen wichtiger Ressourcen, was eine Teilnahme an Aktivitäten oder Gewohnheiten unmöglich macht, die von der Gesellschaft normalerweise geteilt werden. Der Unterschied zu den vorgenannten Ansätzen besteht bei *Townsend* jedoch darin, dass er die Menge an notwendigen Gütern nicht aus der Forscherperspektive heraus bestimmt, sondern diese durch repräsentative Umfragen ermittelt.[247] Die objektive Perspektive wird damit in der Einschätzung tatsächlich für gesellschaftliche Teilhabe notwendiger Güter und Dienstleistungen durch eine subjektive ersetzt, das Vorverständnis des Forschers fließt allein in der Auswahl der Items für Umfragezwecke sowie der Abgrenzung von Deprivation in das Konzept ein.[248] Einem zentralen Einwand gegenüber den verschiedenen Ansätzen der Lebenslage wurde damit weitest gehend Rechnung getragen. Ein weiterer Unterschied zwischen den jeweiligen Konzepten besteht ebenso darin, dass *Townsend* von einem signifikanten Zusammenhang zwischen der Einkommenslage und der tatsächlichen Versorgung von Haushalten mit Gütern ausgeht. Während die dargestellten Ansätze der Lebenslage in der Bestimmung der Armutsgrenze und notwendiger Güter eher diffus bleiben, vermag *Townsend* durch die Koppelung von tatsächlicher Versorgungslage und Einkommen eines Haushaltes diese Grenze exakter in einem Umschlagpunkt des Einkommens zu bestim-

---

247 Vgl. *Hock*, Beate u. a. (2000), 29–31.

248 Ein vergleichbares Konzept zur Beschreibung und Messung von Armut legen für die Bundesrepublik Deutschland *Andreß* und *Lipsmeier* vor. Auch sie versuchen den Fokus weg von den Einkommensquellen, der indirekten Messung von Armut, hin auf die tatsächliche Mittelverwendung bei den Betroffenen selbst zu richten. Die beiden Forscher legen so einen in drei Hinsichten fortentwickelten Lebenslagenansatz zur empirischen Armutsforschung vor. Erstens gehen *Andreß* und *Lipsmeier*, ähnlich wie *Townsend* dies für Großbritannien tut, von der Einkommensverwendung betroffener Personen aus; zweitens versuchen die beiden Autoren eine Differenzierung hinsichtlich der Präferenzen des Individuums zwischen freiwilligem Verzicht und erzwungenem Verzicht auf Grundgüter vorzunehmen und drittens schließlich ermitteln diese, vergleichbar den Forschungen *Townsends*, die Notwendigkeit bestimmter Grundgüter aus repräsentativen Umfragen. Die eigene Perspektive Forschender hinsichtlich der Relevanz bestimmter Güter soll somit auch in diesem Konzept weitest möglich ausgeblendet werden. Vgl. hierzu *Andreß*, Hans-Jürgen / *Lipsmeier*, Gero (1995), 35–37.

men, ab dem eine signifikant große Anzahl von Haushalten überproportional ihre Teilhabe am gesellschaftlichen Leben reduzieren muss.

Durch den Einbezug des Kriteriums der Operationalisierbarkeit von Armutstheorien ergibt sich jedoch ein gewichtiges Gegenargument zu diesen Ansätzen. Die Annahme, dass Armut über Unterversorgung in möglichst vielen zentralen Lebensbereichen dargestellt werden kann, erschwert die Umsetzung und tatsächliche Messung von Armut nach diesen Konzepten erheblich. So geht *Neumann* treffend davon aus, dass eine umfassende Definition von Armut und damit auch eine empirische Darstellung dieser über die verschiedenen Dimensionen der Lebenslage bislang noch nicht geleistet worden ist.[249]

2.1.2 Material-inhaltliche Konzepte des Verständnisses von Armut

Stellvertretend für den Zweig einer material-inhaltlich orientierten Armutsforschung sei im Folgenden der handlungstheoretische Ansatz zur Bestimmung von Armut von Amartya *Sen* vorgestellt.[250] Im Gegensatz zu den Definitionen und Messungen des Phänomens anderer, hier vorgestellter Konzepte, legt der Nobelpreisträger einen strukturellen Ansatz vor, der individuelle Perspektiven der Betroffenen als Ausgangspunkt für seinen Ansatz heranzieht.[251] *Sen* legt damit gegenüber den vorherrschenden Theorien einen eigenständigen Forschungsansatz grund.[252]

---

249 Vgl. *Neumann*, Udo (1999), 27. Ungleich schwieriger als in den dargestellten Ansätzen gestaltet sich die Operationalisierbarkeit beim Konzept einer multiplen Deprivation, einem Ansatz, das die Konzepte einer Armutsdefinition über dem Lebenslagenansatz und der relativen Deprivation in einem Mix aus subjektiven und objektiven Kriterien für Armut gleichermaßen abzubilden versucht. Durch die hierin erfolgte Entgrenzung der Armutsindikatoren ist dieser Ansatz, trotz der ethisch vorbildlichen Aufarbeitung möglicher Armutsursachen und Phänomene, nicht empirisch darstellbar.

250 Vgl. hierzu: *Sen*, Amartya (2000a und b).

251 Vgl. *Eichler*, Peter (2001), 47.

252 Vgl. *Leibfried*, Stephan / *Voges*, Wolfgang (1992), 22.

Zunächst definiert der Autor hierbei den Begriff des Lebensstandards. Nach *Sen* ist dieser weder nach objektiven, noch nach subjektiven Maßstäben alleine zu bemessen, vielmehr müssen sich beide Perspektiven in der Bestimmung dessen ergänzen. Der Lebensstandard gilt so nach ihm weder allein aus Wohlstand oder der Menge an Gütern, noch dem bloß subjektiven Nutzen aus diesen als hinreichend definiert.[253] Folgendes Beispiel *Sens* soll diese These erläutern:

> »Wie gut oder schlecht genährt ein Mensch *in Relation zu* seiner Nahrungsaufnahme ist, wird durch verschiedene physiologische, medizinische, klimatische und soziale Faktoren beeinflusst. Um den gleichen Ernährungsgrad wie jemand anderes zu erreichen, braucht die eine Person mehr Nahrungsmittel, weil sie einen höheren Stoffwechsel (...) hat, oder weil sie schwanger ist (...), oder weil sie eine Krankheit hat, die die Absorption der Nahrung erschwert, oder weil sie in einem kälteren Klima lebt (...).«[254]

Die Bestimmung des Lebensstandards einer Person darf somit nicht ausschließlich an subjektiven Faktoren festgemacht werden, vielmehr ist er in der Relation von tatsächlichen Möglichkeiten und Fähigkeiten eines Menschen zu definieren. Güter haben damit nach dem Autor eine doppelt relationale Funktion: im Hinblick auf den Einzelnen und seine Zufriedenheit und im Hinblick auf den Einzelnen in seiner Stellung gegenüber der Gesamtgesellschaft. Zu unterscheiden ist bei letzteren zwischen solchen Fähigkeiten, die in verschiedenen Gesellschaften annähernd das gleiche Niveau an Gütern voraussetzen und anderen Arten von Fähigkeiten, die in der Frage des Güterbesitzes unterschiedliche Niveaus je nach Gesellschaft bedingen. Materieller Wohlstand wird somit von *Sen* lediglich funktional im Hinblick auf deren Nutzen für die Individuen zur Erfüllung ihrer speziellen Funktionen in der Gesellschaft bestimmt.

253 Vgl. *Sen*, Amartya (2000a), 36f.
254 Ebd., 36.

»Einige Fähigkeiten, wie gut ernährt zu sein, erfordern unabhängig von dem durchschnittlichen Wohlstand der Gesellschaft, in der man lebt, mehr oder weniger die gleichen Güter (wie Nahrungsmittel und medizinische Versorgung), andere Fähigkeiten [...] erfordern Güter, die je nach dem durchschnittlichen Wohlstand der Gesellschaft erheblich variieren.«[255]

Beispiele für solche divergierenden Güterniveaus wären in der Fähigkeit, ein Leben ohne Scham zu führen, Freunde zu besuchen oder in der Teilhabe an höheren Aktivitäten der Gesellschaft zu sehen.[256]

Der Lebensstandard eines Individuums ergibt sich somit aus der Bestimmung von Möglichkeiten, als dem Vermögen einer Person, etwas zu erreichen und den Möglichkeiten, als Bestimmung dessen, was wirklich erreicht wurde.[257] Der Güterbesitz erfüllt dadurch in der Messung lediglich eine instrumentelle Funktion. Somit wäre auch die Bestimmung des Lebensstandards über die Vergleichsgrößen Bruttoinland- oder Bruttosozialprodukt eines Staates nicht hinreichend, weil durch diese Größen keine Aussage über die tatsächlichen Möglichkeiten und Lebensbedingungen verschiedener Menschen in den jeweiligen Ländern getroffen werden kann.[258]

Auch in der Analyse des Phänomens Armut greift Amartya Sen auf die vorher genannten Grundlagen zurück. Er bestimmt Armut handlungstheoretisch als »Mangel an Verwirklichungschancen«[259]. Diese Verwirk-

---

255 Ebd., 39.
256 Vgl. Ebd.
257 Vgl. *Sen*, Amartya (2000b), 63f.
258 Vgl. ebd., 60–63. Anfragen gegenüber diesem Konzept zur Bestimmung des Lebensstandards ergeben sich vor allem aus der Definition und dem Einbezug von Fähigkeiten eines Individuums. So kritisiert beispielsweise Bernard *Williams* (2000) die Verbindung von Fähigkeiten und tatsächlichem Vermögen von Individuen, etwas zu tun sowie den expliziten Zusammenhang von Fähigkeiten und Güterbesitz in der Theorie *Sens*.
259 *Sen*, Amartya (2000c), 110.

lichungschancen sind dabei gleich bedeutend mit substantiellen Freiheiten zum Führen eines mit guten Gründen erstrebenswerten Lebens.

»So gesehen drückt sich Armut in einem Mangel an fundamentalen Verwirklichungschancen aus und nicht in einem niedrigen Einkommen, das gemeinhin als Kriterium für Armut gilt.«[260]

Dem Einkommen weist *Sen* in dieser Analyse eine lediglich funktionale, wenn auch wichtige Rolle zu. Niedriges Einkommen ist nach ihm so zwar ein wichtiger Grund für das Fehlen von Verwirklichungschancen eines Individuums liefert aber keine hinreichende Bestimmung dessen. Folgende drei Gründe sprechen nach dem Autor für eine Messung von Armut über Verwirklichungschancen statt über Einkommen: Zum Ersten handelt es sich bei Armut um einen intrinsisch bedeutsamen Mangel, der nicht über eine instrumentelle Größe bestimmt werden kann; zum Zweiten sind verschiedene Möglichkeiten der Umwandlung von Einkommen in Lebenschancen möglich in Abhängigkeit vom jeweiligen Individuum; zum Dritten schließlich wird Armut auch von anderen Faktoren neben dem Einkommen beeinflusst.[261] Ein weiterer systematischer Einwand von *Sen* greift hierbei auf die Verteilung von Einkommen innerhalb von Haushalten zurück. Die bei der Aufschlüsselung innerhalb eindimensionaler Konzepte der Armut zugrunde gelegten Äquivalenzskalen können nicht als tatsächliche Gegebenheiten für alle Haushalte so angenommen werden. Besondere Armutsformen, wie die extreme Benachteiligung von Mädchen in der dritten Welt beispielsweise werden durch eine solche Methode nicht offen gelegt.[262]

---

260 Ebd.

261 Vgl. ebd., 110f. Individuell verschiedene Möglichkeiten der Umwandlung von Einkommen in Verwirklichungschancen wären so beispielsweise das Alter, das Geschlecht oder der Wohnort der Person. Als mögliche andere Faktoren der Verursachung von Armut neben dem Einkommen wären insbesondere auch Naturkatastrophen oder Seuchen zu nennen. Vgl. hierzu auch *Sens* Erörterungen zur Freiheit in einer Marktwirtschaft in: *Sen*, Amartya (1999).

262 Vgl. *Sen*, Amartya (2000c), 111f.

»Welche Benachteiligungen die Mädchen dadurch (durch ungleiche Aufteilung von Einkommen, M.L.) erleiden, läßt sich leichter an den fehlenden Verwirklichungschancen ablesen, an der höheren Sterblichkeitsrate, an Krankheit, Unterernährung, medizinischer Unterversorgung usw., als auf der Grundlage der Einkommensanalyse allein möglich ist.«[263]

Als einen letzten Einwand gegen das Konzept der Messung von Armut über das verfügbare Einkommen eines Haushaltes führt *Sen* an, dass die Beziehung zwischen dem Faktor der Geldmittel und dem der Verwirklichungschancen ambivalent sei. So kann beispielsweise ein relativ kleiner Fehlbetrag hinsichtlich des Einkommens einen absoluten Mangel an Verwirklichungschancen bedeuten. So brauchen Menschen, die in einem, gemessen am Bruttoinlandsprodukt, reichen Land leben, wesentlich höhere Mittel, um dieselben sozialen Funktionen auszufüllen, als dies in ärmeren Ländern der Fall ist.

»Was der Gedanke der Verwirklichungschancen für die Armutsanalyse leistet, ist ein tieferes Verständnis der Natur und der Ursachen von Armut, in dem er nicht die *Mittel* in das Zentrum der Aufmerksamkeit rückt – vor allem ein besonderes Mittel nicht, das normalerweise ausschließlich betrachtet wird: das Einkommen – sondern die Zwecke, die zu verfolgen Menschen Gründe haben, und damit auch die Freiheiten, die es ihnen ermöglichen, ihre Ziele zu erreichen.«[264]

Mit der Analyse dreier Verwirklichungschancen: der Arbeitslosigkeit, der Möglichkeit, eines nicht vorzeitigen Todes zu sterben, sowie der Ungleichheit der Geschlechter hauptsächlich in wirtschaftlichen Entwicklungsländern, beschließt Sen seine Ausführungen über Armut.

---

263 *Sen*, Amartya (2000c), 112.
264 *Sen*, Amartya (2000c), 113.

Eine Möglichkeit zur Umsetzung dieses anspruchsvollen Verständniskonzepts von Armut bieten die verschiedenen Human Poverty Indices (HPI) der Vereinten Nationen als Bestandteile des Human Development Indexes. In expliziter Anlehnung an *Sen* gibt die Organisation in ihren Berichten über die menschliche Entwicklung[265] dabei fünf spezifische Indikatoren zur Messung von physischen Benachteiligungen in Entwicklungsländern an, die durch Aggregation der Einzeldaten in einem einheitlichen Index zusammengefasst werden. Im einzelnen sind dies:

- ▸ Prozentsatz der Bevölkerung, die wahrscheinlich nicht älter als 40 Lebensjahre wird,

- ▸ Prozentsatz der Kinder unter 5 Jahren, die als unterernährt eingestuft werden müssen,

- ▸ Prozentsatz erwachsener Analphabeten,

- ▸ Prozentsatz der Menschen ohne Zugang zu sauberem Trinkwasser sowie

- ▸ Prozentsatz der Menschen ohne Zugang zu Gesundheitsdiensten.[266]

Für wirtschaftlich entwickelte westliche Industriestaaten ist das Phänomen jedoch nicht über die genannten Bereiche der Armutsmessung für Entwicklungsländer darzustellen, da bestimmte Merkmale absoluter Armut für diese Länder keine Aussagekraft besitzen. Die Vereinten Nationen geben daher folgende Alternativliste für die westlichen

---

265 Vgl. *United Nations Development Programme* (2004). Eine Entsprechung zum Ansatz von Amartya *Sen* findet sich dabei in der Darstellung zentraler Entfaltungsmöglichkeiten der Menschen in verschiedenen Gebieten der Gesellschaft.
266 Vgl. *Marris*, Robin (2001), 30f.

Industrieländer an, die wiederum zu einem einheitlichen Index zusammengestellt wird. Die zentralen Items sind hier:

- Prozentsatz der Menschen, die wahrscheinlich nicht älter als 60 Lebensjahre werden,

- Prozentsatz der arbeitsfähigen Bevölkerung ohne Erwerbsarbeitsplatz sowie

- Prozentsatz junger Menschen im höheren Schulbildungsalter, die nicht auf eine weiterführende Schule gehen.[267]

Deutschland befindet sich nach der Erhebung der Vereinten Nationen von 2006 weltweit auf Rang 21. Den ersten Platz innerhalb des Human Development Index belegt Norwegen.[268]

Aus der Perspektive einer theologisch normativen Ethik ist das im Bezug auf einzelne Individuen doppelt relationale und handlungstheoretische Konzept von *Sen* positiv zu beurteilen. Es zielt in zentralen Lebensbereichen der Menschen auf Teilhabe an der Gesellschaft, ist weder eingeengt auf einen eindimensionalen Ansatz zur Bestimmung des Phänomens, noch geht es von lediglich instrumentellen Gütern in der Darstellung von Armut aus. Lediglich der systematische Einwand von Bernard *Williams*, der Anfrage einer Verbindung von Fähigkeiten und Möglichkeiten, sowie der Abgrenzung wichtiger von weniger wichtigen Fähigkeiten kann als treffend gewertet werden und bedarf einer weiteren systematischen Aufarbeitung durch *Sen*. Die beiden angeführten Indizes der Vereinten Nationen geben hierzu einen ersten Anhaltspunkt. Sie decken sowohl im Bezug auf wirtschaftlich entwickelte wie auch im Bezug auf wirtschaftlich unterentwickelte Länder zentrale Entfaltungsmöglichkeiten von Menschen auf und messen diese einmal in

---

267 Vgl. *Marris*, Robin (2001), 32. Zu den verschiedenen Indices der Vereinten Nationen vgl. insbesondere auch die Dokumentation der UN unter: http://hdr.undp.org/reports/global/2004/pdf/hdr04_backmatter_1.pdf, Entnahme am 18.03.2005.

268 Vgl. *UNDP* (2006), 283.

Relation zu individuellen Bedürfnissen zum zweiten aber auch abhängig vom Entwicklungsstand des jeweiligen Landes in der Wahl der dargestellten Items.

Eine mögliche Perspektive zur Weiterentwicklung des Ansatzes betrifft dabei auch die Auswahl von Verwirklichungschancen und deren Hierarchie. *Williams* wendet hier zurecht gegenüber *Sen* ein, dass sich einige Fähigkeiten von Menschen in ihrer Umsetzung widersprechen würden und somit nicht zeitgleich zu verwirklichen sind. Weiterhin gilt es für die Eingrenzung von Armut, hier verstanden als Exklusion aus wichtigen Bereichen der Gesellschaft, eine Ordnung von Fähigkeiten zu etablieren, die unbedingt durch das Individuum erfüllbar sein sollten, um Teilhabe zu gewährleisten. Gerade für sozialpolitisch treffende Maßnahmen wäre weiterhin zusätzlich zur Anzahl der Personen, die als arm gelten und durch die Theorie *Sens* erfasst werden, den Grad an Deprivation zu ermitteln, welchen die Betroffenen erleiden.[269]

2.2 Generationen im Sozialstaat

Als zweiter wichtiger Grundbegriff innerhalb der vorliegenden Arbeit ist im Folgenden der Terminus Generation im Hinblick auf die Sozialpolitik in der Bundesrepublik Deutschland zu erläutern. Eine soziologische Definition für den Begriff Generation legte exemplarisch *Becker* vor. Nach diesem Autor ist zwischen drei Dimensionen des Terminus zu unterscheiden[270]:

▸ Generationen sind zu begreifen als kollektive Akteure oder kulturelle Träger: sie tradieren, modifizieren und ersetzen im

---

269 Vgl. *Williams*, Bernard (2000), 106–110.

270 Vgl. *Becker*, Rolf (1997), 10f. Ähnlich systematisiert auch *Veith*, Werner (2001), 110–112: Der Autor unterscheidet hier zwischen familiären Generationsbeziehungen, der Gesamtheit der gegenwärtig Lebenden, zwischen Menschen mit einer gewissen Altersgleichheit oder ähnlichen Erfahrungen.

Geschichtszusammenhang Wissensbestände, dominante Denk- und Gefühlsweisen, institutionalisierte Problemlösungen und soziale Verhaltensweisen.

▸ Generationen sind neben ihren biologischen Grundlagen auch sozial bestimmt, werden somit als soziale Tatsache begriffen und durch soziale Determinanten begründet.

▸ Die Mitglieder von Generationen sind neben einem ähnlichen biologischen Alter auch gleichermaßen betroffen von ihren Bedingungen sozialer Umwelt und den damit verbundenen ähnlichen Denk-, Gefühls- und Verhaltensstrukturen als Reaktionen auf diese.

Auch das Modell des Sozialstaats kontinentaleuropäischer Prägung ist dabei in dreifacher Hinsicht prägend für die Konstituierung unterschiedlicher Generationen als soziale Akteure. Zum Ersten generiert die Ausgestaltung des Systems sozialer Sicherung über ihre spezifischen Zugangsvoraussetzungen auch die Konstituierung verschiedener, untereinander abgegrenzter Alterskohorten[271] mit je spezifischen Leistungsansprüchen innerhalb des Sozialstaats. Zum Zweiten reicht gerade in Deutschland die Zugehörigkeit zu einer bestimmten Generation aus, um Leistungen des Sozialstaats in Anspruch zu nehmen; sie wirkt damit als leistungsauslösender Tatbestand. Zum Dritten schließlich ist es gerade in der Bundesrepublik Deutschland das Verdienst einer einzigen Generation, den Aufbau des Systems sozialer Sicherung von den Gründerjahren bis in die Mitte der 1960er Jahre geleistet zu haben. Ihre Identität wird dadurch wesentlich vom Sozialstaat mitbestimmt.

271 Den Begriff der Alterskohorte kennzeichnet im Gegensatz zum Terminus Generation die vorrangige soziologische Fokussierung auf die Zugehörigkeit zu verschiedenen Altersgruppen, die bestimmte historische Erfahrungen oder Lebensereignisse teilen. Der Begriff Kohorte definiert sich mithin vorrangig über historische Tatsachen, die sich auf den Lebenslauf einer Vielzahl von Gesellschaftsmitgliedern auswirken, während der Begriff der Generation soziologisch betrachtet eher auf eine genealogische Abfolge und unmittelbare sozialen Beziehungen angewendet wird. In der vorliegenden Arbeit werden beide Begriffe dennoch synonym gebraucht anstelle des Terminus' Kohorte. Vgl. zur Definition der verschiedenen Begriffe: *Becker*, Rolf (1997), 12.

»Für die Gesellschaftsstruktur Deutschlands ist kennzeichnend, dass die Institutionen von Bildung und Arbeitsmarkt zusammen mit denen der Sozialpolitik die Lebensläufe der Bürger mitgestalten. [...] Die Freiheiten der Lebensplanung sind [...] nicht freischwebend, sondern vorstrukturiert durch institutionell, insbesondere sozialstaatlich vorgehaltene Optionen. Gerade das deutsche Lebenslaufregime verbindet Sozialpolitik und Biographiegestaltung auf vielfältige Weise.«[272]

Ein Modell zur Erklärung des Generationenbegriffs im Hinblick auf die Sozialpolitik in der Bundesrepublik Deutschland legt *Leisering*[273] vor.

Der Autor unterscheidet zunächst in seinen Ausführungen zwischen Generationen »an sich« und Generationen »für sich«. Während der Begriff der Generation »an sich« hauptsächlich die von einem oder mehreren Geburtsjahrgängen geteilten biographischen Erfahrungen oder ähnlichen Lebenslagen veranschaulicht, meint der Terminus der Generation »für sich« die nach außen vertretenen ähnlichen Auffassungen und Äußerungsweisen jeder einzelnen Generation, also deren Artikulation ihres subjektiven Bewusstseins in der Differenz zu anderen Generationen.[274]

Die einzelnen Mitglieder von Alterskohorten sind dabei durch unterschiedliche Partizipationsverhältnisse an den Sozialstaat gebunden. Zu unterscheiden wären hierbei nach *Leisering* drei Beziehungsverhältnisse, die einzeln oder gleichzeitig für das selbe Individuum in seinem Bezug zum System sozialer Sicherung wirken:[275]

▶ Klientenbeziehung: Der Autor führt hier aus, dass 1998 für 27 % der Bevölkerung sozialstaatliche Transferzahlungen die überwiegende Einnahmequelle darstellten, über 90 % aller Bürger Transfer-

---

272 *Leisering*, Lutz/*Müller*, Reiner / *Schumann*, Karl F. (2001), 11.
273 Vgl. *Leisering*, Lutz (2000).
274 Vgl. Ebd., 60f.
275 Vgl. Ebd., 61–63.

empfänger sind, bzw. ihr Leben darauf ausrichten und annähernd 100 % aller Menschen irgendwann in ihrem Leben einmal Zahlungen erhalten haben.

- Anbieterverhältnisse: Gemeint sind hierbei Berufs- oder Beschäftigungsgruppen, die Leistungen innerhalb des Systems sozialer Sicherung organisieren oder erbringen. Besonders ist hier auf die massive Expansion des öffentlichen Dienstes der Bundesrepublik in den 1960er Jahren zu verweisen.

- Financiers: Eine große Anzahl von Bürgern erbringt durch Beitragszahlungen, fast alle Menschen durch Steuerzahlungen die Finanzierungsgrundlage für das System sozialer Sicherung in Deutschland.

Die dargestellten Beziehungsverhältnisse zwischen einzelnen Individuen und dem Sozialstaat werden oft ambivalent durch diese beurteilt. Zum einen sind fast alle Menschen als Klienten des Sozialstaats Nutznießer des Systems, haben aber gleichzeitig große Finanzierungsbelastungen zu tragen. Dieses ambivalente Wechselverhältnis wirkt ebenso auf das Selbstverständnis von ganzen Generationen.

Wie eingangs dargestellt wirken unterschiedliche Alterskohorten aber nicht nur in je spezifischer Weise auf die verschiedenen Systeme sozialer Sicherung, vielmehr besteht zwischen den beiden Größen ein Wechselverhältnis, das heißt, sozialstaatliche Leistungen wirken ebenso strukturierend für den Lebenslauf des Einzelnen und seine Wahrnehmung zusammen mit anderen als Generation.[276] Insbesondere die Einteilung der Lebensphasen in Berufsvorbereitung, Phase der Erwerbsarbeit und Ruhezeit gibt eine erste Annäherung an das Verhältnis zwischen dem einzelnen Individuum, der sozialstaatlichen Konstitution von Alterskohorten und deren spezifische Verhältnisse zum System sozialer Sicherung. Während die Phasen der Berufvorbereitung und der Ruhezeit vornehmlich durch eigenständigen oder abgeleiteten, monetären oder realen

---

276 Vgl. hierzu: *Leibfried*, Stephan / *Leisering*, Lutz [u. a.] (1995), 23–74.

Transferempfang bestimmt sind, gilt der Lebensabschnitt der Berufstätigkeit hauptsächlich der Aufbringung von Geldern durch Steuer- oder Beitragszahlungen für die sozialstaatlichen Umverteilungen sowie dem Aufbau eigener Anwartschaften auf Transfers. In diesem Sinne wird in der vorliegenden Arbeit im Bezug auf das deutsche System der gesetzlichen Rentenversicherung zwischen der Beitragszahler-, fast allen Menschen in der Phase eigener Erwerbsarbeit, und Rentnergeneration, BürgerInnen in der Ruhezeit, unterschieden.[277]

Die deutsche gesetzliche Rentenversicherung gilt nach *Allmendinger* dabei als retrospektiv-bilanzierendes System, das bei Eintritt des Leistungsfalles keine Änderung des individuellen Lebensstils des Transferempfängers zulässt. Die Höhe der Leistungen ist dabei über den Aufbau von Anwartschaften für den Einzelnen in der Phase seiner Erwerbstätigkeit abstrakt und nicht genau vorauszuberechnen. Die Rentenversicherung gilt somit als ausgeprägte Form individueller und sozialer Bilanzierung.[278]

2.3 Grundlegende Konstruktionsprinzipien des deutschen Modells der Alterssicherung

Ähnlich, wie in anderen europäischen Ländern, besteht auch in der Bundesrepublik Deutschland ein dreigliedriges System der Alterssicherung.[279] Innerhalb der ersten Säule wird dabei unterschieden zwischen Regelsicherungssystemen für verschiedene Personengruppen. Die wichtigsten Systeme hierbei sind die gesetzliche Rentenversicherung, die beamtenrechtliche Versorgung sowie verschiedene berufsständische Versorgungswerke. Während gesetzliche Rentenversicherung und beamtenrechtliche Versorgung dabei dem Umlageverfahren folgen, sind die berufsständischen Versorgungswerke in der Regel kapitalfundiert.[280] Innerhalb der zweiten Säule der Alterssicherung finden sich eine Viel-

---

277 Vgl. hierzu unter anderem: *Lessenich*, Stephan (2000), 41–51.
278 Vgl. *Allmendinger*, Jutta (1994), 35–40.
279 Vgl. *Schmähl*, Winfried (2001), 128.
280 Vgl. ebd. 128f.

zahl ergänzende Sicherungssysteme betrieblicher Art, als freiwillige Leistungen von Unternehmen für ihre Mitarbeiterinnen und Mitarbeiter. Während die Leistungen der verschiedenen Unternehmen im Regelfall kapitalfundiert sind, folgen die auf Tarifverträgen beruhenden Leistungen des öffentlichen Dienstes dem Umlageverfahren.[281] Die dritte Säule der Alterssicherung in der Bundesrepublik Deutschland bildet schließlich die freiwillige private Zusatzvorsorge. Sie ist notwendigerweise kapitalfundiert.[282] Hinsichtlich von Zuordnung und Umfang aller Säulen zueinander ist festzuhalten, dass Ende der 1990er Jahre ca. 80 % der Altersausgaben in Deutschland durch die Finanzierungsart des Umlageverfahrens bestritten wurden, etwa 68 % aller Leistungen durch die gesetzliche Rentenversicherung, 12 % durch die beamtenrechtliche Versorgung. Von den 20 % der Leistungen der Altersvorsorge, die nach dem Kapitaldeckungsverfahren bestritten werden, entfallen je rund 10 % auf die Säulen zwei und drei.[283] Die betriebliche Alterssicherung ist dabei seit 1974 gesetzlich geregelt. Ihre Bedeutung und Umfang gehen jedoch seit den 1980er Jahren kontinuierlich gegenüber anderen Sicherungsformen zurück.[284] Für die Mehrzahl der Haushalte stellt somit die gesetzliche Rentenversicherung die überwiegende Einnahmequelle im Alter dar, wobei deren starke Stellung in Ostdeutschland wegen eines geringeren Abdeckungsgrades mit Betriebsrenten und niedrigerer Vermögenseinkünfte deutlich ausgeprägter ist.[285] Die Entwicklung der gesetzlichen Rentenversicherung ist demzufolge von zentraler Bedeutung für gesamte künftige Alterssicherungspolitik in Deutschland.

Gemessen an der Zahl der Pflichtmitglieder ist die gesetzliche Rentenversicherung der Arbeiter und Angestellten in Deutschland der größte Zweig der Sozialversicherung. Sie zählte im Jahr 2003 ca. 51,4

---

281 Vgl. ebd. 130.
282 Vgl. ebd. 130f.
283 Vgl. ebd. 131.
284 Vgl. *Reinhard*, Hans-Joachim (2001), 22–25.
285 Vgl. ebd.

Millionen Versicherte[286] bei einem Ausgabenvolumen von insgesamt 195,8 Milliarden Euro im Jahr 2001.[287]

Das grundlegende Konstruktionsprinzip der gesetzlichen Rentenversicherung in Deutschland bildet das so genannte Einperioden-Umlageverfahren[288], das heißt, Beitragszahlungen werden in derselben Periode an Leistungsempfänger ausgezahlt, in der diese eingenommen werden. Zur Absicherung möglicher Differenzen in den Beitragszahlungen, die beispielsweise aus saisonaler Erwerbslosigkeit oder nicht prognostizierbaren konjunkturellen Schwankungen verursacht werden könnten, dient die so genannte Schwankungsreserve von derzeit 0,2 Monatsausgaben der gesetzlichen Rentenversicherung für Arbeiter und Angestellte.[289] Die Versicherungsbeträge werden ab einem Bruttolohn des Versicherten von 800 EUR je hälftig zwischen Arbeitgeber und Arbeitnehmer getragen und werden ebenfalls bruttolohnbezogen mit einem festen Beitragssatz von derzeit 19,5 % erhoben. Zwischen einem Bruttoverdienst von 400 EUR und 800 EUR gelten auf Seiten des Arbeitnehmeranteils zur gesetzlichen Rentenversicherung variable Übergangssätze bei gleich bleibend hälftigem Arbeitgeberbeitrag.[290] Die Aufbringung der Mittel für die jeweiligen Rentenzahlungen erfolgt aber neben den Beiträgen von Arbeitgebern und Arbeitnehmern ebenfalls aus in der Höhe nicht unbedeutenden Zuschüssen des Bundes aus Steuermitteln. Dieser betrug im Jahr 2003 im Vergleich zur Höhe der gesamten Ausgaben der gesetzlichen Rentenversicherung 24,5 %[291], was für denselben Zeitraum einer absoluten Zahl von etwa 44 Milliar-

---

286 http://www.deutsche-rentenversicherung.de/nn_16260/de/Inhalt/Formulare__Publikationen/Publikationen/Statistiken/RV__in__Zahlen/rv__in-zahlen__pdf,property=publicationFile.pdf/rv_in-zahlen_pdf, Entnahme am 07.03.2006, 18.

287 Vgl. *Lampert*, Heinz / *Althammer*, Jörg (2004), 266.

288 Vgl. *Wieting*, Axel (1999), 91.

289 Vgl. *Lampert*, Heinz / *Althammer*, Jörg (2004), 280.

290 Vgl. *Döring*, Diether (1997), 50, vgl. ebenso: *Lampert*, Heinz / *Althammer*, Jörg (2004), 279.

291 Vgl. *Lampert*, Heinz / *Althammer*, Jörg (2004), 280.

den EUR entspricht.²⁹² Begründet wird dieser Zuschuss aus laufenden Mitteln des Bundes durch so genannte »versicherungsfremde Leistungen«, das heißt Leistungen, die von der gesetzlichen Rentenversicherung gewährt und getragen werden außerhalb des durch ordentliche Beiträge abgedeckten Versicherungsrisikos. Solche Leistungen sind beispielsweise kriegsfolgebedingte oder einheitsbedingte Lasten sowie die Berücksichtigung beitragsfreier Zeiten in der Versicherung.²⁹³

Zum Kreis der Pflichtversicherten zählen dabei alle abhängig Beschäftigten mit einem Arbeitsentgelt über 800 EUR, zwischen 400 EUR und 800 EUR Bruttoverdienst sind Arbeitnehmer der Höhe der Versicherungsbeiträge nach eingeschränkt versichert.²⁹⁴ Weiterhin zum Kreis der Versicherten zählen auch bestimmte Gruppen selbständig Erwerbstätiger, wie z. B. Hausgewerbetreibende, Küstenschiffer, Lehrer, Erzieher, Musiker, Künstler, Kinder-, Säuglings- und Krankenpfleger sowie Handwerker.²⁹⁵ Ebenfalls versicherungspflichtig sind durch das Gesetz zur Förderung der Selbständigkeit vom 12. September 1999 so genannte »Scheinselbständige«, das heißt Menschen, die in ihrer Tätigkeit im Wesentlichen nur für einen Auftraggeber tätig sind und keine versicherungspflichtigen Arbeitnehmer beschäftigen.²⁹⁶ Dadurch sollte der Umwandlung regulärer versicherungspflichtiger Stellen in selbständige Tätigkeiten, um Versicherungsbeiträge zu sparen, entgegengewirkt werden. Seit dem 1. September 2003 sind weiterhin Bezieher eines Existenzgründerdarlehens (»Ich-AGs«) für die Dauer ihres Leistungsbezuges nach § 2 SGB VI in der gesetzlichen Rentenversicherung für Arbeiter und Angestellte mit versichert.²⁹⁷ Die Gruppe der Freiberufler, Beamten und andere nicht genannte Selbständige sind dagegen nicht in

---

292 http://www.deutsche-rentenversicherung.de/nn_16086/de/Navigation/Deutsche__RV/Finanzen/Aktuelle__Finanzdaten/einnahmen__03__04__node.html__nnn=true, Entnahme am 08.03.2006.

293 Vgl. *Lampert*, Heinz / *Althammer*, Jörg (2004), 280.

294 Vgl. ebd., 267.

295 Vgl. ebd.

296 Vgl. ebd.

297 Vgl. ebd.

das System der gesetzlichen Alterssicherung einbezogen.[298] Die Bezieher des neuen Gründungszuschusses, der die Leistungen der so genannten Ich-AGs ablöst, sind dagegen nicht in der gesetzlichen Rentenversicherung pflichtversichert.

Das herausragende Sicherungsziel der gesetzlichen Rentenversicherung in Deutschland bildet die Lebensstandardsicherung:

> »Die Rentenleistungen sind auf die *Lebensstandardsicherung* ausgerichtet. Sie sollen nach einem ›erfüllten Arbeitsleben‹ den Löwenanteil des erzielten Einkommens [am Arbeitsmarkt] absichern.«[299]

Zusätzlich gestärkt wird diese einseitige Ausrichtung des Sicherungszieles auch durch die Möglichkeiten privater Zusatzversorgung durch Betriebsrenten oder öffentliche geförderter privater Altersabsicherung. Auch diese Arten der Zusatzvorsorge sind institutionell ebenfalls auf das Sicherungsziel der Lebensstandardsicherung im Alter hin orientiert.

> »In der Zusammenschau stellt sich als Problem des deutschen Alterssicherungssystems dar, daß seine verschiedenen Elemente in *die gleiche* Richtung wirken. Gesetzliche Rentenversicherung, betriebliche Altersversorgung und Eigenvorsorge treiben die Absicherung des *Lebensstandards* voran und sind im Zusammenwirken bei Beziehern mittlerer und höherer Einkommen durchaus effektiv.«[300]

Die Vermeidung von Altersarmut stellt hingegen kein eigenständiges Sicherungsziel innerhalb der Strukturen der gesetzlichen Rentenversi-

---

298 Vgl. *Reinhard*, Hans-Joachim (2001), 25.
299 *Döring*, Diether (1997), 42.
300 Ebd., 56. Hervorhebung im Original.

cherung dar.[301] Zur besseren Vermeidung verdeckter Altersarmut wurde allerdings zum 01. Januar 2003 eine bedarfsorientierte Grundsicherung im Alter und bei Erwerbsminderung durch das Grundsicherungsgesetz als Ergänzung zum SGB XII eingeführt. Anspruchsberechtigt für die Leistungen der Grundsicherung sind grundsätzlich alle Menschen, die das 65. Lebensjahr vollendet haben oder dauerhaft voll erwerbsgeminderte Erwachsene, deren regelmäßiges Einkommen zur Deckung ihres Bedarfes nicht ausreicht. Die Höhe und die Anrechnungssätze für eigenes Einkommen und das Einkommen von Partnern sind analog der sonstigen Grundsicherung. Ein zentraler Unterschied gegenüber der Gewährung von Sozialhilfe oder Arbeitslosengeld II ist allerdings, dass eigenes Einkommen oder Vermögen von Kindern, Eltern oder anderer Personen nicht für die Hilfeleistung angerechnet wird. Die Höhe der Eckregelsätze ergibt analog zu anderen Grundsicherungsformen in den Alten Bundesländern 345 EUR sowie in den neuen Bundesländern von 331 EUR zuzüglich Aufwendungen für Miete, Heizung, Kranken- und Pflegeversicherungsbeiträgen sowie Mehrbedarfe bestimmter Personengruppen und Hilfen in besonderen Lebenslagen. Träger der Leistungen der Grundsicherung sind die Sozialämter der Kreise und kreisfreien Städte.[302]

Neben der Gewährleistung von Lohnersatzzahlungen wegen Alters, der Renten, aufgegliedert in Renten aufgrund teilweiser oder voller Erwerbsminderung und Altersruhegeld für Personen ab spätestens dem 65. Lebensjahr[303], zählen folgende andere Leistungen zu den Aufgaben der gesetzlichen Rentenversicherung[304]:

---

301 Einen ausführlichen Überblick zu bisherigen Reformbemühungen im Bezug auf die einseitige Ausrichtung der gesetzlichen Rentenversicherung auf die Absicherung des Lebensstandards und zu Inklusionsbemühungen des Sicherungsziels der Altersarmutsvermeidung innerhalb des Systems gibt *Reinhard*, Hans-Joachim (2001), 26–29.

302 Vgl. *Deutsche Rentenversicherung* (2006), 4–12. Die angegebenen Daten entsprechen dem Stand vom 01.01.2006.

303 Die Regelaltersgrenze wird dabei für die Jahrgänge 1947 und jünger ab 2012 schrittweise auf 67 Jahre angehoben.

304 Vgl. *Lampert*, Heinz / *Althammer*, Jörg (2004), 268–270.

- Die Erhaltung, Besserung und Wiederherstellung der Erwerbsfähigkeit des Versicherten. Im Falle einer vorzeitigen Verminderung oder eines gänzlichen Verlustes der Erwerbsfähigkeit stellt die Versicherung entsprechende Leistungen, wie medizinische Rehabilitationen oder Berufs fördernde Leistungen zur Verfügung. Die Mindestmitgliedschaftsdauer in der Rentenversicherung für den Bezug dieser Leistungen beträgt 15 Jahre.

- Die Gewährung von Hinterbliebenenrenten für Witwer, Witwen und Waisen wenn dem verstorbenen Angehörigen im gleichen Zeitraum Rentenzahlungen zustünden.

- Die Gewährung von Erziehungsrenten an Versicherte, die ein oder mehrere gemeinsame Kinder oder eigene Kinder eines geschiedenen und verstorbenen Ehepartners erzieht, selbst aber nicht wieder geheiratet hat bis zur Vollendung des 65. Lebensjahres des hinterbliebenen Ehepartners.

- Schließlich errichtet die gesetzliche Rentenversicherung auch Beiträge zur Krankenversicherung der Rentenempfänger, die in der Höhe dem ehemaligen Arbeitnehmeranteil zur KV entsprechen.

Die Höhe der Leistungen aus der gesetzlichen Rentenversicherung bestimmt sich in der Regel nach dem letzten Nettolohn des Versicherten und ist ein Produkt aus drei variablen Faktoren: der Zahl der persönlichen Entgeltpunkte unter Einbezug des Zugangsfaktors, dem Rentenartfaktor sowie dem aktuellen Rentenwert.[305] Mit dem Zugangsfaktor wird dabei vorzeitige oder verspätete Inanspruchnahme von Rentenleistungen durch die Versicherten berücksichtigt. Der Grundwert dieses Faktors beträgt derzeit bei einer Altersgrenze von 65 Jahren 1,0; pro Monat vorzeitiger Inanspruchnahme der Altersrente vermindert sich dieser um 0,003, bei aufgeschobener wird dieser um 0,005 monatlich erhöht. Durch ein Jahr verfrühten Bezuges von Altersrente ergibt sich

---

305 Vgl. *Lampert*, Heinz / *Althammer*, Jörg (2004), 270.

somit eine Minderung dieser von 3,6 %; ein Jahr verspäteter Bezugsbeginn bedeutet eine Erhöhung um 6 %.[306]

In der Zahl der persönlichen Entgeltpunkte werden die Höhe der geleisteten Beiträge und die Zahl der Beitragsmonate in die Berechnung der Altersrenten einbezogen. Er spiegelt damit zusammen mit dem Zugangsfaktor entscheidend den Leistungsbezug der Rente angekoppelt an das frühere Erwerbsleben des Versicherten wider. Die Summe der persönlichen Entgeltpunkte wird dabei berechnet aus der Anzahl vollwertiger Beitragszeiten, der Summe der Entgeltpunkte beitragsfreier Zeiten sowie der Anzahl dieser für beitragsgeminderte Zeiten. Als beitragsfreie Zeiten, die dennoch Leistungen aus der RV begründen, gelten dabei: Arbeitslosigkeit, längere Krankheit und die Durchführung von Rehabilitationsmaßnahmen ohne Bezug von Leistungen; rentenerhöhend und -begründend wirken sich dagegen Krankheit und Rehabilitation mit Leistungsbezug, sowie Bezugszeiten von Arbeitslosengeld oder Zeiten des Schul-, Fachhochschul- oder Hochschulbezuges bis zur Dauer von 3 Jahren aus. Kindererziehungs- und Pflegezeiten gelten ebenso als volle Beitragszeiten.[307]

In der Bestimmungsgröße des Rentenartfaktors werden entsprechend den verschiedenen Sicherungsfunktionen der gesetzlichen Rentenversicherung verschiedene Leistungshöhen festgelegt und in die Berechnung der Rentenhöhe einbezogen. So werden beispielsweise Altersrenten oder Renten wegen voller Erwerbsminderung mit dem Faktor 1,0 multipliziert, Renten wegen teilweiser Erwerbsminderung mit dem Faktor 0,5 oder Vollwaisenrenten mit 0,2.[308]

Als letztem Bestimmungsfaktor soll abschließend auf den aktuellen Rentenwert verwiesen werden. Dieser wird aus der Veränderung der durchschnittlichen Brutto- und Gehaltssumme eines durchschnittlichen Arbeitnehmers ermittelt, korrigiert um die aktuellen Werte

---

306 Ebd., 271.

307 Vgl. Ebd., 272f.

308 Vgl. *Lampert*, Heinz / *Althammer*, Jörg (2004), 274. Lampert und Althammer bieten an dieser Stelle zusammenfassend einen vollständigen Überblick der gesamten Rentenartfaktoren nach unterschiedlicher Leistung der gesetzlichen Rentenversicherung.

des Rentenversicherungsbetrages und des eigenen Anteils aus künftig gesetzlich geforderter privater Zusatzvorsorge. Hierdurch wird die im Rahmen staatlicher Förderung betriebene zusätzliche private Vorsorge in die Rentenberechnung einbezogen.[309]
Die Höhe einer Monatsrente ergibt sich damit aus dem Produkt der

> Summe aller persönlichen Entgeltpunkte
> Multipliziert um den Zugangsfaktor
> Multipliziert um den aktuellen Rentenwert
> Multipliziert um den Rentenartfaktor.[310]

Die so genannte Eckrente berechnet sich damit aus:

> 45 Entgeltpunkten (volle Beitragsjahre)
> × 1,0 (Zugangsfaktor Altersrente)
> × 26,13 (Durchschnittseinkommen aller Versicherten)
> × 1,0 (Rentenartfaktor)
> = 1175,85 EUR.[311]

Daraus ergibt sich ein Rentenniveau der Standardrente im Vergleich zum durchschnittlichen Nettoarbeitseinkommen aller Beschäftigten von etwa 70 %.[312]

Die Träger der verschiedenen Leistungen der gesetzlichen Rentenversicherung für Arbeiter und Angestellte sind 17 Versicherungsanstalten in den jeweiligen Regionen, die Deutsche Rentenversicherung des Bundes sowie die Knappschaft Bahn See.[313]

---

309 Vgl. ebd., 275.

310 Vgl. *Deutsche Rentenversicherung* (2007), 4–7.

311 Vgl. *Lampert*, Heinz / *Althammer*, Jörg (2004), 275.

312 Vgl. ebd.

313 Vgl. http://www.deutsche-rentenversicherung.de/nn_5354/de/Navigation/Deutsche__RV/Versicherungstraeger__node.html __nnn=true#doc36390bodyText1, Entnahme am 08.03.2006.

Durch das zum 26. Januar 2001 beschlossene Altersvermögensgesetz fanden einschneidende Reformen der gesetzlichen Rentenversicherung für Arbeiter und Angestellte statt. Man kann geradezu mit *Lampert* und *Althammer* von einem »Paradigmenwechsel«[314] innerhalb des Systems der Alterssicherung in Deutschland sprechen. Zusätzlich zur beitragsfinanzierten Rente nach dem Umlageverfahren begann der Gesetzgeber den Einstieg in eine staatlich geförderte und kapitalgedeckte private Zusatzvorsorge einzuführen, begründet durch den politisch beschlossenen Rückgang des Netto-Rentenniveaus von derzeit etwa 70 % auf 64 % im Jahr 2030 aufgrund der demographischen Entwicklung der Bevölkerung Deutschlands in diesem Zeitabschnitt.[315] In seiner privaten Zusatzvorsorge kann der Versicherte dabei zwischen zahlreichen verschiedenen Altersvorsorgeprodukten, wie Banksparpläne, Fondssparpläne und ähnlichem, frei wählen. Diese müssen allerdings sowohl hinsichtlich ihrer strukturellen Gestaltung, als auch in den Auszahlungen bestimmten, durch den Gesetzgeber definierten, Mindestbedingungen genügen. So darf beispielsweise die Auszahlung nur in Form einer Leibrente frühestens ab dem 60. Lebensjahr erfolgen und die Höhe der Renten muss mindestens den eingezahlten privaten Sparbeträgen entsprechen.[316]

314 *Lampert*, Heinz / *Althammer*, Jörg (2004), 290.
315 Vgl. ebd.
316 Vgl. ebd., 291.

3. Demographische Entwicklung

Die Entwicklung der Bevölkerung in der Bundesrepublik Deutschland stellt die wichtigste empirische Rahmenbedingung der gesetzlichen Rentenversicherung dar. Bedingt durch das zentrale Konstruktionsprinzip des Einperioden-Umlageverfahrens werden derzeitige Versicherungsbeiträge als Renten zeitgleich auf Versicherungsnehmer im Rentenalter umverteilt.[317] Beitragszahler erwerben im Gegenzug eine Anwartschaft auf eine spätere Rentenzahlung in entsprechender Höhe ihrer vorherigen Beitragsleistungen.[318] Änderungen der Relation zwischen Beitragszahlern und Rentenempfängern haben dadurch direkte Auswirkungen auf die Finanzierungsbasis der gesetzlichen Rentenversicherung.

3.1 Die bisherige demografische Entwicklung

Nach dieser Einbettung des demographischen Wandels in den internationalen Kontext mit der Feststellung eines weltweiten demographischen Ungleichgewichts und in der Gleichzeitigkeit von Bevölkerungsabnahme in fast allen westlichen Industrieländern bei gleichzeitigem rapiden Anstieg der Einwohnerzahlen von Entwicklungsländern, soll im Folgenden die demographische Situation in der Bundesrepublik Deutschland veranschaulicht werden. Besonderes Gewicht wird in der Vorstellung der Daten dabei problembezogen im Kontext der Entwicklung der Alterssicherung in Deutschland auf die mittelfristige Prognose der Bevölkerungsentwicklung bis 2050 gelegt. Ich beziehe mich dabei hauptsächlich auf Veröffentlichungen des Deutschen Bundestages, der

---

317 Vgl. *Wieting*, Axel (1999), 91.

318 Vgl. hierzu die Gestaltung der Berechnungsformel der gesetzlichen Rentenversicherung, ausführlich besprochen in: *Lampert*, Heinz / *Althammer*, Jörg (2004), 271–273.

Bundesregierung sowie des Statistischen Bundesamtes, sowie einzelner Forscher und Forschergruppen.[319]

Drei Faktoren sind als maßgeblich für die Entwicklung der Bevölkerung eines Landes zu benennen: Geburtenzahlen, Lebenserwartung und Wanderungsbewegungen.

Für die bisherige Geburtenentwicklung in Deutschland kommt *Schimany* zu folgendem Ergebnis:

Geburtsjahrgang	Von je 100 Frauen blieben kinderlos	Kinder je 100 Frauen (Gesamtgeburtenziffer)
1896/1900	23	215
1901/05	26	209
1906/10	22	204
1911/15	19	198
1916/20	18	195
1921/25	17	195
1926/30	14	200
1931/35	10	220
1936/40	10	206
1941/45	12	182
1946/50	18	160
1951/55	21	160
1956/60	24	163
1961/65	25	150
1966/70	33	134

Tabelle 1: Entwicklung von Kinderlosigkeit und Geburtenrate in Deutschland zwischen 1896 und 1970 (Quelle: Schimany, Peter (2003), 198)

---

319 Vgl. hierzu exemplarisch: *Deutscher Bundestag* (2002), *Bundesministerium für Gesundheit und Soziale Sicherung* (2006), *Sommer*, Bettina (2005), *Bundesministerium der Finanzen* (2002), *Bundesministerium für Arbeit und Soziales* (2005a, b), *Bundesamt für Statistik* (2006).

Betrachtet man die endgültige Kinderzahl von Frauen im Lebensverlauf, erhält man folgende Darstellung.

Geburts-jahrgang	Von je 1000 Frauen haben im Verlauf ihres Lebens ... Kinder				
	0	1	2	3	4+
1940	106	264	341	185	104
1945	130	304	346	140	80
1950	158	294	343	131	74
1955	219	249	335	125	72
1960	260	215	324	124	77
1965	321	176	312	111	81
1970	326	154	321	119	80

Tabelle 2: Kinderlosigkeit und endgültige Kinderzahl von Frauen im Lebensverlauf (Quelle: Schimany, Peter (2003), 197)

Wie aus den Tabellen 1 und 2 ersichtlich wird, nahm seit dem Geburtsjahrgang 1896 die Zahl dauerhaft kinderloser Frauen je 1000 Frauen in Deutschland beträchtlich von 23 auf 33 zu bei einem Zwischentief von 1 % aller Frauen der Geburtsjahrgänge zwischen 1930 und 1940, Gleichzeitig sank die Geburtenrate von 215 auf 134 Kinder je 100 Frauen im selben Zeitraum ab. Ebenso ist aus Tabelle 2 eine generelle Abnahme der Kinderzahlen je Frau der Kohorten 1940 bis 1970 ersichtlich. Zudem fand in diesem Zeitraum eine beträchtliche Verschiebung innerhalb der Familienstrukturen statt. Während bei den Geburtsjahrgängen zwischen 1940 und 1950 der familiäre Normalfall in der Erziehung von ein bis zwei Kindern zu liegen scheint, verschiebt sich dieses zunehmend hin zur Geburt von zwei oder mehr Kindern in späteren Kohorten. So nahm die Zahl von Frauen, die ein Kind im Laufe ihres Lebens bekamen um fast 35 % seit 1940 ab, während die Zahl von Frauen mit vier oder mehr Kindern lediglich um etwa 20 % sank. So stellen *Birg* und *Flöthmann* zusammenfassend fest:

»Ungefähr ein Drittel aller Frauen bleibt kinderlos, ein weiteres Drittel hat zwei Kinder, während das letzte Drittel die Frauen mit einem oder mit drei und mehr Kindern umfasst, wobei der Anteil von Frauen mit drei und mehr Kindern höher ist als der Anteil von Frauen mit einem Kind.«[320]

Von besonderem Interesse für die Entwicklung der Bevölkerung sind auch sämtliche Eckdaten zur Geburtenentwicklung in Deutschland seit den 1990er Jahren. So schwankt die Zahl der Lebendgeborenen in Deutschland seit 1991 um den Wert von 700.000 Personen jährlich. Die zusammengefasste Geburtenziffer beträgt hierbei zwischen 1240 und 1361 Kindern je 1000 Frauen in den Jahren 1994 bzw. 1999. Darzustellen ist ebenso die Nettoreproduktionsrate[321] der Bevölkerung insgesamt. Die Enquête Kommission des Deutschen Bundestages gibt hierzu für die Zeit zwischen 1991 und 2000 Werte zwischen 0,59 und 0,65 an.[322] Der Anteil der ausländischen Bevölkerung in Deutschland liegt hierbei für den gesamten Zeitraum konstant etwas über dem Anteil der deutschen Staatsbürger. Die entsprechende Elterngeneration wird also durch ihre Kinder lediglich zu etwa 2/3 ersetzt. In dieser Zeit ergab sich somit insgesamt ein Geburtendefizit von 1,7 Millionen Personen bei der deutschen Wohnbevölkerung.[323]

Betrachtet man die Entwicklung der Lebenserwartung in Vergleichzahlen von 1913 und 1995 so kommt man zu folgendem Ergebnis:

---

320 *Birg*, Herwig / *Flöthmann*, Ernst-Jürgen (1993), 38.

321 Die Nettoreproduktionsrate bezeichnet die durchschnittliche Zahl lebend geborener Mädchen einer Frau, für die während ihres gesamten Lebens die altersspezifischen Geburtenziffern und eine bestimmte Sterbetafel gelten. Liegt der Wert über 1, ist die Kindergeneration entsprechend stärker, liegt der Wert unter 1, ist die Kindergeneration entsprechend schwächer besetzt, als die vorangegangene Generation. Vgl. hierzu *Deutscher Bundestag* (2002), 18.

322 Vgl. *Deutscher Bundestag* (2002), 18.

323 Vgl. ebd.

Alter von … bis unter … Jahren	Gestorbene je 1000 Lebende des jeweiligen Alters			
	Männer (1913 bzw. 1995)		Frauen (1913 bzw. 1995)	
0-1	181,0	5,9	151,9	4,6
1-5	13,5	0,3	12,8	0,3
5-10	1,9	0,2	3,0	0,1
25-30	4,6	1,0	4,7	0,4
55-60	24,1	10,8	17,4	4,9
60-65	35,8	17,9	27,9	8,1
75-80	123,9	69,3	113,1	40,7
80-85	189,2	115,6	176,1	76,5
90 und älter	386,6	273,7	371,1	244,1

Tabelle 3: Altersspezifische Sterbeziffern nach Geschlecht in Deutschland 1913 und 1995 (Quelle: Schimany, Peter (2003), 146)

Wie aus Tabelle 3 ersichtlich wird, sank die Sterblichkeitsziffer, besonders im Säuglingsalter im Zeitraum zwischen 1913 und 1995 beträchtlich ab, gleichzeitig erhöhte sich der Anteil von Menschen, die im hochbetagten Alter starben, erheblich.[324] Von besonderem Interesse für die Entwicklung der Alterssicherung in Deutschland ist zudem die Zunahme der fernen Lebenserwartung[325] von Menschen über 60 Jahren in der Bundesrepublik.

»Während zu Beginn des Jahrhunderts von 100 neugeborenen Jungen 44 das Alter von 60 erreichten und 9 das Alter von 80 Jahren erreichten, waren es Anfang der 1990er Jahre 84 bzw. 36 von 100, die das Alter von 60 bzw. 80 Jahren errei-

---

324 So geht *Kaufmann* davon aus, dass sich seit 1950 die Lebenserwartung eines Neugeborenen jährlich um 2–3 Monate erhöhte; überproportional nimmt zudem der Anteil Hochbetagter in der Gesellschaft zu. Vgl. *Kaufmann*, Franz-Xaver (2005), 34–45.

325 Mit der fernen Lebenserwartung wird in der Regel die Restlebenserwartung von Personen angegeben, die das Alter von 60 Jahren erreicht haben.

chen könnten. Für die neugeborenen Mädchen liegen diese Werte sogar deutlich höher: Etwa jedes Fünfte von ihnen dürfte den Berechnungen zufolge ein Alter von 90 Jahren erleben.«[326]

So haben Männer und Frauen, die 1997 bis 1999 60 Jahre alt wurden, eine Restlebenserwartung von 19 bzw. 23,3 Jahren. Bei bereits 80-jährigen Personen beträgt dieser Wert 6,9 Jahre für Männer bzw. 8,4 Jahre für Frauen.

Die ferne Lebenserwartung erhöhte sich damit gegenüber dem Vergleichszeitraum 1991/93 um jeweils 1,2 Jahre für beide Geschlechter.[327] Die durchschnittliche Rentenbezugsdauer liegt damit nach diesen Berechnungen zwischen 12 und 18 Jahren ab einem Lebensalter von 65.

Zusammengefasst erhält man aufgrund der Geburtenziffern und Sterberaten in der Bevölkerung folgende Altersschichtung im Vergleich zwischen 1991 und 1999:

Jahr Quotient	Kinder	Jugend	Alten (65/25)	Gesamt (65/25)	Alten (60/20)	Gesamt (60/20)	Hochbetagten
1991	29,2	22,9	26,8	78,9	35,2	72,3	5,1
1999	27,6	19,6	28,6	75,8	41,3	79,6	4,8

Tabelle 4: Eckdaten zum Altersaufbau der Bevölkerung in Deutschland 1991 und 1999 (Quelle: Deutscher Bundestag (2002), 26)[328]

326 *Schimany*, Peter (2003), 147.
327 Vgl. *Deutscher Bundestag* (2002), 19.
328 Der Kinderquotient bezeichnet den Anteil von Personen zwischen 0 und unter 15 Jahren im Verhältnis zur Einwohnerzahl im Alter zwischen 25 bis unter 65 Jahre.
Der Jugendquotient bezeichnet den Anteil von Personen zwischen 15 und unter 25 Jahren im Verhältnis zur Bevölkerung im Alter von 25 bis 65 Jahre.
Der Altenquotient (65/25) gibt das Verhältnis von Personen im Alter von 65 Jahren und älter zur Bevölkerung im Alter zwischen 25 und 65 Jahren an.
Der Gesamtquotient ist die Summe aus Kinder-, Jugend- und Altenquotient (65/25)

Wie aus Tabelle 4 ersichtlich wird, nahmen Kinder- und Jugendquotient im Zeitraum von 1991 bis 1999 ab, während beide Altersquotienten beträchtlich zunahmen. Der Gesamtquotient ging allerdings im betrachteten Zeitraum ebenfalls zurück. Grund hierfür ist das stärkere Absinken des Kinder- und Jugendquotienten gegenüber einem lediglich moderaten Anstieg der Altersquotienten.

Eine dritte maßgebliche Größe für die Entwicklung der Bevölkerung eines Landes stellen Migrationsbewegungen dar. Für die Entwicklung der Außenwanderung gibt der *Deutsche Bundestag* für die letzten Jahre seit 1991 einen kontinuierlichen Wanderungsüberschuss an. Allerdings flaute die Einwanderung nach Deutschland gegenüber 1991 mit 1,18 Mio. Menschen bei 582.240 Fortzügen aus Deutschland im Jahr 2000 erheblich ab auf 841.000 Zuzüge bei 673.000 Fortzügen aus Deutschland.[329] Generell kann hierbei von einer wellenförmigen Bewegung der Wanderungssaldi nach Deutschland gesprochen werden. Während für die Jahre zwischen 1965 und 1973 sowie 1990 und 1995 ein sehr hoher Zustrom nach Deutschland festzustellen war, weisen die Jahre 1966 / 67, 1974 bis 1977 sowie 1982 bis 1985 negative Wanderungssaldi auf.[330]

Für die Entwicklung der Einwohnerzahl Deutschlands bis 2005 bedeuten die dargestellten Entwicklungen Folgendes:

Während die Einwohnerzahl zwischen 1991 und 2000 kontinuierlich von etwa 79,7 Millionen Menschen auf 82,1 Millionen Menschen anwuchs, schrumpfte diese seit 2003 leicht von 82,5 Millionen auf 82,4 Millionen Menschen.[331] Der Grund sowohl für den Anstieg als auch für

---

bezogen auf die Gesamtbevölkerung im Alter zwischen 25 und unter 65 Jahren.
 Der Altenquotient (60 / 20) ist eine Variation des Quotienten (65 / 25) und gibt das Verhältnis von Personen ab dem vollendeten 60. Lebensjahr zu 100 Personen im Alter zwischen 20 bis unter 60 Jahren an.
 Der Hochbetagtenquotient gibt den Anteil von Personen über 80 Jahren im Verhältnis zu allen Einwohner zwischen 20 und 80 Jahren an.

329 Vgl. *Deutscher Bundestag* (2002), 22f.
330 Vgl. *Bundesamt für Statistik* (2006), 44.
331 Vgl. *Deutscher Bundestag* (2002), 16, zu den Zahlen von 2003 bis 2005 vgl. *Bundesamt für Statistik*, online unter: http://www.destatis.de/basis/d/bevoe/bevoetab4.php, entnommen am 14.03.2007.

den Rückgang der Bevölkerung ist hierbei in Wanderungsbewegungen zu suchen. So wurde in den 1990er Jahren die Sterblichkeit noch durch Immigration nach Deutschland überkompensiert. Seit 2003 hingegen reicht der Zuwanderungsüberschuss nicht mehr aus, um die steigende Sterblichkeit der deutschen Bevölkerung auszugleichen.[332]

3.2 Bevölkerungsvorausberechnung bis 2050

Für die mittelfristige Darstellung der Bevölkerungsentwicklung bis 2050 sind ebenfalls Grundannahmen bezüglich Lebenserwartung, Geburtenentwicklung und Außenwanderung relevant. Bevölkerungsvorausberechnungen sind, darauf weist das Bundesamt für Statistik hin, keine exakten Prognosen, sondern geben an, wie sich die Einwohnerzahl unter bestimmten Voraussetzungen entwickeln wird.[333] Da die Zunahme der Lebenserwartung und eine niedrige Geburtenrate seit mehreren Jahrzehnten konstante Größen sind, kann ihre Entwicklung dabei mit relativer Sicherheit vorhergesagt werden. Ein größerer Risikofaktor stellt hingegen die Entwicklung der Wanderungsbewegungen über die Grenzen Deutschlands dar. Bereits vorhergehend wurde festgestellt, dass diese in der Vergangenheit zahlreichen Wellenbewegungen unterworfen war. Eine genaue Vorhersage der Außenwanderung ist daher unmöglich. Im Folgenden werden zur Darstellung der mittelfristigen Bevölkerungsentwicklung hauptsächlich Ergebnisse der jüngsten Bevölkerungsvorausberechnung des Bundesamtes für Statistik von 2006 referiert.[334]

Die 11. koordinierte Bevölkerungsvorausberechnung gibt einen Überblick über neun verschiedene Szenarien und vier Varianten der Entwicklung der Einwohnerzahlen Deutschlands bis 2050 wieder. Die Varianten unterscheiden sich dabei hinsichtlich ihrer Annahmen zu

---

332 Vgl. *Bundesamt für Statistik*, online unter: http://www.destatis.de/download/d/bevoe/bevoelkerung_in_deutschland05.pdf, Entnahme am 14.03.2007.
333 Vgl. *Bundesamt für Statistik* (2006), 9.
334 Vgl. *Bundesamt für Statistik* (2006).

Geburtenentwicklung, Lebenserwartung und Wanderungsbewegungen folgendermaßen:

Variante	Annahmen zu		
	Geburtenhäufigkeit (Kinder je Frau)	Lebenserwartung bei Geburt in 2050	Wanderungssaldo in Personen pro Jahr
Mittlere Bevölkerung Untergrenze	Annähernd konstant bei 1,4	Basisannahme: Anstieg bei Jungen um 7,6 und bei Mädchen um 6,5 Jahre	100.000
Mittlere Bevölkerung Obergrenze			200.000
Relativ junge Bevölkerung	Leicht steigend auf 1,6	Basisannahme	200.000
Relativ alte Bevölkerung	Leicht fallend auf 1,2	Hoher Anstieg bei Jungen um 9,5, bei Mädchen um 8,3 Jahre	100.000

Tabelle 5: Varianten der 11. koordinierten Bevölkerungsvorausberechnung des Bundesamtes für Statistik (Quelle: Bundesamt für Statistik (2006), 47)

Nach den in Tabelle 5 dargestellten Varianten kommt das Bundesamt zu folgenden Ergebnissen: Während sich das Geburtendefizit gegenüber 2005 mit einem Wert von 144.00 auf zwischen 433.000 (Annahme: relativ junge Bevölkerung) und 624.000 Menschen (Annahme: relativ alte Bevölkerung) weiter vergrößert, wird die Gesamtbevölkerung Deutschlands in den wahrscheinlichsten Werten auf zwischen 74 Millionen (Annahme: mittlere Bevölkerung mit hohem Wanderungsüberschuss / Obergrenze) und 69 Millionen Einwohner (Annahme: mittlere Bevölkerung Untergrenze) zurückgehen.[335] Unter Berücksichtigung der beiden Extrempositionen, »relativ junge Bevölkerung mit starker Zuwanderung« sowie »relativ alte Bevölkerung mit schwacher Zuwan-

335 Vgl. *Bundesamt für Statistik* (2006), 14f.

derung«, würde sich ein Korridor der Einwohnerzahl in Deutschland zwischen 79,5 Millionen und 67,0 Millionen Menschen eröffnen.[336]

Von besonderem Interesse hinsichtlich der Gestaltung der Alterssicherung in Deutschland ist, bedingt durch deren Konstruktionsprinzipien, ebenso die künftige Altersschichtung der Bevölkerung. Der gegenwärtige Altersaufbau der Bevölkerung wird dabei auch in den nächsten Jahrzehnten die Altersschichtung dieser nachhaltig prägen. Für das Jahr 2050 geht *Sommer* dabei von einer Zunahme der durchschnittlichen Lebenserwartung Neugeborener um 6 Jahre gegenüber dem Vergleichzeitraum 1999 / 2000 aus.[337]

Grundsätzlich muss somit auch für die nächsten Jahre und Jahrzehnte von einer weiteren Verstärkung des Altersquotienten zulasten des Kinder- und Jugendquotienten ausgegangen werden. Während es dabei 2005 noch etwas mehr jüngere Menschen, als ältere in Deutschland gab, wird die Zahl über 65-jähriger im Jahr 2050 erheblich größer sein, als die der unter 20-jährigen Bevölkerung.[338] Abbildung 3 gibt hierbei einen Überblick über die verschiedenen Varianten des Aufbaus der Bevölkerung im Jahr 2005 und 2050 gegenüber den Vergleichswerten von 1910 und 1950. Einbezogen für das Jahr 2050 sind dabei die Varianten »mittlere Bevölkerung Untergrenze« und »mittlere Bevölkerung Obergrenze« des Bundesamtes für Statistik.

> »Die Altersgruppe der 0 bis unter 20-Jährigen schrumpft von heute 16,5 Millionen Personen auf 13,5 Millionen (»relativ junge« Bevölkerung), 10,4 bis 11,4 Millionen (»mittlere« Bevölkerung, Unter- und Obergrenze) und 9,3 Millionen (»relativ alte« Bevölkerung) im Jahr 2050.«[339]

Daneben wird auch die Zahl von Personen im Erwerbsalter in allen vorgestellten Varianten des Bundesamtes für Statistik zurückgehen.

336 Vgl. ebd. 33f.
337 Vgl. *Sommer*, Bettina (2005), 94.
338 Vgl. *Bundesamt für Statistik* (2006), 36.
339 Ebd.

Die Zahl von Personen im Alter zwischen 25 und einschließlich 64 Jahren wird sich dabei wahrscheinlich von derzeit ca. 50,1 Millionen Menschen auf zwischen 35,5[340] und 39,1[341] Millionen Personen im Jahr 2050 verringern, bei den Extremvarianten 40,5 (relativ junge Bevölkerung, hohe Einwanderung) bzw. 34,9 Millionen (relativ alte Bevölkerung, geringe Einwanderung) potentiell Erwerbstätiger.[342] Die Zahl von Personen im Erwerbsalter geht insgesamt um ca. 22–30 % bis zum Jahr 2050 zurück.

Dem gegenüber wird sich der Anteil älterer Menschen in der Bevölkerung im Prognosezeitraum beträchtlich erhöhen:

» Die Zahl der 65-Jährigen und Älteren wird dagegen bis 2050 steigen: 15,9 Millionen im Jahr 2005 gegenüber 23,5 Millionen (» relativ junge « Bevölkerung), 22,9 bis 23,5 Millionen (» mittlere « Bevölkerung, Unter- und Obergrenze) und 24,7 Millionen (» relativ alte « Bevölkerung) im Jahr 2050. «[343]

Der Anteil von Personen im Erwerbsalter an der Gesamtbevölkerung wird sich damit von derzeit 61 % über ca. 55 % im Jahr 2030 auf ca. 50 % im Jahr 2050 reduzieren. Die übrigen 50 % der Einwohnerzahl unterscheiden sich dann allerdings erheblich von der heutigen Alterszusammensetzung der Bevölkerung. Während der Anteil der jungen Bevölkerung bis zum 20. Lebensjahr auf zwischen 14 % und 17 % an der Gesamtbevölkerung zurückgeht, vergrößert sich der Anteil von Personen zwischen 65 Jahren und älter auf zwischen 30 % und 36 % der Gesamteinwohner nach den Annahmen einer relativ jungen bzw. relativ alten Bevölkerung.[344]

---

340 Variante: Mittlere Bevölkerung Untergrenze.
341 Variante: Mittlere Bevölkerung Obergrenze.
342 Vgl. *Bundesamt für Statistik* (2006), 36.
343 Ebd.
344 Vgl. ebd.

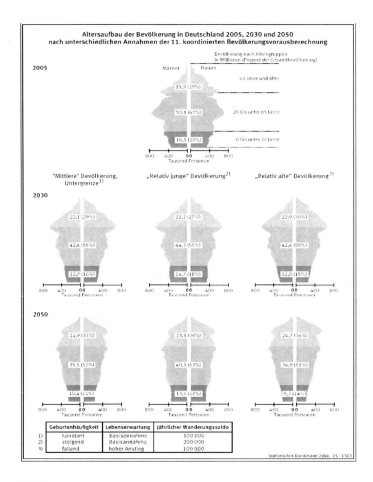

Abbildung 3: Altersaufbau der Bevölkerung zwischen 1910 und 2050 (Quelle: Bundesamt für Statistik (2006), 37)

Zusammengefasst erhält man damit folgende, wahrscheinliche Verteilung der Bevölkerung in verschiedenen Altersgruppen unterteilt in die Varianten: »mittlere Bevölkerung / Untergrenze« und »mittlere Bevölkerung / Obergrenze«:

Jahr/Bevölkerung	Variante: mittlere Bevölkerung/Untergrenze		Variante: mittlere Bevölkerung/Obergrenze	
	1.000	2005=100	1.000	2005=100
Alter zwischen 0 und unter 20				
2010	15.025	91,1	15.051	91,3
2020	13.501	81,9	13.754	83,4
2030	12.673	76,9	13.266	80,5
2040	11.487	69,7	12.349	74,9
2050	10.362	62,9	11.403	69,2
Alter zwischen 20 und unter 65				
2010	50.038	99,9	50.160	100,2
2020	47.992	95,8	48.973	97,8
2030	42.399	84,7	44.240	88,3
2040	38.384	76,6	41.105	82,1
2050	35.524	70,9	39.071	78,0
2010: Alter von 65 und älter				
2010	16.824	106,0	16.828	106,0
2020	18.565	117,0	18.601	117,2
2030	22.132	139,5	22.243	140,2
2040	23.550	148,4	23.835	150,2
2050	22.856	144,0	23.485	148,0

Tabelle 6: Anteile verschiedener Altersgruppen an der Gesamtbevölkerung Deutschlands bis 2050 (Quelle: Bundesamt für Statistik (2006), 48–50)

Aus Tabelle 6 geht insgesamt in beiden Varianten ein Absinken der Bevölkerung unter 20 Jahren für den Zeitraum zwischen 2010 und 2050 hervor. Nach beiden unterschiedlichen Vorausberechnungen ist so insgesamt mit einem Absinken zwischen ca. 30 % bis 37 % gegenüber dem Jahr 2005 auszugehen. Auch der Anteil von Personen im erwerbsfähigen Alter zwischen 20 und 65 Jahren wird beiden Prognosen zufolge rückläufig sein. Der Anteil der mittleren Bevölkerungsgruppe wird nach diesen Schätzungen um 22 % bzw. 29 % gegenüber dem Jahr 2005 zurückgehen. Dem gegenüber wird der Anteil von Personen im Rentenalter gegenüber dem Vergleichswert im Jahr 2005 stark ansteigen. Prozentual gerechnet geht das Bundesamt für Statistik hierbei von einer Steigerung um 44 bzw. 48 % aus mit einem zwischenzeitlichen Höhepunkt von etwa 48 % bzw. 50 % im Jahr 2040.

Auch die Bevölkerung im Erwerbsalter schrumpft und altert dabei nach diesen Prognosen erheblich.

So nimmt die jüngere Altersgruppe zwischen 20 und 29 Jahren in diesem Lebensabschnitt zunächst noch etwas zu, um dann deutlich, je nach Vorausschätzung auf zwischen 6,7 und 7,4 Millionen Menschen im Jahr 2050, gegenüber derzeit ca. 9,7 Millionen Personen, zurückzugehen.[345] Die mittlere Altersgruppe unter Erwerbstätigen, zwischen 30 und 49-Jährige, wird den Prognosen des Bundesamtes zufolge am deutlichsten und schnellsten abnehmen.

> »Die mittlere Altersgruppe wird dagegen sofort abnehmen. Heute sind 25,2 Millionen Männer und Frauen in Deutschland zwischen 30 und 49 Jahre alt. Bereits 2015 werden es mit knapp 22 Millionen etwa 3,5 Millionen weniger sein. 2025 werden noch rund 20 Millionen Menschen dieser Altersgruppe angehören und 2050 nur noch 15,2 (Wanderungssaldo 100 000) bzw. 16,8 (Wanderungssaldo 200 000) Millionen Menschen in diesem Alter sein, also 10 bzw. 8 Millionen weniger als heute.«[346]

Dem gegenüber wird, diesen Berechnungen zufolge, der Anteil von 50 bis 64-Jährigen Personen innerhalb der Erwerbsbevölkerung zunächst deutlich zunehmen. Ihre Zahl wird von derzeit 15,1 Millionen Personen auf 19 Millionen Personen jährlich steigen, um danach, infolge des

---

345 Vgl. ebd., 40.
346 Ebd., 41.

Nachrückens geburtenschwacher Jahrgänge auch in diese Altersgruppe, bis zum Jahr 2050 je nach Variante auf 13,7 Millionen bzw. 14,9 Millionen Personen zurückzugehen.[347]

> »Damit verschiebt sich die Altersstruktur innerhalb des Erwerbsalters deutlich. Zurzeit gehören 50 % der Menschen im erwerbsfähigen Alter zur mittleren Altersgruppe von 30 bis 49 Jahren, knapp 20 % zur jungen von 20 bis 29 Jahren und 30 % zur älteren von 50 bis 64 Jahren. 2020 wird die mittlere Altersgruppe nur noch 42 % ausmachen, die ältere mit etwa 40 % aber nahezu gleich stark sein. 2050 entfallen 43 % der Bevölkerung im Erwerbsalter auf die mittlere und knapp 40 % auf die ältere Gruppe. Der Anteil der 20 bis unter 30-Jährigen verändert sich nicht so stark. Er sinkt nach 2020 etwas ab, steigt Anfang der 2030er Jahre wieder leicht an und wird 2050 nur geringfügig niedriger sein als heute.«[348]

Eine Erhöhung des Renteneintrittsalters von 65 auf 67 Jahre würde dagegen die Anzahl der Erwerbspersonen in Deutschland verstärken. Je nach angenommenem Wanderungssaldo von 100.000 Personen/Jahr bzw. 200.000 Personen/Jahr würden diese somit gegenüber den Berechnungen mit einem Renteneintrittsalter von 65 Jahren jeweils etwa 2–3 Millionen Personen höher liegen, als ohne diese Maßnahme. Die Anzahl der Erwerbspersonen würde dadurch um etwa 5–6 % im Jahr 2050 ansteigen.[349]

Von hervorragendem Interesse für die Finanzierungsgrundlagen der gesetzlichen Rentenversicherung ist zuletzt die Zunahme der Lebenserwartung, insbesondere der fernen Lebenserwartung von Personen, die das 60. bzw. 65. Lebensjahr erreicht haben. Das Bundesamt geht hierbei – wie besprochen – von einem unveränderten Trend der Zunahme der Lebenserwartung aus. Diese wird, je nach Berechnungsvariante mit

---

347 Vgl. ebd., 40f.
348 Ebd., 41f.
349 Vgl. ebd., 42.

einem Anstieg von 6,5–8,3 Jahren bei Mädchen bzw. 7,6–9,5 Jahren bei Jungen bis 2050 angegeben.[350] Den größten Anteil an der Zunahme der Lebenserwartung macht dabei der Anstieg der fernen Lebenserwartung aus. So geht das Bundesamt für Statistik in seiner Prognose von einem Anstieg dieser zwischen 5,3 und 7,2 Jahren bei Männern bzw. 5,0 und 6,8 Jahren bei Frauen aus, die das 60. Lebensjahr bereits erreicht haben. Statistisch gesehen würde sich damit eine ferne Lebenserwartung von ungefähr 25 bis 27 Jahren bei Männern bzw. 29,1 bis 30,9 Jahren bei Frauen in absoluten Zahlen ergeben.[351]

Die Altersgruppe der 80-Jährigen und Älteren wird diesen Prognosen zufolge am deutlichsten ausweiten:

> »Hierbei steigt die Hochbetagtenzahl von 3,6 Millionen im Jahr 2005 auf 5,9 Millionen. Bis 2030 schwankt sie dann um die Marke 6 Millionen und nimmt anschließend weiter zu: von 6,3 Millionen im Jahr 2030 auf 10,0 Millionen im Jahr 2050. Damit verringert sich der Abstand zwischen den zwei betrachteten Altersgruppen von 8,6 Millionen im Jahr 2005 auf lediglich knapp 3 Millionen im Jahr 2050. Der Anteil der Hochbetagten an allen 65-Jährigen und Älteren beträgt nicht mehr 23% sondern 44%.«[352]

Nach Quotienten, dem Anteil der Altersgruppen in Deutschland im Bezug auf die Bevölkerung zwischen 20 und 64 Jahren, umgerechnet erhält man abschließend folgende Darstellung der prognostizierten künftigen Belastung der Erwerbsbevölkerung in Deutschland:

---

350 Vgl. ebd., 13.
351 Vgl. ebd., 17.
352 Ebd., 43.

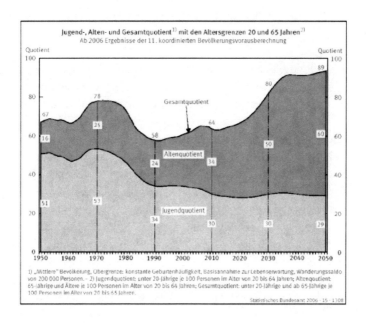

Abbildung 4: Verteilung des Jugend-, Alten- und Gesamtquotienten im Bezug auf die potentielle Erwerbsbevölkerung bis 2050 (Quelle: Bundesamt für Statistik (2006), 45)

Während sich nach Abbildung 4 der Kinder- und Jugendquotient im Bezug auf die Bevölkerung im Alter zwischen 20 und 64 Jahren seit 2000 leicht verminderte und bis zum Jahr 2050 etwa den Wert von 29 erreicht, wird im Gegenzug der Altenquotient spätestens am dem Jahr 2010 stark ansteigen. Der Altenquotient wird dabei im Jahr 2050 seinen Höhepunkt mit dem Wert von 60 erreichen, d. h. 100 Personen im Alter zwischen 20 und 64 Jahren stehen dann 60 Personen im Alter von 65 Jahren und älter gegenüber. Entsprechende Modellierungen an den Varianten, etwa die Absenkung des Wanderungssaldos oder eine Erhöhung der Lebenserwartung, würde den entsprechenden Wert zusätzlich anschwellen lassen.

4. Entwicklung der Erwerbsarbeit

In der sozialwissenschaftlich informierten Analyse des Arbeitsmarktes treten für die Bundesrepublik Deutschland in den letzten Jahren hauptsächlich zwei Veränderungstendenzen hervor: zum einen die zunehmende Ergänzung so genannter Normalarbeitsverhältnisse[353] durch atypische Beschäftigungsverhältnisse, zum zweiten die hohe Gesamtarbeitslosigkeit[354]. Die Analyse der Normalarbeitsverhältnisse ist deshalb von besonderer Bedeutung, weil diese als Normalitätsannahme innerhalb sozialer Sicherungssysteme und als erstrangiger leistungsauslösender Tatbestand von vordringlicher Relevanz für gute sozialstaatliche Absicherung von Arbeitnehmerinnen und Arbeitnehmern gelten können.[355] Die Inhabe eines Normalarbeitsverhältnisses ermöglicht also gerade im deutschen Kernsystem sozialer Sicherung wesentlich gesellschaftliche Inklusion über gute soziale Absicherung und Gewährleistung sozialstaatlicher Leistungsrechte. Die Konzeption sozialstaatlicher Leistungsrechte in Deutschland muss somit als lohnarbeitszentriert gekennzeichnet werden. Andere Beschäftigungsformen jenseits klassischer Normalarbeitsverhältnisse sind dem gegenüber lediglich zweit-

---

[353] Das so genannte Normalarbeitsverhältnis ist dabei zu beschreiben als stabile, sozial abgesicherte, abhängige Vollzeitbeschäftigung, deren Rahmenbedingungen tarif- oder sozialrechtlich auf einem Mindestmaß geregelt sind. Vgl. *Bosch*, Gerhard (2001), 220. *Klammer* bezieht darüber hinaus wahlweise Lage und Verteilung der Arbeitszeit gleichmäßig über die Wochentage in ihre Analysen mit ein. Vgl. *Klammer*, Ute (2001), 133.

[354] Es gilt schon als sozialwissenschaftlich-empirischer Gemeinplatz, wenn eine konstant hohe Arbeitslosigkeit zwischen 3,5 und 5,0 Millionen Menschen seit der Wiedervereinigung Deutschlands beklagt wird, wenngleich zuletzt von einem erfreulichen Rückgang der Arbeitslosigkeit insgesamt und besonders einem Anstieg sozialversicherungspflichtiger Beschäftigungsverhältnisse gesprochen werden kann. Vgl. http://www.pub.arbeitsamt.de/hst/services/statistik/200607/iiia6/sozbe/monatsheftd.pdf, Entnahme am 22.08.2006.

[355] Vgl. *Lampert*, Heinz/*Bossert*, Alfred (1992), 85.

rangig abgesichert und müssen somit in ihrem Bezug auf die sozialen Sicherungssysteme hin als prekäre Beschäftigung eingestuft werden.[356]

Als in ihrem sozialstaatlichen Bezug atypische Beschäftigungsverhältnisse sind für Deutschland Leiharbeit, Teilzeitstellen, geringfügige sowie befristete Beschäftigungsverhältnisse auszuweisen. Sozialstaatlich geschaffene Beschäftigungsformen in Selbständigkeit machen so genannte »Ich-AGs« und seit neuestem die Bezieher eines Existenzgründerzuschusses gemäß §57 SGB III aus.[357] Auch sie werden im Folgenden einbezogen.

Die mit Abstand nach ihrem Umfang bedeutendste Form neuer Erwerbstätigkeit sind dabei mit einem Anteil von fast 23 % an allen Arbeitstätigkeiten Teilzeitstellen. Geringfügige Beschäftigung hat hier im Zeitverlauf ebenso deutlich im Zeitraum zwischen 2003 und 2005 von 2,6 Mio. auf fast 6,7 Mio. Tätigen zugenommen. Insgesamt üben so ca. 19 % der abhängig Beschäftigten eine geringfügig entlohnte Tätigkeit aus; etwa 14 % arbeiten ausschließlich geringfügig. Befristete Beschäftigungsverhältnisse und der Anteil der Leiharbeit stiegen hingegen im seit 1991 nur vergleichsweise moderat von 6,4 % auf 8,1 % bzw. 0,4 % auf 1,3 % der Gesamtbeschäftigung an.[358] Von einer »Erosion des Normalarbeitsverhältnisses«[359] kann hingegen nicht gesprochen werden. So errechneten beispielsweise Hoffmann und Walwei für die Zeit zwischen 1985 und 1995 zwar einen Rückgang dieser Beschäftigungsform von 59,5 % auf 56,2 % an allen Beschäftigungsarten.[360] Dieser konstatierte Rückgang ist jedoch nicht als dramatisch zu bezeichnen, zumal

---

356 Vgl. *Vobruba*, Georg (1990), 11–80. Vgl. ebenso: *Keller*, Berndt / *Seifert*, Hartmut (2006), 238. Beide Autoren geben an dieser Stelle einen Überblick über den Umfang sozialstaatlicher Absicherung verschiedener Beschäftigungsverhältnisse. Sowohl geringfügige Beschäftigung, befristete Beschäftigungsverhältnisse und Leiharbeit haben aufgrund der Konstruktionsprinzipien sozialer Sicherung nur anteiligen, verkürzten oder keinerlei Anspruch auf Versicherungsleistungen in der Kranken-, Arbeitslosen- und Rentenversicherung.

357 Vgl. *Keller*, Berndt / *Seifert*, Hartmut (2006), 235f.

358 Vgl. ebd. 236.

359 Vgl. *Dombois*, Rainer (1999), 3.

360 Vgl. *Hoffmann*, Edeltraud / *Walwei*, Ulrich (1998), 416.

die absolute Zahl an Normalarbeitsverhältnissen in diesem Zeitraum weitgehend konstant geblieben ist.[361] Es bestehen zudem Differenzen hinsichtlich der Abgrenzung von Bewertungskriterien. Die Ergebnisse unterscheiden sich so erheblich je nach angenommener Verteilung und Lage der Arbeitszeit oder anderen Kriterien.[362] Das eigentlich spannende an der bundesdeutschen Arbeitsmarktentwicklung in den Jahren, verstärkt seit der Wiedervereinigung, ist die zunehmende Erwerbsbeteiligung von Frauen, die einen wesentlichen Grund für die Zunahme solcher atypischer Beschäftigungsformen liefert. So sank zwar der Anteil vollzeitbeschäftigter Männer zwischen 1993 und 1997 ebenfalls leicht, der Anteil von Frauen aber wesentlich stärker. Zeitgleich ist der Anteil beschäftigter Frauen in Teilzeit, geringfügigen Beschäftigungsverhältnissen und anderen Formen atypischer Beschäftigung stark gestiegen. *Holst* und *Schupp* werten diese Datenlage dem entsprechend gesellschaftlich als einen Übergang zwischen dem »männlichen Versorgermodell«, spiegelbildlich der »Hausfrauenehe« zum »Vereinbarkeitsmodell der Versorgerehe« in Westdeutschland, bei dem Frauen nicht mehr von der Erwerbsarbeit ausgeschlossen seien, gleichzeitig aber die vollständige Sorge um den Nachwuchs innerhalb der Familie inne haben.[363] Gerade Frauen sind somit besonders betroffen von geringfügiger Arbeitsmarktbeteiligung und über diese spiegelbildlich von prekärer sozialstaatlicher Absicherung.

Die These eines zunehmenden Schwindens der Arbeitsgesellschaft von *Beck* kann somit einerseits in weiten Teilen bezogen auf den deutschen Arbeitsmarkt nicht bestätigt werden[364], gleichwohl bewahrheitet sie sich andererseits hinsichtlich zunehmender Pluralisierung der Arbeitszeit, fließenden Grenzen zwischen Erwerbstätigkeit und Nicht-

---

361 Vgl. *Bosch*, Gerhard (2001), 221–224.

362 Vgl. *Klammer*, Ute (2001), 131.

363 Vgl. *Holst*, Elke / *Schupp*, Jürgen (1999), 289f.

364 So zeigen beispielsweise Holst und Schupp eine besonders hohe Stabilität vollzeitiger Beschäftigung gerade bei Männern auf, während besonders geringfügige Beschäftigung einer vergleichsweise recht hohen Fluktuation unterliegen. Vgl. *Holst*, Elke/ *Schupp*, Jürgen (1999) 298–300.

arbeit in neuen Formen der Beschäftigung und einer Generalisierung von Beschäftigungsunsicherheit für viele Teile der Bevölkerung, besonders jedoch für Frauen.[365]

Gerade ältere Erwerbspersonen gelten, entsprechenden Statistiken zufolge, in besonderer Weise als Problemgruppe des Arbeitsmarktes. So waren im Jahr 2005 etwa 12,9% bzw. 10,6% aller Arbeitslosen im Alter zwischen 50 und 55 Jahren bzw. 55 und 60 Jahren alt, gegenüber 11,0% bzw. 17,3% im Jahr 2000.[366] *Brussig*, *Knuth* und *Schweer* geben ebenfalls ein besonders hohes Risiko der Langzeitarbeitslosigkeit für diese Gruppe von Menschen an. Sie beziffern die Anzahl Langzeitarbeitsloser unter allen Arbeitslosen in der Altersgruppe über 50 Jahren mit etwa 17% bzw. 24% im Alter zwischen 50 und 54 Jahren bzw. 55 und 60 Jahren. Das Risiko der Langzeitarbeitslosigkeit ist damit um 3- bis 5fach so hoch gegenüber der Vergleichsgruppe der 35 bis 40-jährigen und vervielfacht sich gar um den Faktor 10 gegenüber Arbeitslosen im Alter zwischen 30 und 35 Jahren.[367] Besonders für Ältere bestünden, nach *Böhle*, spezifische Risiken der Ausgliederung aus dem Arbeitsmarkt. Die Gründe hierfür seien nach diesem Autor weiterhin nicht nur in der traditionellen Belastung herkömmlicher Industriearbeitsplätze zu suchen, sondern oft auch durch neue Formen der Technisierung und Arbeitplatzorganisation bestimmt. Im Einzelnen gibt der Autor hierfür an: eine zunehmende Heterogenität und Pluralität von Arbeits- und Beschäftigungsformen zwischen und innerhalb einzelner Beschäftigungssegmente, neue Ansprüche im Bezug auf die Synchronisation von Arbeits- und Lebensbereichen des Individuums, das Wegbrechen traditioneller altersbezogener Berufsverläufe, zunehmender Zeitdruck und damit verbundene psychosoziale Belastungen, der Zwang zur beständigen Erneuerung von Wissen aufgrund zunehmender Flexibilisierung der Arbeitswelt und schließlich

---

365 Vgl. *Beck*, Ulrich (1986), 222–236.

366 Vgl. http://www.sozialpolitik-aktuell.de/tabellen_arbeitsmarkt.shtml#III.2, Entnahme am 14.03.2006.

367 Vgl. *Brussig*, Martin / *Knuth*, Matthias / *Schweer*, Oliver (2006), 2.

ebenso eine mangelhafte Durchsetzung eigener Interessen gerade der älteren Arbeitnehmerschaft in Unternehmen.[368]

Im Zuge des beschriebenen demographischen Wandels der Bevölkerung wird zudem auch das Erwerbspersonenpotential in Deutschland in nicht unerheblichem Ausmaß altern und schrumpfen[369]. Berechnungen des Berliner SÖSTRA-Instituts von 1999 geben hierfür einen voraussichtlichen Wert von 2,2 Jahren gegenüber einer Alterung der Gesamtbevölkerung von 7,3 Jahren bis 2040 an. Das Medianalter Beschäftigter wird zu diesem Zeitpunkt, diesen Prognosen zufolge, bei 41,5 Jahren liegen.[370] Das Risiko einer frühzeitigen Ausgliederung aus dem Arbeitsmarkt wird sich im Zusammenhang mit der beschriebenen Alterung des Erwerbspersonenpotentials damit vermutlich auf breitere Teile der Bevölkerung erstrecken, als derzeit.[371]

Die Weiterentwicklung von Erwerbstätigkeit und Arbeitsmarkt in den nächsten Jahrzehnten, ist dabei schwer zu prognostizieren. Neben den Interessen des Individuums und seinem Arbeitsangebot, wird diese in besonderer Weise abhängig sein von wirtschaftlichen Rahmenbedingungen, die sich letztlich in der Nachfrage nach Arbeitskraft durch

---

368 Vgl. *Böhle*, Fritz (2000), 311–315. Vgl. hierzu ebenso: *Morschhäuser*, Martina (2000), 283–285. *Lindley* benennt darüber hinaus ebenso Gesundheitskosten und Pensionsverpflichtungen der Unternehmen sowie die Bildungs- und Ausbildungssituation dieser Gruppe als Gründe für die hohe Arbeitslosigkeit von Älteren.

369 Vgl. hierzu insbesondere: *Kistler*, Ernst (2000), 113f.

370 Vgl. *Kistler*, Ernst (2000), 115–118, vgl. ebenso: *Wolff*, Heimfried (2000), 30–32. Der Autor gibt hierin einen Anstieg des Anteils von über 50-jährigen Beschäftigten an der gesamten sozialversicherungspflichtigen Beschäftigung von 40 % im Jahr 2020 gegenüber 20 % derzeit an.

371 Vgl. hierzu: *Brosi*, Walter (2003), 66–70. Der Autor sieht für die Entwicklung des Arbeitsmarktes der Zukunft einen zunehmenden Bedarf an Qualifizierung und Weiterbildung für Menschen im mittleren und höheren Alter gegeben. Dadurch, dass sich nach *Brosi* insbesondere der Dienstleistungssektor auf Kosten des produzierenden Gewerbes wie bisher weiterentwickelt sowie innerhalb dessen der Trend insgesamt eher in Richtung einer Nachfrage nach anspruchsvolleren Tätigkeiten besteht, werden insbesondere Menschen ohne formalen Berufsabschluss und Ältere mit mangelhafter Weiterbildung und aufbauender Berufsqualifizierung zu den Verlierern des künftigen Arbeitsmarktes gehören.

Unternehmen äußern werden. Trotz dieser Prognoseunsicherheiten geht beispielsweise *Wiemeyer* von einer zunehmenden Flexibilisierung der Arbeitswelt in Zukunft aus.[372] Im Einzelnen unterscheidet er dabei folgende sechs Dimensionen: rechtliche Flexibilität, zeitliche Flexibilität, räumliche Flexibilität, berufliche Flexibilität, Einkommensflexibilität sowie inhaltliche Flexibilität.[373] So zeigt sich rechtliche Flexibilisierung beispielsweise in der zunehmenden Auflösung des Normalarbeitsverhältnisses und sozialversicherungspflichtiger Erwerbsarbeit und dessen Ersatz durch neue Tätigkeitsformen, wie Leiharbeit, Teilzeittätigkeiten und Franchise-Konzepte der Erwerbsarbeit.[374] Zunehmende zeitliche Flexibilisierung sieht *Wiemeyer* hingegen durch die Einführung von Monats- oder Jahresarbeitszeitkonten bedingt. Unternehmen wird durch diese Maßnahme eine an einer schwankenden Nachfrage nach Produkten orientierte Produktion ermöglicht.[375] Räumliche Flexibilität dagegen entwickelt sich nach diesem Autor auf der Grundlage technischer Innovationen, beispielsweise der Telekommunikation, und zunehmender internationaler Tätigkeitsbereiche von Unternehmen. Während so technische Innovationen einerseits eine Rücknahme der industriellen Trennung von Arbeits- und Wohnort durch Heimarbeit ermöglichen, nehmen andererseits, bedingt durch zunehmende Internationalisierung von Unternehmen, Anforderungen an die Mobilität Beschäftigter über die Grenzen hinweg zu.[376] Berufliche Flexibilisierung zeigt sich unter anderem daran, dass in zahlreichen Arbeitsfeldern permanente Wechsel des Aufgabengebietes erforderlich werden.

---

372 Vgl. *Wiemeyer*, Joachim (2002). Vgl. ebenso *Dostal*, Werner (2001), 129–134, *Wolff*, Heimfried (2000), 32–36

373 Vgl. *Wiemeyer*, Joachim (2002), 121–124.

374 Vgl. ebd., 121f.

375 Vgl. ebd., 122.

376 Vgl. ebd., 122f.

»Man übt, unterbrochen von Zeiten der Arbeitslosigkeit und Umschulung, in einer Erwerbsbiographie mehrere Berufe aus. Dabei kann es durchaus zu erheblichen Unsicherheiten im Gefolge von Abstiegskarrieren kommen.«[377]

Inhaltliche Flexibilität der Arbeitsplätze ist nach *Wiemeyer* schließlich vor allem durch zunehmende technologische Veränderungen in kürzeren Zeiträumen bedingt. Auf der Grundlage dieser rasanten Innovations- und Veränderungsprozesse nimmt auch die Halbwertzeit des Wissens von Berufstätigen permanent ab, so dass sich die Anforderungen hinsichtlich lebenslangen Lernens und beständiger Weiterbildungen für den Einzelnen beständig vergrößern.[378]

---

377 Ebd., 123.
378 Vgl. ebd., 123f.

5. Entwicklung der Einkommensverteilung und Armut

Die gesetzliche Rentenversicherung als vorrangiges System der öffentlichen Alterssicherung in Deutschland gilt auch, nach *Allmendinger*, als retrospektiv-bilanzierendes System, das individuelle Erwerbskarrieren aber auch Einkommenspositionen der Einzelnen direkt in der Zuteilung von Renteneinkommen spiegelt.[379] Daten zur derzeitigen Einkommensverteilung und Armut im Lebensverlauf des Einzelnen sind daher schon heute von besonderem Interesse durch ihre langfristigen Auswirkungen auch über den gesamten Lebensverlauf des Einzelnen bis hin zur Höhe möglicher individueller Rentenanwartschaften. Vor dem Hintergrund einer durchschnittlich benötigten Anwartschaftszeit von 28,8 Jahren für eine Rente in Höhe des Sozialhilfesatzes[380], können sich dabei schon zeitweilige Betroffenheit von Armut und unterdurchschnittliche Einkommenspositionen auch in Unterversorgung in der Ruhestandsphase und überdurchschnittlicher Betroffenheit von Leistungen der Grundsicherung im Alter und bei Erwerbsminderung zeigen.

Zunächst werden in einem ersten Schritt dabei die Verteilung von Einkommen und Vermögen auf der Grundlage der Einkommens- und

---

[379] Die gesetzliche Rentenversicherung gilt damit als ausgeprägte Form individueller und sozialer Bilanzierung. Nach Eintritt des Leistungsfalles ist keine Revision vorgängiger Lebensstile möglich. Zudem ist die Höhe möglicher Leistungen über den Aufbau von Anwartschaften während der Erwerbsphase für den Einzelnen abstrakt und nicht genau vorauszuberechnen. Vgl. *Allmendinger*, Jutta (1994), 35–40, vgl. ebenso: *Hauser*, Richard / *Stein*, Holger (2001), 10f.

[380] Vgl. *Schmähl*, Winfried (2001), 158–165. Der Autor berechnete hier benötigte durchschnittliche Anwartschaften bei einem durch die Riester-Reform abgesenkten Eckrentenniveau auf 64% des letzten Bruttoeinkommens bei einem Rentenbeginn mit 65 Jahren. Besondere Brisanz gewinnen die Berechnungen dadurch, dass bei einem derzeitigen durchschnittlichen Beginn des Bezugs von Altersrente von 62 Jahren bereits 31,5 Jahre durchschnittlicher Anwartschaften benötigt werden, um eine Rente in Höhe des Sozialhilfesatzes zu erzielen.

Verbrauchsstichproben (EVS)[381] des Statistischen Bundesamtes sowie des Sozio-Ökonomischen Panels (SOEP) des Deutschen Instituts für Wirtschaftsforschung[382] vorgestellt. Die letzte Erhebung des EVS fand

381 Die Einkommens- und Verbrauchsstichproben des Bundesamtes für Statistik sind dabei in ungefähr fünfjährigem Abstand durchgeführte Befragungen, bei denen detailliert Einnahmen und Ausgaben der privaten Haushalte, ihre Wohnbedingungen sowie die Ausstattung mit langlebigen Gebrauchsgütern erfasst werden. Dem umfangreichen Set an befragten Haushalten stehen hierbei allerdings nur sehr begrenzte demographische Daten gegenüber mit deren Hilfe das Set an ermittelten Informationen auf die gesamte Bevölkerung hochgerechnet wird. Beispielsweise fehlen hierbei Datenerhebungen zu besonderen Belastungen der untersuchten Haushalte infolge von Krankheitssituationen, Langzeitarbeitslosigkeit, der sozialen Herkunft des Personenkreises und ähnliches. Die EVS sind außerdem als Querschnittsbefragungen angelegt. Veränderungen der Einkommenssituation und Vermögensverteilung im Zeitablauf sind aus dieser Datenerhebung – mit methodischen Grenzen – somit nur für die Gesamtbevölkerung, nicht aber für die untersuchten Haushaltstypen im Einzelnen zu erfassen. Die Grundlage für die Befragung bilden private Haushalte; die in Einrichtungen lebenden Personen, ihre Einkommens- und Güterausstattung werden somit in den EVS nicht berücksichtigt. Als weitere Einschränkung in der Auswahl des Sets an untersuchten Haushaltsgruppen ist zu beachten, dass Haushalte mit ausländischer Bezugsperson erst ab 1993 in die Untersuchung einbezogen werden und ihre Teilnahmeneigung zudem gering ist. Schätzungen zur Ungleichheit, Armut und Reichtum in der Bundesrepublik sowie ihrer Veränderungen im Zeitablauf auf der Basis des EVS fallen damit nicht zuletzt aufgrund dieser Tatsache tendenziell eher als zu gering aus. Vgl. Statistisches Bundesamt (2006), online unter: http://www.destatis.de/presse/deutsch/abisz/einkommens_verbrauchsstichprobe.htm, Entnahme am 19.05.2007.
Vgl. hierzu ebenso: *Hauser*, Richard / *Becker*, Irene (2004), 70–72.

382 Im Gegensatz zu den EVS ist das Sozio-Ökonomische Panel (SOEP) des Deutschen Instituts für Wirtschaftsforschung als Längsschnittanalyse angelegt. Seit 1984 werden hierbei alljährlich dieselben Personen befragt, insofern diese ihre Teilnahmebereitschaft aufrecht erhalten. Der Stichprobenumfang des SOEP ist mit ca. 7.700 Befragungen allerdings wesentlich geringer als jener der EVS mit im Durchschnitt 75.000 befragten Haushalten. Im Rahmen dieser Untersuchung werden eine Vielzahl anderer sozio-demographischer Merkmale, insbesondere außergewöhnliche Belastungen von Haushalten, Erwerbsbeteiligung der Haushaltsmitglieder, Daten zum Sozialkapital und Freizeit sowie subjektive Indikatoren zu sozialer Exklusion und Inklusion zusätzlich zu einer engen Ausstattung der Haushalte mit Einkommen und Gütern mit erfasst. Das SOEP ist, anders als die EVS, als Stichtagsbefragung angelegt, bei der das bestinformierte Haushaltsmitglied um Auskunft über das Haushaltsnettoeinkommen insgesamt im Erhebungsmonat gebeten wird. Im Bezug auf die Befragung zur Einkommensausstattung des Haushaltes ist allerdings darauf hinzuweisen, dass Datenerhebungen zu

dabei im Jahr 2003 statt; für das SOEP liegen Datensätze bis zum Jahr 2005 vor. Neben den Daten zum individuellen Einkommen sind hierbei auch Vermögensdaten relevant, will man die Möglichkeiten zusätzlicher privater Altersvorsorge des Einzelnen ergründen.

Ergänzt wird die vorliegende Analyse durch Datensätze des Niedrigeinkommenspanels (NIEP), das Infratest-dimap im Auftrag des Bundesministeriums für Gesundheit und Soziales zwischen 1999 und 2002 in insgesamt sechs Wellen als Längsschnittsbefragung durchführte.[383]

In einem zweiten Schritt werden dann die vorliegenden Datensätze auf das Vorhandensein von Einkommensarmut bei unterschiedlichen angenommenen Armutsgrenzen[384] hin befragt.

Steuer- und Sozialversicherungsabgaben fehlen und erst nachträglich in der Aggregation der Ergebnisse durch ein Simulationsmodell ergänzt werden. Durch diese Methode bedingt, ist nach *Hauser* und *Becker* insgesamt mit erheblichen Fehleinschätzungen der Einkommenssituation zu rechnen, überwiegend allerdings mit einer Unterschätzung. Wie die EVS, so ist auch das SOEP konzeptionell auf die Befragung von Haushalten ausgerichtet. Personen ohne festen Wohnsitz und Menschen, die in Einrichtungen leben, werden also auch hier nicht in die Analyse einbezogen. Gegenüber den EVS ist allerdings auf das Bemühen um höhere Repräsentativität der Daten hinzuweisen, das sich unter anderem in der wesentlich besseren Berücksichtigung von Haushalten mit ausländischer Bezugsperson zeigt. Vgl. hierzu: *Frick*, Joachim R. (2006), online unter: http://www.diw.de/deutsch/sop/service/soepmonitor/soepmonitor_person2005.pdf, Entnahme am 19.05.2007. Vgl. ebenso: *Hauser*, Richard / *Becker*, Irene (2004), 73–76.

383 *Hauser*, Richard / *Becker*, Irene (2004), 77f.: »Das Erhebungsprogramm des NIEP ist entsprechend der Zielsetzung des Projekts breit angelegt. Es umfasst Informationen über das Alter der Haushaltsmitglieder, Einkommen – allerdings nur als Nettobeträge – nach Einkommensarten, Wohnkosten, Vermögensbestände nach Größenklassen, die Ausstattung mit langlebigen Gebrauchsgütern, den Haushaltstyp, Erwerbsbeteiligung (bzw. Gründe für Arbeitslosigkeit und Sozialhilfebezug und deren Dauer) und Erwerbsneigung. Darüber hinaus stehen – teilweise aber nicht in allen Wellen – Angaben zu gesundheitlichen Einschränkungen einzelner Haushaltsmitglieder, besonderen Belastungen, sozialer Herkunft, zur Beteiligung an arbeitsmarktpolitischen Maßnahmen, zur subjektiven Einschätzung der Lebenssituation u. ä. zur Verfügung.«

384 Sowohl die Wahl grundlegender Datensätze als auch die Abgrenzung dessen, was unter Armut zu verstehen ist nach Anteilen am Durchschnittseinkommen, entsprechen dabei normativen Erwägungen. Bis heute, so ist zu konstatieren, gibt es dabei in der Bundesrepublik Deutschland keinen allgemein akzeptierten Armutsbegriff. (Vgl. *Hanesch*, Walter (2000), 23.) Die empirische Wissenschaft entzieht sich diesem grund-

Wohl wissend, dass Armut mehr ist, als Einkommensarmut und sich mehrdimensional als »Mangel an Verwirklichungschancen«[385] zeigt, wird dennoch vor allem die soziale Stellung des Einzelnen auf der Grundlage seiner individuellen Einkommensposition im Vergleich zum Gesellschaftsdurchschnitt durch die gesetzliche Rentenversicherung bilanziert. Eine vorrangige Fokussierung des Armutsbegriffs innerhalb dieser empirischen Problemanalyse auf Einkommensarmut hin ist damit problemangemessen und daher statthaft. In der Frage nach möglichen Lösungswegen aus dem Problem einer Betroffenheit von Armut ist daneben aber gerade auf multifaktorielle Strategien zu verweisen, die individuellen Ursachen, Folgen und Armutskarrieren gerecht werden können. Die Datensätze des jüngsten Human Development Reports der Vereinten Nationen[386] mit einer Vielzahl an untersuchten Items eröffnen daher diesen Abschnitt der empirischen Problemanalyse.

legenden Dilemma dadurch, dass sie verschiedene Annahmen zur Armutsgrenze und des Bezugswertes dieser auf dem Hintergrund der Vermutung nicht mehr zu gewährleistender Partizipationsmöglichkeiten des Einzelnen an gesellschaftlichen Belangen unterhalb der jeweiligen Grenzen ausweist. Unterschieden werden hierbei eine 40%, 50% und 60%-Grenze relativer Einkommensarmut im Bezug auf das gesellschaftliche Durchschnitts- oder Medianeinkommen. In der vorliegenden Literatur wird zumeist eine Definition in Anlehnung der Festlegung auf dem Gipfeltreffen der Europäischen Union 2001 in Laeken verwendet. Die Grenzwerte ergeben sich dem zufolge als Prozentsätze des Medians der Nettoäquivalenzeinkommen eines Haushalts, bzw. der Aufschlüsselung dessen auf die verschiedenen Haushaltsmitglieder nach verschiedenen Metriken. Als Metriken werden hierbei zumeist die alte und neue OECD-Skala verwendet, die verschiedenen Haushaltsmitgliedern unterschiedliche Gewichtungsfaktoren zuteilt und nach ihnen das gesamte Haushaltsnettoeinkommen auf die Mitglieder verteilt. Die OECD trägt damit dem Faktum Rechnung, dass durch das gemeinsame Wirtschaften innerhalb eines Haushaltes bedeutende Einsparpotentiale gegenüber Single-Haushalten vorhanden sind, etwa durch die gemeinsame Nutzung von Elektrogeräten, Strom- und Heizkostenersparnissen und ähnlichem. Vgl. hierzu: *Becker*, Irene/ *Hauser*, Richard (2004), 123f.

385 Vgl. *Sen*, Amartya (2000c), 110.

386 Vgl. United Nations Development Programme (2006), Daten unter: http://hdr.undp.org/hdr2006/statistics/countries/data_sheets/cty_ds_DEU.html, Entnahme am 18.05.2007.

5.1 Grundlegende Begriffe und ihre Verwendungsweisen

Zunächst ist hier auf die zahlreichen, in der Literatur verwendeten Einkommensbegriffe hinzuweisen. Die gängige Unterscheidung zwischen Brutto- und Nettoeinkommen wird hierbei ergänzt hinsichtlich dreier Bezüge: zum Ersten in Bezug auf die Art des Erwerbes von Einkommen hinsichtlich aller Einkommen und Einkommen aus unselbständiger Arbeit, zum Zweiten im Hinblick auf die Verteilung nach Primär- und Sekundärverteilung und zum Dritten schließlich nach der Bezugsgröße auf Individuen bzw. Haushalte hin. Für den Untersuchungsgegenstand der gesetzlichen Rentenversicherung relevant sind hier, aufgrund ihrer spezifischen Konstruktionsprinzipien, vor allem Bruttoeinkommen aus unselbständiger Arbeit. Die Datensätze der Primärverteilung spiegeln dabei die Einkommen der marktlichen Verteilung wider, dessen also, was unmittelbar im Marktprozess vom einzelnen Arbeitnehmer erwirtschaftet wurde. Die Angaben zur Sekundärverteilung beziehen dem gegenüber auch die Einkommen der Individuen aus staatlichen Steuertransferleistungen und den öffentlichen Sozialversicherungen in die Betrachtung ein.

Für den Untersuchungsgegenstand der gesetzlichen Rentenversicherung in Deutschland sind die Datensätze der Primärverteilung von hervorragender Relevanz, da vordringlich diese – neben einigen sozialen Ausgleichskomponenten – von der Rentenversicherung im Lebensverlauf bilanziert werden. Der Primärverteilung aus unselbständiger Arbeit im gesamten Lebensverlauf müsste somit in etwa auch die Verteilung der Renteneinkommen entsprechen. Im Hinblick auf die Diskussion um relative Einkommensarmut und dem mit ihr verbundenen Postulat der Exklusion oder Inklusion in die Gesellschaft ist dagegen die Sekundärverteilung von besonderem Interesse, kann mit Hilfe dieser Daten doch überprüft werden, durch welche Transfers und in welchem Umfang relative Einkommensarmut resultierend aus dem Marktprozess abgebaut werden konnte. Von hervorragender Relevanz sind hierbei auch die Übergänge einzelner Personen und Personengruppen von relativen Primär- zu Sekundäreinkommensklassen. Zum dritten schließlich ist auch die Bezugsgröße des Einkommens wichtig:

»Während frühere Verteilungsrechnungen sich auf Haushalte als gemeinsam wirtschaftende Einheiten bezogen, hat sich mittlerweile der individualistische Ansatz der Wohlfahrsökonomie auch in der empirischen Forschung durchgesetzt. Danach sind grundsätzlich Personen die relevanten Untersuchungseinheiten, freilich nicht ohne Bezug zum Haushalt, in dem sie leben. Da ein gegebenes Haushaltsnettoeinkommen je nach Haushaltsgröße und -struktur unterschiedliche Lebensstandards impliziert, stellt sich die Frage nach einer adäquaten Gewichtung und Zurechnung des Einkommens, das annahmengemäß innerhalb des Haushalts gemeinschaftlich verwendet wird.«[387]

Die Frage nach einer solchen adäquaten Gewichtung und Zurechnung von Einkommen auf einzelne Personen wird in neueren Untersuchungen dabei mithilfe von Äquivalenzskalen beantwortet. Zumeist werden hier die Maße der alten und neuen OECD-Skala verwendet. Innerhalb der alten OECD-Skala werden dem Haushaltsvorstand ein Gewicht von 1,0, weiteren Haushaltsmitgliedern ab dem Alter von 15 Jahren der Faktor 0,7, Haushaltsmitgliedern unter 15 Jahren schließlich das relative Gewicht von 0,5 zugeordnet.[388] Für eine vierköpfige Familie mit zwei Erwachsenen und zwei Kindern im Alter von 6 bzw. 8 Jahren ergibt sich danach bei einem Haushaltsnettoeinkommen von 2700,00 EUR monatlich ein Nettoäquivalenzeinkommen von 1000,00 EUR. Innerhalb der neuen OECD-Skala zur Aufschlüsselung von Haushaltsnettoeinkommen auf einzelne Mitglieder einer solchen Bedarfsgemeinschaft wird allerdings von geringeren Bedarfsgewichten des Einzelnen ausgegangen. Dem Haushaltsvorstand wird dabei ebenso ein Gewicht von 1,0 zugeordnet; weiteren Haushaltsmitgliedern ab dem Alter von 15 Jahren allerdings nur 0,5; Personen unter 15 Jahren erhalten ein Gewicht von 0,3.[389] Dieselbe

387 *Becker*, Irene (2003), 29f.

388 Vgl. ebd. 30.

389 Vgl. Ministerium für Arbeit, Gesundheit und Soziales des Landes Nordrhein-Westfalen (2007), online unter: http://www.mags.nrw.de/sozialberichte/sozialindikatoren_nrw/einkommen/einkommensarmut/indikator6_2/index.php, Entnahme am 21.05.2007.

vierköpfige Familie erhielte also mit Bezug auf die neue OECD-Skala ein Nettoäquivalenzeinkommen von 1285,72 EUR. Natürlich beinhaltet auch die Verwendung solcher Äquivalenzmaße ein erhebliches Maß an normativen Setzungen, da der der einzelnen Person zuzurechnende Bedarf nicht allein aus objektiven Gründen heraus zu bestimmen ist.[390] Die Aufschlüsselungsfaktoren berücksichtigen zwar zum einen Ersparnisse eines Haushaltes aufgrund gemeinsamen Wirtschaftens, lassen zum anderen aber die tatsächliche Verteilung der Einkommen innerhalb des Haushaltes und eventuelle Mehrbedarfe verschiedener Personengruppen unberücksichtigt. Die Verwendung beider OECD-Skalen scheint aber insofern als gerechtfertigt, als dass diese der realen Verteilung von Einkommen unter Haushaltsmitgliedern in der Bundesrepublik insgesamt recht nahe kommen[391] und allein mittels Datenaggregation zumindest grobe Prognosen auf die spätere Betroffenheit von Armut auch im Rentenalter ermöglicht werden.

Die Wahl der Ungleichheitsindikatoren mit dem Gini-Koeffizienten und dem Atkinson-Maß spiegelt ebenfalls die in der Literatur vorgefundenen und standardmäßig verwendeten Indikatoren wider. Der Gini-Koeffizient berechnet sich dabei aus der Differenz zwischen kumulierter Gleichverteilung und tatsächlicher kumulierter Verteilung. Das erhaltene Ergebnis wird anschließend durch den Wert der kumulierten Verteilung dividiert. Verteilungsungleichheit ist dabei umso größer, je höher der Wert des Koeffizienten ist. Der Gini-Koeffizient reagiert dabei besonders sensibel auf Verteilungsänderungen im mittleren Einkommensbereich.[392] Das Atkinson-Maß bezeichnet ebenso ein normatives Verfahren zur Bestimmung von Einkommensungleichheit. Es kann hierbei Werte zwischen 0 und 1 annehmen und spricht besonders sensibel auf Verteilungsänderungen im unteren Einkommensbereich an. Je höher der Wert des Atkinson-Maßes ist, umso deutlicher herrscht Ungleichverteilung der Einkommen im unteren Einkommenssegment.[393]

---

390 Vgl. *Becker*, Irene (2003), 30.
391 Vgl. *Faik*, Jürgen (1997).
392 Vgl. *Blümle*, Gerold (1975), 42–45.
393 Vgl. hierzu *Lampert*, Martin (2006), 56.

Schließlich ist auch der empirische Begriff von »Einkommensarmut« näher erläuterungsbedürftig. Wie bereits erwähnt, wird in dieser empirischen Untersuchung der Begriff einer relativen Einkommensarmut verwendet und wurde dies bereits im Hinblick auf den Untersuchungsgegenstand der gesetzlichen Rentenversicherung in Deutschland und der von ihr vorgenommenen Bilanzierung individueller Einkommen im Lebensverlauf im Vergleich zum gesellschaftlichen Durchschnitt als angemessener Armutsbegriff gerechtfertigt. Dennoch, so gilt es hier nochmals zu betonen, ist sowohl die Festlegung einer Einkommensarmutsgrenze und ihr Bezug auf das gesellschaftliche Median- oder Durchschnittseinkommen nicht ohne Werturteil möglich ist:

»Für die Bundesrepublik Deutschland können als sinnvolle Ausgangspunkte der grundgesetzlich garantierte Schutz der Würde des Menschen sowie das gesellschaftspolitische Ziel der Integration aller Gesellschaftsmitglieder herangezogen werden. Letzteres Ziel ermöglicht im Umkehrschluss eine Präzisierung von Armut als relative Einkommensarmut. Dies geschieht z. B. in dem Beschluss des Ministerrats der Europäischen Gemeinschaften vom 19. 12. 1984. Hiernach sind diejenigen Personen als arm anzusehen, ,die über so geringe (materielle, kulturelle und soziale) Mittel verfügen, dass sie von der Lebensweise ausgeschlossen sind, die in dem Mitgliedstaat, in dem sie leben, als Minimum annehmbar ist'.[394] Nach dieser Richtlinie muss sich eine Einkommensarmutsgrenze also an einem bestimmten Abstand zum mittleren Lebensstandard orientieren und ist nicht auf das absolute Minimum zum physischen Überleben reduziert.«[395]

Die Wahl des Abstandes und der Bezugspunkt orientieren sich dabei in neueren Veröffentlichungen an der Definition des EU-Gipfeltreffens in Laeken in der Festlegung einer 60%-Grenze im Bezug auf das Median-

---

394 *Hauser* und *Becker* zitieren hier im Original die Kommission der Europäischen Gemeinschaften (1991), 4.

395 *Hauser*, Richard / *Becker*, Irene (2004), 65.

einkommen der gesamten Wohnbevölkerung als Armutsrisikoschwelle.[396] Alternativ hierzu werden verschiedene andere Schwellenwerte einer solchen Armutsgrenze ebenso zurate gezogen; angewendet werden hierbei eine 40 %, 50 % und 70 %-Grenze als Ausdruck vergleichsweise strenger und milder relativer Einkommensarmut. Zuletzt sind insbesondere für den Armutsdiskurs auch die Werte einer Unterschreitung der jeweiligen Einkommensgrenze von Interesse. Sie werden nachfolgend ebenfalls für die letzten Jahre auf der Basis der Veröffentlichung von *Hauser/Becker* im Auftrag des Bundesministeriums für Gesundheit und Soziale Sicherung ausgewiesen. Das Konzept von »Armut als Mangel an Verwirklichungschancen« wird damit für den empirischen Bereich zunächst eingeschränkt auf die Untersuchung von Einkommensarmut. Für eine zielgerichtete Bekämpfung von Armut, so ist allerdings auch einzufügen, sind diese Konzepte allerdings nicht ausreichend, da sie benötigte individuelle Befähigungen und Funktionen des Individuums als Grundlage für Einkommenserwerb und gesellschaftliche Partizipation unberücksichtigt lassen. Insbesondere Bildung und Erwerbsarbeit scheinen hier für postindustriell geprägte westliche Gesellschaft von herausragender Bedeutung. Eine Datenerhebung zu einem umfassenderen Armutsbegriff wird daher abschließend in einem Exkurs mittels des jüngsten Human Development Reports der Vereinten Nationen vorgestellt und diskutiert.

5.2 Ergebnisse

5.2.1 Einkommensverteilung in der Bundesrepublik Deutschland

Für die Verteilung der Bruttoeinkommen aus unselbständiger Arbeit der vollzeitbeschäftigten Arbeitnehmer[397] im Zeitraum von 1998 bis 2003 kommen *Hauser / Becker* zu folgendem Ergebnis:

---

396 Vgl. ebd., 66.

397 Diese Gruppe umfasst hierbei 67 % bzw. 61 % aller Personen mit einem Einkommen aus unselbständiger Arbeit nach den EVS 1998 bzw. 2003 oder 68 % bzw. 63 % aller Personen mit einem Einkommen aus unselbständiger Arbeit nach dem SOEP 1998 bzw. 2003. Vgl. *Hauser*, Richard / *Becker*, Irene (2004), 99.

Vertei-lungsmaß	EVS		SOEP					
	1998	2003	1998	1999	2000	2001	2002	2003
Median Alte Bundesländer in EUR/Jahr	33.860	36.744	34.617	35.361	36.194	36.969	37.814	39.540
Gini-Koeffizient	0,257	0,270	0,254	0,257	0,261	0,259	0,268	0,263
Atkinson-Maß	0,128	0,138	0,110	0,114	0,119	0,117	0,123	0,119
Atkinson-Maß	0,323	0,340	0,248	0,278	0,292	0,279	0,287	0,278
Neue Bundesländer								
Median in EUR/Jahr	23.749	25.970	24.089	24.173	25.120	25.600	26.145	27.745
Gini-Koeffizient	0,264	0,285	0,264	0,268	0,273	0,270	0,279	0,274
Atkinson-Maß	0,137	0,155	0,094	0,102	0,113	0,116	0,129	0,129
Atkinson-Maß	0,334	0,455	0,198	0,215	0,265	0,269	0,282	0,274
Deutschland gesamt								
Median in EUR/Jahr	31.824	34.776	32.268	32.958	33.886	34.770	35.918	37.645
Gini-Koeffizient	0,271	0,283	0,264	0,268	0,273	0,270	0,279	0,274
Atkinson-Maß	0,140	0,150	0,117	0,122	0,127	0,126	0,133	0,128
Atkinson-Maß	0,342	0,391	0,254	0,281	0,302	0,292	0,300	0,289

Tabelle 7: Verteilung der Bruttoeinkommen aus unselbständiger Arbeit vollzeitbeschäftigter Arbeitnehmer 1998 bis 2003 (Quelle: Hauser, Richard / Becker, Irene (2004), 99)

Aus Tabelle 7 zeigt sich also im Zeitverlauf von insgesamt 5 Jahren insgesamt ein Trend zu zunehmend ungleicher Verteilung der Einkommen aus unselbständiger Arbeit innerhalb der Gruppe der vollzeitbeschäftigten Arbeitnehmer. Sowohl der Gini-Koeffizient als auch die beiden angeführten Atkinson-Maße nehmen innerhalb des gesamten Zeitraumes beträchtlich zu, allerdings mit Schwankungen in Richtung Gleichverteilung vor allem in den Jahren 2001 und 2003. Insgesamt kann hier auch ein Trend zu deutlich größerer Zunahme der Ungleichverteilung vor allem in den neuen Bundesländern beobachtet werden, der im Beobachtungszeitraum ebenfalls wesentlich über jener der alten Bundesländer liegt. Schließlich ist ebenfalls noch auf die wesentlich geringere Höhe des Median-Einkommens in Ostdeutschland hinzuweisen. Trotz einer über den Beobachtungszeitraum betrachteten tendenziellen Annäherung des Medianeinkommens an den westdeutschen Vergleichwert, liegt dieser für die neuen Bundesländer noch immer um ca. 30 % niedriger als in den alten Bundesländern.

Für die gesamte Einkommensverteilung ebenfalls relevant ist die Betrachtung des Anteils einzelner Personengruppen in jeweiligen Einkommensklassen am Gesamteinkommen. *Becker* und *Hauser* kommen hierbei zu folgendem Befund:

	EVS		SOEP					
West	1998	2003	1998	1999	2000	2001	2002	2003
1. Dezil	2,6	2,4	3,7	3,6	3,3	3,4	3,3	3,3
2. Dezil	5,7	5,6	5,8	5,8	5,7	5,7	5,5	5,5
4. Dezil	8,2	8,0	7,8	7,7	7,8	7,8	7,6	7,7
5. Dezil	9,0	8,8	8,4	8,6	8,6	8,6	8,6	8,6
9. Dezil	14,3	14,6	14,5	14,5	14,5	14,3	14,5	14,5
10. Dezil	20,2	21,1	20,7	20,8	21,1	20,9	21,1	20,9
Ost								
1. Dezil	2,3	2,3	3,9	3,5	3,6	3,3	3,1	3,3
2. Dezil	5,2	5,0	5,9	5,7	5,5	5,4	5,1	5,2
4. Dezil	8,2	7,6	7,9	7,9	7,8	7,7	7,6	7,4
5. Dezil	9,2	8,8	8,7	8,8	8,6	8,6	8,4	7,9
9. Dezil	14,7	15,1	14,4	14,5	14,5	14,7	15,0	14,9
10. Dezil	20,0	20,9	19,2	19,8	20,4	20,2	20,9	21,9
Gesamt								
1. Dezil	2,4	2,3	3,5	3,4	3,2	3,2	3,0	3,1
2. Dezil	5,3	5,1	5,5	5,4	5,4	5,4	5,2	5,2
4. Dezil	8,1	7,9	7,7	7,6	7,7	7,7	7,5	7,7
5. Dezil	9,0	8,8	8,5	8,6	8,6	8,6	8,5	8,6
9. Dezil	14,5	14,7	14,6	14,7	14,6	14,4	14,7	14,6
10. Dezil	20,7	21,6	21,1	21,3	21,5	21,3	21,5	21,3

Tabelle 8: Anteile am Bruttoeinkommen aus unselbständiger Arbeit der vollzeitbeschäftigten Arbeitnehmer 1978 bis 2003 in % (Quelle: Hauser, Richard / Becker, Irene (2004), 100)

Aus Tabelle 8 wird insgesamt eine deutliche Spreizung der Einkommen aus unselbständiger Arbeit ersichtlich. Während die Personen im untersten Einkommensdezil gerade einen Anteil zwischen 3,5 % und 3,1 % nach dem SOEP bzw. zwischen 2,4 und 2,3 % nach den EVS am Gesamteinkommen aus unselbständiger Arbeit erhalten, beläuft sich der Anteil des obersten Dezils auf zwischen circa 20 % und 22 % im gesamten Zeitraum. Während zudem die Einkommensanteile des untersten Dezile tendenziell rückläufig waren, erhöhten sich diejenigen der oberen beiden Dezile im Beobachtungszeitraum leicht.

»Zusammenfassend ergibt sich also der Eindruck einer insgesamt erheblich gestiegenen Ungleichheit der Bruttoeinkommen aus unselbständiger Arbeit. Unter den Vollzeitbeschäftigten hat die Spreizung der Lohn- und Gehaltseinkommen insbesondere in den neuen Ländern zugenommen bei noch immer erheblichem Rückstand der Mittelwerte gegenüber Westdeutschland. Dem entsprechen die in den neuen Ländern – sowohl aus der EVS, als auch aus dem SOEP resultierenden – Verminderungen der Einkommensanteile in allen fünf Dezilen unterhalb des Median.«[398]

Betrachtet man die Datensätze zur Verteilung der primären Äquivalenzeinkommen auf die Gesamtbevölkerung in Deutschland im Zeitraum zwischen 1998 und 2003, so kommt man zu folgendem Befund:

	EVS		SOEP					
	1998	2003	1998	1999	2000	2001	2002	2003
Alte OECD-Skala								
Median in EUR	1.301	1.328	1.296	1.314	1.393	1.366	1.338	1.399
Gini-Koeffinzient	0,457	0,479	0,466	0,465	0,464	0,470	0,483	0,482
Atkinson-Maß	0,838	0,864	0,574	0,577	0,567	0,587	0,614	0,634
Neue OECD-Skala								
Median in EUR	1.591	1.619	1.588	1.613	1.691	1.662	1.627	1.706
Gini-Koeffizient	0,449	0,472	0,464	0,463	0,462	0,468	0,482	0,482
Atkinson-Maß	0,840	0,866	0,576	0,580	0,570	0,589	0,616	0,637

Tabelle 9: Verteilung der primären Äquivalenzeinkommen auf die Gesamtbevölkerung 1998 bis 2003 (Quelle: Hauser, Richard / Becker, Irene (2004), 103–108)

---

398 *Hauser*, Richard / *Becker*, Irene (2004), 101.

Für die Aufschlüsselung des primären Haushaltseinkommens auf die einzelnen Haushaltsmitglieder mithilfe der alten und neuen OECD-Skala ergibt sich zunächst nach Tabelle 9 für Gesamtdeutschland im Untersuchungszeitraum von 5 Jahren lediglich eine mäßige Steigerung des Medians der primären Äquivalenzeinkommen von 1301,00 EUR auf 1328,00 EUR nach den EVS/alte Skala bzw. von 1588,00 EUR auf 1706,00 EUR nach dem SOEP/neue Skala bei allerdings nach wie vor deutlichen Unterschieden zwischen den alten und neuen Bundesländern. Auch die beiden verwendeten Ungleichheitsindikatoren, der Gini-Koeffizient und das Atkinson-Maß, steigen im Beobachtungszeitraum insgesamt moderat an. Schlüsselt man die Datensätze allerdings getrennt nach beiden Landesteilen zwischen West- und Ostdeutschland auf, so ergibt sich insbesondere für Ostdeutschland eine recht starke Erhöhung der Ungleichheit im Beobachtungszeitraum. Der Gini-Koeffizient stiegt hier für beide Skalenwerte auf der Basis der EVS um 5–7%, nach den SOEP sogar zwischen 10% und 11% an.[399] Die nahezu unveränderten Ungleichheitsindikatoren auf der Basis der EVS für Gesamtdeutschland sind somit eher durch eine tendenziell verminderte Ungleichheit zwischen beiden Landesteilen zu erklären. Die Medianeinkommen in Ostdeutschland näherten sich also im Beobachtungszeitraum den westdeutschen Werten leicht an.[400]

Bei Bezug auf die neue OECD-Skala zeigt sich dabei abschließend ein ähnlicher Verlauf der Ungleichheitsmaße gegenüber der alten Skala.

> »Wie sich bereits aus früheren Untersuchungen ergeben hat, wirkt sich die Wahl der Äquivalenzskala nämlich weniger auf die insgesamt gemessene Ungleichheit als vielmehr auf die Struktur der Bevölkerung in einzelnen Einkommensbereichen bzw. auf die Änderung in der Zusammensetzung dieser Einkommenssegmente aus; [...]. Hinter den insgesamt gleich-

---

399 Vgl. *Hauser*, Richard / *Becker*, Irene (2004), 113f.
400 Vgl. ebd. 115.

artigen Ergebnissen zur Ungleichheit verbergen sich also je nach Äquivalenzskala andere Personengruppen am unteren und oberen Verteilungsrand.«[401]

5.2.2 Armut

5.2.2.1 Armut in der Bundesrepublik Deutschland auf der Basis des jüngsten Human Development Reports der Vereinten Nationen

Auf der Grundlage eines ethisch angemessenen Verständnisses von »Armut als Mangel an Verwirklichungschancen« nach Amartya Sen, werden im Folgenden die Ergebnisse des letzten Human Development Indexes für die Bundesrepublik Deutschland vorgestellt. Gegenüber einer reinen Betrachtung von Einkommensarmut hat dieses Indexverfahren den Vorteil einer wesentlich breiteren Datenbasis. Neben dem Indikator des Nettoäquivalenzeinkommens zur Abbildung von Armut und Struktur der Armutsbevölkerung werden hier unter anderem Schulbildung, Analphabetismus, Arbeitslosigkeit, insbesondere Langzeitarbeitslosigkeit, Lebenserwartung und absolute Einkommensarmutsbegriffe in die Betrachtung und Bewertung einbezogen. Beide Indizes, der Human Development Index und Human Poverty Index, als einem Teil des HDI, begreifen somit Armut als vielschichtiges Phänomen, das multikausal verursacht ist; demzufolge ist das Problem von Armut spiegelbildlich auch nicht allein durch Finanztransfers zu lösen, sondern erfordert einen integralen Ansatz zwischen Bildungs-, Arbeitsmarkt- und einer zielgerichteten Sozialpolitik.

Die Darstellung der Ergebnisse des Human Development Reports weist so prospektiv darauf hin, in welchen Bereichen die deutsche Gesellschaft gegenüber anderen, in der Armutsbekämpfung erfolgreicheren, Ländern Nachholbedarf hat und in welchen Bereichen diese vorrangig zu verorten wären.

---

401 Ebd.

Im Einzelnen lassen sich die Daten wie folgt zusammenfassen:
Im Jahr 2006 belegte Deutschland den 21. Rang innerhalb des Human Development Indexes der Vereinten Nationen mit dem Wert von 0,932 gegenüber dem erstrangig platzierten Norwegen mit einem Ergebnis von 0,965.[402] Während für die Grunditems einer Versorgung mit sauberem Trinkwasser (100 % der Bevölkerung), Lebenserwartung ab Geburt im Jahr 2004 von 78,9 Jahren, einer geringen Säuglings-, Kinder- und Müttersterblichkeit sowie einem Bruttoinlandsprodukt pro Kopf von 28.303 EUR keine signifikant schlechteren Werte als diejenigen der bestplatzierten Nationen zu ermitteln sind, weichen diese für die Bundesrepublik hinsichtlich Bildungs- und Erwerbsbeteiligung deutlich ab. So ermitteln die Vereinten Nationen für die Jahre zwischen 1994 und 2003 etwa einen Anteil von 14,4 % funktionaler Analphabeten an der Gesamtbevölkerung gegenüber 7,9 % in Norwegen[403], geben einen relativ hohen Anteil Langzeitarbeitsloser an der gesamten Erwerbsbevölkerung von 5,0 % an[404] und errechnen schließlich eine Einkommensarmutsquote von 8,3 % auf der Basis des 50 %igen Medianeinkommens der Wohnbevölkerung im Zeitraum zwischen 1993 und 2002.[405] Die beiden Schlüsselbereiche moderner Gesellschaften, Bildung und Erwerbsbeteiligung, werden demzufolge in der Bundesrepublik Deutschland nur ungenügend berücksichtigt. Gestützt wird diese Erkenntnis schließlich auch durch die vergleichsweise sehr geringen Bildungsinvestitionen in Deutschland mit einem Ausgabenanteil

402 Vgl. UNDP (2006), 283.

403 Vgl. ebd. 295.

404 Vgl. ebd., 352: Diese Quote entspricht damit einem Anteil von 54,4 % weiblicher Langzeitarbeitsloser an allen weiblichen Arbeitslosen und einem Anteil von 58,8 % männlichen Langzeitarbeitsloser an allen männlichen Arbeitslosen, d.h. in Deutschland verbleibt mehr als die Hälfte aller Arbeitslosen ein Jahr und länger in Arbeitslosigkeit, gegenüber 8 bzw. 10 % in Norwegen.

405 Vgl. ebd., 295: auf der Basis eines absoluten Einkommensarmutsbegriffs von 11 USD-pro Tag an verfügbarem Einkommen ermitteln die Vereinten Nationen hier einen Wert von 7,3 % der Bevölkerung, dem ein Einkommen von weniger als 11 USD pro Tag zur Verfügung steht. In Norwegen beläuft sich dieser Wert im Vergleich auf lediglich 4,3 % der Bevölkerung.

von lediglich 4,8 % des Bruttoinlandsprodukts gegenüber nahezu dem doppelten der bestplatzierten Nationen.[406]

Demgegenüber bilanziert die deutsche gesetzliche Rentenversicherung individuellen wirtschaftlichen Erfolg im Berufsleben retrospektiv anhand der jeweiligen Höhe der Rentenzahlungen. Mithin handelt es sich hierbei um zwei Seiten derselben Medaille: eine erfolgreiche Armutsbekämpfung im Erwerbsalter und davor, gerade durch die Eröffnung von Bildungsmöglichkeiten und Integration ins Erwerbsleben, eröffnet deutlich höhere Chancen darauf, nach Ende der Erwerbskarriere nicht in Altersarmut zu fallen.

5.2.2.2 Relative Einkommensarmut

Auch Daten zur bereits jetzt vorfindlichen relativen Einkommensarmut und spezieller Betroffenengruppen hiervon sind, wie bereits mehrfach ausgeführt, aufgrund der besonderen Konstruktionsprinzipien der gesetzlichen Rentenversicherung, insbesondere von deren Blinanzierung der relativen Einkommensposition des Einzelnen im Lebensverlauf, von hervorragender Relevanz für die Prognostizierung auch künftiger Armutsentwicklung im Rentenalter.

Anhand von empirischen Erhebungen von *Hauser* und *Becker*[407], den Armutsuntersuchungen des Bundesverbandes der *Volkssolidarität*[408] sowie einer Studie der *Friedrich-Ebert-Stiftung*[409] zur individuellen Lebensrelevanz von Armut, werden nachfolgend die wichtigsten Daten vorgestellt und diskutiert.

Relative Einkommensarmut ergibt sich dabei auf der Basis der EVS bzw. des SOEP mit Bezug zum gesamtdeutschen Median der Netto-

---

406 Vgl. ebd., 319.

407 Vgl. *Hauser*, Richard / *Becker*, Irene (2004).

408 Vgl. *Volkssolidarität Bundesverband e.V.* (2006).

409 Vgl. *Friedrich-Ebert-Stiftung* (2006), online unter: http://www.fes.de/inhalt/Dokumente/061017_Gesellschaft_im_Reformprozess_komplett.pdf, Entnahme am 22.05.2007.

äquivalenzeinkommen bei einem monatlichen Nettoeinkommen zwischen 468,00 EUR nach der EVS 1998 / 40 %-Grenze und 532,00 EUR nach der EVS 2003 / 40 %-Grenze bzw. zwischen 418,00 EUR nach dem SOEP 1998 / 40 %-Grenze und 488,00 EUR nach dem SOEP 2003 / 40 %-Grenze. Für die alternativen Einkommenswerte bei einer Erhöhung der relativen Armutsgrenzen ergeben sich dem gemäß mit Bezug auf die alte OECD-Skala im Jahr 2003 nach den EVS zwischen 666,00 EUR / 50 %-Grenze und 799,00 EUR / 60 %-Grenze und nach dem SOEP Werte zwischen 610,00 EUR / 50 %-Grenze und 732,00 EUR / 60 %-Grenze.[410] Die geringeren Einkommenswerte für verschiedene Armutsgrenzen nach dem Sozio-Ökonomischen Panel dürften dabei zum Teil durch die wesentlich bessere Erfassung von Haushalten mit ausländischer Bezugsperson und ihrer tendenziell geringeren Einkommensposition im SOEP gegenüber den EVS zu erklären sein. Die hier ausgewiesenen Monatsbeträge geben die Grenze für Einpersonenhaushalte an. Eine Person wäre also im Jahr 2003 nach dem Laeken-Indikator als einkommensarm zu bezeichnen, wenn ihr monatliches Nettoeinkommen den Betrag von 799,00 EUR (EVS) bzw. nach dem SOEP von 732,00 EUR unterschreitet.[411] Die Ermittlung alternativer Armutsgrenzen für Mehrpersonenhaushalte folgt anschließend den jeweiligen Faktormaßen der alten und neuen OECD-Skala:

»Für das Jahr 2003 ergibt sich damit beispielsweise für eine Familie mit zwei Kindern (Paarhaushalt) – bei Verwendung der alten OECD-Skala – ein Haushaltsnettoeinkommen von 2.156 EUR (EVS) bzw. 1.976 EUR [...] bei dessen Unterschreitung die Familienmitglieder als arm (bzw. armutsgefährdet nach der Interpretation auf EU-Ebene) gelten.«[412]

Mit Bezug auf diese Einkommensschwellen zur Betroffenheit von Armut ergeben sich demnach folgende Armutsrisikoquoten für ganz Deutschland mit Bezug zum gesamtdeutschen Median der Nettoäquivalenzeinkommen:

410 Vgl. Vgl. *Hauser*, Richard / *Becker*, Irene (2004), 124.
411 Vgl. ebd., 124f.
412 Ebd., 125.

Armutsgrenze	EVS		SOEP					
Alte OECD-Skala	1998	2003	1998	1999	2000	2001	2002	2003
40%	1,8	1,9	4,2	4,0	4,2	4,9	5,0	5,5
50%	5,6	6,2	7,8	7,6	7,0	8,2	9,5	9,6
60%	12,1	13,1	13,2	12,5	12,5	13,7	14,9	15,4
Neue OECD-Skala								
40%	1,9	1,9	4,3	4,4	4,1	5,0	5,3	5,3
50%	5,8	6,5	8,0	7,6	7,6	8,7	10,1	9,7
60%	12,1	13,5	12,9	12,4	12,4	13,8	15,4	15,4

Tabelle 10: Armutsrisikoquoten 1998 bis 2003 in % bei alternativen Armutsgrenzen (Quelle; Hauser, Richard, Becker / Irene (2004), 127)

Für den Zeitraum zwischen 1998 und 2003 ergibt sich damit aus beiden Datenquellen übereinstimmend ein sich erhöhendes Risiko Einzelner für die Betroffenheit von relativer Einkommensarmut. Die nach dem Laeken-Indikator relevante Schwelle von 60 % des Medianeinkommens unterschreiten demzufolge zwischen 12,1 und 13,1 % der Bevölkerung nach der EVS / alte Skala bzw. zwischen 13,2 und 15,4 % nach dem SOEP. Nach einer zunächst recht deutlichen Senkung der Armutsbetroffenheit in den Jahren 1999 bis 2000 fand ab 2001 eine deutliche Steigerung statt. Erklärbar ist die vor allem durch die vergleichsweise günstigen konjunkturellen Bedingungen der Jahre 1999 bis 2000 und der deutlichen Verschlechterung der wirtschaftlichen Lage ab 2001. Ebenso scheint dies, so machen *Hauser* und *Becker* deutlich, an einem sukzessiven Zurückbleiben der Sozialhilfesatzanpassungen gegenüber der Entwicklung des Medianeinkommens zu liegen, was zu einem guten Teil auf die unterschiedlichen Anpassungsnormen zurückzuführen ist.[413] Schlüsselt man die Entwicklung der Armutsquoten getrennt nach alte und neue Bundesländer auf, so ist für Ostdeutschland eine deutlich höhere Betroffenheit von relativer Einkommensarmut gegenüber den alten Bundesländern sowie eine kontinuierlichere Steigerung zu beobachten. Für Ostdeutschland weisen die Datenquellen ein gegenwärtig

---

413 Vgl. ebd.

sehr hohes Armutsrisiko mit ebenso entsprechender sozialpolitischer Brisanz auf.[414]

Für den Beobachtungsgegenstand der gesetzlichen Rentenversicherung in Deutschland ebenfalls relevant sind so genannte »fiktive Armutsquoten«, d. h. unterstelle Quoten im Bezug auf Einkommen vor öffentlichen Transfers außer den Leistungen der gesetzlichen Rentenversicherung und Pensionszahlungen. Mit Bezug auf die neue OECD-Skala ergibt sich dabei ein Wert bei Männern von zwischen 20,2 % und 22,6 % im Jahr 1998 bzw. 2003 nach den EVS und zwischen 19,1 % und 21,3 % nach dem SOEP; das heißt: vor dem Empfang öffentlicher Transferleistungen unterschreitet etwa 1/5 der männlichen Bevölkerung die Einkommensschwelle von 60 % des Medianeinkommens im Monat. Die entsprechenden Daten für die weibliche Bevölkerung sind dem entsprechend noch etwa 2–3 % höher, als die der männlichen Bevölkerung in der Bundesrepublik.[415] Die von den beiden Autoren angegebenen Armutslücken, das heißt die Intensität der Unterschreitung jeweiliger Einkommenspositionen, werden von ihnen im Durchschnitt mit 15–20 % beziffert. Im Jahr 1998 lebte demnach die Hälfte der betroffenen Armutsbevölkerung unter der 40 %-Grenze von weniger als 3/5 der Armutsschwelle und damit von einem Einkommen, das 25 % des Medianwertes nicht erreicht.[416]

Untersucht man die gewonnenen empirischen Daten abschließend auf gruppenspezifische Betroffenheiten von relativer Einkommensarmut hin, ergibt sich folgendes Bild nach der neuen OECD-Skala mit Bezug auf das durchschnittliche Netto-Medianeinkommen:

---

414 Vgl. ebd., 128.
415 Vgl. ebd., 131.
416 Vgl. ebd., 133–135.

	EVS		SOEP					
	1998	2003	1998	1999	2000	2001	2002	2003
Nach Alter und Geschlecht des Haushaltsvorstands								
Bis 24 Jahren	34,9	46,5	41,4	45,5	38,2	46,9	56,0	54,5
25 bis 49 Jahre	12,2	14,1	12,3	12,5	12,6	14,1	16,2	16,2
50 bis 64 Jahre	9,6	11,4	10,6	8,3	9,4	10,4	10,8	10,2
65 Jahre und älter	13,6	11,1	11,8	14,0	12,8	13,1	14,1	12,1
Dar. Frauen	20,8	18,4	17,7	20,1	21,2	19,8	20,5	20,5
Nach Erwerbsstatus und Geschlecht des Haushaltsvorstandes								
Selbständige	11,0	9,6	-	-	-	-	-	-
Arbeitnehmer	6,8	7,6	5,4	5,5	5,6	6,7	7,6	7,6
Arbeitslose mit Hilfen	45,9	56,3	29,5	26,1	30,6	33,5	38,6	39,3
Arbeitslose ohne Hilfen	-	-	40,5	38,5	34,4	53,6	52,6	55,9
Rentner	12,9	14,4	12,2	12,4	12,9	13,5	14,0	13,4
Dar. Frauen	20,6	19,4	17,9	17,6	20,7	20,3	20,7	20,5
Armutsquote gesamt	12,1	13,5	12,9	12,4	12,4	13,8	15,4	15,4

Tabelle 11: Gruppenspezifische Armutsquoten in Deutschland nach Merkmalen des Haushaltsvorstands, in % (Quelle; Hauser, Richard/ Becker, Irene (2004), 138)

Überdurchschnittlich von Armut Betroffene sind Tabelle 11 zufolge besonders Personen unter 24 Jahren, Arbeitslose mit Arbeitslosengeld oder – damals noch – Arbeitslosenhilfe sowie Nichterwerbstätige ohne Anspruch auf Unterstützung. Für Personen im Alter unter 24 Jahren ist diese ungewöhnlich hohe Betroffenheit dabei hauptsächlich erklärbar mit deren hohem Verbleib im Ausbildungssystem bzw. in universitärer Bildung und einem damit einhergehenden geringen Einkommen. Die weit überdurchschnittliche Betroffenheit von Arbeitslosenhaushalten zeigt zum einen die besondere Wichtigkeit des Faktors Erwerbsarbeit für Armutsvermeidung auf, macht zum anderen aber auch auf wiederum ungenügende soziale Sicherungsleistungen aufmerksam, um – besonders bei Langzeitarbeitslosigkeit – relative Einkommensarmut wirklich zu bekämpfen. Dagegen sind Rentnerhaushalte gegenwärtig eher unterdurchschnittlich von relativer Einkommensarmut betroffen. Gegenüber den Gesamtzahlen aller Rentnerhaushalte fällt allerdings auch hier eine vergleichsweise hohe Anzahl von Frauen mit einem Renteneinkommen unterhalb der Armutsschwelle auf. Auf der Basis der neuen OECD-Skala ergibt sich hierbei, dass ungefähr bei 1/5 aller älteren Frauen die eigene Alterssicherung oder die abgeleitete Hinterbliebensicherung, hauptsächlich infolge gerade frauentypischer Berufs- und Erwerbskarrieren, unter der Armutsrisikoschwelle des Laeken-Indikators verbleibt.

Betrachtet man die Betroffenheit von Armut in Deutschland aufgeschlüsselt nach einzelnen Haushaltstypen erhält man folgende Datensätze:

	EVS		SOEP					
	1998	2003	1998	1999	2000	2001	2002	2003
Männer	20,3	22,5	(19,0)	21,1	18,4	17,4	18,3	20,6
Frauen	23,5	23,0	21,1	20,1	22,0	22,7	22,5	23,2
- darunter 65 Jahre und älter	21,4	18,2	20,6	21,7	21,4	20,5	21,1	21,5
2 Personen Haushalte ohne abhängig Kinder	7,5	9,1	7,3	7,6	8,2	9,6	11,1	10,0
- darunter mind. eine Person 65 Jahre und älter	(7,2)	6,7	(5,6)	(6,9)	(5,8)	(7,0)	9,1	6,6
Alleinerziehende	35,4	35,4	(40,7)	49,4	(46,2)	47,4	46,4	48,3
2 Erwachsene mit Kindern	10,8	11,6	13,1	10,3	9,6	12,2	14,3	13,9
- darunter mit 3 und mehr Kindern	(13,2)	(13,9)	(18,5)	(19,2)	(13,3)	(19,1)	(25,0)	(24,4)
Armutsquote gesamt	12,1	13,1	13,2	12,5	12,5	13,7	14,9	15,4

Tabelle 12: Gruppenspezifische Armutsquoten nach Haushaltstypen, neue OECD-Skala, in % (Quelle: Hauser, Richard / Becker, Irene (2004), 143)

Aus Tabelle 12 geht die weit unterdurchschnittliche Armutsbetroffenheit vor allem von Zweipersonenhaushalten ohne Kinder hervor. Sie weisen gegenüber anderen Haushaltsformen mit zwischen 6,5 % und 8,1 % nach den EVS bzw. zwischen 6,8 % und 10,0 % nach dem SOEP die geringste Armutsrisikoquote auf. Besonders auffällig ist auch, dass gerade Haushalte mit mindestens einer Person im Alter von 65 Jahren und älter sowohl unter den Mehrpersonenhaushalten als auch innerhalb von Alleinstehendenhaushalten keine signifikant höhere Betroffenheit von Einkommensarmut aufweisen. Allerdings weisen *Hauser* und *Becker* zurecht darauf hin, dass die Ergebnisse gerade im Bezug auf Haushalte in der Altersgruppe ab 65 Jahren stark von der Wahl der Äquivalenzskala abhängen. So ergeben sich in diesem Zeitraum auf der Grundlage der alten OECD-Skala besonders bei Einpersonenhaushalten im Alter von 65 Jahren und älter mit einem Anteil zwischen 18,2 % und 21,7 % nach dem SOEP weit höhere Armutsrisikoquoten dieser Gruppe der Bevölkerung.[417] Das Sichtbarwerden von derzeitiger Altersarmut in der Bevölkerung scheint damit nicht unwesentlich von der Wahl der jeweiligen Umrechnungseinheit des Haushaltseinkommens auf die einzelnen Haushaltsmitglieder abzuhängen.

Unabhängig von der Wahl der Äquivalenzskala ist allerdings die weit überdurchschnittliche Betroffenheit von Alleinerziehenden und zwei Erwachsenen mit mehreren Kindern. Nach den Ergebnissen der Einkommens- und Verbrauchsstichproben im Zeitraum von 1998 bis 2003 scheinen sich deren Armutsrisikoquoten zumindest nicht erhöht zu haben, allerdings, so ist auch zu konstatieren, reichen die Verbesserungen im Familienlastenausgleich in dieser Zeit aber auch nicht aus, um Kinderarmut signifikant zu vermindern. Auf der Basis des SOEP ergeben sich dem gegenüber sogar deutliche Verschlechterungen der Situation gerade von Alleinerziehenden, aber auch der Gruppe von zwei Erwachsenen mit mindestens drei Kindern. Als entscheidende politikrelevante Ergebnisse lassen sich somit vor allem zwei Bereiche klar herausstellen: Zum einen ist nach wie vor auf eine deutliche Verbesserung des Familienlastenausgleichs gerade für Haushaltstypen mit mehreren Kindern zu achten, zum zweiten sollte zumindest auf der Basis der Datensätze der alten OECD-Skala auf eine Verbesserung der Alterssicherung allein lebender Menschen im Alter, hier zumeist – infolge der demographischen Grunddaten – von Frauen hingewirkt werden.

Im Bezug auf den Anwendungsgegenstand vorliegender Untersuchung, das Alterssicherungssystem in der Bundesrepublik Deutschland, ist abschließend auf die Mobilität der Bevölkerung im unteren Einkommensbereich einzugehen. Davon ausgehend, dass gerade die gesetzliche Rentenversicherung in Deutschland aufgrund ihrer institutionellen Ausgestaltung relative Einkommenspositionen jedes Einzelnen im

---

[417] Vgl. ebd., 143. 145.

Erwerbsverlauf spiegelt, wäre längerfristiger Verbleib in Einkommensarmut während des Erwerbsverlaufes ein sehr ernstes Indiz für spätere Betroffenheit von Altersarmut. Umgekehrt würde eine hohe Mobilität aus Armut heraus während des Erwerbsverlaufes die Betroffenheit von Altersarmut tendenziell vermindern.

Becker und *Hauser* stellen hierfür auf der Basis des Niedrigeinkommenspanels (NIEP) und des Sozio-Ökonomischen Panels (SOEP) eine Verbleibrate von jeweils ca. 50 % der betroffenen Personen in ihrem Einkommensbereich fest, während etwa ebenso vielen Personen ein zumindest kurzzeitiger Aufstieg in eine höhere Einkommensposition gelingt.[418] Differenziert man die Ergebnisse im Hinblick auf die Zeitdauer des Aufstiegs aus unteren Einkommenspositionen weiter, so ist auf der Basis des NIEP allerdings festzuhalten, dass von allen Aufsteigern (etwa 50 %) wiederum nur der Hälfte ein nachhaltiges Verlassen des Armutsrisikobereiches gelingt.[419] Zudem ist hierfür methodisch einzuschränken, dass, gerade im Rahmen des NIEP, Abstiege in den Einkommensarmutsbereich aufgrund der immer gleichen Bezugspersonen der Umfrage nicht erfasst werden können. Fragt man abschließend nach Gründen für ein Verlassen einer relativen Einkommensarmutsposition, so sticht zunächst die herausragende Bedeutung der Erwerbsarbeit hervor. So ist über 1/3 der Aufstiege auf eine Aufnahme oder Erhöhung der Erwerbsbeteiligung des Einzelnen oder des Partners/der Partnerin zurückführbar, während dem Einsetzen oder der Erhöhung öffentlicher Transferleistungen mit nur 10 % weit unterdurchschnittliche Bedeutung für ein Verlassen des Armutsrisikobereiches zukommt. Veränderungen des Hauhaltskontextes, wie etwa der Wegzug eines erwachsenen Kindes aus dem gemeinsamen Haushalt mit den Eltern, scheinen ebenso mit einem Anteil von lediglich 3 % der Personen für den Aufstieg aus Einkommensarmut insgesamt eher irrelevant zu sein.[420]

Die dargestellte Häufigkeit von Ursachen eines Aufstieges aus dem Niedrigeinkommensbereich werden dabei auch umgekehrt bestätigt, fragt man nach den Ursachen eines Absinkens unter die 60 %-Armuts-

---

418 Vgl. *Becker*, Irene / *Hauser*, Richard (2004), 229–234.
419 Vgl. ebd., 234.
420 Vgl. ebd., 236.

schwelle nach dem Laeken-Indikator. 21,6 % aller Absteiger unter diese Schwelle geben demnach eine Verringerung der eigenen Erwerbsbeteiligung als Grund für das Absinken des Haushaltseinkommens unter die Armutsschwelle an. Den Wegfall öffentlicher Transferleistungen oder neu hinzukommende belastende Veränderungen im Haushaltskontext führen dem gegenüber lediglich 12,5 % bzw. 5,3 % der befragten Personen als Gründe an.[421]

»Die NIEP-Längsschnittanalysen haben – gemessen am Korrelationskoeffizienten – eine insgesamt hohe Einkommensmobilität im Niedrigeinkommensbereich ergeben, die aber in der kurzfristigen Perspektive mehrheitlich nicht, mittelfristig ungefähr hälftig zum Überschreiten von Schichtgrenzen, insbesondere der 60 %-Armutsgrenze, führt. Damit werden die entsprechenden Ergebnisse des SOEP grundsätzlich bestätigt bei allerdings etwas geringerer Häufigkeit von (nachhaltigen) Aufstiegen aus dem Bereich relativer Einkommensarmut – was freilich durch den kürzeren zeitlichen Rahmen mitbedingt sein kann. Für ca. drei Viertel der zu einem Zeitpunkt beobachteten Armutsbevölkerung scheint der materielle Engpass ein nicht nur kurzfristiger Zustand zu sein. Hinsichtlich der möglichen Ursachen »grenzüberschreitender« Veränderungen der Nettoäquivalenzeinkommen erweisen sich Änderungen der Erwerbsbeteiligung im Haushaltskontext als besonders bedeutsam. Aber auch die Zu- oder Abnahme der Haushaltsgröße und -struktur und – last but not least – das Hinzukommen bzw. der Wegfall öffentlicher Transfers führen offenbar häufig zu Auf- bzw. Abstiegen um die Armuts- oder HLU-Schwelle. Insgesamt erweisen sich die Mobilitätsprozesse im Niedrigeinkommensbereich aber als sehr heterogen, so dass sie sich nicht auf einige spezielle Muster reduzieren lassen.«[422]

421 Vgl. ebd., 237.
422 Ebd., 238f.

6. Stabilität von Lebensgemeinschaften und Alterssicherung von Frauen

Neben den dargestellten Trends zur demographischen Entwicklung, der Fortentwicklung der Erwerbsarbeit, Daten zu Einkommensverteilung und Einkommensarmut ist abschließend innerhalb dieses empirischen Teiles der vorliegenden Untersuchung noch auf die Stabilität von Lebensgemeinschaften und hierbei insbesondere auf die Alterssicherung von Frauen einzugehen. Begründet durch die systemleitenden Annahmen, dass durch die gesetzliche Rentenversicherung in Deutschland vornehmlich Erwerbszeiten in einem so genannten Normalarbeitsverhältnis honoriert werden, klassische familiäre Rollenteilung zwischen einem beruflichen Versorger und einer familiären »Dienstleistungsperson« herrscht sowie eine weitgehende Stabilität partnerschaftlicher Lebensgemeinschaften vorausgesetzt wird[423], würden durch Zeiten der Nichterwerbstätigkeit und geringfügiger Beschäftigungen, wie sie gerade auch infolge von Kindererziehung bestehen, sowie infolge von Scheidungen erhebliche Nachteile innerhalb der erstrangigen Alterssicherung entstehen. Der Gesetzgeber versuchte jedoch gerade in jüngster Zeit diese rollenspezifischen Nachteile sukzessive abzubauen und damit den Weg in Richtung einer eigenständigen Alterssicherung gerade für Frauen einzuschlagen. Zu nennen wären hierbei folgende Einzelmaßnahmen: die Verlängerung der Erziehungszeiten auf 36 Monate (1998), die Aufstockung eigenen Einkommens nach 25 Versicherungsjahren um maximal 0,33 Entgeltpunkte pro Jahr (2001), die Anerkennung von Erziehungszeiten als rentenbegründende Leistung, die Einführung eines Kinderzuschlags zur Witwenrente, die Möglichkeit zum Rentensplitting unter Ehegatten als Wahloption sowie eine Verbesserung individueller Teilhabechancen an der kapitalgedeckten Alterssicherung des Partners.[424]

---

423 Vgl. *Allmendinger*, Jutta (1994), 42.
424 Vgl. *Riedmüller*, Barbara (2007), 69f., *Deutsche Rentenversicherung* (2007b).

Zu prüfen wäre also innerhalb dieses Abschnittes, ob die dargestellten Einzelmaßnahmen tatsächlich dazu ausreichen, Nachteile infolge von Erziehungs- und Familientätigkeiten innerhalb der Alterssicherung zu kompensieren.

Dabei ist eingangs Folgendes zu konstatieren:

> »An der grundsätzlichen Relevanz externer Effekte des Aufziehens von Kindern in Alterssicherungssystemen kann aus Sicht der ökonomischen Theorie kaum gezweifelt werden. Eltern erbringen durch Kindererziehung Leistungen, die auch Nicht-Eltern zugute kommen, ohne dass die Eltern dafür explizit entschädigt werden. Im Sinne eines Familien*leistungs*ausgleichs kann im Prinzip eine Kompensation der Familien für diese Leistungen begründet werden, die diese für den Fortbestand der Alterssicherungssysteme und damit auch für deren kinderlose Mitglieder erbringen.«[425]

Als zentrale »Normalitätsannahmen« innerhalb der Alterssicherung wurden bereits mit *Allmendiger* die Stabilität von Lebensgemeinschaften benannt.

Betrachtet man jedoch die Anzahl der Eheschließungen und Scheidungen im Zeitraum von 1960 bis 2005 kommt man zu folgendem Ergebnis:

---

425 *Schmähl*, Winfried / *Rothgang*, Heinz / *Viebrok*, Holger (2006), 106.

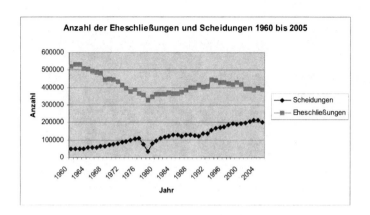

Abbildung 5: Statistik der Eheschließungen und rechtskräftigen Scheidungen in der Bundesrepublik Deutschland 1960 bis 2005 (Quelle: Statistisches Bundesamt, 2007[426])

Aus Abbildung 5 wird einerseits eine kontinuierliche Abnahme der Anzahl der Eheschließungen in der Bundesrepublik Deutschland, andererseits eine zunehmende Scheidungshäufigkeit über den gesamten Zeitraum ersichtlich.[427] Inzwischen wird so etwa jede dritte Ehe in Deutschland wieder geschieden bei einem nicht unerheblichen Anteil an betroffenen gemeinsamen Kindern.[428]

Auch im Vergleich der künftigen und derzeitigen Rentenanwartschaften sind Frauen deutlich schlechter gestellt, als Männer.

Riedmüller kommt hier auf der Datenbasis von tns-Infratest zu folgendem Ergebnis:

---

426 Online unter: https://www-genesis.destatis.de/genesis/online/dWerteabruf_P age;jsessionid=09AA63863A40B0E0CF318AFE4519C5A2.tc3, Entnahme am 14.07.2007.

427 Vgl. hierzu auch aus ethischer Sicht: *Bayerl*, Marion (2006), 41–70.

428 Vgl. *Nave-Herz*, Rosemarie (2007), 118f., Vgl. ebenso: Bundesamt für Statistik, online unter: https://www.genesis.destatis.de/genesis/online/dWerteabruf_Page;jsess ionid=D8B61138EB7D6DE4A24A04DF95246D8.tc3, Entnahme am 16.07.2007.

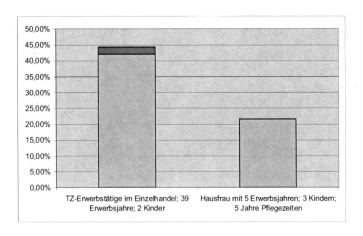

Abbildung 6: Simulierte Alterseinkünfte von Frauen aus der 1. und 2. Säule der Alterssicherung, in % der Inklusionsgrenze (40 % des nationalen Bruttoeinkommens) (Quelle: Riedmüller, Barbara (2007), 67)

Aus Abbildung 6 werden noch immer sehr geringe individuelle Rentenanwartschaften von Frauen in unterschiedlichen Tätigkeitsbereichen ersichtlich. Während so beispielsweise eine Teilzeiterwerbstätige im Einzelhandel Rentenansprüche von 44,3 % aus der ersten und zweiten Säule der Alterssicherung erwirbt, sind dies gerade 21,7 % der Inklusionsgrenze für eine Hausfrau mit lediglich 5 Erwerbsjahren. Die im Vergleich geringere Arbeitsmarktpartizipation von Hausfrauen gerade infolge von Erziehungs- und Familientätigkeiten spiegelt sich also in wesentlich geringeren künftigen Rentenanwartschaften aus beiden Säulen der Alterssicherung, gesetzliche Rentenversicherung und betriebliche Alterssicherung, wider.[429]

[429] Vgl. *Schmähl*, Winfried / *Rothgang*, Heinz / *Viebrok*, Holger (2006), 46f. Die Autoren machen hierin darauf aufmerksam, dass zwar einerseits je nach Anzahl der Kinder Rentenanwartschaften aus sozialem Ausgleich ansteigen, diese aber andererseits weit hinter kinderlosen Frauen in Erwerbsarbeit zurückbleiben. So verzeichnen Kinderlose im Durchschnitt etwa 40 persönliche Entgeltpunkte, davon 3,2 begründet durch Anwartschaften aus sozialem Ausgleich, während Frauen mit 3 oder mehr Kindern lediglich etwa 18 Entgeltpunkte besitzen mit einem Anteil von 5,6 Entgeltpunkten aus sozialem Ausgleich.

Auch die derzeitigen Rentenanwartschaften und persönlichen Nettoeinkommen differieren den Altersgruppen von heute 65 Jahre und Älteren zwischen Männern und Frauen sehr stark.

So beziffert *Riedmüller* die derzeitigen Anwartschaften aus der gesetzlichen Rentenversicherung für Frauen auf zwischen 413 und 473 EUR, die der Männer dagegen auf zwischen 1096 und 1129 EUR. Der überwiegende Teil der Alterseinkünfte von Frauen macht dagegen die abgeleitete Hinterbliebenensicherung aus. Aus ihr begründen sich Anwartschaften von 616 bis 634 EUR monatlich.[430] Während Männer im Alter zwischen 75 und 84 Jahren in den alten Bundesländern so ein monatliches Nettoeinkommen von durchschnittlich 1691 EUR erhalten, bekommen Frauen derselben Altersgruppe lediglich durchschnittlich 1009 EUR monatlich.[431]

Die abgeleitete Versorgung von Frauen im Rentenalter ist damit insgesamt höher, als die aus eigenständiger Sicherung.[432] Im geringeren Gesamtnettoeinkommen von Frauen spiegelt sich die geringere Höhe von Witwenrenten im Vergleich zu eigenständigen Altersrenten vornehmlich auch in den niedrigeren Altersnettoeinkommen von Frauen im Vergleich zu Männern wider.[433] Zudem gilt es festzuhalten, dass gerade im Fall von Ehescheidungen, häufig Frauen, bedingt durch die Kumulation verschiedener nachteiliger Faktoren, wie Erziehungs- oder Pflegeleistungen verbunden mit geringer Arbeitsmarktpartizipation, nur unterdurchschnittliche Rentenansprüche erwerben. Das Risiko von Altersarmut oder die tatsächliche Betroffenheit hiervon erhöhen sich damit beträchtlich gegenüber Männern derselben Jahrgangsstufen. So kommen *Hauser* und *Strengmann-Kuhn* innerhalb eines europäischen Vergleichs zur Armutsbetroffenheit auf der Basis der EU-Armutsgrenze/ Laeken-Indikator zu dem Ergebnis, dass der Anteil der alleinstehenden

---

430 Vgl. *Riedmüller*, Barbara (2007), 67f.

431 Vgl. ebd., 66f.

432 Vgl. ebd.

433 Die Höhe der Hinterbliebenenrente beträgt nach geltendem Recht für eine Eheschließung ab dem 01. Januar 2002 55% der Rentenansprüche des verstorbenen Partners. Vgl. *Deutsche Rentenversicherung* (2007b), 24f.

Männer im Alter über 65 Jahren an der gesamten Armutspopulation in Deutschland lediglich 1 % beträgt, dem gegenüber beträgt der Anteil alleinstehender Frauen aber fast 10 %.[434]

Riedmüller kommt auf der Basis dieser Datensätze zu folgendem Ergebnis:

> »Die Bundesrepublik hat sich vom Modell der abgeleiteten Alterssicherung der Frau noch nicht lösen können. Die feste Verankerung dieses Modells in der Bundesrepublik wird durch die Anerkennung der Lebenspartnerschaft in der Hinterbliebenenversorgung belegt, die eine konsequente Übertragung eines abgeleiteten Rentenanspruchs ist, in dem nicht die Kindererziehung, sondern das Institut Ehe Pate steht. Aber gleichzeitig ist die Tür geöffnet worden für eine eigenständige Sicherung des erziehenden Elternteils.«[435]

---

434 Vgl. *Hauser*, Richard / *Strengmann-Kuhn*, Wolfgang (2004), 56–60. Im europäischen Vergleich sind diese Zahlen allerdings insgesamt wenig Besorgnis erregend und weit unter dem Durchschnitt aller EU-Staaten mit einem Gesamtanteil von ca. 18 % der älteren Bevölkerung an der gesamten Armutspopulation. Weit überdurchschnittlich von Einkommensarmut betroffen sind Rentnerinnen und Rentner unter anderem in Dänemark, Österreich, Griechenland, Belgien, Finnland und dem Vereinigten Königreich. Weitgehend armutsvermeidende Sicherungssysteme weisen die Niederlande, Luxemburg und Schweden auf.

435 *Riedmüller*, Barbara (2007), 70.

7. Zwischenfazit: Anforderungen an ein zukunftsfähiges Alterssicherungssystem

Innerhalb des zweiten Kapitels der vorliegenden Untersuchung wurden die empirischen Rahmenbedingungen des derzeitigen Systems der Alterssicherung in der Bundesrepublik Deutschland dargelegt. Die Auswahl der Untersuchungsgegenstände orientierte sich dabei an den hauptsächlichen Konstruktionsprinzipien der gesetzlichen Rentenversicherung in Deutschland: Einperioden-Umlageverfahren, dem Kreis der Beitragszahler und Rentenempfänger sowie unter dem theologisch-ethischen Fokus einer »vorrangigen Option für die Armen« dem besonderen Ziel einer, auch künftigen, Vermeidung von Altersarmut. Entsprechend wurde in diesem Kapitel auf die Fortentwicklung der demographischen Grundstruktur der Gesellschaft, den Wandel der Erwerbsarbeit, Daten zu Einkommensverteilung und Armut, die aktuelle Finanzierungssituation der Alterssicherung sowie infolge der Ausgestaltung der Hinterbliebenensicherung auf die Stabilität von Lebensgemeinschaften und die Alterssicherung von Frauen eingegangen.

Im Einzelnen waren hierbei folgende Ergebnisse zu konstatieren:

1. Zur demographischen Entwicklung:
   Für die demographische Situation in der Bundesrepublik Deutschland sind als bestimmende Faktoren der Bevölkerungsentwicklung drei Größen maßgeblich: Geburtenzahlen, Lebenserwartung und Wanderungsbewegungen. So sanken zum Ersten seit Beginn des 20. Jahrhunderts die Geburtenzahlen in Deutschland kontinuierlich von 215 Kindern je 100 Frauen der Geburtsjahrgänge 1896 bis 1900 auf zuletzt 134 Kindern/100 Frauen der Jahrgänge 1966 bis 1970 ab. Zum Zweiten erhöhte sich dem gegenüber die Lebenserwartung Neugeborener sprunghaft. Von besonderem Interesse für die Entwicklung der Finanzierungsgrundlagen der gesetzlichen Rentenversicherung ist hierbei insbesondere die Entwicklung

der fernen Lebenserwartung in Deutschland. Auch sie erhöhte sich, wie dargestellt, kontinuierlich im letzten Jahrhundert. Für die Entwicklung der Wanderungsbewegungen nach bzw. aus Deutschland war zum Dritten eine große Uneinheitlichkeit in Form von Wellenbewegungen zu konstatieren.

Auch die künftige Fortschreibung der Bevölkerungsentwicklung für die Bundesrepublik Deutschland, wie sie das Bundesamt für Statistik in regelmäßigen Abständen vorlegt, orientiert sich an den drei Größen: Geburtenzahl, Entwicklung der Lebenserwartung sowie Annahmen zur Migration. Das Bundesamt ging in seiner jüngsten Bevölkerungsprognose dabei von folgenden Rahmenbedingungen aus: eine annähernd konstanten, bzw. leicht steigenden oder fallenden Geburtenhäufigkeit, dem Anstieg der Lebenserwartung, insbesondere der fernen Lebenserwartung sowie einem positiven Wanderungssaldo von 100.000 bzw. 200.000 Personen pro Jahr.[436] Aufgrund dieser Annahmen kommt das Bundesamt für Statistik für das Jahr 2050 zu folgenden Ergebnissen: einer abnehmenden Gesamtbevölkerung auf zwischen 74 Millionen und 69 Millionen Personen, einer stark verringerten Altersgruppe der 0 bis 20-Jährigen von heute 16,5 Mio. auf dann zwischen 10,4 bis 11,4 Mio. Personen, einer stark anwachsenden Altersgruppe von Menschen über 65 Jahren auf zwischen 22,9 Millionen und 24,7 Millionen sowie einer erheblichen Reduktion bei gleichzeitiger Alterung von Personen im Erwerbsalter.[437] In seiner Prognose zur Entwicklung der Lebenserwartung geht das Bundesamt ferner von einer Steigerung um 6,5 bis 8,3 Jahren bei neugeborenen Mädchen und 7,6 bis 9,5 Jahren bei neugeborenen Jungen aus. Die ferne Lebenserwartung erhöht sich damit um bis zu 7,2 Jahren bei Männern und 6,8 Jahren bei Frauen.[438]

---

436 Vgl. ebd., 14f.
437 Vgl. ebd., 36.
438 Vgl. ebd., 13–17.

Für die gesetzliche Rentenversicherung in Deutschland hat die aufgezeigte demographische Problemlage hauptsächlich drei Konsequenzen: die langfristige Erosion der Beitragszahlerbasis, einen dauerhaften Anstieg an Menschen, die Rentenleistungen erhalten sowie eine zunehmende Dauer von Rentenzahlungen.[439] Diese mittel- bis langfristig zunehmende Verschlechterung der Finanzierungssituation der Versicherung könnte bei ihrer gegenwärtigen Ausgestaltung lediglich durch eine Erhöhung der Beitragssätze und/oder des Bundeszuschusses, einer Abminderung des Leistungsspektrums oder einem Übergang zu einem wachsenden Anteil an Eigenvorsorge innerhalb der Alterssicherung begegnet werden.[440] Ein grundlegendes Erfordernis für ein zukunftsfähiges System der gesetzlichen Alterssicherung resultierend aus der langfristig prognostizierbaren demographischen Entwicklung wäre damit vordringlich die Sicherstellung der Finanzierbarkeit der Alterssicherung für einen kleiner werdenden Kreis an Beitragszahlern gegenüber einer steigenden Zahl an Rentenempfängern bei gleichzeitig längeren Rentenlaufzeiten.

2. Zum Wandel der Erwerbsarbeit:
Wie bereits dargelegt setzt das deutsche Kernsystem der Alterssicherung, die gesetzliche Rentenversicherung, in ihrer Ausgestaltung die Normalitätsannahme der Inhabe eines Normalarbeitsverhältnisses voraus. Ausreichend innerhalb der Rentenversicherung abgesichert ist also nur, wer einer solchen stabilen, abhängigen Vollzeitbeschäftigung nachgeht, deren Rahmenbedingungen zumindest auf einem Mindestmaß tarif- und sozialrechtlich geregelt sind.[441] Andere Beschäftigungsformen sind

---

439 Vgl. *Pilz*, Frank (2004), 168f.

440 Zu den grundsätzlichen Konstruktionsprinzipien der gesetzlichen Rentenversicherung sowie der verschiedenen Finanzierungsarten vgl. *Lampert*, Heinz / *Althammer*, Jörg (2004), 266–280 sowie Kapitel IV der vorliegenden Untersuchung.

441 Vgl. *Bosch*, Gerhard (2001), 220 und *Klammer*, Ute (2001), 133.

dem gegenüber lediglich entweder abgeleitet oder in deutlich geringerem Umfang gesichert. Das deutsche Kernsystem der Alterssicherung wurde dem entsprechend als lohnarbeitszentriert gekennzeichnet.[442] In der Analyse der künftigen Entwicklung der Erwerbsarbeit wurde dagegen die Zunahme solcher, in ihrer sozialstaatlichen Absicherung atypischer und damit prekärer, Beschäftigungsverhältnisse festgestellt.

Als ein Hauptgrund für den Anstieg dieser Beschäftigungsformen wurde dabei die zunehmende Erwerbsbeteiligung von Frauen benannt, die soziologisch gedeutet wurde als Übergang vom »männlichen Versorgermodell« einer Ehe zum »Vereinbarkeitsmodell der Vorsorgerehe« in Westdeutschland.[443]

Als spezifische Problemgruppe des Arbeitsmarktes wurden ferner gerade ältere Arbeitnehmer ausgewiesen. Das Risiko einer Langzeitarbeitslosigkeit ist für sie zwischen drei- und zehnfach höher, als in jüngeren Altersgruppen, weil für sie noch immer spezielle Risiken einer frühzeitigen Ausgliederung aus dem Erwerbsleben resultierend aus den gewandelten Erfordernissen der heutigen Arbeitswelt, bestehen.[444] Auch für den Arbeitsmarkt der Zukunft wird der gesichteten Literatur zufolge zum Ersten von weiterer Flexibilisierung ausgegangen[445], zum Zweiten von einer noch stärkeren Zunahme von Teilzeittätigkeiten gegenüber klassischer Vollzeitbeschäftigung[446], zum Dritten von einer Dekomprimierung der Erwerbsphase durch die Inklusion individueller Bildungsphasen und

---

442 Vgl. *Keller*, Berndt / *Seifert*, Helmut (2006), 238 und *Vobruba*, Georg (1990), 11–88.

443 Vgl. *Holst*, Elke / *Schupp*, Jürgen (1999), 289f.

444 Vgl. *Brussig*, Martin / *Knuth*, Matthias / *Schweer*, Oliver (2006), 2, vgl. ebenso: *Böhle*, Fritz (2006), 311–315 und *Morschhäuser*, Martina (2000), 283–285.

445 Vgl. *Wiemeyer*, Joachim (2002), *Dostal*, Werner (2001), 129–134, *Wolff*, Heimfried (2000), 32–36.

446 Vgl. *Dostal*, Werner (2001), 32f.

Erziehungszeiten[447] und zum Vierten schließlich als gesellschaftliche Rahmenbedingung von steigender Nachfrage nach höherwertigen Tätigkeiten einerseits bei einer hohen Gesamtarbeitslosigkeit andererseits.[448]
Für die gesetzliche Rentenversicherung und die Alterssicherung des Einzelnen haben die dargestellten Entwicklungstendenzen des Arbeitsmarktes die Folge, dass einerseits die Finanzierungsbasis der Alterssicherung kurz- bis mittelfristig zusätzlich zur demographischen Herausforderung weiter geschmälert wird, andererseits die Alterssicherung gerade derjenigen Personen, die ungenügend am Arbeitsmarkt partizipieren, spiegelbildlich als prekär einzustufen ist.[449] Es wird demzufolge eine vordringliche Aufgabe einer Sozialpolitik der Zukunft sein, der wachsenden Zahl von Arbeitnehmerinnen und Arbeitnehmern in Nichtnormalarbeitsverhältnissen eine auskömmliche, nicht armutsgefährdende Alterssicherung zu gewährleisten und zeitgleich die Finanzierungsbasis der Alterssicherung insgesamt nicht weiter zu gefährden. Gesucht wird also nach einem integralen Ansatz zwischen Arbeitsmarkt und sozialer Sicherung der ungenügende Altersabsicherung vermeidet und gleichzeitig anknüpfungsfähig an neue Formen der Beschäftigung ist.

3. Entwicklung der Einkommensverteilung und Einkommensarmut: Neben diesen prospektiv gerichteten Untersuchungsschritten weisen Datensätze zur Einkommensverteilung und Armut retrospektiv die bisherige Entwicklung auf. Besonderes Interesse galt hier der Darstellung der Einkommensspreizung innerhalb der Bevölkerung zur groben Abschätzung der Möglichkeiten individuell privater Altersvorsorge, der Betroffenheit von Einkommensarmut im Alter und in Phasen der Erwerbstätigkeit sowie ihrer

---

447 Vgl. ebd., 38–45.
448 Vgl. *Brosi*, Walter (2003), 67–69, *Kistler*, Ernst (2000), 110–115.
449 Vgl. *Lampert*, Martin (2007), 25f.

Verteilung zwischen den Landesteilen. Folgend der Tatsache, dass die gesetzliche Rentenversicherung Einkommen im Lebensverlauf auch in der Zuteilung von Renteneinkommen spiegelt, sind gerade länger andauernde Phasen von Einkommensarmut im Lebensverlauf auch eine erstrangige Ursache für mangelnde Absicherung des Einzelnen im Rentenalter.[450] In einem ersten Untersuchungsschritt wurde dabei eine deutliche Tendenz zu mehr Ungleichheit in der Verteilung der primären Markteinkommen abhängig Beschäftigter etwa ab dem Jahr 2001 aufgezeigt. Besonders deutlich nahm hierbei die Ungleichheit in Ostdeutschland zu, die durch eine lediglich geringfügige Steigerung in den alten Bundesländern teilweise kompensiert wurde.[451] Geht man davon aus, dass sich die Verteilung der Primäreinkommen aus unselbständiger Arbeit mit einigen Einschränkungen auch in der Zuteilung von Renteneinkommen spiegelt, bedeutet dies für die Absicherung des Einzelnen innerhalb der gesetzlichen Rentenversicherung, eine zunehmende Ungleichheit der Renteneinkommen insgesamt, sowie nach dem SOEP ein geringerer Anteil unterer Einkommensklassen, des ersten bis vierten Dezils, auch am Renteneinkommen. Zusätzlich verstärkt wird dieser Trend zunehmender Ungleichheit der Renteneinkommen auch durch das Rentenreformgesetz von 2001 (Riester-Rente) und dem mit ihr beschlossenen Kompensationssparen zur Aufstockung des abgesenkten Eckrentenwertes von 70% auf 64%.[452] Die noch immer wesentlich geringeren Einkommenspositionen gerade in Ostdeutschland sowie der steigende Trend zur Ungleichheit insgesamt, der sich hauptsächlich an den unteren und oberen Verteilungsrändern bemerkbar macht, lassen es unwahrscheinlich werden, dass gerade Menschen in den neuen Bundesländern mit geringen Einkommenspositionen genügend Einkommensreserven besitzen, um eigenverantwortlich kapitalgedeckte Rentenansprüche zur Aufsto-

---

450 Vgl. *Bäcker*, Gerhard (2004c), 87f.
451 Vgl. *Hauser*, Richard / *Becker*, Irene (2004), 100–114.
452 Vgl. ebd., 100–102.

ckung des Rentenniveaus aufzubauen. Eine vermehrte Betroffenheit von Altersarmut dürfte dann die wahrscheinliche Folge sein.
In einem zweiten Untersuchungsschritt wurde zunächst auf der Basis des aktuellen Human Development Reports der Vereinten Nationen von 2006[453] das Konzept der »Armut als Mangel an Verwirklichungschancen« anhand verschiedener Datensätze zur Versorgung mit sauberem Trinkwasser, Lebenserwartung, Bruttoinlandsprodukt, Bildungs- und Erwerbsbeteiligung sowie spezifischer Armutsrisikoquoten vorgestellt und diskutiert. Hierbei ergab sich, dass im internationalen Vergleich die Bundesrepublik einen besonderen Nachholbedarf hinsichtlich der Faktoren einer Beteiligung der Bevölkerung an den beiden Schlüsselbereichen einer modernen Gesellschaft, Bildung und Erwerbsarbeit, hat. So ermittelten die Vereinten Nationen etwa einen Anteil von 14,4% funktionaler Analphabeten an der Gesamtbevölkerung und mit 5,0% einen relativ hohen Anteil Langzeitarbeitsloser an der gesamten Erwerbsbevölkerung.[454] Gerade eine ungenügende Partizipation des Einzelnen an diesen beiden Kernbereichen der Gesellschaft kann dabei als erstrangige Ursache für eine Betroffenheit von Armut im Lebensverlauf betrachtet werden.
Für die Analyse von Rahmenbedingungen des Problemgegenstandes der Alterssicherung in Deutschland wurde Armut dann in einem zweiten Schritt auf Einkommensarmut hin eingeschränkt. Hierbei ergab sich eine gegenwärtig verhältnismäßig geringe Armutsbetroffenheit von Rentnerhaushalten. Gegenüber den Gesamtzahlen aller Rentnerhaushalte fiel allerdings auch hier die überdurchschnittlich hohe Betroffenheit von Frauen, insbesondere von Müttern, mit einem Renteneinkommen unterhalb der Armutsschwelle häufig als Folge frauentypischer Erwerbskarrieren auf.[455] Vergleichsweise hoch von Armut betroffen ist außerdem die Gruppe der Alleinerziehenden, Paarhaushalten mit mehreren

---

453 Vgl. *UNDP* (2006).

454 Vgl. ebd., 295–352.

455 Vgl. *Hauser*, Richard / *Becker*, Irene (2004), 143.

Kindern sowie die Gruppe der Arbeitslosen und sonstigen Nichterwerbstätigen.[456] Ebenso ist auf der Basis des NIEP über einen Zeitraum von fünf Jahren ein recht geringer Anteil nachhaltiger Aufstiege aus Armut in höhere Einkommenspositionen aufgezeigt worden.[457] Die Datenlage macht damit erstens auf eine wesentlich schlechtere Einkommensposition von Familien mit Kindern oder Alleinerziehenden aufmerksam, die nach dem NIEP hauptsächlich als verursacht durch ungenügende Arbeitsmarktpartizipation zu interpretieren ist[458], zweitens spiegelt sich mangelnde Erwerbstätigkeit von Frauen, zumeist infolge von Familien- und Pflegetätigkeit im Haushalt, auch in einer höheren Armutsbetroffenheit dieser im Rentenalter wider, drittens besteht die Befürchtung, dass sich Einkommensarmut im Lebensverlauf aufgrund der Konstruktionsprinzipien der gesetzlichen Rentenversicherung, hier vor allem des Äquivalenzprinzips, auch in einer künftig hohen Betroffenheit dieser Gruppe von Altersarmut zeigt und viertens schließlich weisen gerade die Datensätze des Human Development Reports auf

---

456 Vgl. ebd., 138.

457 Vgl. ebd., 237.

458 Vgl. *Schwarze*, Johannes / *Mühling*, Tanja (2003), 60–64. So ist folglich an dieser Stelle sehr deutlich darauf hinzuweisen, dass ausschließlich durch monetäre Zahlungen des Sozialstaats an Familien mit Kindern das Problem einer sehr hohen Betroffenheit dieser Gruppe von Einkommensarmut nicht zu lösen sein dürfte. So haben beispielsweise die Kindergelderhöhungen in den Jahren zwischen 1998 und 2003 aus meiner Sicht zwar einerseits dazu beigetragen, dass sich die Situation von Haushalten mit Kindern nicht zusätzlich verschärft, andererseits aber keinen Betrag dazu erbracht, die Partizipationschancen von Menschen mit Kindern entscheidend zu vergrößern. Der Schlüssel einer erfolgreichen Armutsbekämpfungspolitik für diese Gruppe der Bevölkerung scheint somit in einem integralen Ansatz zwischen Fiskal-, Bildungs- und Sozialpolitik zu liegen, der auch und gerade eine höhere Arbeitsmarktpartizipation dieser Gruppe über institutionelle Rahmenbedingungen ermöglicht. So weist gerade *Becker* nachdrücklich darauf hin, dass lediglich etwa der Hälfte der Alleinerziehenden eine ausreichende Arbeitsmarktpartizipation gelingt. Für diese Gruppe der Alleinerziehenden wiederum ist Einkommensarmut dann nicht mehr signifikant nachweisbar. Vgl. hierzu *Becker*, Irene (2002), 140f. Vgl. ebenso: *Mack*, Elke / *Bayerl*, Marion (2007), 7–9; *Mack*, Elke (2005), 15–48; schließlich im Hinblick auf die aktuelle demographische Situation: *Lampert*, Martin (2007), 26f.

eine nötige Erhöhung der Bildungs- und Erwerbsbeteiligung des Einzelnen hin, die einerseits Armut im Erwerbsalter zu verhindern hilft, andererseits aber auch im Rentenalter eine hohe Absicherung gewährleisten kann. Es sollte deshalb ein Alterssicherungssystem angestrebt werden, dass Armut im Alter für alle Schichten der Bevölkerung unabhängig von ihrer Erwerbsbeteiligung und in Gleichstellung privater Erziehungs- und Pflegeleistungen als gleichwertiger Leistungen trotz der prognostizierten demographischen Situation und des Wandels der Erwerbstätigkeit nachhaltig zu vermeiden hilft.

4. Stabilität von Lebensgemeinschaften und Alterssicherung von Frauen:
Anknüpfend an die Betrachtungen zur gegenwärtigen Betroffenheit der Bevölkerung von Einkommensarmut und der Feststellung erhöhter Betroffenheit vor allem von Alleinerziehenden, Frauen im Rentenalter und Paarbeziehungen mit mehreren unterhaltspflichtigen Kindern, wurde abschließend kurz die Stabilität von Lebensgemeinschaften und die Alterssicherung von Frauen betrachtet. Mit *Riedmüller* wurde hier der Übergang von der ausschließlich abgeleiteten Sicherung von Frauen über das Institut der Ehe hin zu einer eigenständigen Alterssicherung für notwendig befunden.[459] Dennoch: es galt zu konstatieren, dass gerade Frauen noch immer im Vergleich zu Männern deutlich geringere Alterssicherungsansprüche haben und dass sie deutlich stärker von Altersarmut betroffen sind. Dies, so wurde aufgezeigt, ist häufig eine Folge frauenspezifischer Berufs- und Erwerbskarrieren, verstärkter Unterbrechungen dieser infolge von Erziehungs- und Pflegearbeiten, die rentenrechtlich nicht in ausreichendem Maß anerkannt werden, sowie einer hohen Brüchigkeit von Ehegemeinschaften.[460] Angesichts dieser vergleichsweise hohen Armutsbetroffenheit

---

459 Vgl. *Riedmüller*, Barbara (2007), 70.
460 Vgl. *Schmähl*, Winfried / *Rothgang*, Heinz / *Viebrok*, Holger (2006), 46f.

gerade alleinstehender Frauen, hoher Scheidungshäufigkeit und geringer Arbeitsmarktpartizipation hauptsächlich infolge von Erziehungstätigkeiten bei schlecht ausgebauten Betreuungsmöglichkeiten für Kinder, wäre es hier wünschenswert, den Weg in Richtung eigenständiger Sicherung für Frauen konsequenter umzusetzen, um erziehungs-, damit zumeist, geschlechtsinduzierte Nachteile sukzessive abzubauen.

Es ist daher also, resultierend aus den aufgezeigten empirischen Rahmenbedingungen des deutschen Systems der Alterssicherung, darauf zu achten, dass erstens die finanzielle Nachhaltigkeit des Systems insgesamt auch in Zeiten des demographischen Wandels und der zunehmenden Ergänzung von gut abgesicherten Normalarbeitsverhältnissen durch atypische Beschäftigung erhalten bleibt, zweitens Armut als gesellschaftliche Exklusion gerade für Erziehende und Frauen im Rentenalter wirklich vermieden wird, drittens diese Form der Alterssicherung anknüpfungsfähig wird an neue Formen der Beschäftigung und schließlich viertens veränderten familiären Verhältnissen insgesamt Rechnung trägt.

> »Handle so, dass du die Menschheit, sowohl in deiner Person,
> als in der Person eines jeden anderen,
> jederzeit zugleich als Zweck, niemals bloß als Mittel brauchest.«[461]

Kapitel III: Ethische Normbegründung für den Bereich der gesetzlichen Rentenversicherung in Deutschland

1. Anforderungen an eine ethische Normbegründung aus christlich sozialethischer Perspektive

Auf der Grundlage des Konzepts der vorrangigen Option für die Armen sollen nachfolgend Normen gewonnen werden, welche die ethische Zielperspektive im Umbau sozialstaatlicher Sicherung in diesem zentralen Feld der kollektiven Absicherung individueller Risiken aller Gesellschaftsmitglieder markieren.

Eine moderne christliche Sozialethik sieht sich dabei in der Begründung von Normen einer doppelten Herausforderung gegenüber, zum einen dem Problem einer angemessenen Normbegründung für den Kontext heutiger Gesellschaften, der Begründungsfrage, und zum anderen der Frage nach der Bewahrung der eigenen Identität als *christliche* Sozialethik, der Identitätsfrage. Die Frage nach einer angemessenen Normbegründung im Kontext heutiger Gesellschaften konstituiert sich dabei aus der Einsicht heraus, dass die Moderne als Resultat eines neuzeitlichen geistesgeschichtlichen Entwicklungsprozesses eine »signifikante Prägung, Strukturierung und Ausdifferenzierung des Sozialen in allen seinen Dimensionen«[462] bewirkt. Das wesentlichste Kennzeichen

---

461 *Kant*, Immanuel, GMS BA, 66f.

462 *Anzenbacher*, Arno (1998), 41.

dieses Prozesses bildet philosophisch-anthropologisch betrachtet die so genannte Wende zum Subjekt.[463] Dieses Selbstverständnis des Menschen findet seinen Spiegel auch in einer neuen Organisationsform der Gesellschaft als ganze. Politische Herrschaft wird, ausgehend von der geistesgeschichtlichen Tradition der Aufklärung, begriffen als von der Gesamtheit der Subjekte im Zustand der Freiheit und Gleichheit abgeleitete und bestimmte:

> »Um die politische Gewalt richtig zu verstehen und sie von ihrem Ursprung abzuleiten, müssen wir erwägen, in welchem Zustand sich die Menschen von Natur aus befinden. Er ist ein Zustand *vollkommener Freiheit*, innerhalb der Grenzen des Gesetzes der Natur ihre Handlungen zu regeln und über ihren Besitz und ihre Persönlichkeit so zu verfügen, wie es ihnen am besten scheint, ohne dabei jemanden um Erlaubnis zu bitten oder vom Willen eines anderen abhängig zu sein. Es ist darüber hinaus ein *Zustand der Gleichheit*, in dem alle Macht und Rechtsprechung wechselseitig sind [...]: Nichts ist einleuchtender, als daß Geschöpfe von gleicher Gattung und von gleichem Rang, die ohne Unterschied zum Genuß derselben Vorteile der Natur geboren sind, ohne Unterordnung und Unterwerfung einander gleichgestellt leben sollen [...].«[464]

Die Frage nach der Organisation der Gesellschaft wird im Unterschied zum feudalen Organisationsprinzip des Mittelalters zumeist vertragstheoretisch neu beantwortet. Ausgehend von der Idee einer fiktiven vorstaatlichen Situation der Freiheit und Gleichheit aller Menschen, in der keinerlei Rechtsordnung diese natürliche Freiheit begrenzt, entwerfen die Personen dieses ursprünglichen Naturzustandes konsensuell einen Gesellschaftsvertrag, um den Aporien des »Krieges aller gegen

---

463 Vgl. zu den einzelnen Dimensionen: *Anzenbacher*, Arno (2002b), 147–160.
464 *Locke*, John (1992), 201f; Originaltext: II, §4. Hervorhebung von M. L.

alle«[465] zu begegnen. Die Individuen im Urzustand entscheiden gleichberechtigt über ihre künftige Gesellschaftsordnung und übertragen damit dem Staat ihr aus der ursprünglich natürlichen Freiheit abgeleitetes Gewaltmonopol zur Abwehr äußerer Eingriffe in die Freiheit des Subjekts und zur Sicherstellung des Friedens. Der Staat ist damit so zu gestalten, dass einerseits die Interessen eines jeden Individuums gewahrt werden, andererseits gesellschaftliche Zusammenarbeit ermöglicht wird, als Ordnung, die für jedes Mitglied der Gesellschaft vorteilhaft ist. Ein vernünftiger Pluralismus in den Weltanschauungen aller Bürger, resultierend aus ihrer subjektiven individuellen Freiheit, ist demnach ein schützenswertes individuelles Gut, das nur in Ausnahmefällen durch den Staat eingeschränkt werden darf. In der Organisationsform der Gesellschaft entspricht dieser Einsicht die Idee einer konsensuell begründeten und beschlossenen politischen Herrschaft, die sowohl die Sicherung der Freiheit des Einzelnen als auch gesellschaftliche Kooperation ermöglicht.[466] Die Annahme des Pluralismus unterschiedlicher individueller Ideen des Guten resultierend aus der Freiheit des Individuums stellt damit als »Zeichen der Zeit« eine der grundlegenden Gegebenheiten säkularer Gesellschaft[467] dar, auf die sich auch eine heutige christliche Sozialethik im politischen Diskurs beziehen muss und in der sie Normen begründet in die gesellschaftliche Debatte einbringt.

465 Vgl. *Hobbes*, Thomas (1992), 131–135.

466 Vgl. *Homann*, Karl (1985), 51–57. Vgl. ebenso *Nienhaus*, Volker (1985), 137–159.

467 Ein solches Beispiel nicht zwanglos von jedem Individuum im politischen Diskurs geteilter Überzeugungen bildet in modernen Gesellschaften auch die Idee des Guten, wie sie von einer christlichen Verkündigung vertreten wird. Für die Ethik bedeutet diese Pluralisierung der Vorstellungen vom Guten verbunden mit der zunehmenden Ausdifferenzierung moderner Gesellschaft in relativ unabhängige Subsysteme einerseits neue Differenzierungsdynamiken der Ethik in Bereichsethiken für die jeweiligen Subsysteme der Gesellschaft, andererseits stellt sich auch von neuem die Frage nach der Bestimmung ethisch universaler Grundbegriffe, wie Gewissen, Schuld, und der Bestimmung von Normzielen für plurale, fragmentierte Gesellschaften. Vgl. hierzu: *Römelt*, Josef (2000), 9f. Der Begriff der Säkularisierung wird in vorliegender Arbeit phänomenologisch als Kennzeichen für die für eine Vielzahl von Menschen fraglich gewordenen christlichen Normen in heutiger Kultur und Zivilisation verwendet.

> »Wenn wir unter Autonomie der irdischen Wirklichkeiten verstehen, daß die geschaffenen Dinge und auch die Gesellschaften ihre eigenen Gesetze und Werte haben, die der Mensch schrittweise erkennen, gebrauchen und gestalten muß, dann ist es durchaus berechtigt, diese Autonomie zu fordern. Das ist nicht nur eine Forderung der Menschen unserer Zeit, sondern entspricht auch dem Willen des Schöpfers.«[468]

Eine zeitgemäße christliche Sozialethik kann dieser Herausforderung mittels des Einbezuges philosophisch-ethischer Theorien zur Normexplikation und -universalisierung begegnen, die einerseits dem Anspruch der Pluralismuskonformität und andererseits dennoch gesellschaftlichen Zusammenhalt begründenden Normen gerecht werden.

Eng mit der Frage nach einer zeitgemäßen Begründung gesellschaftlicher Normen ist die zweite Herausforderung verbunden, der sich eine moderne christliche Sozialethik stellen muss: das Identitätsproblem. Diese Frage kristallisiert sich auf zwei Bezugspunkte hin, nach innen als wissenschaftliche Reflexion und Anwendung der in der katholischen Soziallehre zusammengefassten Dokumente lehramtlicher Sozialverkündigung sowie nach außen hin im Bezug auf andere Wissenschaften, deren Untersuchungen sie kritisch in den theologischen Diskurs einbezieht. Im Bezug auf andere Wissenschaften sieht sich dabei die Sozialethik einer doppelten Gefahr ausgesetzt, der Komplexitäts- und der Redundanzfalle.[469] Die Komplexitätsfalle entsteht aufgrund zunehmend unübersichtlicher Sachzusammenhänge und Rationalitätskalküle, in denen sittlich verantwortliche Entscheidungen zunehmend schwerer ohne hinreichende Sachkompetenz möglich werden. Die Botschaft Jesu als originäre Quelle des Christentums sollte damit als hermeneutische Grundlage für die Begründung von Normen gelten, die zusätzlich auf den Stand heutiger gesellschaftlicher Entwicklung bezogen werden muss. Eine christliche Sozialethik ist in der hierzu erforderlichen Ana-

---

468 GS 36.
469 Vgl. *Löffler*, Winfried (2001), 66–71.

lyse gesellschaftlicher Rahmenbedingungen aber weitgehend auf die Ergebnisse anderer Einzelwissenschaften verwiesen.

Die zweite Gefahr, die Redundanzfalle, ergibt sich aus dem erforderlichen Einbezug der Ergebnisse anderer Wissenschaften, um der Komplexitätsfalle zu entgehen. Es stellt sich hierbei die Frage nach dem inhaltlichen Proprium einer christlichen Sozialethik, nach dem spezifisch Christlichen, der eigenen Weise der Normexplikation und -implementierung.[470]

Ich stelle mich in vorliegender Untersuchung der aufgezeigten doppelten Herausforderung, dem Begründungs- und dem Identitätsproblem, auf der Ebene der Normexplikation mittels einer differenzierten Methodik, die beiden Herausforderungen genügen soll. Zum einen erfordert eine zeitgemäße Begründung ethischer Normen im Bezug auf die politische Gemeinschaft den Einbezug philosophisch-ethischer Theorien, die, unter Absehung spezifisch christlicher Ideen des Guten aber dennoch auf diese bezogen und mit gleichen Folgewirkungen, eine solche Begründungsleistung ethischer Normen ermöglichen. Zum anderen ist das Proprium einer christlichen Sozialethik, das auf einer hermeneutischen Ebene mit der Option für die Armen und daraus resultierender Konzepte und Normen vorgestellt wurde, zu wahren. Diesem Ziel genügt die vorliegende Arbeit in einer zweifach vermittelten Weise. Einerseits fließen spezifische Konzepte und Theorien christlicher Normbegründung auf einer hermeneutischen Ebene in den Diskurs ein. Sie werden damit rational zugänglich und kritisierbar gemacht. Andererseits werden auch auf der Ebene der Normbegründung vorgeschlagene philosophisch-ethische Theorien zur Normgenerierung an den Standards des originären christlich-ethischen Propriums gemessen, denn jede sozialphilosophische Position unterliegt ebenso wie auch die christliche Position auf einer hermeneutischen Ebene je spezifischen Vorverständnissen und Entscheidungen, die einen allerersten Zugang zum Problem bereitstellen.

---

470 Ebd., 70f.

»Das wirkt sich in dem, was Heidegger über die Produktivität des hermeneutischen Zirkels gelehrt hat, aus, und ich habe dem die Formulierung gegeben, daß nicht so sehr unsere Urteile als unsere Vorurteile unser Sein ausmachen. [...] In Wahrheit liegt es in der Geschichtlichkeit unserer Existenz, daß die Vorurteile im wörtlichen Sinne des Wortes die vorgängige Gerichtetheit all unseres Erfahren-Könnens ausmachen. Sie sind Voreingenommenheiten unserer Weltoffenheit, die geradezu Bedingungen dafür sind, dass wir überhaupt etwas erfahren, daß uns das, was uns begegnet, etwas sagt.«[471]

Der Gefahr eines christlichen Totalitarismus entgeht die Methodik der vorliegenden Arbeit mittels zweier Prüfungen, zum einen soll die vorgeschlagene Theorie der Normbegründung, zum anderen die Implementation gerechter Normen in den Bereich der Alterssicherung in Deutschland mittels eines Paralleldiskurses auf ihre Anschlussfähigkeit zum Konzept einer vorrangigen Option für die Armen überprüft werden. Es wird hierbei zu untersuchen sein, inwieweit die vorgeschlagenen Reformen sowohl der philosophisch-ethisch begründeten Norm als auch dem Konzept einer christlichen Sozialethik genügen.

Aus dem hier Dargestellten ergeben sich folgende Erfordernisse an eine philosophisch-ethische Theorie der Normexplikation:

> ▶ Sie muss anschlussfähig an die theologisch-ethische Norm der vorrangigen Option für die Armen sein. Als zentrale Bestandteile dieses Konzepts wurden vorgestellt: Reformorientiertheit, Förderung gesellschaftlicher Inklusion und Partizipationsmöglichkeiten des Einzelnen und Subsidiarität der Hilfen zur Vermeidung von

---

471 *Gadamer*, Hans-Georg (1986), 224. Vgl. hierzu ebenso aus christlich sozialethischer Perspektive: *Anzenbacher*, Arno (1998), 32, (Hervorhebung im Original): »Unser Verstehen, Denken und Forschen ist immer mitbestimmt durch Voraussetzungen, Vorverständnisse und Überzeugungen, die wir aus unserer Lebenswelt und Biographie mitbringen und die gerade nicht Resultate unseres Verstehens, Denkens und Forschens sind. [...] Das heißt aber: Auch in der äußerst rationalen Anstrengung des Begriffs bleibt die Philosophie *von Vorentscheidungen abhängig, die selbst nicht philosophisch vermittelt sind.*«

Paternalismus. Das Konzept insgesamt wurde dabei ausgehend vom Dokument der Bischofskonferenz der katholischen Bischöfe der Vereinigten Staaten von Amerika universal gedeutet als Theorie, die Beteiligungsgerechtigkeit ermöglichen soll. Hierdurch als zentrale Normen aus dem Bereich christlicher Ethik etablierte Standards sollten auch in philosophisch-ethischen Theorien der Normbegründung gewahrt bleiben, damit diese als anschlussfähig an die christliche Sozialethik bezeichnet werden können.

▶ Sie muss dem Faktum des gesellschaftlichen Pluralismus vernünftiger Meinungen und Ansichten des je individuell Guten Rechnung tragen. Das heißt, sie darf nicht eine partikuläre Vorstellung des Guten zur gesamtgesellschaftlichen Norm erheben, denn eine solche Vorgehensweise würde sich dem Vorwurf des Totalitarismus aussetzen und ließe sich nur mit Gewalt verwirklichen.

▶ Sie muss dennoch das Angebot von universalen, das heißt für den politischen Bereich moderner Gesellschaften konsensfähigen Normen bereitstellen. Die Universalisierungsnorm des Konsenses dient dabei einerseits dazu, die individuelle Freiheit zu wahren, die sich unter anderem in der Pluralität vernünftiger Meinungen und Ansichten des Guten zeigt, andererseits aber auch dazu, gesellschaftliche Einigung und Zusammenarbeit zu ermöglichen.[472]

▶ Sie sollte eine hinreichend dauerhafte Stabilität der Gesellschaft gewährleisten, um als Basis für eine Generationen übergreifende Unterstützungsbeziehung Geltung zu erlangen. Gesellschaftli-

---

472 Die Norm des Konsenses soll dabei als theoretische Konsenssimulation etabliert werden. Diese hat gegenüber einem real-praktischen Konsens den entscheidenden Vorteil, der Kontingenz menschlichen Lebens zu genügen unter gleichzeitiger Wahrung der Norm als Ausdruck der Individualität menschlicher Personen und deren Würde. Eine solche Konsenssimulation geschieht dabei in der Konstruktion einer idealen Situation unter der Beteiligung aller Betroffenen, die mit einem Vetorecht zur Verhinderung für sie inakzeptabler Normen ausgestattet sind. Vgl. hierzu: *Homann*, Karl (1988), 162–168.

che Stabilität wird dabei, resultierend aus beiden vorangehenden Normen, nur durch eine beständige Zustimmung möglichst aller Gesellschaftsmitglieder zum tragenden Konsens erreicht.

- Weiterhin sollte eine philosophisch-ethische Theorie der Normbegründung möglichst praktikable Kriterien und Normen liefern. Sie sollten dabei einerseits anspruchsvoll genug sein, die aufgezeigten Erfordernisse zu erfüllen, andererseits aber nicht zu schwierig sein, um angemessen auf die Praxis übertragen werden zu können.

- Schließlich sollte eine philosophisch-ethische Theorie der Normbegründung auch dem aus der empirischen Situation hervorgehenden Erfordernis, Armutsgefährdung weiter Teile der Bevölkerung resultierend aus der engen Ankoppelung von Sozialleistungen an abhängige Beschäftigungen im Normalarbeitsverhältnis und zugleich mögliche Überforderung in den Unterstützungsleistungen der im Erwerbsprozess stehenden Generation verursacht durch die demographische Entwicklung Deutschlands, Rechnung tragen, in dem sie zugleich ein universales Begründungsargument für Unterstützungsbeziehungen liefert, andererseits aber auch ein Abgrenzungsargument für diese Leistungen definiert. Sie sollte damit zugleich eine Unter- und Obergrenze sozialer Unterstützung vernünftig begründen und argumentieren.

2. Der Politische Liberalismus als Beispiel einer anschlussfähigen Theorie sozialer Gerechtigkeit

Die Theorie des Politischen Liberalismus, die so von John *Rawls* mit seinem Bahn brechenden Werk »A Theory of Justice«[473] grundgelegt wurde, gilt für die politische Philosophie des 20. Jahrhunderts als Meilenstein.

Als Gegenentwurf zu der bis dahin im angloamerikanischen Sprachraum vorherrschenden Theorien des Utilitarismus und der Sprachphilosophie, entwarf der Philosoph ein eigenständiges Begründungskonzept sozialer Normen und Werte, das den wissenschaftlichen Diskurs nachhaltig prägte und nichts geringeres beansprucht, als die vielfältigen Vorstellungen von Gerechtigkeit neu zusammenzufassen, zu systematisieren und deduktiv aus allgemein akzeptierten Voraussetzungen herzuleiten.[474] Eine Debatte von fast »industriellem Ausmaß«[475] kündet vom Einfluss, der Stärke der Theorie und dem überragenden Rang des Philosophen *Rawls*. Seine Thesen können aufgrund zahlreicher Neuerungen, tiefer Veränderungen und detailgenauer Argumentationen als Paradigmenwechsel innerhalb der politischen Philosophie des 20. Jahrhunderts verstanden werden.[476]

Seine Konzeption soll im Folgenden knapp vorgestellt und abschließend innerphilosophisch kritisiert sowie auf Anschussfähigkeit an christlich-sozialethische Normen hin überprüft werden.

2.1 Vorstellung der Theorie

Die Gerechtigkeitstheorie von *Rawls* stellt eine äußerst komplexe Konzeption zur Normbegründung im Kontext heutiger, von Pluralismus

---

473 Vgl. *Rawls*, John (1971).
474 Vgl. *Koller*, Peter (1987), 31.
475 *Höffe*, Otfried (1998a), 1.
476 Vgl. *Höffe*, Otfried (1998b), 3.

geprägter Gesellschaften dar. Der Autor selbst sieht vier Hauptaufgaben politischer Philosophie im Umfeld dieser Zeit[477]: Sie soll erstens ihr Augenmerk auf umstrittene Fragestellungen legen und daraus eine zugrunde liegende Basis gemeinsamer Wertüberzeugungen extrapolieren, um gesellschaftliche Kooperation auf der Basis dieser zu ermöglichen. Politische Philosophie hat nach ihm zweitens eine Orientierungsfunktion. Sie sollte hierfür einen Beitrag zur Art und Weise leisten, wie Mitglieder einer Gesellschaft ihre Ordnung und die Ziele dieser im Gegensatz zu ihren jeweiligen individuellen Zielen und Wertvorstellungen begreifen. Sie sollte ferner das Angebot einer Rahmenvorstellung bereithalten innerhalb derer strittige Fälle gelöst werden können. Die politische Philosophie ordnet hierfür die Zwecke politischer Ordnungen untereinander. Eine dritte wichtige Aufgabe im Kontext moderner Gesellschaften stellt für *Rawls* das Thema der Versöhnung durch Aufzeigen institutioneller Rationalitäten dar. Bürgern soll so ermöglicht werden, dass sie sich trotz Defiziten der konkreten Ordnung mit dieser identifizieren und so die Grenzen individueller Freiheit, die institutionell bestimmt werden, freiwillig akzeptieren. Die vierte wichtige Aufgabe politischer Philosophie ist schließlich bestimmt durch das Ziel der Schaffung einer Gerechtigkeitstheorie für demokratische Gesellschaften unter einigermaßen günstigen historischen Bedingungen.

Die Grundlage seiner Theorie der Gerechtigkeit sieht der Autor im Wert der Fairness bestimmt. Dieser beinhaltet dabei zunächst den Wert der Behandlung aller Menschen als Gleiche und setzt ferner eine gewisse Wechselseitigkeit unter allen Beteiligten voraus.[478] Grundlegend für ihn ist zunächst die Abgrenzung von Vorstellungen des Utilitarismus, Perfektionismus und Intuitionismus zur Normbegründung, denen er seine Theorie als Gegenentwurf zur Seite stellt. Gegenüber dem klassischen Utilitarismus[479] betont *Rawls* die Unverrechenbarkeit individuellen Glücks

---

477 Vgl. *Rawls*, John (2003), 19–25.

478 Vgl. *Rawls*, John (1979), 28.

479 Der Autor bezieht sich zur Veranschaulichung dieser Position auf Henry *Sidgwick*. Vgl. *Rawls*, John (1979), 40: Eine Gesellschaft ist in der utilitaristischen Interpretation für ihn dadurch bestimmt, dass deren Institutionen die größtmögliche Befriedigung für

zur Herstellung einer Gesamtwohlfahrt für die Gesellschaft. Er sieht diese Tendenz der Verrechenbarkeit von individueller Befriedigung im Utilitarismus durch die systematische Unterbestimmung des Unterschieds zwischen Gutem und Rechtem in diesen Theoriekonzeptionen hervorgerufen. Ausgehend von einer intuitiven Bestimmung des Guten wird die Hypothese des Rechten als Maximierung eben dieses Guten eingeführt.

> »Der natürlichste Weg zum Utilitarismus [...] ist also die Übertragung des Prinzips der vernünftigen Entscheidung für den Einzelmenschen [der Abwägung zwischen Chancen und Risiken einer Handlung zur Steigerung des eigenen Glücks, M. L.] auf die Gesellschaft als ganze. [...] Der Utilitarismus nimmt die Verschiedenheit der einzelnen Menschen nicht ernst.«[480]

Gegenüber dieser rein teleologisch vorgehenden Theorie der Ethik legt *Rawls* eine Theorie vor, die das Gute sowohl abhängig vom Rechten als auch abhängig von den Folgen bestimmt, dem Einzelnen vor der Festlegung gesellschaftlicher Normen bereits einige ethische Grundlagen, wie das Gleichheitspostulat, zuschreibt und anschließend selbst gesellschaftliche Grundsätze zu begründen sucht.[481]

John *Rawls* greift hierzu in seiner Theorie der Gerechtigkeit systematisch auf die philosophische Tradition Rousseaus und Kants zurück, beantwortet daher die Frage nach einer zeitgemäßen Normbegründung im Kontext heutiger Gesellschaften vertragstheoretisch.[482] Im Gegensatz zum Utilitarismus als vollständiger Konzeption des Moralischen beschränkt sich der Autor ferner auf eine rein politische The-

---

die größtmögliche Anzahl von Menschen schaffen. Die Konzeption sieht also das Ziel in der bestmöglichen Verwirklichung des Gruppenwohls, sie ist dann wohlgeordnet, wenn deren Institutionen die Gesamtnutzensumme für die Gesellschaft maximieren.

480 *Rawls*, John (1979), 45.

481 Vgl. ebd., 433–437.

482 Vgl. ebd., 27f. Vgl. ebenso: *Bedford-Strohm*, Heinrich (1993), 207f.

orie, eine Normexplikation für den Bereich des Politischen.[483] Eine in dieser Weise verstandene politische Gerechtigkeitskonzeption zeichnet sich dabei durch drei Merkmale[484] besonders aus: den Gegenstand, die Darstellungsweise und ihr Inhalt. Den Gegenstand der Theorie bestimmt *Rawls* als die grundlegenden politischen, wirtschaftlichen und sozialen Institutionen. Diese bezeichnet er als die Grundstruktur einer Gesellschaft. Sie ist »die Art, wie die wichtigsten gesellschaftlichen Institutionen Grundrechte und -pflichten und die Früchte der gesellschaftlichen Zusammenarbeit verteilen«[485]. In der Darstellungsweise verfolgt der Autor das Ziel, eine freistehende Auffassung vorzulegen, deren Akzeptanz keine weitergehende persönliche Bindung an Lehren des Guten voraussetzt. Zum Dritten ist der Inhalt der Theorie in grundlegenden Begriffen durch *Rawls* formuliert, die bereits jetzt durch ihn als Bestandteil der öffentlichen politischen Kultur angesehen werden. Seine zentrale Vorstellung einer heutigen Gesellschaft ist die eines fairen, generationenübergreifenden Systems der Kooperation zum wechselseitigen Vorteil, die faire Kooperationsbedingungen, die Idee der Reziprozität sowie eine Vorstellung rationaler Vorteilhaftigkeit bei allen Gesellschaftsmitgliedern inkludiert.[486] Eine solche wohlgeordnete Gesellschaft besteht nach *Rawls* demnach darin, dass diese durch eine gemeinsame Konzeption der Gerechtigkeit wirksam reguliert wird, in der jeder dieselben Gerechtigkeitsgrundsätze anerkennt und ebenso grundlegende gesellschaftliche Institutionen dieser Vorstellung genügen. Des Weiteren dient als zusätzlicher Stabilisator einer solchen Leitidee moderner Gesellschaften der Gedanke, dass Bürger über einen wirksamen Gerechtigkeitssinn verfügen, der es ihnen ermöglicht, Prinzipien der Gerechtigkeit zu verstehen und sachgerecht anzuwenden.[487]

In seiner Theoriekonzeption stützt sich *Rawls* also wesentlich auf heutige, demokratische und marktwirtschaftliche Gesellschaftsordnungen,

---

483 Vgl. *Rawls*, John (1998), 76.

484 Vgl. ebd., 76–81.

485 *Rawls*, John (1979), 23.

486 Vgl. *Rawls*, John (1998), 81–89. Vgl. ebenso: *Rawls*, John (2003), 25–29.

487 Vgl. *Rawls*, John (1979), 19–23. Vgl. ebenso: *Rawls*, John (2003), 29–31.

die er zentral bestimmt sieht durch vorherrschenden Pluralismus vernünftiger Meinungen und Ansichten über das Gute. Freie und gerechte Institutionen führen nämlich notwendig zu Vielfalt, deren Ursachen in Meinungsverschiedenheiten vernünftiger Personen begründet liegen. Der Autor nennt diese Gründe für einen Pluralismus vernünftiger Meinungen die »Bürden der Vernunft«[488]. Sie bestehen in Folgendem:

> »(a) Die einen Fall betreffenden empirischen und wissenschaftlichen Befunde sind widersprüchlich und komplex, und so ist es schwierig, sie einzuschätzen und zu bewerten.
> (b) Selbst wenn wir über die Art der relevanten Erwägungen völlig einig sind, können wir über ihr Gewicht uneins sein [...]
> (c) In gewissem Umfang sind alle unsere Begriffe – und nicht nur die moralischen und politischen – vage [...]
> (d) In gewissem Umfang [...] ist die Art und Weise, in der wir empirische Befunde einschätzen und moralische und politische Werte gewichten, von unserer gesamten bisherigen Erfahrung, unserem gesamten Lebensweg bis heute, geprägt. [...]
> (e) Oft gibt es verschiedene Arten normativer Erwägungen unterschiedlicher Stärke auf beiden Seiten eines Problems, und es ist schwierig, eine Gesamtbewertung vorzunehmen.
> (f) Schließlich ist jedes System gesellschaftlicher Institutionen im Bereich der Werte, die es zulassen kann, begrenzt [...].«[489]

Weiterhin stellte der Autor neben dem Merkmal des Pluralismus als dauerhaftes Attribut der öffentlichen Kultur moderner Gesellschaften drei weitere Kennzeichen heraus: zum Ersten kann in diesen ein dauerhaftes Einverständnis über eine Lehre des Guten nur durch Repression aufrecht erhalten werden, benötigt zum Zweiten ein dauerhafter und sicherer demokratischer Staat eine bereitwillige und freie Unterstützung einer großen Mehrheit seiner Bürger, zum Dritten enthält schließlich eine stabile demokratische Staatsform zumindest implizit Gedanken, von denen

---

488 *Rawls*, John (1994), 336.
489 Ebd., 337–339.

aus es für *Rawls* möglich erscheint, eine geeignete politische Gerechtigkeitskonzeption auszuarbeiten.[490] Eine demokratische Staatsform und die ihr zugrunde liegende Konzeption der Gerechtigkeit sollte sich folglich auf einen übergreifenden Konsens stützen können.[491] Grundlegend konstitutiv für eine Konzeption zur Normbegründung für den Bereich des Politischen, deren Ziel eine vernünftige Übereinstimmung darstellt, ist nach den vorgestellten Kriterien moderner Gesellschaften für *Rawls* der Vorrang des Rechten vor der Idee des Guten. Das heißt: erstens ist das Gute innerhalb der Theorie nicht unabhängig vom Rechten bestimmt und dem Rechten gebührt dabei eine Vorrangstellung; zweitens setzt die Zustimmung zur politischen Konzeption der Normbegründung für die Grundstruktur der Gesellschaft keine Zustimmung zu einer Idee des Guten voraus; drittens schließlich ist es den Bürgern dennoch möglich, eine Vielzahl von Ideen des Guten zu vertreten und diese jenseits der gesellschaftlichen Grundstruktur zu verfolgen.[492]

Die von *Rawls* vorgestellten Gerechtigkeitsgrundsätze lauten in ihrer Endfassung dabei wie folgt:

»a) Jede Person hat den gleichen unabdingbaren Anspruch auf ein völlig adäquates System gleicher Grundfreiheiten, das mit demselben System von Freiheiten für alle vereinbar ist.
b) Soziale und ökonomische Ungleichheiten müssen zwei Bedingungen erfüllen: erstens müssen sie mit Ämtern und Positionen verbunden sein, die unter Bedingungen fairer Chancengleichheit allen offenstehen; und zweitens müssen sie den am wenigsten begünstigten Angehörigen der Gesellschaft den größten Vorteil bringen (Differenzprinzip).«[493]

---

490 Vgl. *Rawls*, John (2003), 334–336.

491 Vgl. *Rawls*, John (1998), 256.

492 Vgl. *Rawls*, John (1998), 267–269. 286–299. Zur Veranschaulichung dieses grundlegenden Unterschieds dient Rawls dabei die Differenz zwischen Verbänden, als Gemeinschaften, die eine Idee des Guten innerhalb der Grundstruktur repräsentieren und der Grundstruktur einer Gesellschaft selbst.

493 *Rawls*, John (2003), 78.

Das erste Prinzip der Gerechtigkeit, das Erfordernis gleicher Grundfreiheiten für jedes Gesellschaftsmitglied bezieht sich auf die politische Ordnung einer Gesellschaft, ihre wesentlichen Verfassungselemente, während der zweite Grundsatz für die Einrichtung von Hintergrundinstitutionen der sozialen und ökonomischen Sphäre sorgt, welche die Freiheit und Gleichheit der Bürger in diesem Gebiet sichern. Dabei stehen beide Prinzipien in einer lexikalischen Ordnung zueinander, das heißt, das erste Prinzip genießt unbedingten Vorrang vor dem zweiten. Auch innerhalb des zweiten Gerechtigkeitsprinzips ist faire Chancengleichheit ebenfalls vorrangig vor dem Differenzprinzip zu betrachten. Bedingt durch diese Vorrangigkeit sind Austauschmaßnahmen zwischen den zugesicherten Freiheiten des ersten Prinzips und wirtschaftlicher Wohlfahrt des zweiten Grundsatzes verboten.[494]

Als Grundfreiheiten führt *Rawls* in der näheren Bestimmung des ersten Gerechtigkeitsgrundsatzes eine Liste von sechs Gütern an: Gedanken- und Gewissensfreiheit, politische Freiheiten, Vereinigungsfreiheit, Freiheiten der Integrität der Person und schließlich durch Rechtsstaatlichkeit abgedeckte Rechte und Freiheiten. Sie dienen dabei instrumentell zur Sicherung der Erlangung und Dauerhaftigkeit beider moralischer Vermögen einer Person: die Ausbildung eines Gerechtigkeitssinns und die Fähigkeit, eine eigene Konzeption des Guten auszubilden. Sie konstituieren eine individuelle Gruppe von Zielen und Endzwecken, die das Leben einer Person rational strukturiert und an Gründe zurück bindet.[495]

Im Unterschied zu rein formaler Gewährung von Chancengleichheit führt der Autor im Rahmen des zweiten Grundsatzes die Idee der fairen Chancengleichheit ein. Dieses Prinzip geht insofern über die Gewährung rein formaler Chancengleichheit hinaus, als es über rein prozedurale Grundsätze, wie eines Diskriminierungsverbots, positiv fordert, dass Menschen mit annähernd gleichen Talenten und Fähigkeiten auch die gleichen Aussichten auf Lebenserfolg haben. »In allen Bereichen der Gesellschaft soll es für ähnlich motivierte und begabte Personen

---

494 Vgl. *Rawls*, John (1994), 159–254.
495 Vgl. *Rawls*, John (1992), 161. Zum instrumentellen Wert der Grundfreiheiten vgl. *Rawls*, John (2003), 44.

ungefähr die gleichen Aussichten auf Kultur und Leistung geben.«[496]
Auch dieser Grundsatz fairer Chancengleichheit genießt dabei Vorrang vor dem Differenzprinzip.

Das Differenzprinzip regelt schließlich die Güterverteilung in der ökonomischen Sphäre. Zur Bestimmung der am schlechtesten gestellten Gesellschaftsmitglieder führt Rawls bereits in seiner *Theorie der Gerechtigkeit* fünf Arten von Grundgütern an, auf die hin die Grundstruktur der Gesellschaft bewertet werden soll. Am schlechtesten gestellte Gesellschaftsmitglieder sind demnach diejenigen, die im interpersonalen Vergleich der Grundgüterausstattung am schlechtesten abschneiden. Ihre Endfassung in *Gerechtigkeit als Fairneß* lautet dabei[497]:

»I) Grundrechte und -freiheiten: Gedanken- und Gewissensfreiheit usw. Diese Rechte und Freiheiten sind wesentliche institutionelle Bedingungen, die für die adäquate Entfaltung sowie für die vollständige und informierte Ausübung der beiden moralischen Vermögen [...] erforderlich sind.
II) Freiheit des Ortswechsels und der Berufswahl vor einem Hintergrund verschiedener Chancen, die das Streben nach einer Vielzahl von Zwecken gestatten und Entscheidungen über ihre Revision und Veränderung Wirkung verleihen.
III) Macht und Privilegien von Ämtern und Positionen, die Verantwortung und Macht mit sich bringen.
IV) Einkommen und Vermögen im Sinne von Allzweckmitteln [...], die im allgemeinen benötigt werden, um eine umfassende Vielzahl von allen möglichen Zwecken zu erreichen.
V) Die jeweilige soziale Basis der Selbstachtung.«

Zur sozialen Basis der Selbstachtung zählen dabei die Fakten, dass die Bürger von grundlegenden gesellschaftlichen Institutionen als Gleiche behandelt werden, sowie die Installierung und Unterstützung des Diffe-

---

496 *Rawls*, John (2003), 79.
497 *Rawls*, John (2003), 100f.

renzprinzips, das die Idee der Reziprozität auf wirtschaftlichem Gebiet verwirklicht.[498]

Das zweite Gerechtigkeitsprinzip von *Rawls* stellt eine Verwirklichung der Maximin-Regel dar, nach der diejenige Bedingung gegenüber allen anderen vorteilhaft ist, deren bestmögliches schlechtestes Verteilungsergebnis maximiert wird.[499]

Zur Begründung beider Gerechtigkeitsgrundsätze wählt *Rawls* ein gemäßigt vertragstheoretisches Szenario. Neben den Ideen eines Überlegungsgleichgewichts und des übergreifenden Konsenses als nicht konstruktivistische Begründungs- und Stabilisierungsstrategien, etabliert der Autor mit dem so genannten Urzustand ein vertragstheoretisches Argumentationsmuster zur Begründung seiner Gerechtigkeitsgrundsätze.

Die Idee eines Überlegungsgleichgewichts wird dabei von *Rawls* eingeführt als Stütze seiner Argumentation gegenüber dem Vorwurf eines möglichen Zirkelschlusses. Ausgangspunkt hierfür ist die Personenkonzeption des Autors. Hierin wird vorausgesetzt, dass die Personen die Fähigkeit zum theoretischen und praktischen Vernunftgebrauch besitzen sowie ein Gefühl für Gerechtigkeit herausbilden und dieses vernunftgemäß einsetzen.[500] Die so konzipierten idealen Individuen wählen aus allen politischen Gerechtigkeitsurteilen diejenigen aus, die der Autor als »wohlerwogene Urteile«[501] bezeichnet. In einem weiten Überlegungsgleichgewicht befindet sich eine Person dann, wenn sie Alternativkonzeptionen und ihre Argumente für Gerechtigkeit sorgfältig betrachtet hat und diejenige auswählt, »die am wenigsten Korrekturen an den Ausgangsurteilen dieser Person auslöst und sich als akzeptabel erweist, sobald sie dargelegt und erklärt wird«[502]. Eine Per-

---

498 Vgl. ebd., 102.

499 Vgl. ebd., 156–161.

500 Vgl. ebd., 59.

501 Wohlerwogen heißen Urteile dann, wenn sichergestellt ist, dass sie unter Bedingungen entstanden sind, in denen das Urteilsvermögen einer Person frei und ohne störende äußere Einflüsse ist. Vgl. *Rawls*, John (2003), 60.

502 *Rawls*, John (2003), 61.

son macht sich in der Regel diese Konzeption dann zueigen und stimmt andere Urteile auf diese hin ab.

> »Denn für das praktische Ziel einer vernünftigen Einigung über Angelegenheiten der politischen Gerechtigkeit ist nichts weiter erforderlich als Kohärenz der wohlerwogenen Überzeugungen auf allen Ebenen der Allgemeinheit im Rahmen eines weiten und generellen Überlegungsgleichgewichts.«[503]

In der Idee eines übergreifenden Konsenses zur weiteren Rechtfertigung seiner Theorie betont der Autor die Konsensfähigkeit der Gerechtigkeitsgrundsätze als Ermöglichung gesellschaftlicher Stabilität. Grundlegend für diese Feststellung ist die eingangs beschriebene Differenzierung zwischen Theorien des Guten und allgemeinen Annahmen über das Rechte, denen gegenüber den Vorstellungen über das Gute ein Vorrang zukommt. Diese Vorrangstellung begründet sich durch die Unabhängigkeit des Begriffes der Gerechtigkeit innerhalb politischer Konzeptionen von dem des Guten. Die Gerechtigkeitsgrundsätze begrenzen daneben die zugelassenen Ideen des Guten innerhalb der Grundstruktur einer Gesellschaft. Die vorgelegte Theorie der Gerechtigkeit ist deshalb allgemein konsensfähig, weil sie verschiedene Ideen des individuell Guten zulässt und dennoch auf der Ebene der Grundstruktur einer Gesellschaft weitgehend von diesen abstrahiert.[504]

> »Es genügt anzumerken, dass in einer Gesellschaft, die durch tiefe Meinungsverschiedenheiten zwischen einander widerstreitenden und inkommensurablen Konzeptionen des Guten gekennzeichnet ist, *Gerechtigkeit als Fairneß* es uns ermöglicht, zumindest zu verstehen, wie gesellschaftliche Einheit möglich und stabil sein kann.«[505]

---

503 Ebd., 63.
504 Vgl. *Rawls*, John (1992), 287–292. Vgl. ebenso: *Rawls*, John (2003), 63–72.
505 *Rawls*, John (1992), 291f.

Mit der hypothetischen Situation des Urzustandes legt *Rawls* zudem ein konstruktivistisches Begründungsszenario seiner beiden Gerechtigkeitsprinzipien vor. Dieses Konstrukt wird dabei nach dem Autor eingeführt, um herauszufinden, welche der traditionellen Gerechtigkeitskonzeptionen oder welche Varianten hiervon am besten geeignet sind, um die Werte der Freiheit und Gleichheit in einer Gesellschaft zu verwirklichen.[506] Dieses Modell dient als Darstellungsmittel zur Veranschaulichung dessen, was wir schon jetzt als faire Bedingung ansehen.[507]

> »Erstens ist er [der Urzustand, M. L.] ein Modell für das, was wir – hier und jetzt – als faire Bedingungen ansehen, unter denen sich die Repräsentanten der ausschließlich als freie und gleiche Personen aufgefaßten Bürger darüber einigen sollen, welche der [...] fairen Modalitäten der sozialen Kooperation die Grundstruktur regulieren sollen.
> Zweitens ist er ein Modell für das, was wir – hier und jetzt – als akzeptable Einschränkungen der Gründe ansehen, auf deren Basis die Parteien (als Repräsentanten der Bürger) in einer durch jene fairen Bedingungen gekennzeichneten Situation bestimmte Gerechtigkeitsprinzipien aufstellen und andere ablehnen dürfen.«[508]

Vernünftige Einschränkungen der zweiten Bedingung des Urzustandes sind für *Rawls* die Darstellung der Bürger in einer symmetrischen Situation ausschließlich als freie und gleiche. Zu diesem Zweck abstrahiert er von allen natürlichen Eigenschaften der Personen, wie Talenten, eigener Konzeption des Guten, Kraft oder Risikoneigung. Bekannt sind den Repräsentanten des Urzustandes jedoch alle allgemeinen gesellschaftlichen und natürlichen Grundlagen des Wissens und der Wissensbestände unserer Zeit. Der Autor nennt dieses zentrale Kenn-

---

506 Vgl. *Rawls*, John (1998), 89f.
507 Vgl. *Rawls*, John (2003), 132.
508 Ebd., 132.

zeichen des Urzustandes den »Schleier des Nichtwissens«[509] (»Veil of Ignorance«). Weiterhin werden die Versammelten innerhalb der hypothetischen Situation als rational desinteressiert an anderen Menschen beschrieben, sie verfügen über die beiden moralischen Vermögen und sind ferner ein Leben lang zu sozialer Kooperation in der Lage.[510] Die Parteien im Urzustand sind also künstliche Personen, Repräsentanten und Sachwalter der Menschen. »Sie sind Figuren, die in unserem gedankenexperimentellen Stück eine Rolle spielen.«[511]

Die so beschriebenen Bewohner des Urzustandes wählen anschließend aus einer ihnen vorgelegten Liste möglicher Gerechtigkeitskonzeptionen, in der alle bisher in der politischen Philosophie entwickelten und diskutierten Modelle enthalten sind, die ihnen am zweckmäßigsten erscheinenden obersten Prinzipien[512] zur Regulierung der Grundstruktur einer Gesellschaft aus.[513] Handlungsleitende Maxime bei der Festlegung künftiger gesellschaftlicher Grundsätze ist dabei die Orientierung an denjenigen Mitteln, die zur Erreichung einer Vielzahl individueller künftiger Zwecke des Lebens besonders förderlich sind; »man plane seine Aktivitäten, daß nicht eine geringere, sondern eine größere Anzahl dieser Zwecke umgesetzt werden kann«[514]. Als Mittel für die Aktivitäten einzelner Bürger wird wiederum die oben beschriebene Grundgüterliste angeführt, an der sich die Parteien in der Auswahl der Grundsätze orientieren.

---

509 Vgl. *Rawls*, John (1979), 27. Vgl. ebenso *Rawls*, John (2003), 139–144.

510 Vgl. *Rawls*, John (2003), 139–144.

511 *Rawls*, John (2003), 136.

512 Als Kennzeichen dieser Prinzipien gibt der Autor Allgemeinheit und Allgemeingültigkeit an, also ihre Formulierung ohne Eigennamen oder ähnliche einschränkende Topoi sowie Übertragbarkeit auf alle moralischen Akteure ohne Widersprüche und Inkonsistenzen. Als weitere Bedingung für diese Grundsätze formuliert er die Bedingung der Öffentlichkeit, das heißt, die Parteien sollen in ihrer Auswahl der Gerechtigkeitsgrundsätze auch die möglichen sozialen und psychischen Konsequenzen ihrer Einhaltung reflektieren. Vgl. *Rawls*, John (2003), 140.

513 Vgl. *Rawls*, John (2003), 136.

514 Ebd., 142.

Mittels zweier grundlegender Vergleiche mit anderen Konzeptionen gesellschaftlicher Normbegründung erweist der Autor abschließend die Gültigkeit seiner vorgelegten Prinzipien der Gerechtigkeit.

Der erste Vergleich, den der Autor vorlegt, rekurriert dabei auf die Vorstellungen des Utilitarismus, nach der eine Gesellschaft dann wohlgeordnet ist, wenn ihre Institutionen den maximalen Gesamtnutzen produzieren. Diese vergleicht er mit beiden Gerechtigkeitsgrundsätzen und erweist in diesem Vergleich die Vorteilhaftigkeit des Prinzips gleicher Freiheit und die Zweckmäßigkeit der lexikalischen Ordnung beider Gerechtigkeitsgrundsätze. Er kann somit diese Form des Utilitarismus wohl begründet ablehnen.

Der zweite grundlegende Vergleich akzentuiert das Prinzip fairer Chancengleichheit und das Differenzprinzip gegenüber einer Mischkonzeption des eingeschränkten Nutzens, das heißt der Geltung des Nutzenprinzips unter Hinzufügung der Garantie eines sozialen Minimums. Auch gegenüber dieser eingeschränkt utilitaristischen Konzeption erweisen sich, *Rawls'* Argumentation zufolge, beide Gerechtigkeitsgrundsätze als vorteilhaft durch ihre konsensuell mögliche Begründung.[515]

---

515 Vgl. Ebd., 152–204. Die Struktur der Argumentation unter besonderer Gewichtung der Maximinregel lässt sich dabei wie folgt beschreiben:
»I) Sofern es bestimmte Bedingungen gibt, unter denen es rational ist, sich bei der Vereinbarung der Gerechtigkeitsprinzipien für die Grundstruktur von der Maximin-Regel leiten zu lassen, würde man sich unter diesen Bedingungen nicht auf das Prinzip des durchschnittlichen Nutzens, sondern auf die beiden Gerechtigkeitsprinzipien einigen.
II). Es gibt bestimmte Bedingungen – insbesondere drei –, die so beschaffen sind, daß es bei der Vereinbarung der Gerechtigkeitsprinzipien für die Grundstruktur rational ist, sich von der Maximin-Regel leiten zu lassen.
III) Diese drei Bedingungen sind im Urzustand gegeben.
IV) Darum würden die Parteien nicht dem Prinzip des durchschnittlichen Nutzens, sondern den beiden Prinzipien zustimmen.« *Rawls*, John (2003), 157. Die unter II formulierten Bedingungen beinhalten: Gleichwahrscheinlichkeit jedes künftigen Gesellschaftszustandes, Risikoaversion der Parteien im Urzustand und dadurch Bewertung der schlechtest möglichen Verteilungsalternative sowie keine Garantie, dass das schlechtest mögliche Ergebnis anderer Verteilungsalternativen über dem garantierbaren Niveau liegt. Vgl. *Rawls*, John (2003), 157f.

2.2 Kritik

2.2.1 Zur Anschlussfähigkeit der Theorie im Hinblick auf den theologisch-ethischen Kernbestand einer vorrangigen Option für die Armen und zentraler Einsichten der Tradition christlicher Sozialethik

Die Konzeption des politischen Liberalismus, wie sie von *Rawls* durch die Theorie der Gerechtigkeit als Fairness vorgestellt wurde, kann als anschlussfähig an die Konzeption der vorrangigen Option für die Armen und der Beteiligungsgerechtigkeit gewertet werden.

Die Theorie des politischen Liberalismus spiegelt dabei in erster Linie bereits in ihrer Grundintention die vorrangige Gleichheit aller Menschen, ausgedrückt durch das Begründungsverfahren des Urzustandes, die angenommene Personenkonzeption sowie den beiden Grundsätzen der Gerechtigkeit. In die Konstruktion des Urzustandes geht das Postulat der grundsätzlichen Gleichheit sowohl als Voraussetzung in der Charakterisierung der Parteien als auch in der Beschreibung der prozeduralen Vorgehensweise mittels gleichberechtigter Auswahl der Grundsätze durch alle Teilnehmer ein. Die Teilhabe jedes Einzelnen an dieser idealtypischen »verfassungsgebenden Versammlung« bleibt in dieser Vorgehensweise nachdrücklich gewahrt. Auch die beiden aufgezeigten Gerechtigkeitsgrundsätze genügen dem theologischen Grundpostulat der Gleichwertigkeit aller Menschen, indem sie erstens den Grundfreiheiten einer Person unbedingten Schutz gegenüber niederrangigeren gesellschaftlichen Gütern zusprechen; zweitens im Grundsatz der fairen Chancengleichheit eine positive Entsprechung dieses Schutzes in der sozialen und wirtschaftlichen Sphäre einer Gesellschaft formulieren und schließlich drittens im Differenzprinzip die Vorteilhaftigkeit wirtschaftlicher Ungleichheit für die am wenigsten Begünstigten der Gesellschaft fordern. Dies muss als gelungene philosophische Übertragung des theologisch-ethischen Postulats der unbedingten Wahrung der Würde menschlicher Personen begründet durch die Gottebenbildlichkeit jedes Menschen gewertet werden.

Weiterhin grenzt sich *Rawls* ebenso deutlich von Grundintentionen der einfachen Theorie des Utilitarismus ab, der ebenfalls bedingt durch die Verrechenbarkeit individueller Ansprüche zur Steigerung der Gesamtwohlfahrt einer Gesellschaft, als stark widersprüchlich zu Vorstellungen des Konzepts der vorrangigen Option für die Armen gewertet werden muss. Er setzt diesem die Vorrangigkeit seines ersten Gerechtigkeitsprinzips entgegen, das die Freiheit jedes Einzelnen auch gegenüber wirtschaftlicher Wohlfahrt der Gesellschaft sichert. Als weiteres Argument gegenüber dem Utilitarismus betont der Autor, entsprechend der Grundintention theologischer Ethik, seine Mischkonzeption zwischen deontologisch aus schwachen Prämissen abgeleiteten Prinzipien, die teleologisch auf Vorteilhaftigkeit für alle Gesellschaftsmitglieder hin überprüft werden sollen. Ausdrücklich muss ebenso innerhalb der Konzeption, die *Rawls* vorlegt, die Vereinbarkeit mit einer Vielzahl unterschiedlicher Vorstellungen des Guten hervorgehoben werden, die der Autor zum Zweck der gesellschaftlichen Stablisierung betont. Die Beschränkung der Theorie auf die Grundstruktur einer Gesellschaft wird dieser Leitidee dabei meiner Ansicht nach gerecht. Auch eine christliche Vorstellung des Guten dürfte sich praktisch im Bereich der Vereinbarkeit mit den zentralen Rechtsnormen demokratischer Verfassungsstaaten und damit einem weithin getragenen gesellschaftlichen Grundkonsens wieder finden. Von Seiten einer modernen theologischen Verkündigung wird diese Vermutung durch die ausdrückliche Zuerkennung der Autonomie und Pluralität irdischer Wirklichkeit gestützt.[516]

Gesellschaftliche Inklusion und Partizipationsmöglichkeiten des Einzelnen werden im Vorschlag von *Rawls* ebenfalls durch die zwei Grundsätze der Gerechtigkeit erreicht. Alle grundlegenden politischen Mitwirkungsrechte sind im ersten Gerechtigkeitsgrundsatz vor dem Zugriff niederrangiger Ziele geschützt. Faire Chancengleichheit, die einen Mehrwert gegenüber rein formaler Gewährung dieser zusichert, wird als Ziel vorgegeben und schließlich wird Ungleichheit, die als Effizienzinstrument einer funktionierenden Marktwirtschaft unerlässlich ist, auf

516 Vgl. GS 36.

die Verbesserung der Lage für am wenigsten begünstigte Gesellschaftsmitglieder hin fokussiert. Auch die Aufstellung der Grundgüterliste für beide Gerechtigkeitsgrundsätze spiegelt nicht nur wirtschaftliche Wohlfahrt einer Gesellschaft, sondern setzt grundlegender an durch die Sicherung von individuellen Freiheitsrechten. Die Aufnahme der sozialen Grundlagen der Selbstachtung in diese Liste zeugt dabei in besonderer Weise für das Ziel gesellschaftlicher Inklusion aller Beteiligten. So entgeht *Rawls* einer Dichotomie von Freiheit und Gleichheit, die für *Nozick*[517] beispielsweise das grundlegende Paradigma moderner Gesellschaften zu sein scheint, indem *Rawls* einerseits grundlegende Gleichheit für den fairen Wert bürgerlicher Freiheiten konzipiert, andererseits wirtschaftliche Freiheit im zweiten Gerechtigkeitsgrundsatz dienstbar macht für das Wohlergehen aller Gesellschaftsmitglieder, insbesondere für die am wenigsten Begünstigten. Lediglich die theologisch-ethische Forderung der Subsidiarität in der Ausgestaltung aller Hilfen zu Garantie individueller Freiheit und zur Vermeidung gesellschaftlichen Paternalismus findet in der Theoriekonzeption des Autors keine ausdrückliche Erwähnung, vermutlich aus dem Grund, dass dieses Problem für *Rawls* in den Bereich der Anwendung seiner Gerechtigkeitstheorie fällt und daher nicht ausdrücklich in die Konzeption der Grundsätze einbezogen werden muss. In allem gesellschaftlichen Bemühungen um Hilfen für am wenigsten Begünstigte, ist jedoch der Vorrang der Freiheit als Autonomie dieser durch die Vorrangigkeit des ersten Gerechtigkeitsgrundsatzes gegenüber dem zweiten stets sichergestellt.[518]

517 Vgl. *Nozick*, Robert (1976), 198.

518 Auch jenseits der hier vorgelegten Überprüfungsargumentation der »Theorie der Gerechtigkeit« im Hinblick auf die theologisch-ethische Norm einer »vorrangigen Option für die Armen« knüpfen zahlreiche sozialethische Veröffentlichungen zur Gerechtigkeit zwischen Generationen an die Theorie von *Rawls* an und würdigen diese ausführlich. *Veith*, Werner (2006, 2007) diskutiert beispielsweise die diachronen Gerechtigkeitsbezüge der Theorie im Hinblick auf die Forderung eines »gerechten Spargrundsatzes« als Einschränkung des zweiten Gerechtigkeitsprinzips. Er kommt dabei zu dem Ergebnis, dass die Theorie einerseits Schwachstellen anderer Konzeptionen, wie die des Prinzips Verantwortung von Hans *Jonas* oder einer utilitaristischen Konzeption einer Verantwortung für künftige Generationen von Dieter *Birnbacher* vermeidet, dies jedoch andererseits zulasten der eigenen systematischen Stringenz tut.

2.2.2 Innerphilosophische Kritik an der Konzeption von Rawls und problemorientierte Weiterentwicklung

Wie bereits erwähnt, stieß *Rawls* mit der Veröffentlichung seines ersten Hauptwerkes »A Theory of Justice« eine Debatte von fast »industriellem Ausmaß«[519] an, welche »die polische Philosophie [des 20. Jahrhunderts] erfolgreich rehabilitiert und zu neuem geistigen Leben und intellektuellen Ansehen gebracht hat«[520]. Auch nur einen kleinen

So werden mittels des gerechten Spargrundsatzes Voraussetzungen in das konstruktivistische Begründungsverfahren des Urzustandes inkludiert, die der geforderten Dichte des Schleiers zuwider laufen. *Wiemeyer*, Joachim (2004) geht ebenfalls im untersuchten Kontext der Gerechtigkeit zwischen Generationen auf die »Theorie der Gerechtigkeit« ein. Er erhebt im Gegensatz zu *Veith* die Forderung, den Schleier des Nichtwissens der konstruktivistischen Begründungsmethode so zu modifizieren, dass alle Generationen an der Entscheidungsfindung zu beteiligen seien, um eine intergenerationell gerechte Lösung zu finden. Gegenüber beiden Autoren ist jedoch der Anwendungsfall vorliegender Arbeit, die Suche nach einer gerechten Reform der Alterssicherung in der Bundesrepublik als Sonderfall einer Gerechtigkeit zwischen Generationen zu betonen. So ist hierbei zum Ersten eine diachrone Perspektive, die Ungeborene einschließt, nicht notwendig, da alle vom Generationenvertrag in der Alterssicherung Betroffenen bereits geboren sind. Zum Zweiten läuft die Modifikation von *Wiemeyer* der systematischen Stringenz, die ja gerade in der Voraussetzungsarmut des rawlsschen konstruktivistischen Argumentes besteht, zuwider. Eine generelle Kritik der rawlsschen Position im Hinblick auf die katholische Sozialverkündigung unternimmt Franz-Josef *Bormann* (2006). Er plädiert in seinem Werk für eine differenzierte Betrachtungsweise der Position von *Rawls*, macht aber dennoch verschiedene Gemeinsamkeiten zwischen beiden Positionen für einen fruchtbaren Dialog stark. Aufgrund einer gemeinsamen Auffassung über Aufgabenstellung, Grundbegriffe und Reichweite normativer Ethik und einer deutlichen Kritik gegenüber moralskeptischen Positionen, der gemeinsamen Notwendigkeit eines deontologischen Ansatzes der Moralbegründung als wirksame Verteidigung der Menschenwürde, der ebenfalls gemeinsamen Verortung sozialer Gerechtigkeit auf einer voraussetzungsarmen Ebene des Rechten als Entsprechung gegenüber der Pluralität moderner Gesellschaften, dem gleichen Gegenstand sozialer Gerechtigkeit, einer gemeinsamen Grundanthropologie, der Wahrnehmung des Menschen als Träger unveräußerlicher Rechte und Pflichten sowie der Ablehnung eines individualistischen Menschenbildes eignet sich die Theorie der Gerechtigkeit nach ihm als Gesprächspartner für die theologische Ethik.

519 *Höffe*, Otfried (1998a), 3.

520 *Kersting*, Wolfgang (1993), 17.

Teil eines Überblicks über die sich anschließende Debatte, der philosophisch-ethischen Einsprüche und Gegenargumente, zu geben, würde daher den Rahmen einer jeden Dissertation sprengen. Ich beschränke mich daher auf den problemorientierten Einbezug wichtiger Kritiken im Bezug auf die folgende Anwendung der Theorie auf den Bereich des gesetzlichen Alterssicherungssystems in Deutschland.

Unter Einbezug dieses konkreten Anwendungsfalles der vorliegenden Arbeit ist die Untersuchung nach folgenden Kriterien zu differenzieren: Dauerhaftigkeit des Normkonsenses, um eine stabile Unterstützungsbeziehung zu gewährleisten, die Höhe der Unterstützungsleistungen, resultierend aus dem unbedingten Erfordernis der Vermeidung von Altersarmut, die Gewährleistung eines gerechten Abgrenzungskriteriums der Unterstützung als Anforderung aus der empirischen Problemlage und schließlich grundlegende Einwände gegenüber der Theorie des politischen Liberalismus ergänzt um grundsätzliche Erläuterungen beider Gerechtigkeitsprinzipien. Zuletzt ist auch die Art der Unterstützungsbeziehungen, mit dem ethischen Ziel einer Wahrung individueller Autonomie und der Vermeidung paternalistischer Strukturen, in die Betrachtungen einzubeziehen.

Zunächst widme ich mich grundsätzlichen Erläuterungen zu beiden Gerechtigkeitsprinzipien.

Das erste Gerechtigkeitsprinzip stellt dabei als Prinzip größtmöglicher gleicher Freiheit die Anforderung nach einem möglichst ausgedehnten Raum gleicher Freiheiten an die Grundstruktur einer Gesellschaft, die jedem einzelnen Gesellschaftsmitglied die Möglichkeit individueller Selbstverwirklichung eröffnen soll.[521] Es bleibt allerdings innerhalb der Theorie insgesamt recht unklar, wie und wodurch sich der Umfang solcher Freiheiten bestimmen lässt. *Koller* beispielsweise bemerkt hierzu treffend:

»Was den ersten Grundsatz betrifft, so gibt Rawls in der *Theorie der Gerechtigkeit* kein klares Kriterium an, wie der Umfang

---

521 Vgl. *Höffe*, Otfried (1977), 19f.

der gleichen Grundfreiheiten im einzelnen zu bestimmen ist, und auch seine späteren Ausführungen über dieses Problem sind alles andere als transparent.«[522]

Rawls selbst greift zur Definition von Grundfreiheiten auf seine Theorie der Grundgüter zurück und bestimmt diese im Wesentlichen durch fundamentale persönliche und bürgerliche Freiheiten, die dem Common Sense einer demokratischen Kultur entnommen sind, grundgelegt in wohlüberlegten Gerechtigkeitsurteilen und gerechtfertigt im Reflexionsgleichgewicht.[523] Zu ihnen zählen insbesondere: Gedanken- und Gewissensfreiheit, politische Freiheiten, wie aktives und passives Wahlrecht, Vereinigungsfreiheit, Freiheiten der Integrität der Person und schließlich durch Rechtsstaatlichkeit abgedeckte Rechte und Freiheiten, wie die ungehinderte Anrufung von Gerichten im Falle von Rechtsstreitigkeiten.[524] Sie besitzen in ihrer Gewährleistung einen instrumentellen Wert als Allzweckmittel zur allgemeinen Absicherung fundamentaler und allen gemeinsamer menschlicher Interessen, der Ausbildung und Erhaltung eines Gerechtigkeitssinns und der Fähigkeit, eine individuelle Idee des Guten zu entwickeln und diese im Rahmen vernünftiger Lebenspläne umzusetzen. Sie müssen mit dem Gesamtsystem der Grundfreiheiten aller Gesellschaftsmitglieder verträglich sein.[525]

Damit ist aber die Aufnahme anderer Grundgüter, wie beispielsweise allgemeine Handlungsfreiheit in die Liste der Grundfreiheiten ausgeschlossen.

»Die allgemeine Handlungsfreiheit wird mit Nachdruck ausgeschlossen. Die Freiheit als solche sei kein überragender Wert und nicht der Hauptzweck, schon gar nicht der Endzweck der politischen und sozialen Gerechtigkeit. Allerdings gebe es eine

---

522 *Koller*, Peter (1998), 57. Hervorhebung im Original.

523 Vgl. *Rawls*, John (2003), 59–63.

524 Vgl. *Rawls*, John (1992), 161.

525 Vgl. *Rawls*, John (2003), 44.

allgemeine Vermutung (general presumption) gegen die Auferlegung rechtlicher und anderer Handlungsbeschränkungen ohne hinreichenden Grund. Diese Vermutung führe aber nicht zu irgendeiner Priorität.«[526]

Die Grundfreiheiten selbst dürfen nur um anderer Grundrechte oder dem Gesamtsystem der Grundfreiheiten aller Willen eingeschränkt werden; insbesondere ihre Abwägung und Verrechnung mit Gütern aus der sozio-ökonomischen Sphäre der Gesellschaft ist nicht gestattet.[527] Die Rückbindung der von *Rawls* vorgelegten Liste an Grundfreiheiten an den Common Sense einer demokratischen Gesellschaft[528] schließt allerdings auch deren zeitrelationale Geltung ein. Sie definieren dabei lediglich ein nicht zu unterschreitendes Mindestmaß an Freiheiten dessen, was Menschen qua Menschsein gebührt, gestützt durch verschiedenste individuelle und interpersonelle Annahmen und Vereinigungen des Guten und institutionalisiert im Rahmen der Grund- und Menschenrechte zahlreicher Verfassungen und internationaler Organisationen, zur Lebensentfaltung des einzelnen Mitgliedes einer Gesellschaft. Sie könnten abhängig vom Zeitkontext durchaus erweitert werden. Aktuelle Beispiele für diesen Prozess bilden die Diskussionen um eine Inklusion grundlegender sozialer Freiheiten in den Katalog der Grundrechte in Deutschland, die in einem realen öffentlichen Diskurs von allen Bürgern übereinstimmend festzulegen und anschließend institutionell umzusetzen wären.[529]

---

526 *Alexy*, Robert (1997), 273f.

527 Vgl. *Rawls*, John (2003), 78.

528 Vgl. hierzu ebenso *Alexy*, Robert (1997).

529 Vgl. *Habermas*, Jürgen (1997), 169–195. Das Beispiel entspricht der Näherung des Autors an die These der Gleichursprünglichkeit von Menschenrechten und Volkssouveränität, nachdem Menschenrechte als grundsätzliche Ausformung des Gedankens der Souveränität des Volkes, d. h. jedes Einzelnen mittels eines diskursiven Prozesses bestimmt und institutionalisiert zu rekonstruieren seien. *Habermas* vertritt damit in seiner umfassenden Theorie eine nachmetaphysische Konzeption der praktischen Vernunft, die grundlegende Begrifflichkeiten dieser mittels sprachphilosophischer Erwägungen zu rekonstruieren sucht, während *Rawls'* Theorie als mit seiner Methode der

Weiterer Klärungsbedarf innerhalb der Prinzipien der Gerechtigkeit entsteht durch die bereits vorgestellte absolute Vorrangordnung des ersten Prinzips gleicher Grundfreiheiten gegenüber dem zweiten Gerechtigkeitsprinzip von *Rawls*. Begründet durch die besondere Gewichtung der Grundfreiheiten entstehen so verschiedene Verteilungssphären nach Art der Güter ausgedrückt durch die beiden Prinzipien.[530] Die vorgestellte lexikalische Ordnung der Grundsätze ist nun sowohl in negativer als auch in positiver Hinsicht anfragbar. In negativer Hinsicht ist diese absolute Vorrangstellung des ersten Gerechtigkeitsprinzips insofern anzufragen, als dass ihre Sicherstellung den Einsatz knapper ökonomischer Ressourcen der Gemeinschaft erfordern würde und ihre absolute Sicherstellung gegenüber inneren und äußeren Bedrohungen nie vollständig zu gewährleisten wäre, selbst bei Einsatz aller ökonomischen Ressourcen einer Gesellschaft.

> »Die formalrechtliche Anerkennung von Grundrechten ist billig; die geforderte Sicherheit der Grundrechte für jeden Bürger erfordert jedoch Mittel, z. B. für Parlamente, Verwaltung, Juristen, Polizei usw., die in einer armen Gesellschaft vielleicht nur durch Vernachlässigung von Grundbedürfnissen verfügbar sind. Verlangt die Gerechtigkeit in solchen Fällen, daß Grundbedürfnisse zugunsten von Grundrechten zu vernachlässigen sind?«[531]

Es wäre daher weder vernünftig, noch ökonomisch wünschenswert, die absolute Sicherung der Grundfreiheiten unter allen Umständen durchzuführen, sondern auch hier gewisse Abwägungen zwischen dem Grad an Freiheitsverbesserungen aller und den dafür erforderlichen Aufwen-

---

Vermeidung metaphysischer Hintergrundannahmen als Gültigkeitsbedingungen als nichtmetaphysische Theorie bezeichnet werden sollte. Vgl. hierzu ebenso: *Forst*, Rainer (1999), 105–168.

530 Vgl. *Koller*, Peter (1998), 48f.

531 *Pogge*, Thomas W. (1994), 123.

dungen von Ressourcen zuzulassen.[532] Diese Überlegungen müssten dann allerdings durch alle Mitglieder einer Gesellschaft erfolgen und durch einen allgemeinen zumindest hypothetischen Konsens institutionalisiert werden, um sicherzustellen, dass der Grad an Verschlechterungen der Freiheiten nicht einseitig zu Lasten einzelner Bürgerinnen und Bürger erfolgt und das Gesamtsystem der Freiheiten aller Einzelnen vergleichbar hoch bleibt.

Positiv anzufragen ist die absolute lexikalische Ordnung beider Gerechtigkeitsgrundsätze ebenso hinsichtlich der Befriedigung von Grundbedürfnissen der Gesellschaftsmitglieder. So gilt es hierbei zu betonen, dass gerade deren ökonomische Sicherstellung in einer Gesellschaft durchaus den Rang einer freiheitsermöglichenden Bedingung trägt, wenn beispielsweise bürgerliche Freiheiten, wie das aktive Wahlrecht von Einzelnen aufgrund materieller Not nicht wahrgenommen wird oder der Schutz der personalen Integrität aufgrund von Hunger und Unterernährung real nicht erfüllt werden kann. Eine absolute Sphärentrennung zwischen politischen und personalen Freiheiten im ersten Gerechtigkeitsgrundsatz sowie sozialen und ökonomischen Freiheiten im zweiten Gerechtigkeitsgrundsatz erscheint daher zumindest bei vorliegender Liste der Grundgüter nicht annehmbar. *Rawls* selbst erkannte jedoch auch den Konflikt innerhalb der lexikalischen Ordnung beider Prinzipien und versuchte diesen dahin gehend zu entschärfen, dass er den Geltungsbereich seiner Theorie auf demokratische Gesellschaften unter einigermaßen günstigen historischen Bedingungen einschränkte, worunter auch die prinzipielle Möglichkeit der Abdeckung von Grundbedürfnissen aller Gesellschaftsmitglieder fällt.[533] Eine weitere Möglichkeit, dieser grundlegenden Kritik entgegenzuwirken, bestünde dagegen darin, ein Grundrecht zumindest auf basale Bedürfnisbefriedigung in die Liste der Grundfreiheiten aufzunehmen und diese innerhalb der lexikalischen Vorordnung des ersten Gerechtigkeitsgrundsatzes mit abzudecken.[534]

---

532 Vgl. *Koller*, Peter (1998), 58.
533 Vgl. *Rawls*, John (1994), 166f.
534 Vgl. ebenso *Rawls*, John (1998), 7 und 166.

Weiterer Klärungsbedarf für ein angemessenes Verständnis beider Gerechtigkeitsgrundsätze besteht auch hinsichtlich des Prinzips der fairen Chancengleichheit im zweiten Grundsatz. Es wurde bereits ausgeführt, dass dieses Prinzip gegenüber einer reinen Gewährung formaler Chancengleichheit positiv sicherstellen soll, dass Personen mit annähernd gleichen Fähigkeiten unabhängig von sozialen oder ökonomischen Dispositionen annähernd die gleichen Chancen und Aussichten auf gelingendes Leben haben. Der Einfluss natürlicher oder sozialer Willkür auf die Verteilung gesellschaftlicher Ämter und Positionen sollte somit abgeschwächt werden.

> »Unser Problem besteht offensichtlich darin, eine Interpretation unserer beiden Prinzipien zu finden, nach der die Anteile der Verteilung durch die Willkür und den Zufall gesellschaftlichen Glücks und die Lotterie natürlicher Vorzüge nicht unangemessen beeinflußt werden.«[535]

Jenseits möglicher Mess- und Darstellungsprobleme zur Überprüfung einer tatsächlichen Erfüllung dieses Prinzips stellt der Grundsatz wichtige Anforderungen an gesellschaftliche Systeme und Organisationen, insbesondere Bildungs- und Qualifizierungseinrichtungen. Begründet durch die Einsicht, dass sozialer Status, Macht und ökonomischer Erfolg für Individuen entscheidend mit möglichen Ämtern und Positionen innerhalb der Gesellschaft verknüpft ist, erscheint auch für die tatsächliche materialethische Einlösung der Liste der Grundfreiheiten im ersten Gerechtigkeitsprinzip die Einführung einer fairen Chancengleichheit als logisch zwingend, um jedem Gesellschaftsmitglied die tatsächliche Chance auf das für ihn bestmögliche Gesamtsystem gleicher Freiheiten zu ermöglichen.

Eine weitere wichtige Anfrage im innerphilosophischen Diskurs besteht hinsichtlich der Identifikation der am wenigsten begünstigten Gesellschaftsmitglieder (»least advantaged members of society«) durch *Rawls*. Innerhalb erster Entwürfe zu seinem Hauptwerk und

---

535 Vgl. *Rawls*, John (1977b), 100.

in der *Theorie der Gerechtigkeit* geht der Autor davon aus, dass die am wenigsten Begünstigten üblicherweise durch die Klasse der Hilfsarbeiter repräsentiert werden, von der aus die Bewertung der Grundstruktur einer Gesellschaft zu erfolgen hat.

> »Dementsprechend ist die am wenigsten begünstigte Person der Repräsentant in der nach unseren Unterscheidungskriterien niedrigsten Einkommensgruppe. Diese Gruppe ist vermutlich mehr oder weniger identisch mit der Klasse der Hilfsarbeiter, also mit denen, die die schlechteste Ausbildung und die geringsten Fähigkeiten besitzen.«[536]

Zwei Schwierigkeiten ergeben sich aus dieser Darstellung: ein Verfahrensproblem sowie ein Identifikationsproblem. Das Verfahrensproblem drückt hierbei mögliche Schwierigkeiten innerhalb der Messung und Umsetzung des Differenzprinzips aus. Gegenüber einer rein materiellen Verkürzung von Deprivation, der Identifikation der am wenigsten begünstigten Gesellschaftsmitglieder mit der Gruppe derer, welche die niedrigste ökonomische Position einer Gesellschaft inne hat, sei nochmals darauf verwiesen, dass Armut durchaus mehr als den Mangel an Einkommen darstellen kann, sondern in Übereinstimmung mit *Sen* ethisch als »Mangel an fundamentalen Verwirklichungschancen«[537] bestimmt werden sollte. Dies schließt die besondere Sorge der Institutionen innerhalb der Grundstruktur etwa auch für Menschen mit körperlichen und geistigen Behinderungen, Immigranten oder anderen natürlich oder sozial bedingt nicht voll kooperationsfähigen Menschen des Gemeinwesens ein. Ebenso ist darauf zu verweisen, dass auch das Unterschiedsprinzip die Indizierung sozialer und ökonomischer Deprivation auf einen einzigen Maßstab voraussetzt, der dann die Vergleichbarkeit aller Positionen ermöglichen und eine sichere Identifikation der am wenigsten begünstigten ermöglichen würde.

---

536 *Rawls,* John (1977b), 91. Vgl. ebenso: *Rawls,* John (1979), 117–119.
537 *Sen,* Amartya (2000c), 110.

»Rawls spricht zwar von einem Index, gibt aber keine Anhaltspunkte dafür, wie die betreffenden Güter gemessen und die resultierenden Meßwerte für jede Person zu einem Indexwert zusammengefaßt werden sollen. In Beispielen überbrückt er diese Lücke dadurch, daß er vereinfachend bloß Einkommen oder Geld als das einzige Gut heranzieht.«[538]

Gegenüber dieser zutreffenden Kritik, dem realen Verfahrensproblem in Anwendung beider Gerechtigkeitsgrundsätze, sei nochmals nachdrücklich auf die Theorie *Sens* verwiesen. Zur Vermeidung einer solchen Kritik wären dann etwa die getrennte Erhebung verschiedener Grundgüter und die spezifische Aufschlüsselung der Art der Hilfeleistung je nach besonderem Erfordernis des jeweiligen Gutes erforderlich. Die vereinfachende Annahme von *Rawls*, dass sich schwerwiegende Deprivation auch immer an der geringsten ökonomischen Position des Betroffenen innerhalb der Gesellschaft zeigt[539], ist an dieser Stelle jedoch zurückzuweisen. Weiterhin bleibt unklar, wie die notwendigen Mittel zur Umverteilung aufgebracht werden sollten. Das Differenzprinzip sieht an dieser Stelle etwa nicht vor, dass Gesellschaftsangehörige mit den besten sozio-ökonomischen Positionen zur Aufbringung des Augleichs gegenüber den am wenigsten Begünstigten herangezogen werden. So wäre es beispielsweise ebenfalls denkbar, dass die Lage unterer sozialer Positionen einseitig durch wenig Bessergestellte erfolgen könne, während sich das Einkommens- und Vermögensgefälle gegenüber am meisten begünstigten Mitgliedern der Gesellschaft erhöht. Die Annahme einer Verkettung aller sozialen und ökonomischen Positionen untereinander, die *Rawls*[540] trifft, ist empirisch dagegen wenig wahrscheinlich, so dass die Verbesserung der Lage Schlechtestgestellter nicht automatisch ebenfalls die anderer, weniger Schlechtgestellter verbessert.[541]

---

538 Vgl. *Pogge*, Thomas W. (1994), 81.
539 Vgl. *Rawls*, John (1979), 111f.
540 Vgl. ebd., 95–105.
541 Vgl. *Koller*, Peter (1998), 61f.

Ein weiteres Verständnisproblem beider Gerechtigkeitsgrundsätze ergibt sich hinsichtlich des Topos »größtmöglicher Vorteil« (»greatest benefit«) innerhalb des Differenzprinzips. Zwei mögliche Verständnisweisen lässt der vorgestellte Topos zu: Die Deutung innerhalb der Wahlsituation des Urzustandes sowie eine innergesellschaftliche Lesart im Falle der Anwendung beider Prinzipien. Im ersten Fall, der Deutung des Topos innerhalb des konstruktivistischen Verfahrens im Urzustand, würden die repräsentativen Personen lediglich diejenige Gesellschaftsordnung aus der Liste verfügbarer Ordnungen für die Grundstruktur auswählen, deren schlechtest mögliches Ergebnis nach der Maximin-Regel eine bestmögliche Güterausstattung böte.[542] Für diese Deutung des Begriffs innerhalb der konstruktivistischen Entscheidungssituation des Urzustands spricht ebenfalls die Personenkonzeption des Autors. Er kennzeichnet die Bewohner seines Urzustandes als freie und gleiche Individuen, die einander gegenüber rational desinteressiert seien.[543] Insbesondere die Bedingung eines rationalen Desinteresses spricht dabei für eine Deutung des Begriffs hinsichtlich einer Auswahl zwischen verschiedenen Ordnungen für die Grundstruktur der Gesellschaft, beschränkt auf das Konstruktionsverfahren im Urzustand.

Eine andere Lesart des Differenzprinzips ergibt sich dem gegenüber durch eine praktische Anwendung dieses Prinzips. Hierbei wird die Referenzgruppe eines bestmöglichen Ergebnisses nicht durch andere Gesellschaftsordnungen beantwortet, sondern wäre im Rahmen eines sozialen Vergleiches zwischen allen sozioökonomischen Positionen der Gesellschaft zu bestimmen. Die am wenigsten begünstigten Gesellschaftsmitglieder würden dann konkreten Individuen entsprechen,

---

542 So *Rawls* selbst, der das Differenzprinzip aus einer Liste vorgeschlagener möglicher Konzeptionen für die Grundstruktur einer Gesellschaft mittels des Maximin-Prinzips wählen lässt. Die Frage nach der Referenzgruppe für »bestmöglich« wird damit nicht durch andere sozioökonomische Positionen, sondern im Vergleich zu anderen Gesellschaftsordnungen beantwortet. Vgl. hierzu: *Rawls*, John (1977b), 92–104; vgl. ebenso *Rawls*, John (1979), 86–94.

543 Vgl. *Rawls*, John (2003), 139–144.

die im Rahmen umfassender sozialer Vergleiche zu ermitteln wären.[544] Innerhalb dieser Lesart würden daraus wiederum Mess- und Indexprobleme resultieren. Auf sie wurde bereits in der näheren Erläuterung des Topos eines größtmöglichen Vorteils eingegangen.[545] Weiterhin wäre es ebenfalls in der konkreten Anwendung der Prinzipien möglich, dass trotz der Sicherstellung eines größtmöglichen Vorteils für am wenigsten begünstigte Gesellschaftsmitglieder, deren Existenzminimum dennoch nicht gewährleistet werden kann. Für den Ausschluss eines solchen Verteilungsfalles wäre es einerseits möglich, innerhalb des Differenzprinzips eine zusätzliche materialethische Bestimmung eines unteren, in jedem Fall zu gewährleistenden materiellen Niveaus zur Subsistenzsicherung des Einzelnen aufzunehmen, dem sich beispielsweise anhand der Armutskriterien wichtigster Capabilities nach Sen angenähert werden könnte oder andererseits könnte die Basissicherung des Lebens in den Rang einer Grundfreiheit erhoben und in das erste Gerechtigkeitsprinzip inkludiert werden.[546]

Für die Ableitung und Begründung insbesondere des Differenzprinzips ergeben sich zwei weitere innerphilosophische Anfragen bezüglich der Auffassung von *Rawls* gegenüber der Behandlung natürlicher Anlagen und Fähigkeiten einer Person sowie der Geltung des Maximin-Kriteriums innerhalb der ursprünglichen Wahlsituation. Das Maximin-Prinzip besagt dabei, dass im Urzustand diejenige gesellschaftliche Ordnung rational vorzugswürdig erscheint, deren schlechtest mögliches Ergebnis gegenüber allen vergleichbaren Ordnungen maximiert ist.[547] *Harsa-*

---

544 Auch diese Lesart des Differenzprinzips wird durch die *Theorie der Gerechtigkeit* gestützt. Vgl. *Rawls*, John (1979), 121–130 und 332f.

545 Vgl. ebenfalls *Koller*, Peter (1998), 60f. sowie *López*, Eduardo Rivera (1995), 338–344.

546 *Rawls* selbst versucht dieser Kritik beispielsweise dadurch zu entkräften, dass er den fairen Wert gleicher Grundfreiheiten innerhalb des ersten Gerechtigkeitsprinzips betont, um sicherzustellen, dass ähnlich begabte und motivierte Bürgerinnen und Bürger ebenfalls annähernd die gleiche Chance besitzen, die Politik zu beeinflussen. Der Grundsatz fairer Chancengleichheit wird damit de facto auf die Sphäre der Politik einer Gesellschaft hin ausgedehnt. Vgl. *Rawls*, John (2003), 77–87.

547 Vgl. *Rawls*, John (2003), 156f.

nyi erhebt gegenüber einem solchen Wahlkriterium den Einwand der Nichtberücksichtigung der Rolle der Ungleichheit der Ergebnisse im Zusammenhang mit der Wahrscheinlichkeit des Eintritts dieser Risiken hervor. Individuen würden sich so lediglich unter der Annahme einer extremen Risikoaversion für eine Wahl nach dem Maximin-Kriterium und somit für das Differenzprinzip entscheiden und im Falle größerer Risikoneigung etwa eher zum Prinzip des Durchschnittsnutzens unter Hinzufügung der Absicherung einer absoluten Armutsschwelle tendieren; zudem erscheine die Annahme einer derartig großen Abneigungen gegenüber allen Risiken für eine Praxisanwendung gänzlich unbrauchbar.

> »It is extremely irrational to make your behaviour wholly dependent on some highly unlikely unfavorable contingencies, regardless of how little probability you are willing to assign to them.«[548]

Gegenüber dieser fundamentalen Kritik Harsanyis an der Entscheidung der Parteien im Urzustand anhand der Maximin-Regel, betont Rawls ihre Geltung lediglich auf der Ebene der Grundstruktur der Gesellschaft, der Verteilung grundlegender Rechte und Pflichten der Gesellschaftsmitglieder, innerhalb des Urzustandes als Darstellungsmittel unter drei Bedingungen:

- ▶ Die Maximin-Regel berücksichtigt keine Wahrscheinlichkeiten. Der Eintritt eines jeden Risiko- oder Glücksfalles ist für die Parteien im Urzustand also gleich wahrscheinlich.

- ▶ Es besteht zunächst also ein grundlegendes Interesse der Parteien als Sachwalter für spätere reale Individuen daran, die schlechtest mögliche Folge der Entscheidungen abzusichern. Über dieses garantierbare Niveau Hinausgehendes ist zunächst in der Entscheidungssituation zweitrangig.

---

548 *Harsanyi*, John C. (1980), 40.

▶ Die Parteien sind dazu angehalten, Alternativen zu vermeiden, deren schlechtest mögliches Ergebnis in der Verteilung grundlegender Rechte, Pflichten und Chancen an die Gesellschaftsmitglieder unterhalb dieses garantierbaren Niveaus liegen.[549]

Die vorgestellten drei Bedingungen sind nach *Rawls* im Urzustand erfüllt, so dass eine Entscheidung der Parteien nach dieser Regel für die Verteilungsstruktur gesellschaftlicher Grundgüter, und nur für diese, gesichert ist. Es erscheint mir daher plausibel, die Maximin-Regel als Entscheidungsprinzip auf der Makroebene innerhalb des konstruktivistischen Arguments beizubehalten.[550]

Eine letzte wichtige Anfrage zur Ableitung des zweiten Gerechtigkeitsprinzips ergibt sich aus der Behandlung natürlicher Veranlagungen und Talente als gemeinschaftliches Guthaben.

Eine das Differenzprinzip erfüllende Grundordnung der Gesellschaft sollte nach Rawls den Einfluss natürlicher und sozialer Zufälligkeiten auf die Verteilung von Ämtern und Positionen sowie Einkommen und Vermögen durch die Grundstruktur der Gesellschaft bestmöglich mindern, um sowohl die Geltung fairer Chancengleichheit als auch des Differenzprinzips zu ermöglichen. Unterschiede aufgrund des moralischen Verdienstes einer Person sind nach ihm hiervon jedoch unberührt.[551]

Gegenüber einem reinen Egalitarismus, wie z. B. von *Dworkin*[552] vertreten, trifft *Rawls* hier allerdings den fundamentalen Unterschied, dass nicht die angeborenen Talente als solche, sondern lediglich die

---

549 Vgl. *Rawls*, John (2003), 156–161.

550 Vgl. ebenso *Maus*, Ingeborg (1998), 80f.

551 Vgl. explizit *Rawls*, John (2003), 123–127, implizit ebenso bereits: *Rawls*, John (1979), 86–95 und 122, 205: Der Autor grenzt an dieser Stelle das zweite Gerechtigkeitsprinzip gegenüber den Systemen der natürlichen Freiheit, natürlichen Aristokratie und dem Prinzip der demokratischen Freiheit ab und betont darin als wichtigsten Unterschiede zwischen seinen Prinzipien und den vorgestellten anderen Grundordnungen die eingeschränkte Gültigkeit der Pareto-Effizienz innerhalb der Grundstruktur sowie die Ausgleichsbedürftigkeit natürlicher und gesellschaftlicher Zufälligkeiten in ihrem Einfluss auf die Verteilung sozialer Positionen, Einkommen und Vermögen.

552 Vgl. *Dworkin*, Ronald (1981a, 1981b, 1987a, 1987b).

Auswirkungen unterschiedlicher individueller Anlagen zu sozialisieren seien innerhalb einer Gesellschaftskonzeption, die wesentlich auf wechselseitig vorteilhafte Kooperation hin ausgelegt ist. Die Kritiken beispielsweise von *Kersting* und *Krebs* an der Konzeption eines starken Egalitarismus[553] sind somit für die Theorie des politischen Liberalismus gegenstandslos, auch der Enteignungsvorwurf *Nozicks*[554] gegenüber *Rawls* ist somit unbegründet.

Weitere wichtige Einwände gegenüber der Gerechtigkeitstheorie des politischen Liberalismus von John *Rawls* markierte Kenneth J. *Arrow*[555] vom Standpunkt der Frage nach Verteilungsgerechtigkeit der Wohlfahrtsökonomie her. Als grundlegende Gemeinsamkeit zwischen Wohlfahrtsökonomie und Gerechtigkeitstheorie rawlsscher Prägung hebt der Autor dabei zunächst die gemeinsame Suche nach einer gerechten Güterverteilung hervor. Diese sieht *Arrow* stark vom Utilitarismus zumindest aber von einer utilitaristischen Psychologie her geprägt, das

---

[553] Zu nennen wäre an dieser Stelle insbesondere die Verwechslung von Allgemeinheit mit Gleichheit, also die nicht treffende Übersetzung des Geltungsrahmens klassisch liberaler Theorien, aller Menschen innerhalb der Gesellschaft mit der Norm der Gleichheit innerhalb des Egalitarismus, ungerechtfertigte Eingriffe in die Persönlichkeit des Einzelnen, hervorgerufen durch die verdienstethische Differenzierung zwischen verdienten und unverdienten Ungleichheiten der Verteilungsstruktur nach individueller Verantwortlichkeit, das Umsetzungsproblem, hervorgerufen durch die Verkennung der Komplexität moderner Gesellschaften, sowie letztlich der Nichtherstellbarkeit von Gleichheit durch ständige Neuproduktion von Ungleichheiten durch die Verteilungsstruktur selbst. Vgl. hierzu: *Krebs*, Angelika (2000), 7–33. Vgl. ebenso *Kersting*, Wolfgang (2004), 9–26, *Anderson*, Elizabeth S. (2000), 117–148.

[554] Vgl. die zusammenfassende Darstellung der Kontroverse zwischen *Rawls* und *Nozick* in *Pogge*, Thomas W. (1994), 177–184. *Nozick* erhob hier gegenüber *Rawls* den Vorwurf, seine an Verteilungsprofilen orientierte Gerechtigkeitstheorie enteigne die Menschen, da sie sich zum einen gegenüber bestehenden Eigentumsordnungen konsequent durchsetze und zum anderen ungerechtfertigte Eingriffe in die Persönlichkeit Betroffener erhebe durch die Sozialisierung von natürlichen Talenten und Begabungen, die nach *Rawls* zunächst moralisch willkürlich und daher nicht verteilungsrelevant erschienen. Demgegenüber macht *Rawls* meiner Ansicht nach aber treffend deutlich, dass nicht die natürlichen Bevorzugungen oder Nachteile zu sozialisieren seien, sondern lediglich die sozialen Auswirkungen derselben in einer Gesellschaft, die wesentlich als Kooperationsmodell zum wechselseitigen Nutzen aller Beteiligter vorgestellt wird.

[555] Vgl. *Arrow*, Kenneth J. (1977), 199–223.

heißt, laut Modellannahme treffen hierbei Individuen eigene Entscheidungen stets zu ihrem Vorteil; und diese Entscheidungen wiederum sind nicht als Ergebnis abstrakter individueller Nutzenvergleiche prognostizierbar, sondern als Nutzen gilt das Ergebnis empirisch überprüfbarer individueller Entscheidungen übertragen auf so ermittelbare kollektive Nutzenfunktionen.[556] Gegenüber der Theorie von John *Rawls* erhebt der Autor den fundamentalen Einwand seiner Nähe zu utilitaristischen Konzeptionen[557], trotz der von Rawls immer wieder betonten

---

556 Vgl. ebd., 200, 209f.

557 Utilitaristische Theorien bilden ein breites Spektrum von Positionen innerhalb der philosophischen Ethik. Er schließt in seinen Grundlagen vor allem an die Theorien englischer Empiristen des 17. und 18. Jahrhunderts, beginnend mit Thomas *Hobbes*, David *Hume* und dem bekannten Moralphilosophen Adam *Smith* an. In ihrem Grundtypus lassen sich die Theorien des Utilitarismus mit Otfried *Höffe* (1975, 7–11) durch vier zentrale Charakteristika darstellen, die als Möglichkeit dienen sollen, Handlungen, Regeln und Normen auf der Basis empirischer Beobachtungen moralisch zu beurteilen: das Konsequenzen-, das Utilitäts-, das Hedonismus- sowie das Sozialprinzip. Im Konsequenzenprinzip erfolgt die moralische Beurteilung von Handlungen, Regeln und Normen streng teleologisch aufgrund der zu erwartenden Handlungsfolgen und Auswirkungen einer begangenen oder unterlassenen Tat. Die moralische Kategorie »richtig« oder »falsch« wird also ausschließlich an den Ergebnissen menschlicher Aktionen bestimmt. Von dieser Form der Ethik wird also die Annahme prinzipiell, in sich, guter oder schlechter Handlungen abgelehnt. Das Utilitätsprinzip bestimmt die Frage nach dem Beurteilungsmaßstab menschlicher Handlungen innerhalb des Utilitarismus durch das Kriterium des Nutzens. Nutzen wird dabei innerhalb der Theorien bestimmt als Glück und Lust. Eine Handlung wird also anhand derjenigen Handlungsfolgen als gut zu beurteilen sind, wenn sie die Verwirklichung des Glücks befördert.

Die Hauptströmung des Utilitarismus bestimmt anschließend als empirische Theorie den Nutzen einer Handlung hedonistisch als Befriedigung menschlicher Bedürfnisse und Interessen, also in der Freude und dem Glück für den Einzelnen, die aus einer solchen Aktion resultieren. Die Frage nach dem Akteur moralischer Handlungen wird durch jedes einzelne Individuum festgelegt. Das Gute einer Handlung wird also in eine »praktisch unbegrenzte Vielfalt subjektiver Präferenzen, Neigungen und Interessen« (*Anzenbacher*, Arno, 2002a, 33.) pluralisiert. Entscheidend ist für die frühen Utilitaristen damit nicht die Qualität des Glücks, sondern dessen Quantität; Ziel ist umfassende Glücksmaximierung für den Einzelnen. (vgl. *Mill*, John Stuart, 1975, 85.)

Allerdings lehnen Hauptvertreter der philosophisch-ethischen Strömung des Utilitarismus auch einen egoistischen Hedonismus ab. Vielmehr ist der Nutzen gesamtgesellschaftlich zu bestimmen als das Glück aller von einer Handlung betroffenen Menschen,

Zurückweisung derartiger Theorien. Insbesondere zwei Ähnlichkeiten hebt *Arrow* zwischen der Theorie der Gerechtigkeit und dem Utilitarismus hervor: die Unvermeidlichkeit interpersoneller Nutzenvergleiche in beiden Theorien sowie der ebenfalls utilitaristisch zu begründende Vorrang der Freiheit im ersten Gerechtigkeitsprinzip.[558]

> »Bei den gewöhnlichen Anwendungen der Nutzensummen-Methode wird das Problem der unterschiedlichen Nutzwerte umgangen, indem man es aus der Welt stipuliert; man postuliert, daß jeder dieselbe Nutzenfunktion besitzt. So vermeidet man nicht nur die Verteilung des Einkommens zugunsten der Empfänglicheren, was man für eine Ungerechtigkeit halten kann, sondern auch das Problem, bis ins einzelne feststellen zu müssen, was die Nutzenfunktionen bedeuten [...]. Rawls kritisiert diese utilitaristische Ausflucht, allerdings mit Vorsicht; interpersonelle Vergleiche möchte er nämlich nicht ablehnen [...].«[559]

Die Unvermeidlichkeit interpersoneller Nutzenvergleiche ergibt sich dabei aus der bereits erwähnten Notwendigkeit zur Ermittlung jeweils schlechtest Gestellter und der Ermittlung größtmöglicher Vorteile dieser im Rahmen des Differenzprinzips. Auch für eine solche empirische Feststellung der am wenigsten begünstigten Mitglieder einer Gesellschaft ist es nach Darstellung von *Arrow* unerlässlich, vergleichbare Nutzenfunktionen von Individuen zu etablieren, anhand derer Deprivation in der sozioökonomischen Sphäre einer Gesellschaft ermittelt werden könnte.[560] Gegenüber dem klassischen Utilitarismus böte die Theorie *Rawls'* aber dennoch den Vorteil einer absoluten Vorrangigkeit

---

das größte Glück der größten Zahl. Nutzen wird dabei also additiv bestimmt, entscheidend ist die größtmögliche soziale Nutzensumme, der größtmögliche Durchschnittsnutzen. (Vgl. *Anzenbacher*, Arno, 2002a, 33.)

558 Vgl. *Arrow*, Kenneth J. (1977), 205–209, 213–216.

559 Ebd., 211.

560 Vgl. ebd.

der Freiheit gegenüber den Gütern der sozioökonomischen Sphäre des Gemeinwesens. Der individuellen Selbstentfaltung würde somit also trotz der notwendigen Indizierung anderer Gütergruppen Rechnung getragen; die Freiheit des Einzelnen in gleicher Weise geschützt vor Nutzenvergleichen und sich daraus möglicherweise ergebenden Verrechnungen mit anderen Gütern. Das Indexproblem erstreckt sich bei *Rawls* gegenüber dem klassischen Utilitarismus damit lediglich auf das zweite Gerechtigkeitsprinzip und damit die Güter der sozioökonomischen Sphäre einer Gesellschaft. Folglich fährt auch *Arrow* in seiner Erläuterung fort: »Wahrscheinlich ist es unumgänglich, sich auf irgendeine Liste von Grundgütern zu beschränken«[561], anhand derer, wie *Rawls* es demonstriert, am meisten benachteiligte Gesellschaftsmitglieder beschränkt auf den zweiten Gerechtigkeitsgrundsatz zu identifizieren und gesondert zu fördern seien.

Dieses dann geringere Ähnlichkeitsproblem zum klassischen Utilitarismus wäre allerdings entweder durch die Inklusion materieller Freiheitsvoraussetzungen in den ersten Gerechtigkeitsgrundsatz oder die materialethische Definition eines nicht zu unterschreitenden Existenzminimums für das Differenzprinzip weitgehend zu lösen.

Eine mögliche utilitaristische Begründung des Vorrangs gleicher Freiheit, wie ihn das erste Gerechtigkeitsprinzip ausführt, wäre nach *Arrow* ebenso dadurch gegeben, dass diese sich in derselben Weise aus der Annahme gleicher Präferenzen der Individuen für eine solche Vorrangigkeit her darstellen ließe. Der Annahme einer Maximierung individueller Nutzensummen würde dann ebenfalls zu einer Vorrangigkeit der Freiheit führen. Sein entscheidender Einwand gegenüber der Theorie *Rawls'* stellt somit zugleich einer Verteidigung utilitaristischer Methoden im Bereich der Wohlfahrtsökonomie dar.

»Wenn jeder tatsächlich der Freiheit in einem lexigraphischen Sinne Vorrang zuschreibt, dann wird bei der sozialen Wahl das klassischste Nutzensummen-Kriterium dasselbe tun; für die Gesellschaft wird der Grundsatz gelten, dass man

---

561 Vgl. *Arrow*, Kenneth J. (1977), 211f.

die Summe der individuellen Freiheiten maximieren und von den Zuständen, die dies erreichen, dann denjenigen wählen soll, der die Summe an Befriedigung aus anderen Gründen maximiert.«[562]

Dieser Einschätzung *Arrows* ist zumindest für den klassischen Utilitarismus, gegen dessen Prinzipien sich die Gerechtigkeitstheorie von *Rawls* richtet, zu widersprechen. Als entscheidender Unterschied zwischen beiden Theorien sei der unterschiedliche Referenzpunkt beider betont. Während der klassische Utilitarismus als Bezugspunkt der Auffassung eines geregelten Zusammenlebens die Befriedigung kollektiver Nutzensummen angibt[563], stellt *Rawls* als Referenzpunkt seiner Theorie Individuen heraus. Rawls Konzeption hat ferner das Ziel, des Gesamtsystems aller individuellen Freiheit zu maximieren, die in gleicher Weise für jeden Einzelnen im Rahmen der Grundstruktur einer Gesellschaft gelten kann. Aufgrund dieser unterschiedlichen Referenzpunkte beider Theorien, ermöglicht die Theorie des klassischen Utilitarismus zum einen die Verrechnung individueller Nutzensummen zur Erhöhung der Gesamtwohlfahrt einer Gesellschaft und differenziert zum anderen nicht hinreichend zwischen verschiedenen Arten von Gütern je nach Präferenz des Individuums. Eine Abwägung zwischen materieller Wohlfahrt vieler zu Ungunsten von Freiheitsbeschränkungen weniger Gesellschaftsmitglieder könnte somit zugelassen werden. Beide Nachteile einer Güterverteilung nach klassisch utilitaristischen Prinzipien werden in der Theorie des politischen Liberalismus vermieden zum Ersten durch strikte Anknüpfung am Individuum selbst, dem innerhalb des konstruktivistischen Begründungsverfahrens der Status eines entscheidungsrelevanten Subjekts in Gleichheit mit allen

---

562 *Arrow*, Kenneth J. (1977), 206.

563 Vgl. *Anzenbacher*, Arno (2002a), 33. Vgl ebenso die Ausformulierung des Prinzips in *Mill*, John Stuart (1975), 91: »Ich bin auf diesen Punkt näher eingegangen, weil er für ein angemessenes Verständnis der Begriffe Nützlichkeit oder Glück als Leitvorstellungen des menschlichen Handelns verstanden, absolut unerläßlich ist. Zur Annahme der utilitaristischen Norm ist er dagegen nicht unbedingt erforderlich; denn die Norm des Utilitarismus ist nicht das größte Glück des Handelnden selbst, sondern das größte Glück insgesamt.«

repräsentativen Personen zugebilligt wird, zum Zweiten durch strikte Sphärentrennung zwischen grundlegenden individuell-menschlichen Freiheiten sowie Ämtern und Gütern der sozioökonomischen Sphäre der Gesellschaft und zum Dritten schließlich durch den lexikalischen Vorrang des ersten Gerechtigkeitsprinzips, der Abwägungen zwischen beiden Güterarten zur Erhöhung der Gesamtwohlfahrt einer Gesellschaft ausdrücklich ausschließt.[564]

Eine weitere wichtige Anfrage an die Theorie des politischen Liberalismus hinsichtlich der Dauerhaftigkeit eines gewonnenen Normkonsenses und der daraus erzielbaren Stabilität intergenerationeller Unterstützungsbeziehungen stellt exemplarisch Michael *Walzer* aus der philosophisch-ethischen Richtung des Kommunitarismus heraus. Resultierend aus dem liberalen Menschen- und Gesellschaftsbild, das der Autor wesentlich durch Individualismus und daraus auf gesellschaftlicher Ebene einseitige Orientierung am Schutz der individuellen negativen Freiheitsrechte, beklagt *Walzer* die Zerstörung und Auflösung jeglicher Sozialbindungen, die nach ihm durch solcher Art Theorien herbei geführt würden.[565] Weiterhin können, nach *Walzer*, liberale Theorien, die Normen hauptsächlich mittels konstruktivistischer Verfahren generieren, den Verpflichtungscharakter dieser ethischen Normen nicht hinreichen erläutern. Aus welchem Grund sollten reale Menschen in einer realen Umwelt Normen zustimmen, die auf der Basis eines hypothetischen Konsenses in irrealen Konstruktionen gewonnen wurden?[566]

564 So auch *Sen*, Amartya (1977), 283–295, der Rawls die bestmögliche Korrektur des Utilitarismus bescheinigt, seinerseits aber auch gegenüber der Theorie des politischen Liberalismus den Vorwurf ihrer Unvollständigkeit erhebt.

565 Der absolute Status individueller Freiheitsrechte, die durch liberale Theorien befördert werden, ist nach *Walzer* grenzenlos, bis hin zum Abstreifen individueller Identitäten und jeglicher Gruppenzugehörigkeit. Der Autor hält dies für die Basis aller »Schnorrer und Schmarotzer-Probleme«, aus denen liberale Theorien keinen Ausweg böten. Vgl. *Walzer*, Michael (1993), 171.

566 *Walzer* hebt sich an dieser Stelle hauptsächlich von der Vorgehensweise John *Rawls'* ab. Er bezeichnet seine Methode der Normbegründung mittels eines Konstruktionsverfahrens im Urzustand als »Weg der Erfindung« moralischer Normen, der allerdings die Grundlage ihres Verpflichtungscharakters nicht erklären könne. Vgl. *Reese-Schäfer*,

Den Weg des Kommunitarismus sieht er gegenüber liberalen Theorien als beständige Kritik am liberalen Menschen- und Gesellschaftsbild im stetigen Wachhalten der menschlichen Sehnsucht nach Gemeinschaft jenseits des individuierten Selbst.

»Und dennoch hat diese Volkstümlichkeit auch eine Kehrseite, bestehend aus Kummer und Unzufriedenheit, die in periodischen Abständen artikuliert werden; und so ist der Kommunitarismus nichts anderes als die periodisch wiederkehrende Artikulation dieser Empfindungen. Was in ihm einen Ausdruck findet, ist ein Verlustgefühl, und der empfundene Verlust ist real.«[567]

Walter (1994), 125.

Demgegenüber schlägt *Walzer* im Bezug auf gesellschaftliche Güterverteilung eine nach Gütersphären und differenzierten Kriterien organisierte pluralistische und egalitaristische Distribution vor, die einseitig auf verkürzter Leistungsgerechtigkeit beruhende Verteilungsarrangements durchbrechen soll.

Jedes Gut soll dabei nach den unterschiedlichen Verteilungskriterien seiner eigenen Sphäre durch streng subsidiär organisierte Verteilungsorgane, Gemeinschaften, an Menschen zugeteilt werden. (Vgl. *Walzer*, Michael, 1992, 11) Die Sphäre der Leistungsgerechtigkeit bildet damit einzig der freie Markt als Institution des Gütertauschs. Seine Rationalität darf nicht auf andere Gesellschaftsbereiche bezogen werden, ebenso ist abzuwehren, dass andere Sphären den Markt als Distributionszone kolonisieren. Das Ziel besteht hierbei darin zu verhindern, dass Menschen, die in einer Zone Nachteile erleiden, diese auch abgeleitet in anderen Sphären haben.

Walzer legt damit eine in zwei Richtungen komplexe Theorie gerechter Verteilung gesellschaftlicher Güter vor, zum einen erweisen sich die Distributionskategorien, die der Autor vorlegt als sehr verschieden, zum anderen sind auch die verteilenden Agenturen nach außen, je nach Sphäre, divergent sowie nach innen, innerhalb der Verschiedenen Gerechtigkeitszonen, streng subsidiär organisiert. Das Ziel dieser subsidiären Organisationsweise besteht für Walzer darin, Gruppensolidaritäten zu stärken, also eine Remoralisierung sozialer Bezüge durch Wiederentdeckung des Tugenddiskurses in pluralen Gesellschaften voranzutreiben sowie partizipatorisches und bürgerliches Engagement durch neue Wege der Selbstorganisation der Zivilgesellschaft zu fördern und zu begleiten. (Vgl. *Reese-Schäfer*, Walter, 1998, 77)

567 *Walzer*, Michael (1993), 166.

Eine weitere Kritik *Walzers* richtet sich gegen die Annahme einer einseitig am Marktmodell orientierten Verteilung aller gesellschaftlichen Güter, die er durch liberale Theorien befördert sieht:

> »Und schließlich hat es niemals ein singuläres Kriterium oder ein singuläres Set von miteinander verknüpften Kriterien gegeben, die für alle Verteilungsvorgänge gleichermaßen gegolten hätten. Verdienst, Eignung, Abstammung und Geblüt, Freundschaft, Bedürfnis und Bedarf, freier Austausch, politische Loyalität und demokratische Entscheidung, sie alle hatten und haben, miteinander gewechselt und vermengt und von konkurrierenden Gruppen ins Feld geführt, im schwierigen Nebeneinander mit zahllosen weiteren Einflußkomponenten ihren je speziellen Stellenwert im Gesamtgeschehen.«[568]

Für die Institutionalisierung von Normen eines gerechten Alterssicherungssystems, die wesentlich auf soziale Integration und stabile gesellschaftliche Generationenbeziehungen angewiesen sind, wäre eine solche Diagnose, sollte sie sich als stimmig erweisen, jedoch verhängnisvoll, da eine liberale Normbegründungstheorie dringend benötigte gesellschaftliche Stabilität dann unterminieren würde und die Dauerhaftigkeit sozialer Normen durch eine fehlende Erläuterung des Verpflichtungscharakters dieser Normen nicht garantieren könne. Weiterhin müsste sie als einseitig zugunsten von Leistungsgerechtigkeit in der Etablierung gesellschaftlicher Verteilungsarrangement gewertet werden, was der Konsensfähigkeit einer nach liberalen Prinzipien organisierten Distribution der Güter resultierend aus gesellschaftlicher Zusammenarbeit entschieden widersprechen würde.

Weitere Argumente gegenüber liberalen Theorien werden von Charles *Taylor* erhoben. Er stellt insbesondere drei für die Aufrechterhaltung demokratischer Gemeinwesen und stabiler Sozialbeziehungen wichtige

---

[568] *Walzer*, Michael (1992), 28.

Faktoren heraus, die durch aufgeklärtes Eigeninteresse, die von liberalen Theorien befördert werde, nicht begründet werden können[569]:

»Moralische Entrüstung. Weder Eigeninteresse [...] noch die Verpflichtung auf allgemein liberal-demokratische Prinzipien reichten hin, um Empörung zu stiften.
Selbstverteidigung. Individuen, so Taylor, riskierten nicht ihr Leben für die Freiheit von irgend jemandem und in abstracto – nur für die Menschen, denen sie sich solidarisch verbunden fühlen, seien sie bereit, sich einzusetzen.
Politisches Engagement. Die Bereitschaft, aktiv und unter Einsatz der eigenen Kräfte, an der Gestaltung des Gemeinwesens mitzuwirken, sei durch individuelle Interessenorientierung nicht zu stiften.«[570]

Walzers und *Taylors* Einwände gegenüber liberalen Theorien der Normbegründung sollen im Folgenden in dreifacher Weise zurückgewiesen werden: erstens aus dem Erfordernis einer Pluralismuskompatibilität der Normbegründung heraus, zweitens innerphilosophisch durch die Differenzierung zwischen Normbegründung und Motivation und schließlich drittens durch den Erweis der Möglichkeit einer Sicherstellung gesellschaftlicher Stabilität durch liberale Gesellschaftsentwürfe.

Im Hinblick auf eine mögliche Pluralismuskompatibilität der Normbegründung, kann die vorgestellte Theorie *Walzers* nur als bedingt positiv bewertet werden. Zunächst ist auch auf dieser Ebene seine Orientierung an gesellschaftlicher Stabilität und Pluralität verschiedener vernünftiger Ansichten des Guten hervorzuheben, die der Theorieentwurf teilt, indem er die Kontextgebundenheit universaler Werte hervorhebt und an lokale Gemeinschaften zurück bindet.

Gerade durch diese Orientierung an Gemeinschaften, die der Autor als Gemeinschaften des Guten konzipiert, ähnlich wie Vereine oder Familien, stellt sich aber gerade die Frage, ob eine solche Theorie in

---

569 Vgl. *Nunner-Winkler*, Gertrud 1997, 371f.

570 *Nunner-Winkler*, Gertrud 1997, 372.

der Lage ist, übergreifende Regeln des gesellschaftlichen Zusammenlebens hervorzubringen, die als universell geteilte Werte, gesellschaftliche Stabilität begründen und zugleich verschiedene Ansichten des Guten zulassen können. Zudem kann seine Theorie der Normexplikation, allein auf hermeneutischer Interpretation basierend, solche übergreifenden Werte nicht hervorbringen, die jedoch für gesellschaftliche Stabilität absolut notwendig sind.

»Auf der Ebene der Begründung muß Walzers Modell allerdings auf universelle Maßstäbe zurückgreifen, die es nicht herzuleiten vermag. Indem er die konkrete politische Gemeinschaft zum Bezugspunkt seiner Begründung macht, kann Walzer lediglich die divergierenden Auffassungen von distributiver Gerechtigkeit reproduzieren: [...] Eine derart kontextuelle Argumentation kann kein übergreifendes Prinzip von Gerechtigkeit hervorbringen.«[571]

Gestärkt wird dieser Eindruck durch zwei zusätzliche Argumente: der starken Trennung gesellschaftlicher Sphären und den Grenzen der Gerechtigkeit insgesamt. Indem der Autor zur Abwehr von Zonenkolonialismus eine absolute Trennung zwischen den jeweiligen Distributionssphären vollzieht, gefährdet er die Dauerhaftigkeit einer Gemeinschaft. Es entgeht ihm darüber hinaus der gesellschaftlicherseits starke Zusammenhang zwischen den verschiedenen Distributionszonen. So macht *Sen* exemplarisch in seiner Diskussion des Armutsbegriffs die verschiedenen Wechselwirkungen zwischen divergierenden gesellschaftlichen Gütern und deren Distributionszonen deutlich, die formal lediglich eingeschränkt durch Trennung der Sphären abzuschwächen sind, materialethisch dagegen durchaus andere Lösungswege eröffnet, wie beispielsweise hinreichende Gleichheit in jeder Distributionszone.[572]

Abschließend sind die vorgestellten Einwände kommunitaristischer Theoretiker an liberalen Konzeptionen zur Normbegründung

---

571 *Meyer*, Lutz (1996), 81f.
572 Vgl. hierzu *Sen*, Amartya (2000c), 110–113.

durch die Unterscheidung zwischen Normgeltung und Motivation zurückzuweisen. Zunächst muss hierbei betont werden, dass die Annahme einer Strukturgleichheit der Geltungsgründe moralischer Normen und der Motive der Normbefolgung logisch nicht zwingend und empirisch unhaltbar ist. Vielmehr ist an dieser Stelle zwischen Geltungsgründen und moralischer Motivation hinreichend zu differenzieren.

»Es gibt unterschiedliche Rechtfertigungsgründe von Normen (z. B. Gottes Wille, autoritative Setzung, Tradition, legale Verfahren etc.) und unterschiedliche Motive für Normbefolgung (z. B. Gehorsam gegenüber inner- und außerweltlichen Autoritäten, den Wunsch nach sozialer Akzeptanz, Einsicht, Angst vor Sanktionen), und diese beiden Dimensionen können unabhängig voneinander variieren [...]. Wie oben gezeigt, werden in der Moderne Normen unter Rekurs auf das wohlverstandene Eigeninteresse, das vernünftige Wollen aller begründet; logisch folgt daraus nun keineswegs, daß ihre Einhaltung gleichermaßen einem interessenorientierten Nutzenkalkül entspringen muss.«[573]

Nunner-Winkler erklärt diese Differenzierung zwischen Anerkennung der Gründe und Motivation zur Regeleinhaltung empirisch. Nach Erkenntnissen der Entwicklungspsychologie bei Kindern kennen diese bereits sehr früh, zumindest im Alter von zehn Jahren, moralischen Urteilen zugrunde liegende einfache Prinzipien, wie Schadensvermeidung und Unparteilichkeit. Sie werden also durch inhaltliche Prinzipien begründet.[574] Motive der Normbefolgung werden dagegen von Kindern im gleichen Alter zumeist formal und intrinsisch argumentiert, durch Verweise auf Regelübertretungen und negative Gefühle hierdurch. Im Gegensatz zu moralischen Gründen bildeten sich Motivationen zur Regelbefolgung entwicklungspsychologisch auch erst relativ spät und

---

573 *Nunner-Winkler*, Gertrud (1997), 373.
574 Vgl. ebd., 374f.

sehr differentiell aus.[575] Der direkte Schluss von der Begründungsstruktur moralischer Normen auf deren individuelle Motivationskraft, wie von den dargestellten Theoretikern des Kommunitarismus vermutet, muss also an dieser Stelle eindeutig empirisch zurückgewiesen werden. Die Rückbindung der Begründung moralischer Normen an partikuläre Identifikationen des Individuums mit konkreten Gemeinschaften, die moralische Motivation durchaus befördern kann, ist damit zumindest empirisch unbegründet und logisch nicht zwingend aufgrund der unterschiedlichen Struktur beider.

Weiterhin können, so *Nunner-Winkler*, universale Geltung von Normen und deren partikuläre Verpflichtungen durchaus als miteinander vereinbar gesehen werden. Als Grund hierfür führt die Autorin die zweistufige Struktur auf bestimmte Kulturen bezogener positiver Pflichten an, denn universelle Moral fordere nicht nur die Einhaltung umfassender negativer Pflichten, wie sie beispielsweise innerhalb der negativen Freiheitsrechte in Menschenrechtskatalogen institutionalisiert sind, sondern darüber hinaus auch die Einhaltung eben dieser kulturspezifischen positiven Pflichten, die sich etwa in konkreten, auf Gemeinschaft bezogenen Staatsbürgerschaftsrechten und -pflichten zeigen.[576] Wechselseitige Verbundenheit der Individuen innerhalb einzelner Gesellschaften und staatsbürgerschaftliches Engagement kann damit als vereinbar mit der universalen Begründung von Normen gesehen werden, deren Ausführung lediglich an konkrete Gemeinschaften in der Art und Weise ihrer Erfüllung, geprägt durch kulturell tradierte Verhaltenserwartungen, sowie Ort ihrer Verwirklichung rückgebunden bleibt.

Zuletzt kann auch die Theorie des politischen Liberalismus gesellschaftliche Stabilität begründen durch die Förderung und Erhaltung solidarischer Beziehungen, sowohl verstanden als Ausgleich von Benachteiligungen Einzelner als auch als Aufbau aktiver republikanischer Staatsbürgerschaft. Der Ausgleich von Benachteiligungen ist in den Gerechtigkeitsprinzipien von *Rawls* wesentlich über den zweiten

---

575 Vgl. ebd., 376f.
576 Vgl. ebd., 377f.

Gerechtigkeitsgrundsatz hergestellt. Das erste Gerechtigkeitsprinzip hingegen eröffnet als Grundsatz der größtmöglichen gleichen Freiheit institutionell ein umfassendes Betätigungsfeld politischen und bürgerschaftlichen Engagements und stellt die Behandlung der Bürgerinnen und Bürger eines Gemeinwesens als Gleiche durch die Grundstruktur der Gesellschaft und deren wichtigste Institutionen sicher. Beide Gerechtigkeitsprinzipien sind abschließend ebenfalls auf eine partizipative Gesellschaft hin ausgerichtet, in der einzelne Individuen in gesamtgesellschaftliche Kooperation zum wechselseitigen Vorteil inkludiert werden sollen. Die Stabilität einer solchen Ordnung nach beiden Gerechtigkeitsgrundsätzen von *Rawls* würde somit einerseits individuelle Autonomie garantieren, andererseits aber auch das Individuum in zwischenmenschliche Kooperationszusammenhänge auch zum individuellen Vorteil inkludieren und wären daher rational vorzugswürdig.[577]

Eine abschließend darzustellende philosophisch-ethische Anfrage an die Theorie des politischen Liberalismus von *Rawls* richtet sich an die Höhe der zu erwartenden Unterstützungsleistungen. Im Bezug auf die Grundstruktur einer Gesellschaft ist die Anfrage als Problem der Gleichheit aufzufassen mit den philosophisch-ethischen Grundfragen nach: »*Wozu Gleichheit?*« und im Falle einer begründeten Gewährleistung von Gleichheit der Frage nach »*Gleichheit wovon?*«.

Gegenüber stark egalitaristischen Theorien, die materiale Endzustands-Gleichheit als moralisches Postulat erheben, werden innerhalb philosophisch-ethischer Normbegründungstheorien allerdings starke Einwände erhoben. Wesentlicher Anknüpfungspunkt dieser Gegenargumente sind die Theorien der Schicksalsgleichheit, wie sie beispielsweise von Philippe *van Parijs*[578] oder Ronald *Dworkin*[579] vertreten werden.[580]

577 Vgl. hierzu *Hinsch*, Wilfried (1998), 258–261.

578 Vgl. hierzu exemplarisch: *Van Parijs*, Philippe (1995).

579 Vgl. zur Theorie eines starken Egalitarismus: *Dworkin*, Ronald (1981a, 1981b, 1987a, 1987b).

580 Ihnen gemeinsam ist die Differenzierung zwischen verdienten und unverdienten Ungleichheiten innerhalb der Sphäre sozialer Verteilungsgerechtigkeit einer Gesellschaft, die anhand persönlich zu verantwortenden Lebensentscheidungen bestimmt wird. Aufgrund dieser Differenzierung werden anschließend Kompensationsleistungen

Diese Theorien eines starken Egalitarismus sind dabei innerphilosophisch aus mehreren Gründen zurückzuweisen. Sie verkennen zum Ersten die Komplexität des wirklichen Lebens.[581] Zum Zweiten kann gegenüber solchen Theorien der Vorwurf der Inhumanität erhoben werden, denn aufgrund der vorherrschenden Differenzierung zwischen verdienten und unverdienten Nachteilen, die kaum in der Praxis durchführbar sein wird, schließen diese Bürger, die selbst verschuldet in Not geraten, von sozialstaatlichen Verteilungsleistungen aus.[582] Aufgrund möglicher Folgen einer Übertragung dieser Grunddifferenzierung in die Realität wird diesen Theorien gegenüber zum Dritten auch der Einwand des Paternalismus und daraus resultierender Konsensunfähigkeit erhoben, da sie extreme Eingriffe in die Persönlichkeit des Einzelnen zur Folge hätten zur Bestimmung von selbst verschuldeten und natürlich oder sozial zu verantworteten Ungleichheiten.[583] Zuletzt schließlich wird ebenso die absolute Orientierung am Wert der Gleichheit im Bezug auf unverdiente Unterschiede zurückgewiesen. Gleichheit sei, so beispielsweise *Krebs*, in der Bestimmung sozialer Gerechtigkeit lediglich Nebenprodukt der Erfüllung anderer moralischer Standards, nicht aber der Standard selbst:

> »Die Gleichheitsrelation, die sich einstellt, wenn allen Hilfsbedürftigen geholfen ist und tatsächlich alle menschenwürdig leben können, ist nichts, als das Nebenprodukt der Erfüllung absoluter Gerechtigkeitsstandards für alle. Gleichheit sitzt hier auf Allgemeinheit auf.«[584]

---

des Staates festgelegt, die sich der Art und Weise nach an zwei Gesichtspunkten orientieren sollen: zuerst am eigenen Verdienst hinsichtlich des Glücks oder Unglücks innerhalb persönlicher Lebenspläne und zum anderen an der Höhe der daraus resultierenden individuellen Nachteile.

581 Vgl. *Krebs*, Angelika (2000), 9.
582 Vgl. *Anderson*, Elizabeth S. (2000), 119.
583 Vgl. *Kersting*, Wolfgang (2005), 80f.
584 *Krebs*, Angelika (2000), 18, vgl. ebenso *Raz*, Joseph (2000), 76: »Wo immer wir uns auch hinwenden, finden wir, dass es nicht die Ungleichheit ist, die uns an den verschiedenen Ungleichheiten stört. Es ist vielmehr der Hunger der Hungrigen, die Bedürftig-

Gesucht wird also eine Relation der Gleichheit aus den richtigen Gründen. Sie darf zum Ersten Normen der Gleichheit nicht absolut sondern in Relation zu anderen schützenswerten Gütern setzten, zum Zweiten muss sie ebenfalls Begründungen von Ungleichheit in die Normgenerierung einbeziehen, darf zum Dritten weder paternalistisch, in der Hilfegewährung sein noch ungerechtfertigte Eingriffe in die Persönlichkeit der Individuen zulassen und muss schließlich zum Vierten sensibel für Ungleichheiten eingeschränkt auf bestimmte Sphären sein, um deren angemessene Behebung sicherzustellen. Eine solche ausgezeichnete Sphäre der Gleichheit in demokratischen Gesellschaften wäre beispielsweise die der republikanischen Gleichheit, die Ermöglichung gleicher individueller Freiheit und demokratischer Mitbestimmung eines jeden Bürgers des Gemeinwesens, sofern die Norm der Demokratie die tatsächliche aktive Mitbeteiligung aller Menschen an der Gesellschaftsgestaltung verlangt. Die Ziele einer politischen Gleichheit aller Bürger wurden so bereits durch historische politische Gleichheitsbewegungen erkämpft, deren wesentliche Grundsätze nicht darin bestanden, eine Gleichverteilung sozioökonomischer Güter herbeizuführen, sondern willkürliche soziale Hierarchien innerhalb der Gesellschaft zu bekämpfen, positiv also Menschen das Selbstwertgefühl als Gleiche innerhalb wesentlicher Institutionen des Gemeinwesens zu ermöglichen.[585] Begründet aus dem Respekt gegenüber der Würde des Menschen wird Gleichheit in diesen Theorien in Bezug auf Erfordernisse des demokratischen Gemeinwesens relational, als soziales Verhältnis, betrachtet, mit dem Ziel, alle sozialbedingten Unterdrückungen abzuschaffen und gleiche Beteiligung aller Bürger im Status der moralischen Gleichheit voreinander zu ermöglichen. Gleichheit wird hierbei also wesentlich ver-

---

keit der Bedürftigen, das Leid der Kranken und so fort. Auf die Tatsache, dass es diesen Menschen schlechter als ihren Nachbarn im jeweils relevanten Sinne geht, kommt es an. Diese Tatsache ist aber nicht relevant als unabhängiges Übel der Ungleichheit. Ihre Relevanz liegt vielmehr darin, uns zu zeigen, dass deren Hunger größer, deren Bedürftigkeit dringender, ihr Leid schmerzvoller ist, und dass deshalb unsere Sorge für die Hungrigen, die Bedürftigen und die Leidenden, und nicht unsere Sorge für Gleichheit, uns diesen Personen Priorität bei unseren Bemühungen einräumen lässt.«
585 Vgl. *Anderson*, Elizabeth S. (2000), 149f.

standen als die Gewährleistung gleicher Achtung, als Unparteilichkeit und die Vermeidung von Willkür durch die Institutionen einer Gesellschaft.[586] Zur Umsetzung solcher Normen sind nach *Anderson*[587] vier Bedingungen zu gewährleisten: erstens sind zunächst Gütergruppen auszuzeichnen, die den Bürgern während ihres gesamten Lebens zur Verfügung stehen sollen, um die Norm demokratisch gleicher Beteiligungsmöglichkeiten materialethisch zu gewährleisten. Zweitens sollte diese Garantie einer lebenslangen Gewährleistung ohne paternalistische Argumente und ungerechtfertigte Eingriffe in die Persönlichkeit der Individuen im Gemeinwesen zu rechtfertigen sein. Vielmehr sollte Eigenverantwortung der Individuen durch die Institutionen akzeptiert und gestärkt werden. Drittens müsste eine solche Theorie spezifische Kompensationsleistungen für bestimmte Typen von Ungerechtigkeiten vorsehen, die ebenfalls der jeweiligen Art sozialer Diskriminierung entsprechen. Viertens schließlich müssen die gewonnenen Prinzipien ebenfall Gegenstand kollektiver Willensbildung werden können, denn Gleichheit im Rahmen der demokratischen Grundordnung einer Gesellschaft wäre hier wesentlich als soziale Bedingung der Freiheit aller Individuen innerhalb der Grundordnung zu verstehen, die es zu gewährleisten gilt.

Die Theorie des politischen Liberalismus, wie von *Rawls* vorgelegt, erfüllt zentrale durch die Zurückweisung eines starken Egalitarismus gewonnene Bedingungen sozialer Gerechtigkeit im Bezug auf den Wert der Gleichheit. Sie zeichnet zum einen eine bestimmte Sphäre innerhalb der Ordnung einer Gesellschaft aus, für welche der Maßstab der Gleichheit gilt und bestimmt diese analog den Anforderungen von *Anderson* als die Zone der Freiheit im Bezug auf das politische System der Gesellschaft im ersten Gerechtigkeitsprinzip. Weiterhin begründet *Rawls* die Einschränkung einer strikten Geltung von Gleichheit auch durch die Auszeichnung der sozialen Basis der Selbstachtung als Grundgut, deren Erfüllung mit Hilfe der Grundstruktur einer Gesellschaft

---

586 Vgl. *Frankfurt*; Harry (2000), 44f.

587 Vgl. *Anderson*, Elizabeth S. (2000), 152f.

zu gewährleisten ist.[588] Weiterhin stellt er durch die Aufnahme dieses Wertes in die Liste der Grundgüter ebenfalls sicher, dass die Allokation und Distribution von Gütern nicht in paternalistischer Weise erfolgen kann und zu ungerechtfertigten Eingriffen in die Persönlichkeit des Einzelnen führt. Ebenfalls gestützt wird dieser Befund abschließend auch durch den lexikalischen Vorrang des ersten Gerechtigkeitsprinzips, das die Sphäre persönlicher und demokratischer Freiheit vor Eingriffen durch Korrektur- und Verteilungsagenturen schützt. *Rawls* fasst schließlich auch beide Gerechtigkeitsprinzipien als mögliche Gegenstände kollektiver Willensbildung auf, indem er *Gerechtigkeit als Fairness* wesentlich als politische Konzeption vorstellt und die öffentliche Begründung durch die politische Gesellschaft als grundlegende Idee des politischen Liberalismus ausweist und diese in seine Vorstellungen eines vernünftigen übergreifenden Konsenses inkludiert zur Stabilisierung des politischen Gemeinwesens angesichts des unhintergehbaren Faktums des Pluralismus innerhalb moderner Gesellschaften.[589] Die Normen der Gleichheit in der politischen Sphäre einer Gesellschaft und faire Chancengleichheit im Bezug auf Ämter und Positionen gelten somit nie absolut, sondern als freiheitsermöglichende Bedingungen, die das Gelingen vernünftiger individueller Lebenspläne ermöglichen. Die erste Anfrage nach »*Wozu Gleichheit?*« wird damit von *Rawls* unter Hinweis auf seine vorgelegte Liste an Grundgütern als universelle und fundamentale Ermöglichungsbedingungen individuell guten Lebens beantwortet, die eine Gleichverteilung bestimmter Grundgütertypen notwendig voraussetzen.

Die Frage nach »*Gleichheit wovon?*« wird analog hierzu von *Rawls* im Rahmen des ersten Gerechtigkeitsgrundsatzes durch das Gesamtsystems des Gutes Freiheit bestimmt, innerhalb des ersten Teiles des zweiten Prinzips durch die Gewährleistung fairer Chancen für gleich leistungsfähige und talentierte Mitglieder des Gemeinwesens. Innerhalb des Differenzprinzips wird schließlich begrenzte Ungleichheit zugelassen beschränkt auf die sozioökonomische Sphäre einer Gesellschaft.

---

588 Vgl. *Rawls*, John (2003), 101f.
589 Vgl. *Rawls*, John (1997), 207.

Als Vergleichsmaßstab gelten die jeweiligen Ressourcen der Mitglieder einer Gemeinschaft[590], näherhin ausgeführt durch das Grundgut »Einkommen und Vermögen im Sinne von Allzweckmitteln«[591]. Gegenüber dieser einseitigen Bezugnahme auf Einkommen und Vermögen einer Person werden von Amartya Sen einige wichtige Einwände zur Geltung gebracht. Mit *Rawls* sieht der Autor dabei zunächst den Schutz persönlicher Freiheiten der Bürgerinnen und Bürger eines Gemeinwesens als wichtigen Wert an, den es innerhalb der politischen Sphäre einer Gesellschaft konzeptionell getrennt von anderen Gütern und Vorteilen des Individuums zu behandeln und zu bewerten gilt.[592] Gegenüber dem Ansatz des politischen Liberalismus zeichnet das Konzept von *Sen* Freiheit aber nicht als unbedingt schützenswertes Gut gegenüber allen anderen Vorteilen einer Person aus, sondern bindet dieses rück an das Gesamtsystem der Vorteile und Lasten des Individuums in Relation zu ihrem persönlichen Wohlergehen.[593] Der eigentliche Unterschied zwischen beiden Theorien besteht also innerhalb der Anwendung verschiedener Vergleichsmetriken hinsichtlich zulässiger Ungleichheit: Grundgüter durch *Rawls* und dem gegenüber individuelles Wohlergehen, die Umwandlung von Gütern in Funktionen des Individuums, durch *Sen*.

> »Die Erweiterung der Informationsbasis vom Einkommen auf die Grundgüter reicht jedoch nicht aus, um alle relevanten Unterschiede in der Beziehung zwischen Einkommen und Ressourcen einerseits und Wohl und Freiheit andererseits hinreichend zu erfassen. Tatsächlich sind Grundgüter ihrerseits weitgehend verschiedene Typen allgemeiner Ressourcen, und ihre Verwendung zur Erzeugung der Fähigkeit, wertvolle Dinge zu tun, ist denselben Unterschieden unterworfen, die wir im letzten Abschnitt mit Blick auf die Beziehungen

---

590 Vgl. zur Zuordnung von Einkommen und Vermögen in den zweiten Gerechtigkeitsgrundsatz: *Pogge*, Thomas (1994), 81.

591 *Rawls*, John (2003), 101.

592 Vgl. *Sen*, Amartya (2000c), 83.

593 Vgl. ebd.

zwischen Einkommen und Wohl behandelten: persönliche Eigenarten, Umweltbedingungen, unterschiedliches soziales Klima, Unterschiede in den relevanten Aussichten und in der Verteilung innerhalb der Familie. [...] Im Gegenzug zur Erörterung der für ein gutes Leben notwendigen Mittel könnte man sich auch auf das *tatsächlich* von den Menschen geführte Leben konzentrieren.«[594]

Bestimmte Arten von Gütern werden somit nach *Sen* wesentlich im Bezug auf das jeweilige Individuum und seinen Gelingensbedingungen guten Lebens beurteilt. Solche Gelingensbedingungen sind dabei wesentlich durch Umwelt, soziale Bedingungen einer Gesellschaft sowie persönliche Eigenarten der Individuen selbst bestimmt und können daher nie absolut durch eine abgeschlossene Liste an Grundgütern und der Bestimmung von Distributionszonen und -bedingungen je nach besonderem Gut definiert werden.

»Wenn das Ziel ist, sich primär mit den wirklichen Chancen zu beschäftigen, die ein Individuum hat, um von ihm gewählte Zwecke zu verfolgen, wie Rawls ausdrücklich empfiehlt, dann wird man nicht nur die Grundgüter berücksichtigen, über die jemand verfügt, man wird auch über die relevanten persönlichen Charakteristika nachdenken müssen, die eine *Umwandlung* von Grundgütern in die Fähigkeit des Menschen ermöglichen, seine Zwecke zu verfolgen.«[595]

Gegenüber *Rawls* und anderen Ressourcenansätzen, die als Vergleichsmetrik grundlegende einzelne Güter oder Güterbündel annehmen, legt der Autor damit eine Konzeption vor, die wesentlich am Einzelnen orientiert ist, an seinen individuellen Ermöglichungsbedingungen guten Lebens, die *Sen* als grundlegende Funktionen eines Menschen beschreibt und in Relation zu seinen tatsächlichen Fähigkeiten zum

---

594 *Sen*, Amartya (2000c), 93.
595 Ebd., 94f.

Erreichen dieser gewichtet. Das egalitäre Anliegen der Theorie ist es, die sozialen Bedingungen der Freiheit eines jeden Gesellschaftsmitglieds im Sinne seiner grundlegenden Fähigkeiten zu sichern.[596] Dieses Anliegen bildet auch gegenüber der Theorie *Rawls'* einen wichtigen Vorzug durch die Verbreiterung der Vergleichsmetrik von der Gewährleistung eines bestimmten Güterbündels nach jeweiligen Distributionszonen betrachtet hin zur tatsächlichen Garantie der individuellen Sicherstellung von Grundfreiheiten für die Person selbst.[597] Gegenüber dem Ansatz von *Sen* wäre allerdings auch hier die Frage danach, hinsichtlich welcher Arten von Fähigkeiten eine Gesellschaft für Gleichheit sorgen muss.

> »Sens Egalitarismus der Fähigkeiten lässt dennoch eine wichtige Frage unbeantwortet: Für die Gleichheit *welcher* Fähigkeiten muss eine Gesellschaft sorgen? Manch einem ist viel daran gelegen, ein guter Kartenspieler zu sein, anderen daran, einen Luxusurlaub auf Tahiti zu verbringen. Müssen Egalitaristen im Namen gleicher Freiheit Unterricht im Kartenspielen oder Ferien in exotischen Ländern staatlich subventionieren?«[598]

Indem *Sen* diese zentrale Frage innerhalb seines Ansatzes nicht ausreichend beantwortet, ist der Ansatz insgesamt jedoch als nicht universalisierbar zurückzuweisen, begründet durch zu hohe Komplexitätsanforderungen resultierend aus der Verschiedenartigkeit der Menschen untereinander.[599]

Die eigentliche Stärke des Ansatzes liegt dem gegenüber in der Etablierung einer nützlichen Heuristik zur Weiterentwicklung des Ansatzes von *Rawls* im Bezug auf teilbare Güter des Differenzprinzips.[600] Sie sollen mit *Anderson* dabei grundlegend negativ als Recht auf alle Fähig-

---

596 Vgl. *Anderson*, Elizabeth (2000), 155.
597 Vgl. *Pogge*, Thomas W. (2002), 177–190.
598 *Anderson*, Elizabeth S. (2000), 155.
599 Vgl. *Pogge*, Thomas W. (2002), 208–211.
600 Vgl. ebd., 210.

keiten definiert werden, die für Menschen notwendig sind, um sozialen Unterdrückungsverhältnissen zu entkommen und positiv als Recht auf gleiche Zugangsmöglichkeiten zu allen Fähigkeiten, die für ein Leben als gleicher Bürger innerhalb demokratischer Staaten notwendig sind.[601] Hierzu gehören im Einzelnen:

- Die Erfüllung menschlicher Grundbedürfnisse.

- Die Sicherstellung der Funktionsfähigkeit des Individuums als Bürger durch umfassende politische Teilnahme- und Teilhaberechte sowie effektive Verfügbarkeit zivilgesellschaftlicher Güter und Beziehungen.

- Die Garantie der Fähigkeit, sich als Gleicher in der Zivilgesellschaft engagieren zu können.

- Die Erfüllung der Grundvoraussetzungen menschlicher Handlungsfähigkeit, der psychologischen Bedingungen für Autonomie des Einzelnen durch die Möglichkeit des Wissenserwerbs und die Freiheit des Denkens und der Ortswahl des Individuums.

- Die Gewährleistung der Teilnahme aller Bürgerinnen und Bürger als gleichberechtigte Partner im System kooperativer Produktion und Leistung, durch gleichen Zugang zu Ausbildungsmöglichkeiten und Ämtern, freie Berufswahl und Zusicherung von Vertragsfreiheit[602]

Die Theorie des politischen Liberalismus von *Rawls* wird durch die hier vorgelegte Inklusion des Fähigkeiten orientierten Ansatzes von Amartya *Sen* damit in zwei Weisen modifiziert: formal wird durch diese Inklusion die Etablierung eines unbedingten Standards not-

---

601 Vgl. *Anderson*, Elizabeth S. (2000), 156.
602 Vgl. ebd., 157–162.

wendiger freiheitsermöglichender Bedingungen im Rahmen des ersten Gerechtigkeitsgrundsatzes erreicht; material-inhaltlich wird ebenfalls die Distributionszone sozioökonomischer Güter innerhalb des Differenzprinzips um einen unbedingt zu gewährleistenden Grundsockel der Gleichheit an bestimmten Gütern zur Sicherstellung eines gleichen Funktionsniveaus anhand der Bedingungen gleicher Staatsbürgerschaft erweitert. Dieser sichert die Stabilität des gewonnenen Normkonsenses über Generationen hinweg und stellt die Partizipation des Einzelnen an den jeweiligen Grundinstitutionen seiner Gesellschaft sicher unter Rückverweis auf soziale Bedingungen der Selbstachtung von Bürgerinnen und Bürgern im Gemeinwesen als wichtigstem Grundgut. Die Zone einer Gewährleistung gleicher Freiheit wird damit auf den öffentlich-politischen Raum der Gesellschaft beschränkt, ihre Einlösung durch die Inklusion aller Bedingungen, die grundlegend individuelle und bürgerliche Freiheit ermöglichen, garantiert.

Die beiden Gerechtigkeitsgrundsätze müssten somit folgendermaßen erweitert werden:

1. Jede Person hat den gleichen unbedingten Anspruch auf ein völlig adäquates System an Grundfreiheiten und zugehörigen freiheitsermöglichenden Bedingungen, das mit demselben System von Freiheiten für alle vereinbar ist.

2. Soziale und ökonomische Ungleichheiten müssen zwei Bedingungen erfüllen: Erstens müssen sie mit Ämtern und Positionen verbunden sein, die unter Bedingungen fairer Chancengleichheit allen offen stehen; und zweitens müssen sie den am wenigsten begünstigten Angehörigen der Gesellschaft den gegenüber der Betrachtung relevanter Alternativordnungen größtmöglichen Vorteil bringen.

In die beiden von *Rawls* vorgelegten Gerechtigkeitsgrundsätze werden damit zwei als wesentlich erachtete Erweiterungen der ursprünglichen Prinzipien inkludiert:

- So wird die tatsächliche materialethische Einlösung des Grundsatzes der gleichen Freiheit durch die gegenüber der sozioökonomischen Sphäre einer Gesellschaft vorrangig zu gewährleistenden freiheitsermöglichenden Bedingungen aufgenommen. Als solche Bedingungen werden die materiellen Grundlagen des Lebens und freier Lebensgestaltung betrachtet, die in der Sicherstellung des jeweiligen sozioökonomischen Existenzminimums ihren materialethischen Ausdruck findet. Die Bestimmung der Höhe eines solchen Existenzminimums sollte sich dabei an zentralen Capabilities des Menschen nach *Sen* orientieren. Diese werden analog zu *Rawls* auf den politischen Bereich der Gesellschaft angewendet mit dem Ziel, die Stabilität des so gefundenen Normkonsenses – eine für die Schaffung dauerhafter Gerechtigkeitsbeziehungen zwischen Generationen notwendigen Voraussetzung – zu gewährleisten. Zu berücksichtigen sind an dieser Stelle die fünf oben genannten, von *Anderson* vorgeschlagene Capabilities. Für alle anderen in dieser Liste benannte Capabilities empfiehlt sich deren Institutionalisierung in Form gleichberechtigter Zugangsrechte für alle Mitglieder der Gesellschaft zur Vermeidung paternalistischer Entscheidungen des Staates und zur Wahrung individueller Autonomie.

- Innerhalb des Differenzprinzips, wie von *Rawls* vorgelegt, wird ebenfalls eine Klärung zwischen zwei verschiedenen Lesarten dieses Prinzips unternommen und die Bezeichnung »größtmöglicher Vorteil« auf die Wahlsituation innerhalb des Urzustands eingeschränkt. Diese Auffassung hat gegenüber einer möglichen Bedeutung innerhalb der tatsächlichen Ordnung der Gesellschaft zwei entscheidende Vorteile: Zum einen werden reale soziale Vergleiche vermieden mit den daraus resultierenden Mess-, Indizierungs- und Identifikationsproblemen; zum anderen wird dadurch das konstruktivistische Normgenerierungsverfahren als wirkliche Wahlsituation zwischen Alternativordnungen gestärkt.

Anschließend ist zu betonen, dass die vorgeschlagenen Erweiterungen auch dem Begründungsapparat der Theorie der Gerechtigkeit genügen. Drei Argumente sind hierfür zu benennen:

Zum Ersten stehen die getroffenen Erweiterungen im Einklang mit der konstruktivistischen Begründung von Gerechtigkeit als Fairness. Sie genügen sowohl den Bedingungen des »Veil of Ignorance« durch die Formulierung allgemeiner Tatsachen, die den Personen im Urzustand bekannt sind. Sie folgen auch der risikoaversen Maximin-Regel für die Entscheidung unter größter Unsicherheit im Bezug auf grundlegende Einrichtungen der Gesellschaft hinsichtlich der drei von *Rawls* benannten Bedingungen im Urzustand.

Zum Zweiten sind auch diese Erweiterungen und Klarstellungen kompatibel mit der Idee einer auf die politische Sphäre der Gesellschaft eingeschränkten Gerechtigkeitstheorie. Die vorgeschlagenen Capabilities zur Inklusion in den ersten Gerechtigkeitsgrundsatz und zur Identifikation am wenigsten begünstigter Gesellschaftsmitglieder formulieren keine partiellen Ideen des Guten einzelner Gesellschaftsmitglieder sondern überindividuelle Gelingensbedingungen guten Lebens und können somit ohne Abstriche in *Gerechtigkeit als Fairness* als im ersten Begründungsschritt freistehende Auffassung integriert werden. Sie sind ferner ebenso adaptierbar in zahlreiche mögliche individuelle Ideen des Guten und der Herausbildung eines Gerechtigkeitssinns durch die Formulierung von Ermöglichungsbedingungen der Durchführung vernünftiger Lebenspläne und befördern somit ihrerseits gesellschaftliche Stabilität. Aus den dargestellten Gründen heraus sind beide Erweiterungen damit auch mit der Idee eines übergreifenden Konsenses konform; sie bilden keine individuelle Auffassung des Guten ab und können damit ebenso in verschiedene übergreifende Lehren integriert werden.

Zum Dritten schließlich genügen beide Erweiterungen der Gerechtigkeitsprinzipien ebenfalls den Bedingungen der Öffentlichkeit und Reziprozität. Sie stellen ebenso wie die Prinzipien im ursprünglichen Zustand vernunftethische Argumente dar, die von den Bürgerinnen und Bürgern eines demokratischen Gemeinwesens in der Zivilgesellschaft diskutiert und verteidigt werden können, unabhängig von ihrer jeweiligen Lebensanschauung und Religionszugehörigkeit, und stellen ferner auch eine Idee von Reziprozität vor, die jenseits der Gewährleistung fundamentaler Capabilities etwa im Differenzprinzip wirksam wird. Die Vorstellung einer Gesellschaft als wechselseitig vorteilhaftes Kooperationssystem bleibt damit uneingeschränkt gewahrt.

3. Zwischenfazit: Anforderungen an ein gerechtes Alterssicherungssystem

Für die philosophisch-ethische Normbegründung innerhalb vorliegender Arbeit ist insgesamt Folgendes zu konstatieren:

In einem ersten Abschnitt wurde die Gerechtigkeitstheorie des politischen Liberalismus von John *Rawls* als Beispiel einer an die Prinzipien einer modernen christlichen Sozialethik anschlussfähigen und zeitgemäßen Normbegründungstheorie vorgestellt. Er beantwortet die Frage nach einer zeitgemäßen Normbegründung innerhalb der Philosophie vertragstheoretisch und eingeschränkt auf die politische Sphäre der Gesellschaft. Als Gegenstand seiner Theorie weist *Rawls* die Grundstruktur einer Gesellschaft aus, den Bereich fundamentaler politischer, sozialer und wirtschaftlicher Institutionen, die Grundrechte und -pflichten der Bürgerinnen und Bürger des Gemeinwesens sowie die Früchte gesellschaftlicher Zusammenarbeit verteilen. Wesentliche Grundlage seiner Theorie ist die Gesellschaftskonzeption des Autors als faires, generationenübergreifendes System der Zusammenarbeit zum wechselseitigen Vorteil. Die Frage nach der Stabilität des Normkonsenses wird also innerhalb der Konzeption vordringlich durch eine solche, von Gerechtigkeitsprinzipien gestaltete Gesellschaft beantwortet, die Reziprozität inkludiert und jedem Bürger die Ausbildung der zwei grundlegenden persönlichen Vermögen, die Ausbildung eines Gerechtigkeitssinns sowie die Durchführung vernünftiger individueller Lebenspläne, ermöglicht. Wesentliches Kennzeichen der rawlsschen Gerechtigkeitskonzeption ist seine konstruktivistische Normbegründung mit Hilfe seiner Konzeption des Urzustands, deren hauptsächliches Attribut der so genannte Schleier des Nichtwissens ist. Mit Hilfe dieses Konstruktes versucht der Autor einen Standpunkt der Unparteilichkeit zu etablieren, mit dessen Hilfe seine beiden Gerechtigkeitsprinzipien gegenüber anderen Theorien beurteilt werden sollen. Die beiden Gerechtigkeitsgrundsätze wurden in der Endfassung vorgestellt als Prinzip größtmöglicher gleicher Freiheit sowie als Grundsatz der fairen Chancengleichheit mit Differenzprinzip. Beide Gerechtigkeitsprinzipien sollen dabei die faire Ausstattung der Individuen mit Grundgütern sicherstellen. Als solche Grundgüter benennt der Autor zuerst persönliche Grundrechte, politische Grundfreiheiten, Einkommen und Vermögen sowie, als wichtigstes Grundgut, die soziale Basis der Selbstachtung. Als weitere Begründungsargumentationen stellt *Rawls* die Ideen eines Überlegungsgleichgewichts sowie des übergreifenden Konsenses vor. Das Überlegungsgleichgewicht erwächst dabei aus einer vernünftigen Auswahl von Gerechtigkeitsurteilen realer Personen, die in einem beständigen Prozess mit den im Urzustand gewonnenen Prinzipien abgeglichen werden sollen. In seiner Annahme eines übergreifenden Konsenses geht der Autor abschließend davon aus, dass beide vorgelegte Prinzipien durch die ihnen zugrunde liegende Differenzierung zwischen Ideen des Guten und des Rechten in umfassende Lehren des Guten integriert werden können und von ihnen geteilt werden. Dies begründet der Autor dadurch, dass die Konzeption insgesamt auf vernunftgemäßen Gründen des Rechten fußt, die von umfassenden, gleichwohl individuellen Lehren des Guten getrennt sind und dadurch von ihnen adaptiert werden können. Die Theorie des politischen Liberalismus erweist sich damit einerseits als anschlussfähig für den spezifisch theologischen Kontext der Rede von einer vorrangigen Option für die Armen mit der Forderung nach Beteiligungsgerechtigkeit, ist andererseits aber ebenso dazu geeignet, für den derzeitigen gesellschaftlichen Kontext plausible Normen bereitzustellen.

Nach dem Erweis ihre zutreffenden Eingehens auf grundlegende äußere Erfordernisse, wurde die Theorie des politischen Liberalismus abschließend innerphilosophisch kritisiert und erweitert. Zentrale Untersuchungsgegenstände bildeten dabei problemorientiert die Dauerhaftigkeit des Normkonsenses, die Etablierung einer treffenden Unter- und Obergrenze für Unterstützungsleistungen sowie grundsätzliche Erläuterungen und Einwände gegenüber der Theorie. Als fundamental klärungsbedürftig wurden hierbei zunächst wichtige Termini beider, von *Rawls* vorgelegter Gerechtigkeitsprinzipien untersucht. Der erste Gerechtigkeitsgrundsatz als Prinzip gleicher maximaler Grundfreiheiten wurde in einem ersten Schritt angefragt hinsichtlich eines Abgrenzungskriteriums zur klaren Bestimmung des Umfangs größtmöglicher gleicher Freiheit. Mit *Rawls* wurde dieser Anfrage seine Theorie der Grundgüter entgegengehalten, an denen sich der Umfang gleicher Grundfreiheiten bemessen sollte. Herausgehoben wurde hierbei einerseits die Definition eines nicht zu unterschreitenden Minimums, andererseits durchaus deren zeitrelationale Geltung, begründet durch die Ableitung einzelner Freiheiten aus dem Common Sense demokratischer Gesellschaften. Die Liste der Grundfreiheiten wurde dabei als erweiterungsfähig erwiesen. Weiterhin angefragt wurde die lexikalische Ordnung beider Grundsätze, die dem ersten Grundsatz gegenüber der Sphäre sozioökonomischer Güter eine absolute Vorrangstellung einräumt. In negativer Hinsicht wurde hierbei festgestellt, dass eine solch absolute Sicherung der Grundrechte und Grundfreiheiten, obwohl ethisch wünschenswert, in der Realität unpraktizierbar wäre. Sie würde einerseits unverhältnismäßig hohe materielle Mittel erfordern, andererseits wäre der Grad an möglichen erreichbaren Freiheitsverbesserungen dennoch nie absolut. Gewissen Abwägungen zwischen dem Einsatz knapper Ressourcen und dem erreichbaren Grad an Freiheitsverbesserungen aller sollten somit zugelassen werden, allerdings in ihre Umsetzung ethisch mindestens durch einen hypothetischen Konsens zu sichern zur Vermeidung einseitiger Freiheitsgewinne Einzelner zu Lasten anderer Gesellschaftsmitglieder. Positiv wurde die lexikalische Ordnung beider Grundsätze dadurch kritisiert, dass ökonomische Ressourcen für den Einzelnen durchaus den Rang freiheitsermöglichender Bedingungen tragen können. *Rawls'* Theorie wurde an dieser Stelle als erweiterungsbedürftig ausgewiesen. Dies könnte geschehen durch die Inklusion freiheitsermöglichender Bedingungen in den ersten Gerechtigkeitsgrundsatz oder die Sicherstellung einer unbedingten Gewährleistung des soziokulturellen Existenzminimums innerhalb des Differenzprinzips. Der Grundsatz der fairen Chancengleichheit im zweiten Gerechtigkeitsprinzip wurde weiterhin gegenüber der Kritik einer Vergesellschaftung natürlicher Talente und Begabungen verteidigt. Er stellt erstens, so wurde gezeigt, eine logisch zwingende Konsequenz der tatsächlichen materialethischen Einlösung des Prinzips gleicher Grundfreiheiten dar, denn sozialer Status, Macht und ökonomischer Erfolg sind derzeit wesentlich mit Ämtern und Positionen der Mitglieder einer Gesellschaft innerhalb des Gemeinwesens verbunden. Gegenüber der Kritik der Vergesellschaftung wurde entgegnet, dass diese nicht auf Talente und Begabungen als solche zu beziehen wäre, sondern auf die Auswirkungen solcher natürlicher Veranlagungen innerhalb eines Kooperationsmodells einer Gesellschaft zum wechselseitigen Vorteil. Weiterer Klärungsbedarf bestand hinsichtlich der Identifikation am wenigsten begünstigter Gesellschaftsmitglieder im Differenzprinzip. Gegenüber *Rawls* wurde hierbei eingewendet, dass sich diese Gruppe keineswegs immer durch die niedrigste ökonomische Position in der Gesellschaft zeigen muss, sondern dass Armut mehrdimensional mit *Sen* als Mangel an Verwirklichungschancen definiert werden sollte. Niedrige Positionen sind demnach unterschiedlich in einzelnen Sphären zu bestimmen. Nur so wird eine sachgerechte Bekämpfung von Deprivation ermöglicht. Auch ein mögliches Verfahrensproblem – einer Indizierung verschiedener Klassen von Deprivation auf ein Merkmal hin zur Identifikation am wenigsten begünstigter Gesellschaftsmitglieder – könnte mit der Methode *Sens* entgegengewirkt werden. Der Topos »größtmöglicher Vorteil« wurde innerhalb der Theorie des politischen Liberalismus mit *Rawls* verschieden gedeutet. Er könnte einerseits aufgefasst werden innerhalb des konstruktivistischen Begründungsverfahrens als Maßstab der Auswahl verschiedener vorgelegter Konzeptionen; andererseits lässt der Autor aber auch eine reale Deutung dieser Möglichkeit in praktischer Anwendung des Differenzprinzips zu. Die Referenzgruppe müsste in der zweiten Lesart dabei durch umfassende soziale Vergleiche ermittelt werden, die aufgrund von Mess- und Indexproblemen real nicht durchführbar wären und zudem dem Universalisierbarkeitskriterium widersprechen würden. Ich entscheide mich daher zur Vermeidung solcher Probleme für die erste Lesart, die Anwendung des Topos ausschließlich innerhalb einer konstruktivistischen Normbegründung.

Abschließend wurde die Theorie *Rawls'* hinsichtlich der zu erwartenden Höhe der Unterstützungsleistungen kritisiert. Philosophischethisch übersetzt wurde das Problem hinsichtlich zweier Fragen: »Warum Gleichheit« sowie »Gleichheit wovon?« betrachtet.

In der Frage nach »Warum Gleichheit?« wurde die Theorie in einem ersten Schritt gegenüber Konzeptionen eines starken Egalitarismus abgegrenzt, indem erwiesen wurde, dass die Theorie des politischen Liberalismus eine Gleichheitsrelation aus anderen Gründen herstellt. Sie zeichnet erstens eine bestimmte Sphäre der Egalität aus und bestimmt diese durch die Zone der Freiheit im Bezug auf das politische System einer Gesellschaft im ersten Gerechtigkeitsgrundsatz. Zweitens werden auch begründete Ungleichheiten, wie sie ebenso im Common Sense vernünftiger öffentlicher Meinungen vorhanden sind, im Differenzprinzip akzeptiert. Drittens ist die Theorie weder paternalistisch in den Institutionen der Hilfegewährung noch duldet sie ungerechtfertigte Eingriffe in die Persönlichkeit Hilfesuchender.

Lediglich ein vierter Einwand wurde als gerechtfertigt betrachtet und als Frage nach »Gleichheit wovon?« angemessen zu beantworten versucht. Reine Ressourcenansätze der Verteilungsgerechtigkeit wurden dabei in einem ersten Schritt als ungenügend zurückgewiesen. Gegenüber diesen müsse vielmehr Freiheit mit *Sen* nicht als unbedingtes und einziges schützenswertes Gut betrachtet werden. Vielmehr ist diese rückzubinden an das Gesamtsystem der Vorteile und Lasten, die einer Person zukommen. Verschiedene Gütergruppen werden damit wesentlich in ihrem Bezug auf das jeweilige einzigartige Individuum als Gelingensbedingungen seines individuell guten Lebens beurteilt. Gegenüber reinen Ressourcenansätzen, die zumeist Einkommen und Vermögen einer Person als Allzweckmittel gewichten, hätte dieses Vorgehen eine Verbreiterung der Vergleichsmetriken zur Folge. Eine tatsächliche Garantie individueller Freiheitsrechte ist somit hinsichtlich verschiedener Distributionszonen ebenfalls mehrdimensional zu beantworten. Im Ansatzes von *Sen* wurde aber andererseits deren praktische Durchführbarkeit bemängelt, begründet durch dessen ungenügendes Eingehen auf die Frage, für den Ausgleich welcher einzelnen Fähigkeiten die Gesellschaft zuständig ist. Die Konzeption von *Sen* wurde somit als nützliche Heuristik zur Weiterentwicklung von Ressourcenansätzen etabliert. Sie dient dabei einerseits zur besseren Klärung der Frage nach dem *wovon Gleichheit*, ist aber andererseits ebenso begrenzungsbedürftig. Diese letzte Frage nach der Gleichheit welcher Fähigkeiten wurde abschließend demokratietheoretisch beantwortet. Die Theorie des politischen Liberalismus wurde damit in zweifacher Weise modifiziert, erstens durch die Etablierung eines unbedingten Standards notwendiger freiheitsermöglichender Bedingungen innerhalb des ersten Gerechtigkeitsprinzips, zweitens durch dessen material-inhaltliche Bestimmung als positives Recht auf gleiche Wahrnehmungsmöglichkeiten von Staatsbürgerschaft in demokratischen Gesellschaften. Die Sphäre der Gleichheit ist dabei nach *Rawls* eingeschränkt auf die politische Gesellschaft beantwortet worden, allerdings bemüht um Inklusion notwendiger materieller Voraussetzungen von Bürgern hierfür. Beide Gerechtigkeitsprinzipien lauten dann in ihrer Endfassung folgendermaßen:

1. Jede Person hat den gleichen unbedingten Anspruch auf ein völlig adäquates System an Grundfreiheiten und zugehörigen freiheitsermöglichenden Bedingungen, das mit demselben System von Freiheiten für alle vereinbar ist.

2. Soziale und ökonomische Ungleichheiten müssen zwei Bedingungen erfüllen: erstens müssen sie mit Ämtern und Positionen verbunden sein, die unter Bedingungen fairer Chancengleichheit allen offen stehen; und zweitens müssen sie den am wenigsten begünstigten Angehörigen der Gesellschaft den gegenüber der Betrachtung relevanter Alternativordnungen größtmöglichen Vorteil bringen.

Kapitel IV: Modell eines gerechten und zukunftsfähigen Alterssicherungssystems für die Bundesrepublik Deutschland

Nach der erfolgten ethischen Normbegründung für den Bereich der gesetzlichen Alterssicherung in Deutschland wende ich mich abschließend der Anwendung der gewonnenen Kriterien auf den Bereich öffentlicher Alterssicherung in Deutschland zu.

In einem ersten Abschnitt soll hierfür ein gestuftes Untersuchungsverfahren eines gerechten und zukunftsfähigen Alterssicherungssystems vorgelegt werden. Auf der ersten Stufe werden hierbei auf der Grundlage der ethischen Anforderungen an ein zukunftsfähiges und gerechtes öffentliches Alterssicherungssystem in Deutschland unter der Voraussetzung eines dichten Schleiers des Nichtwissens aus dem konstruktivistischen Begründungsverfahren verschiedene Basistypen vorherrschender Alterssicherungssysteme in Europa miteinander verglichen werden. Dieser erste Schritt soll dabei eine ethisch motivierte Vorauswahl geeigneter Alterssicherungstypen ermöglichen, die im Folgenden ebenfalls mit der empirisch erhobenen Problemsituation kontrastiert werden sollen. Als Voraussetzungen dieses dichten Schleiers des Nichtwissens gelten dabei *Rawls* folgend: einerseits eine völlige Unkenntnis der Repräsentanten im Urzustand über die Eigenschaften ihrer Persönlichkeit und ihrer individuellen gesellschaftlichen Positionen sowie andererseits die Kenntnis über sämtliche allgemeine gesellschaftliche und natürliche Grundlagen des Wissens und der Wissensbestände unserer Zeit.[603] Weiterhin sollen die Akteure in dieser grundlegenden hypothetischen Sozialwahlsituation ebenso rational desinteressiert am Schicksal anderer Menschen sein, über beide moralische Vermögen verfügen[604] sowie ein

---

603 Vgl. *Rawls*, John (1979), 27, vgl. ebenso *Rawls*, John (2003)139–144.

604 Die beiden moralischen Vermögen der Personen in der hypothetischen Situation des Urzustandes wurden bereits beschrieben als die Fähigkeit zum theoretischen und praktischen Vernunftgebrauch sowie der Herausbildung des vernunftgemäßen Einsatzes eines Sinns für Gerechtigkeit. Vgl. hierzu *Rawls*, John (2003), 59.

Leben lang zu sozialer Kooperation in der Lage sein[605]. Zentrale ethische Maßstäbe dieses ersten grundlegenden Vergleiches sind die beiden im vorangehenden Kapitel weiterentwickelten Gerechtigkeitsprinzipien des Autors.

In einer zweiten Stufe wird im Anschluss an diesen grundlegenden Systemvergleich unter der Bedingung einer teilweisen Hebung des »Veil of Ignorance« das derzeit vorherrschende Modell der öffentlichen Alterssicherung in Deutschland, die gesetzliche Rentenversicherung als Sicherungstyp für alle abhängig Beschäftigten und deren Familien, vorgestellt und untersucht. In der teilweisen Hebung des »Veil of Ignorance« werden der Betrachtung die derzeitige empirische Situation und aus ihr abgeleitete Anforderungen im Bezug auf die gesetzliche Rentenversicherung als zusätzlicher Argumentationsschritt beigefügt. Die Restriktionen des Schleiers bezüglich der individuellen Tatsachenunkenntnis bleiben jedoch bestehen. Die Erörterung im Rahmen empirisch ableitbarer Anforderungen an ein zukunftsfähiges Alterssicherungssystem wird dabei im Rahmen eines Paralleldiskurses neben den Argumenten aus dem ethischen Begründungsverfahren gerechter Normen für den Bereich der Alterssicherung geführt werden. Zum einen können damit nach empiristische Fehlschlüsse, zum anderen aber ebenso normativistische Fehlschlüsse vermieden werden. Ein künftiges Alterssicherungssystem wird erst dann als gerecht und zukunftsfähig bezeichnet werden können, wenn es beiden benannten Anforderungen genügt. Beiden Stufen der Untersuchung gemeinsam ist hierbei der Ausgangspunkt bei einem demokratischen politischen Gemeinwesens mit einer marktwirtschaftlichen Wirtschaftsordnung.[606]

In einem weiteren Abschnitt wird zusätzlich die Betrachtung auf andere Systeme innerhalb der Europäischen Union ausgeweitet. Die Begründung für diese Ausweitung liegt in einer ähnlichen Betroffenheit dieser Länder von empirischen Problemen, wie sinkender Geburtenra-

---

605 Vgl. *Rawls*, John (2003), 139–144.

606 Zur abgestuften Begründung gerechter Institutionen vgl. *Rawls*, John (1979), 223–229. Ich wende eine leicht modifizierte Variante dieses Verfahrens bestehend aus lediglich zwei Schritten an.

ten und der Zunahme der fernen Lebenserwartung, sowie einem ähnlichen ökonomischen und gesellschaftlichen Entwicklungsstand.

Nach diesem Systemvergleich verschiedener Alterssicherungsmodelle europäischer Länder soll anschließend eine konkrete Empfehlung für die Weiterentwicklung der deutschen gesetzlichen Rentenversicherung gegeben werden, die sich an zentralen Reformkonzeptionen im europäischen und deutschen Diskurs orientiert sowie dem ethischen Erfordernis und der empirischen erhobenen Datenlage im Bezug auf die gesetzliche Rentenversicherung genügt.

Diese Vorgehensweise folgt dabei in ihrer Methodik analog der von John *Rawls* in »Eine Theorie der Gerechtigkeit«. Der Autor legt hier den Parteien im Urzustand eine Liste gängiger Normbegründungstheorien vor, die des Intuitionismus, des Perfektionismus, des Utilitarismus sowie beide Gerechtigkeitsgrundsätze. Anschließend lässt er die Repräsentanten auf der Grundlage der Einschränkungen eines dichten Schleiers des Nichtwissens eine Entscheidung über die Grundstruktur einer möglichen künftigen Gesellschaft im Rahmen eines hypothetisch konsensuellen Verfahrens fällen.[607] In dieser Darstellung wird das Verfahren von *Rawls* allerdings auf zweifache Weise erweitert: Zum einen beziehen sich die Repräsentanten im Urzustand auf die in Kapitel III modifizierten, interpretierten und erweiterten Gerechtigkeitsgrundsätze; zum anderen fällen die Parteien ihre Entscheidung in der Einschränkung eines dünnen Schleiers des Nichtwissens. Die Hebung des »Veil of Ignorance« ist dabei Bestandteil einer Anwendung der Theorie und soll eine Entscheidung innerhalb der derzeitigen empirischen Problemsituation der Alterssicherung in Deutschland ermöglichen, mithin sowohl die Gerechtigkeit eines künftigen Systems, als auch deren Zukunftsfähigkeit/Nachhaltigkeit sicherstellen. Die Entscheidung für ein solches Alterssicherungssystems wird also als genuiner Bestandteil der Anwendung der Theorie vorgestellt. Die Entscheidung hierfür erfolgt somit erst auf der Grundlage einer weithin gerechten Grundstruktur einer Gesellschaft, die hinter einem dichten Schleier des Nichtwissens zustimmungsfähig sein dürfte.

---

607 Vgl. *Rawls*, John (1979), 174–223.

Abschließend wird ebenso in diesem Teil der vorliegenden Untersuchung eine Prüfung der erzielten Ergebnisse hinsichtlich ihrer Übereinstimmung mit zentralen christlich-sozialethischen Anforderungen resultierend aus der hermeneutischen Ebene vorgenommen werden. Sie wurden zu Beginn dieser Analyse vorgestellt als die Konzeption der »vorrangigen Option für die Armen« universal gedeutet als Forderung nach Beteiligungsgerechtigkeit für alle Mitglieder der Gesellschaft.

1. Vergleich verschiedener Typen von Alterssicherungssystemen

1.1 Grundlegender ethischer Systemvergleich

1.1.1 Grundtypen verschiedener Alterssicherungssysteme

Generell folgen sämtliche Formen von Alterssicherungssystemen innerhalb der Europäischen Union in Bezug auf den Grad öffentlicher Institutionalisierung dem klassischen Drei-Säulen-Konzept der Alterssicherung bestehend aus einer ersten Säule kollektiver Vorsorge als öffentlich verwaltetes System mit Pflichtmitgliedschaft, einem privat verwalteten obligatorischen oder freiwilligen Sparsystem meist auf betrieblicher Grundlage sowie einer dritten Säule, der individuellen freiwilligen Altersvorsorge zur Gewährleistung eines höheren Lebensstandards im Alter.[608]

»Für die einzelnen Säulen selbst bestehen jeweils [beträchtliche] Gestaltungsspielräume hinsichtlich der abgedeckten Risiken, des erfassten Personenkreises, der Finanzierungsart, der erbrachten Leistungen sowie der Organisation der Leistungserbringung.«[609]

Innerhalb der ersten Säule der Alterssicherung, des öffentlich verwalteten Systems kollektiver Risikoabsicherung, wird hinsichtlich der Zielausgestaltung grob unterschieden zwischen eher Beveridge und vornehmlich Bismarck geprägten Systemen.[610] Während das Siche-

---

608 Vgl. *Eckardt*, Martina (2004), 136, vgl. ebenso: *Verband deutscher Rentenversicherungsträger* (2006), 16.

609 *Eckardt*, Martina (2004), 136.

610 Beide unterschiedliche Systeme sind jeweils benannt nach ihren Gründern, dem Briten Beveridge, der die Sozialpolitik Großbritanniens nach dem zweiten Weltkrieg maßgeblich prägte und dem Deutschen Bismarck, der als Begründer der klassischen kontinentaleuropäischen Sozialpolitik über staatlich organisierte Sozialversicherungen

rungsziel in eher von Beveridge geprägten Systemen definiert ist durch die Vermeidung von Altersarmut, folgen Bismarck geprägte Systeme dem Leitgedanken einer Versicherung mit dem Ziel einer späteren Lebensstandardsicherung der versicherten Personen im Rentenalter.[611] So sind Beveridge-Systeme eher durch den Gedanken interpersoneller Umverteilung geprägt, während Bismarck typische Systeme gemäß dem Versicherungsprinzip am Äquivalenzgedanken anknüpfen und eher geringe Umverteilungskomponenten beinhalten. Systeme sind somit generell entweder vom Versorgungs- oder Versicherungsprinzip geprägt.[612] Auch hinsichtlich der Reichweite der jeweiligen Grundtypen unterscheiden sich beide Systemarten. So sind Beveridge geprägte Systeme eher universal auf den überwiegenden Teil oder die vollständige Wohnbevölkerung eines Landes hin ausgerichtet, während Bismarck geprägte Konzeptionen vornehmlich für die Gruppe der Arbeiter und Angestellten entworfen wurden. Sie sind somit in der Reichweite deutlich begrenzt.[613]

Auch hinsichtlich ihrer Zuordnung zur zweiten und dritten Säule der Alterssicherung unterscheiden sich beide Grundkonzeptionen fundamental. Die betriebliche und private Alterssicherung ist in Versicherungssystemen weitgehend freiwillig; in universalen, auf Grundsicherung abzielenden Systemen dagegen zumeist verbindlich zur Wahrung des bisherigen Lebensstandards von Arbeitnehmerinnen und Arbeitnehmern.[614]

Weiterhin wird innerhalb der ersten Säule staatlich organisierter Alterssicherung unterschieden zwischen Systemen mit Beitragsprimat und Systemen mit Leistungsprimat. Während sich die Leistungen in Systemen mit Beitragsprimat ausschließlich oder hauptsächlich an der Höhe vormaliger Beitragszahlungen orientieren, gelten in Systemen mit Leistungsprimat geringere Zugangsvoraussetzungen, vornehmlich gilt.

611 Vgl. *Glootz*, Tanja Anette (2005), 274.
612 Vgl. *Eckardt*, Martina (2004), 136.
613 Vgl. ebd., 136f.
614 Vgl. ebd., 136f.

eine bestimmte Anzahl an Beitragsjahren sowie eine aggregierte Messgröße individuellen Arbeitseinkommens zum Erreichen einer in der Regel öffentlich definierten und festen Leistungshöhe als Zielvorgabe der Alterssicherung.[615]

Hinsichtlich des Finanzierungsmodus der Ansprüche aus verschiedenen Alterssicherungssystemen ist zwischen der Finanzierungsart des Umlage- und dem des Kapitaldeckungsverfahrens zu unterscheiden.

»Der Ausdruck *Kapitaldeckungsverfahren* bezeichnet ein Alterssicherungssystem, bei dem die Erwerbstätigen einen Real- oder Finanzkapitalbestand aufbauen und diesen später, wenn sie im Alter kein Erwerbseinkommen mehr haben, verbrauchen. Demgegenüber zahlen die Erwerbstätigen im *Umlageverfahren* indirekt (vermittelt über die Rentenversicherung) an die gleichzeitig lebenden Rentner. Im Unterschied zum Kapitaldeckungsverfahren wird hierbei kein Kapitalstock aufgebaut, mit Ausnahme vielleicht einer Schwankungsreserve, [...].«[616]

Die beiden unterschiedlichen Finanzierungsverfahren der Alterssicherung unterscheiden sich damit nach der Art der Umverteilung. Während in Umlageverfahren eine interpersonelle Umverteilung zwischen der sozialstaatlichen Generation der Beitragszahler und jener der Rentenempfänger stattfindet, nehmen Kapitaldeckungsverfahren eine intertemporale Umverteilung des Renteneinkommens vor. Die Möglichkeiten einer intratemporalen und interpersonellen Umverteilung sind dem gemäß damit im Umlageverfahren höher als in der Systemalternative.

Im Gegenzug zu ihren Beitragszahlungen erwerben Versicherte in Umlageverfahren Ansprüche auf eigene Rentenzahlungen, die in ihrer jeweiligen Höhe und im Vergleich zu ihren Beitragszahlungen jedoch je nach Land stark voneinander abweichen können.

---

615 Vgl. *Verband deutscher Rentenversicherungsträger* (2006), 18.
616 *Homburg*, Stefan (1997), 62. Hervorhebung im Original.

Sämtliche betrachtete Systeme innerhalb der Europäischen Union arbeiten in der ersten Säule der Alterssicherung nach dem Umlageverfahren, die Säulen zwei und drei sind dagegen zumeist nach dem Kapitaldeckungsverfahren ausgestaltet. Träger der ersten Säule sind in den meisten Staaten öffentlich-rechtliche Institutionen, die Säulen zwei und drei befinden sich dagegen zumeist in privater Trägerschaft. Während die kollektive Alterssicherung der ersten Säule somit weitgehend dem Marktgeschehen entzogen ist, erfolgt die Alterssicherung in den beiden anderen Säulen vornehmlich über den Marktprozess.[617]

Zusammengefasst erhält man damit folgende Darstellung verschiedener Grundtypen von Alterssicherungssystemen innerhalb der Europäischen Union:[618]

---

617 Vgl. *Eckardt*, Martina (2004), 136f.

618 Ähnlich typisieren ebenfalls: *Döring*, Diether (2002), 31–36, der allerdings als Grundtypen von 4 Systemen ausgeht: kategoriale, einkommensorientierte Rentenversicherung; »gemischte Alterssicherungssysteme; universelle Basissysteme und Sozialhilfe oder sozialhilfeähnliches Programm für Ältere; sowie *Glootz*, Anette (2005), 275 in historischer Betrachtung. Richard *Hauser* knüpft dagegen in seiner Typologisierung an den Leistungsvoraussetzungen an und unterscheidet zwischen wohnsitzbasierten, erwerbstätigkeitsbasierten und erwerbseinkommensbasierten Systemen. Vgl. *Hauser*, Richard (1995b), 143.

Säule	Typ	Beveridge	Bismarck
1. Säule: Kollektive öffentliche Altersvorsorge		Sicherungsziel: Vermeidung von Unterversorgung im Alter	Sicherungsziel: Lebensstandardsicherung
		Mindestsichernder Charakter	Zumeist keine eigene Mindestsicherung innerhalb der Alterssicherung
		Versorgungsprinzip	Versicherungsprinzip
		Starker Umverteilungscharakter	Schwacher Umverteilungscharakter
		Überwiegend universell ausgerichtet	Zumeist bezogen auf abhängig Erwerbstätige und ihre Angehörigen
		Überwiegend Leistungsprimat	Überwiegend Beitragsprimat
		Umlageverfahren, eher Steuermittel	Umlageverfahren, eher Beitragsmittel
2. Säule: Betriebliche Vorsorge		Überwiegend obligatorisch	Überwiegend freiwillig
		Überwiegend Beitragsprimat	Überwiegend Beitragsprimat
		Kapitaldeckungsverfahren, häufig mit steuerlicher Förderung	Kapitaldeckungsverfahren, häufig mit steuerlicher Förderung
3. Säule: private Vorsorge		Freiwillig	Freiwillig
		Beitragsprimat	Beitragsprimat
		Kapitaldeckungsverfahren	Kapitaldeckungsverfahren

Tabelle 13: Typologie verschiedener Alterssicherungssysteme innerhalb der Europäischen Union (Quelle: eigene Darstellung)

1.1.2 Ethischer Vergleich verschiedener Merkmale von Grundtypen der Alterssicherung in Europa

Im Anschluss an die vorgelegte Typisierung verschiedener gängiger Alterssicherungssysteme sollen diese im Folgenden ethisch nach verschiedenen Merkmalen unterteilt untersucht werden. Bedingung dieser ersten grundlegenden Untersuchung der idealtypischen Konzeptionen sei dabei, wie eingangs ausgeführt, ein dichter Schleier des Nichtwissens unter der Voraussetzung zeitlicher und individueller Unwissenheit bei gleichzeitiger ausschließlicher Orientierung an allgemeinen persönlichen Präferenzen, wie sie im Wissen um spätere vernünftige Lebenspläne und dem Sinn für Gerechtigkeit zu suchen sind. Ebenso werden die Individuen im Urzustand hinter diesem dichten Schleier des Nichtwissens nach der Maximin-Regel entscheiden. Ausgegangen wird somit von risikoaversen Personen im Urzustand. Die Gültigkeit der Maximin-Regel für diesen Fall entspricht dem hohen Stellenwert öffentlicher Alterssicherung für alle Betroffenen, da sie Einkommen im Lebensverlauf verstetigt, grundlegende Güter des Lebens in einer Phase besonderer Schutzwürdigkeit zugänglich macht und somit das Niveau gesellschaftlicher Partizipationsmöglichkeiten im Lebensverlauf aufrecht erhält. Diese Regel berücksichtigt hinter einem dichten Schleier des Nichtwissens keinerlei berechenbare Wahrscheinlichkeiten für die entscheidenden Personen. Die Parteien im Urzustand sind folglich angehalten, Systemalternativen zu vermeiden, die den von ihr repräsentierten Personen ein geringes garantiertes Niveau an Altersabsicherung zuweisen, als für gesellschaftliche Inklusion und Partizipationsmöglichkeiten notwendig ist.[619]

Folgende Ergebnisse sind damit aus dem ersten grundlegenden ethischen Vergleich verschiedener Merkmale der Grundtypen von Alterssicherungssystemen ableitbar:

1. Die Repräsentanten im Urzustand werden sich vermutlich hinter einem dichten Schleier des Nichtwissens für das primäre Sicherungsziel der Altersarmutsvermeidung / Unterversorgungsvermeidung entscheiden. Für diese Entscheidung spricht bereits die Maßgabe des ersten Gerechtigkeitsprinzips, die grundlegende Wahrung größtmöglicher gleicher Freiheitsräume für jedes von ihnen repräsentierte spätere Individuum einer konkreten Gesellschaftsordnung. Das Eintreten von Altersarmut als Folge der Geltung des Versicherungsprinzips widerspricht diesem Erfordernis aber

---

619 Vgl. *Rawls*, John (2003), 156–161.

diametral. Weiterhin gilt Armutsvermeidung den Repräsentanten ebenfalls als freiheitsermöglichende Bedingung, die ebenfalls über das modifizierte erste Gerechtigkeitsprinzip sichergestellt ist.

2. Die Personen in dieser neutralen Wahlsituation werden sich ferner für ein stärker universales System der Alterssicherung aussprechen. In dem Maß gleicher Betroffenheit aller realer Personen von vergleichbaren Lebensrisiken, wie sie in Alter, Invalidität und Tod für Hinterbliebene zu finden sind, sollte die Altersversorgung umfassend ausgestaltet sein und alle Einwohner des Landes erfassen. Dem Stellenwert der Risiken sollte ebenfalls der Charakter der Alterssicherung als Aufgabe des gesamten Gemeinwesens gerecht werden. Die Nichtabsicherung eines Teiles der Bevölkerung gegen diese Lebensrisiken würde nach Ansicht der Personen im Urzustand aufgrund ihrer risikoaversen Wahl dem ersten Gerechtigkeitsgrundsatz widersprechen. Der Verweis sicherungsbedürftiger Repräsentierter in andere Grundsicherungssysteme unter der Maßgabe schärferer Prüfungsbedingungen und Anspruchsvoraussetzungen, als im Kernsystem der Alterssicherung, würde dem ersten Gerechtigkeitsgrundsatz genügen, wäre aber ein Widerspruch zum Differenzprinzip, da alternative Ordnungen der Grundabsicherung diese verschärften Zugangsbedingungen nicht beinhalten. In engem Zusammenhang mit dem Entscheid für ein universales Alterssicherungssystem innerhalb der ersten Säule steht die Wahl der Finanzierungsart als Steuer. Gegenüber Beitragszahlungen haben Steuern hierbei die Vorteile einer möglichst breiten Bemessungsgrundlage, die erwerbstätige und nicht erwerbstätige Einwohner eines Landes erfasst, die Möglichkeit einer progressiven Ausgestaltung, um geringe ökonomische Positionen der Gesellschaft nicht zu überfordern. Ferner ist ebenfalls nur über das Steuersystem eine stärkere Umverteilungskomponente in der Leistungsgewährung erreichbar.

3. Die Repräsentanten im Urzustand würden weiterhin für Systeme mit Leistungsprimat votieren. Nur sie können eine ausreichende Höhe der Altersversorgung garantieren, die weitgehend unabhängig von individuellen Vorleistungen gestaltet ist. Generell würden sie für die Regel möglichst geringer und diskriminierungsfreier Zugangsvoraussetzungen für den Bereich der ersten Säule innerhalb der Alterssicherung stimmen. Systeme mit Beitragsprimat dagegen können eine solche unbedingte Leistungshöhe dagegen in der Regel nicht gewährleisten und verweisen Versicherte im Falle eines Unterschreitens auf externe Sicherungssysteme. Ein solcher Verweis wäre aber wiederum als ein Verstoß gegen das Differenzprinzip zu werten.

4. Weiterhin würden die Personen in der neutralen Sozialwahlsituation hinter einem dichten Schleier des Nichtwissens innerhalb der ersten Säule der Alterssicherung für ein Umlageverfahren als Finanzierungsart optieren. Der Grund hierfür ist der risikoaverse Charakter der Wahlsituation. Einer möglicherweise höheren Rendite kapitalfundierter Alterssicherung[620] steht deren höhere Risikobehaftetheit[621] gegenüber. Daneben gewährleisten Umlagesysteme für die jeweiligen Versicherten eine größere Planungssicherheit[622], ein Vorteil gegenüber kapitalgedeckten Systemen, der hauptsächlich innerhalb der Wertung nach dem Differenzprinzips für die Repräsentanten im Urzustand Ausschlag gebend sein dürfte. Auch eventuelle Verschiebungen in der demographischen Struktur der Bevölkerung eines Landes müssen innerhalb einer risikoaversen Entscheidung im Urzustand mit bedacht werden. Zur Abfederung der sehr hohen Demographieanfälligkeit umlagebasierter Systeme

---

620 Vgl. *Raffelhüschen*, Bernd / *Feist*, Karen (2000), 22–26, *Morath*, Konrad (1997), 11–20, vgl. ebenso *Frankfurter Institut. Stiftung Marktwirtschaft und Politik* (1997), 15–18. Gegen eine höhere explizite Verzinsung der Kapitaldeckung gegenüber der impliziten Verzinsung des Umlageverfahren spricht unter anderem: *Schmähl*, Winfried (2004), 49–53.

621 Vgl. *Wagner*, Gert / *Meinhardt*, Volker / *Leinert*, Johannes / *Kirner*, Ellen (1998).

622 Vgl. *Ribhegge*, Hermann (2000), 135–140.

der Alterssicherung empfiehlt sich ein Votum für eine steuerfinanzierte, statt beitragsfinanzierte Sicherungsvariante. Der Vorteil der Steuerfinanzierung liegt hierbei darin begründet, dass alle Teile der Bevölkerung zum Aufkommen herangezogen werden können. Zudem wird die Demographieanfälligkeit kapitalgedeckter Systeme in der öffentlichen Diskussion, die über allgemeine Wissensbestände unserer Zeit den Repräsentanten im Urzustand zugänglich ist, weitgehend uneinheitlich beantwortet.[623]

5. Die Säule 1 sollte institutionell so ausgestaltet sein, dass ihr hoher Stellenwert für die Bevölkerung sich in den jeweiligen gesetzlichen Vorgaben spiegelt. Auf sie sollte ein unbedingter Rechtsanspruch für alle Mitglieder der Gesellschaft bestehen. Veränderungen an der institutionellen Struktur, der gesetzlichen Grundlagen der Alterssicherung, sind weiterhin durch besondere Verfassungsnormen zu schützen und bedürfen eines höheren positiven Votums, als einfache Mehrheitseinscheidungen.

6. Für die Säulen zwei und drei würden sich die Repräsentanten im Urzustand dagegen für Systeme mit Beitragsprimat finanziert durch Kapitaldeckungsverfahren entscheiden. Der Grund hierfür liegt in der Gleichwahrscheinlichkeit begründet, in einer

---

[623] Gegen eine Demographieanfälligkeit des Kapitaldeckungsverfahrens sprechen so unter anderem: *Morath*, Konrad (1997), *Frankfurter Institut. Stiftung Marktwirtschaft und Politik* (1997), *Börsch-Supan*, Axel (2001): Die Autoren gehen hier vom Grundprinzip eines Kapitaldeckungsverfahrens, der Spartätigkeit jedes Menschen für seine individuelle Altersvorsorge, aus. Dadurch, dass keinerlei interpersonelle und intratemporale Umverteilung zwischen verschiedenen Kohorten stattfinde, seien Kapitaldeckungsverfahren wesentlich insensitiver gegenüber der Stärkenbesetzung der verschiedenen Kohorten. Für die These einer Demographieanfälligkeit umlagebasierter Systeme sprechen: *Schmähl*, Winfried (2001), 132, *Schmähl*, Winfried (2004), 49–53, *Bäcker*, Gerhard (2004a und 2004b): Die Autoren gehen hierbei davon aus, dass sowohl Renten nach dem Umlage-, als auch nach dem Kapitaldeckungsverfahren jeweils aus dem laufenden Einkommen einer Volkswirtschaft zu bestreiten sind. Bedingt durch demographische Veränderungen könnte aber ebenso der Bestand an Realkapital weniger stark wachsen, was nach dieser Argumentation zur Verschlechterung der Renditeentwicklung kapitalbasierter Systeme führen wird.

späteren Gesellschaft zu den ökonomischen Leistungsträgern oder unterstützungsbedürftigen Personen zu gehören. Nachdem zunächst erstrangig der Fokus auf unterstützungsbedürftige Personen gelegt wurde und ihnen gemäß den Prinzipien größter gleich möglicher Freiheit und dem Differenzprinzip vorrangige Satisfaktion ihrer Bedürfnisse durch die Ermöglichung gesellschaftlicher Inklusion und Partizipationsmöglichkeiten gewährt wurde, sind nachfolgend die ökonomischen Leistungsträger der Gesellschaft zu berücksichtigen. Wissend darum, dass letztlich nur Leistungsbereitschaft und Motivation aller Gesellschaftsmitglieder durch die Verwirklichung der Reziprozitätsnorm erreicht werden kann, dass sich Leistung also für das Individuum lohnen muss, um ökonomischen Fortschritt zu generieren, sollen beide Säulen leistungsfreundlich und motivationsförderlich ausgestaltet sein. Dies wäre aus Sicht der Personen im Urzustand am besten zu gewährleisten durch eine enge Verbindung von Leistung und Gegenleistung, wie sie in Systemen mit Beitragsprimat zu finden sind. Ebenso würden sie aufgrund der größeren Wahrscheinlichkeit einer höheren Rendite in beiden Säulen für ein Kapitaldeckungssystem optieren.

7. In der Zuordnung und in der Gewichtung der drei Säulen einer gerechten Alterssicherung würden die Repräsentanten schließlich für eine weitgehend universale erste Säule mit geringen Zugangsbeschränkungen votieren, die in ihrer Leistungshöhe auf ein ausreichendes soziokulturelles Existenzminimum beschränkt bleibt. Die Maßgabe für die Ermittlung der konkreten Leistungshöhe soll sein, dem Entwicklungsstand der Gesellschaft gerecht zu werden und die demzufolge für Inklusion und Partizipation an allen sozialen Angelegenheiten notwendigen institutionellen und finanziellen Unterstützungsleistungen zur Verfügung zu stellen. Die Säulen zwei und drei sind dagegen als Ergänzungsleistungen für die ökonomischen Leistungsträger der Gesellschaft zu verstehen. Sie knüpfen entweder an Erwerbstätigkeit oder erfolgreiche Selbständigkeit des Einzelnen an und sollten zusammen die Lebensstandardsiche-

rung des späteren Gesellschaftsmitglieds ermöglichen. Sie wären daher so auszugestalten, dass ihre Leistungen diesem Sicherungsziel gerecht werden können.

8. Mit Hilfe des ersten grundlegenden ethischen Vergleiches verschiedener Alterssicherungstypen wären Modelle, die einen vollständigen Übergang zu kapitalgedeckter Altersvorsorge vorsehen, wie sie verschiedentlich in der deutschen Reformdiskussion vorgebracht wurden[624], aus genuin ethischen Gründen heraus abzulehnen. Eine

---

624 Vgl. exemplarisch: *Frankfurter Institut. Stiftung Marktwirtschaft und Politik* (1997), die chilenische Rentenreformkonzeption, ein Modell vollständigen Übergangs zum Kapitaldeckungsverfahren, als Modell für die Weiterentwicklung der deutschen gesetzlichen Rentenversicherung stellen heraus: *Neumann*, Manfred (1997) und *Piñera*, José (1997), stark befürwortet werden solche Modelle ebenfalls für den deutschen Reformdiskurs von *Dahlmanns*, Gert (1997a und b) sowie von *Becker*, Gary S. (1997). Das Frankfurter Institut geht dabei von einer vollständigen Substitution der bisherigen Alterssicherung durch ein kapitalgedecktes System aus und führt hierzu die Vorteile einer höheren Demographiefestigkeit, wirtschaftlicher Belebung durch vermehrten Kapitalbestand sowie langfristig höherer Renditeentwicklung an. Es strebt dabei einen geordneten Rückzug aus dem Umlageverfahren an, bei dem suzessive Beitragszahlungen durch den Aufbau eines individuellen Kapitalstocks ersetzt werden in dem Maß, in dem alte Ansprüche aus dem Umlageverfahren wegfallen. Zur Sicherstellung eines Rentenniveaus von 70 % des letzten Nettoeinkommens wäre nach Berechnungen des Instituts ein Beitragssatz von lediglich 9 % des Bruttoeinkommens nötig. Daneben wird für die Umstellungsphase zwischen beiden Systemen ein Beitragssatz von etwa 11 % zur Befriedigung erworbener Ansprüche aus dem Umlageverfahren benötigt. Der Beitragssatz des Umlageverfahrens und die Bundeszuschüsse könnten dabei sukzessive abgeschmolzen werden, je mehr Ansprüche aus dem Umlageverfahren entfallen.

Die chilenische Rentenreform vom Beginn der 1980er Jahre ist bislang das einzige Beispiel eines vollständigen Systemtransfers eines Umlageverfahrens in ein Kapitaldeckungsverfahren. Die Reform war dabei Bestandteil eines umfassenden sozialen Modernisierungsprogramms mit einer weitgehenden Privatisierung des staatlichen Sektors und Deregulierung von Arbeitsbeziehungen. Kernstück der Reform ist ein individueller Pflichtsparplan, auf den Arbeiter und Angestellte 10 % ihres Arbeitseinkommens in staatlich zugelassene und stark reglementierte Fonds einzahlen müssen. Für zusätzlich 3 % des Arbeitseinkommens wird ebenso Invaliditäts- und Hinterbliebenenschutz gewährt. Gegen die chilenische Rentenreform führt *Eisen*, Roland (2000), 149–174 folgende Gründe an: extrem hohe Umstellungskosten des Systems, Doppelbelastung Aktiver in der Umstellungsphase, zusätzlicher Versicherungsschutz gegen Invalidität und für Hinterbliebene muss extra erworben werden, höhere Ver-

ausschließlich kapitalgedeckter Alterssicherung kann weder alle Lebensrisiken, die derzeit innerhalb der gesetzlichen Rentenversicherung abgedeckt sind, wie Invalidität und Todesfallschutz für Hinterbliebene abdecken, beinhaltet in aller Regel keine Umverteilungselemente, noch ist sie als beitragsorientiertes System in der Lage, eine spätere Rentenhöhe mindestens auf dem Niveau des Existenzminimums zu garantieren. Die etwaige zusätzliche Einführung eines universalen Mindestsicherungssystems mit strengeren Zugangsvoraussetzungen als die Alterssicherung muss dabei, wie oben argumentiert, aus Gründen der Einhaltung des Differenzprinzips von den Repräsentanten im Urzustand abgelehnt werden. Weiterhin könnte eine vollständig kapitalbasierte Alterssicherung ebenfalls nur schwer als universales System konzipiert werden. Die Folge daraus wäre eine schlechtere Absicherung von Personen, die unregelmäßig oder gar nicht am Arbeitsmarkt partizipieren, obwohl sie gleiche Risiken des Alters tragen. Ein vollständiger Systemtransfer wäre somit ebenfalls ein Verstoß gegen das Prinzip gleich großer möglicher Freiheiten und zugehöriger freiheitsermöglichender Bedingungen für alle späteren Gesellschaftsmitglieder.

1.2 Der zweite Vergleich: Europäische Alterssicherungskonzeptionen

Innerhalb des zweiten grundlegenden Vergleichs verschiedener Alterssicherungstypen soll im Folgenden zunächst das deutsche Modell der Alterssicherung, als eine Bismarck typische Konzeption, erörtert werden.

---

waltungsgebühren gegenüber der klassischen Sozialversicherung, verschiedene Aspekte negativer Auslese der Versicherungsnehmer und schließlich Probleme unvollständiger Information bei der Umwandlung des angesparten Vermögens in eine Annuität. Weiterhin kann an der chilenischen Rentenreform das demographische Risiko kapitalgedeckter Systeme nicht abgelesen werden, da in diesem Land die Bevölkerung gleichmäßig wächst und die Altersstruktur in etwa der Deutschlands von 1900 entspricht. Vgl. hierzu: http://www.ku-eichstaett.de/Fakultaeten/GGF/fachgebiete/Politikwissenschaften/Politikwissenschaft_III/Lehre/HF_sections/content/Laenderprofile_Chile.pdf, Entnahme am 10.08.2006.

Zur Ergänzung verschiedener Reformoptionen werden in einem zweiten Schritt Modelle anderer europäischer Länder nach oben vorgelegter Systematik idealtypisch untersucht werden. Es werden dabei eine Konzeption eines eher Beveridge typischen Modells und zwei hybride Konzeption zwischen beiden Haupttypen vorgestellt werden. In einem dritten Untersuchungsschritt werden abschließend anhand dreier Modelle der deutschen Reformdiskussion einige grundlegende Entwicklungsmöglichkeiten für eine gerechte und zukunftssichere Alterssicherung aufgezeigt.

Maßgabe dieses zweiten Vergleiches ist dabei eine teilweise Hebung des »Schleiers des Nichtwissens« durch eine Inklusion grundlegender empirischer Kenndaten unseres Zeitkontexts in die Argumentation der Parteien im Urzustand. Die Repräsentanten im Urzustand entscheiden dagegen weiterhin unter der Maßgabe vollständigen Unwissens um individuelle Eigenschaften und Positionen innerhalb der derzeitigen Gesellschaft.

1.2.1 Das deutsche Modell der Alterssicherung

1.2.1.1 Grundlegende Konstruktionsprinzipien des deutschen Modells der Alterssicherung

Das deutsche Modell der Alterssicherung wurde bereits im Eröffnungsteil des Kapitels II ausführlich vorgestellt. Wie bereits erwähnt folgt dieses grundsätzlich der weit verbreiteten Drei-Säulen Systematik. Die weitaus bedeutendsten Sicherungssysteme sind innerhalb der ersten Säule die gesetzliche Rentenversicherung sowie die beamtenrechtliche Versorgung. Sie folgen grundsätzlich in ihrer Finanzierungsart dem Umlageverfahren. Innerhalb der zweiten Säule finden sich verschiedenste ergänzende Sicherungssysteme betrieblicher Art, allerdings ausschließlich als freiwillige Leistung der Unternehmen für ihre Mitarbeiterinnen und Mitarbeiter. Die dritte Säule der Alterssicherung bildet schließlich die freiwillige private Zusatzvorsorge. Die betriebliche Alterssicherung der zweiten Säule sowie die dritte Säule folgen grundsätzlich der

Finanzierungsart des Kapitaldeckungsverfahrens. Die erste Säule stellt hierbei – als öffentliches Alterssicherungssystem – sowohl hinsichtlich des einbezogenen Personenkreises als auch hinsichtlich der ausgezahlten Finanzmittel die wichtigste Quelle von Altersruhebezügen dar. Die gesetzliche Rentenversicherung und die beamtenrechtliche Versorgung sind dabei auf das Sicherungsziel der Lebensstandardsicherung hin ausgerichtet. Die Vermeidung von Altersarmut stellt hingegen kein eigenständiges Sicherungsziel dar.

Im Folgenden soll es nach ethischen Kriterien geprüft und bewertet werden.

1.2.1.2 Wertungt aus der ursprünglichen Position hinter einem dünnen Schleier des Nichtwissens

Aus einer ursprünglichen Position heraus, wie sie im Urzustand hinter einem dünnen Schleier des Nichtwissens gegeben ist, würden die verschiedenen Repräsentanten das bisherige Modell der gesetzlichen Alterssicherung folgendermaßen werten:

1. Bezug nehmend auf das Prinzip größtmöglicher gleicher Freiheit und zugehöriger freiheitsermöglichender Bedingungen stellt sich das gegenwärtige System der Alterssicherung in Deutschland als derzeit zustimmungsfähig aus der Perspektive der ursprünglichen Situation dar. Höhe, Dauer und Art der Leistungserbringung entsprechen diesem Prinzip und stellen wichtige gesellschaftliche Inklusions- und Partizipationsmöglichkeiten sicher. Insbesondere die Einführung der so genannten »Grundsicherung im Alter und bei voller dauerhafter Erwerbsminderung«[625] geben zu dieser Zustimmung Anlass. Die Höhe der Leistungen entspricht dabei dem sonstigen vordefinierten soziokulturellen Existenzminimum in der Bundesrepublik. Die Grundsicherung im Alter und bei voller

---

625 Vgl. *Bundesministerium für Arbeit und soziale Sicherheit*, online unter: http://www.bmas.bund.de/BMAS/Redaktion/Pdf/Publikationen/sozialhilfe-und-grundsicherung,property=pdf,bereich=bmas,sprache=de,rwb=true.pdf, Entnahme am 11.08.2006.

Erwerbsminderung bezieht darüber hinaus die vollständige Wohnbevölkerung Deutschlands in den Kreis der Anspruchsberechtigten mit ein.[626] Zentrale Verbesserungen zur Vermeidung verdeckter Altersarmut gegenüber der Sozialhilfe und des Arbeitslosengeldes II sind hierbei der entfallende Unterhaltsrückgriff auf Einkommen von Eltern oder Kinder, sofern deren jährliches Einkommen unter 100.000 EUR liegt, sowie die entfallende Erbenhaftung.[627] Es findet damit lediglich eine Bedürftigkeitsprüfung bezogen auf eigenes Einkommen und Vermögen statt. Diese Bedürftigkeitsprüfung unterstreicht damit aus der Perspektive der ursprünglichen Position heraus den subsidiären Charakter der Hilfeleistungen gegenüber dem Bezug von Altersrenten oder dem Bestreiten des Lebensunterhalts aus eigenem Einkommen oder Vermögen. Der Gesetzgeber hat somit schließlich mit der Einführung der Grundsicherung im Alter wichtigen ethischen Forderungen der Inklusion alter Menschen in die Gesellschaft Rechnung getragen.

2. Aus der Perspektive des Prinzips gleicher Chancen ergibt sich eine Ablehnung der bisherigen Alterssicherungskonzeption in der Bundesrepublik Deutschland. Gerade die grundsätzliche Ungleichbehandlung von Männern und Frauen eines eng an Erwerbstätigkeit, insbesondere Normalarbeitsverhältnissen in steter Versicherungsbiographie, angekoppelten Systems verstößt hierbei fundamental gegen dieses Prinzip.[628] Obwohl zumeist Frauen über Familien- und Pflegearbeit gesellschaftlich erwünschte Tätigkeiten erbringen, wird diese Leistung im einzigen öffentlichen Alterssicherungssystem ungenügend honoriert. So sind zwar Erziehungszeiten von bis zu drei Jahren pro Kind und Pflegezeiten von Angehörigen grundsätzlich anrechnungsfähig, die gelebte

---

626 Vgl. §41 Abs. 1 SGB XII.

627 Vgl. §43 Abs. 2 SGB XII.

628 Vgl. *Schmähl*, Winfried (2001), 164: »Kann bei männlichen Versicherten der »Durchschnittsverdiener« noch in gewissem Sinne als typisch angesehen werden, so trifft dies für Frauen keinesfalls zu.« So liegen ca. 95% der Frauenrenten unter dem Eckrentenniveau, bei Männern sind dies ebenso beträchtliche 50%.

Praxis in Deutschland zeigt aber, dass diese Freistellung in Erziehungszeiten selten ausreicht und die spätere Verbindung von Beruf und Erziehungszeit zunehmend nur über Teilzeittätigkeiten eines Erziehenden unter Inkaufnahme brüchiger Erwerbsbiographien und ungenügender Alterssicherung erreicht werden kann.[629] Insbesondere für Frauen bedeutet dies eine nicht hinnehmbare Chancenungerechtigkeit auf eine auskömmliche eigenständige Alterssicherung. Neben einer Neujustierung der Arbeitsmarktpolitik und einer empfehlenswerten Aufstockung von Sachtransfers an Familien ist an dieser Stelle für die Alterssicherung deren zu enge Ankoppelung an bestimmte Arten und einer grundsätzlichen Dauerhaftigkeit von Erwerbstätigkeiten in Vollzeit zu bemängeln. Dieses zu enge Begründungsspektrum führt in der Praxis zur Exklusion zahlreicher Betroffener, für die Alterssicherung zumeist von Frauen, aus der erstrangigen sozialen Sicherung.[630] Auch die abgeleitete Hinterbliebenenrente stellt diesbezüglich keine zeitgemäße Absicherung durch deren Voraussetzung einer lebenslangen Partnerschaft in der klassischen familiären Rollenverteilung zwischen Männern und Frauen dar. Für die Alterssicherung wären damit folgende Reformoptionen angeraten: eine stärkere eigenständige Absicherung von Frauen sowie dem Einbezug anderer Tätigkeitsformen jenseits des Normalarbeitsverhältnisses.

3. Aus der Perspektive des Differenzprinzips ergibt sich ebenfalls eine Ablehnung des bisherigen Modells der Alterssicherung in Deutschland. Gemäß der grundlegenden Sozialwahlentscheidung ist gerade aus der Perspektive am wenigsten begünstigter Personen zu bemängeln, dass Alternativordnungen im gegenwärtigen internationalen Diskurs vorhanden sind und die deutsche Reformdiskussion prägen, die gerade im Hinblick auf die Grundsicherung geringere Anforderungen an Leistungsgewährung und den einbezogenen Personenkreis stellen, als dies innerhalb des deutschen

---

629 Vgl. *Mack*, Elke (2005).
630 Vgl. *Lampert*, Martin (2005), 112f.

Systems ist. Gerade der Verweis älterer bedürftiger Menschen auf die Träger der Sozialhilfe stellt hierbei einen entscheidenden Nachteil innerhalb der Grundsicherungskonzeption dar, der in universal ausgerichteten anderen Systemen der ersten Säule der Alterssicherung innerhalb verschiedener Länder der Europäischen Union nicht stattfindet. Ebenso zu bemängeln ist in diesem Sinne die in der deutschen Konzeption vorhandenen dominierenden Leitgedanken der Teilhabeäquivalenz durch die dynamische Anpassung vorhandener Altersrenten an Nettolohneinkommen zur Lebensstandardsicherung.[631] Altersarmutsvermeidung stellt dagegen innerhalb dieses Systems kein eigenständiges Sicherungsziel innerhalb der Alterssicherung dar und wird somit auf externe Sozialsysteme verwiesen. Insbesondere durch die Veränderungen am Arbeitsmarkt und der gleich bleibend hohen Abnahme von Normalarbeitsverhältnissen zugunsten sozialstaatlich prekärer Beschäftigung ist für spätere Rentenempfänger-Generationen mit einer extremen Zunahme der Angewiesenheit auf Grundsicherung im Alter und bei Erwerbsminderung zu rechnen. Gerade deshalb sollte Altersarmutsvermeidung gegenüber den Ziel der Lebensstandardsicherung auch innerhalb der öffentlichen Alterssicherung erstrangig behandelt werden.

4. Auch gemäß der Inklusion von Reziprozitätsnormen in die Alterssicherung der Bundesrepublik ist die deutsche Konzeption grundsätzlich zu bemängeln. Gerade durch die in der jüngsten großen Rentenreform beschlossene Absenkung des gesetzlich gesicherten Eckrentenniveaus auf 64% des Nettoeinkommens, wird die Beitragsäquivalenz der gesetzlichen Rentenversicherung beruhend auf dem Sicherungsziel der Lebensstandardsicherung zunehmend weniger gewährleistet. So zeigen Berechnungen von *Schmähl* etwa, dass ein durchschnittlicher Beitragszahler bei einem Eckrentenniveau von 64% Beitragszahlungen von 28,8 Jahren durchschnittlicher Anwartschaft benötigt, um bei einem Ren-

---

631 Vgl. *Bäcker*, Gerhard (2004c), 81–85.

tenbeginn mit 65 Jahren eine Rente in Höhe des Sozialhilfesatzes zu erreichen.[632] Für die erste Säule der Alterssicherung in der Bundesrepublik Deutschland könnte dies einen zunehmenden Akzeptanzverlust bedeuten, da Leistung und Gegenleistungen als in einem inakzeptablen Verhältnis zueinander stehend wahrgenommen werden. Eine abzuleitende Reformoption hieraus ist die Stärkung des Reziprozitätsgedankens innerhalb der verschiedenen Säulen der Alterssicherung. Diese Reformoption ist jedoch gegenüber dem Sicherungsziel der Altersarmutsvermeidung als sekundäre – gemäß der lexikalischen Unterordnung des Differenzprinzips – zu behandeln und wäre so nicht innerhalb der ersten, obligatorischen Säule der Alterssicherung, zu verankern, sondern würde aus der Perspektive des Urzustandes eher in die beiden anderen Säulen verwiesen werden. Gleichwohl müssten diese dann die Voraussetzungen für Leistungsbereitschaft und Motivation der einzelnen Gesellschaftsmitglieder innerhalb eines System arbeitsteiliger Produktion und kooperativer Tauschbeziehungen gerade zum Wohl weniger begünstigter Gesellschaftsmitglieder sicherstellen.

5. Im Bezug auf die prognostizierte demographische Entwicklung Deutschlands gehen die Repräsentanten im Urzustand von einer vermehrten Finanzierungsbelastung aller Säulen der Alterssicherung aus. Begründet durch die Tatsache, dass der weit größte Teil der Finanzierung der verschiedenen Säulen der Alterssicherung über das Umlageverfahren erfolgt, werden die Repräsentanten auch hier zügige Reformen der Finanzierungsart, bzw. der Zuordnung der verschiedenen Säulen der Alterssicherung zueinander, einklagen. Die Beibehaltung eines Systems im Umlageverfahren mit dem Sicherungsziel der Lebensstandardsicherung, das für den größten Teil der Bevölkerung die einzige Quelle der Altersabsicherung darstellt, ist für die Zukunft erwiesenerma-

---

632 Vgl. zu den gesamten Berechnungen: *Schmähl*, Winfried (2001), 160–165.

ßen erheblichen Finanzierungsrisiken ausgesetzt.[633] Risikoaverse Entscheidungspersonen werden deshalb einen geordneten Teilrückzug aus dem Umlageverfahren und für die einzelnen Säulen einen gleichmäßigeren Finanzierungsmix aus Umlage und Kapitaldeckung vorschlagen. Erstrangiges Sicherungsziel für den öffentlich-rechtlichen Teil der Alterssicherung müsste dabei gemäß dem ersten Gerechtigkeitsprinzip die unbedingte Vermeidung von Altersarmut als gesellschaftliche Exklusion Betroffener sein. Finanzierungsrisiken der gesetzlichen Rentenversicherung infolge der demographischen Entwicklung dürfen deshalb nicht zulasten einer Grundabsicherung, der unbedingten Gewährleistung des soziokulturellen Existenzminimums gehen. Das Sicherungsziel der Lebensstandardsicherung ist dem gegenüber als sekundäres in diesem Bereich zu behandeln.

6. Das deutsche Modell der Alterssicherung beruhend auf drei Säulen mit einem deutlichen Übergewicht der ersten Säule gegenüber den beiden anderen ist somit weder als sozial gerecht noch als zukunftsfähig zu bezeichnen. Es wird aufgrund der prognostizierten demographischen Entwicklung und dem Wandel der Arbeitswelt zunehmend mehr Exklusion und Unterversorgung produzieren, stellt durch die enge Anbindung an Lohnarbeit zusätzliche Exklusionsrisiken her, entspricht weiterhin nicht dem fairen Chancengleichheitsprinzip, insbesondere für Frauen, und stellt ferner durch den Verweis Bedürftiger auf externe Sicherungssysteme und der mangelhaften Vorbereitung auf gesellschaftliche Wandlungstendenzen einen Verstoß gegen die Sozialwahlentscheidung des Differenzprinzips dar. Aus der Perspektive des Urzustandes würden die Repräsentanten angesichts der konkreten empirischen Situation erstens für einen unbedingten Vorrang der Altersarmutsvermeidung

---

633 Vgl. unter anderem hierzu: *Schmähl*, Winfried (2001), 138–142, *Raffelhüschen*, Bernd / *Feist*, Karen (2000), 10–15, *Drost*, André (1998), 1–4, *Berger*, Ralph (1999), 112f.

zulasten von Lebensstandardsicherung votieren und würden zweitens die Gewichtung der einzelnen Säulen und Finanzierungsarten innerhalb des Gesamtsystems der Alterssicherung neu ordnen.

1.2.2 Das Alterssicherungssystem des Vereinigten Königreiches als Beveridge typisches Modell

Nachdem das bisherige deutsche Modell der Alterssicherung im vorherigen Abschnitt als weder zukunftsfähig noch gerecht kritisiert wurde, soll im Folgenden die Konzeption des Vereinigten Königreiches als Beveridge typisches Modell analysiert werden. Gemäß der Untersuchung von Grundtypen von Alterssicherungssystemen würden sich die Repräsentanten im Urzustand aufgrund seiner Vorteilhaftigkeit hinsichtlich des Sicherungszieles der Altersarmutsvermeidung und breiteren Streuung von Risiken aus der demographischen Entwicklung eher für ein solches Modell im Gegensatz zu Bismarck typischen Konzeptionen entscheiden. Es ist daher zu fragen, ob die Alterssicherung im Vereinigten Königreich als zukunftsfähiges und gerechtes Modell für Deutschland dienen kann.

1.2.2.1 Darstellung des Modells

Die Alterssicherungskonzeption im Vereinigten Königreich Großbritannien und Nordirland bildet ein äußerst komplexes System, das Elemente mit Beitrags- und Leistungsprimat umfasst, öffentliche mit privater Vorsorge kombiniert sowie an den grundsätzliche Sicherungszielen der Altersarmutsvermeidung und Lebensstandardsicherung orientiert ist.[634] Entgegen den meisten Sicherungssystemen innerhalb der Europäischen Union besteht es nur aus zwei Säulen. Grundlage des britischen Sicherungssystems ist der Old Age Pensions Act von 1908, mit dem ein aus Steuermitteln finanziertes, beitragsunabhängiges Modell nach den

---

634 Vgl. *Verband Deutscher Rentenversicherungsträger* (2006), 150.

Vorbildern von Dänemark und Neuseeland eingeführt wurde.[635] Während des Zweiten Weltkriegs diente zudem der »Beveridge Report« von 1942 als Grundlage für die nach dem Krieg durchgeführte Vervollständigung, Standardisierung und Optimierung des bestehenden Systems.[636]

> »In diesem *Report*, der ein großes öffentliches Interesse fand, wurden die Grundsätze des zukünftigen Wohlfahrtsstaates definiert: Universalität, eine umfassende Risikoabsicherung sowie Angemessenheit der Leistungen. [...] Die pauschalierten Leistungen sollten, dem Prinzip der »Angemessenheit« entsprechend, ein soziales Existenzminimum garantieren; jeder Einzelne sollte darüber hinaus das Recht haben, Vorsorgemaßnahmen oberhalb des Existenzminimums zu treffen.«[637]

Als unmittelbare Folge dieses Reports entstand 1946 mit dem National Insurance Act eine Sozialversicherung sowie ein nationaler Gesundheitsdienst, der im Prinzip die gesamte Wohnbevölkerung des Vereinigten Königreichs umfasst und auf Einheitsleistungen beruht.[638] Das heutige staatliche System der sozialen Sicherung besteht seit diesem Gesetz in Kontinuität aus zwei Teilsystemen:

1. einem Versicherungssystem zur Alters- und Hinterbliebenensicherung, daneben: Krankheitsversorgung, Mutterschutz und Arbeitslosenunterstützung und

2. dem nationalen Gesundheitsdienst zur medizinischen Versorgung.[639]

635 Vgl. *Devetzi*, Stamatia (2004), 391.
636 Vgl., ebd.
637 Ebd., 391f.
638 Vgl. ebd., 392.
639 Vgl. ebd., 393.

Innerhalb des Systems der sozialen Sicherheit werden dabei beitragsbezogene, beitragsfreie und bedarfsorientierte Leistungen gewährt.[640]
Das Rentensystem des Vereinigten Königreichs beruht im Kern auf Beitragsleistungen. Eine einkommensunabhängige Grundrente wird dabei durch eine einkommensbezogene staatliche Zusatzrente ergänzt, aus der Arbeitnehmerinnen und Arbeitnehmer jedoch die Möglichkeit haben, sich befreien zu lassen. Als Voraussetzung für eine solche Befreiung dient dabei der Nachweis, dass alternative Altersvorsorgepläne bestehen, deren Leistungen mindestens dieser staatlichen Zusatzversicherung entsprechen.[641] Als Alternativmodelle kommen dabei sowohl betriebliche als auch private Altersvorsorgesysteme in Betracht.

»Im Steuerjahr 1996/97 waren 72,6% von den 20- bis 59-Jährigen von dem SERPS-System[642] befreit. Das liegt daran, dass die letzten Regierungen mehr und mehr Beitragszahler insbesondere durch steuerliche Anreize dazu bewegt haben, das *contracting-out* zu bevorzugen. Dahinter steht das Ziel, die umlagefinanzierte staatliche zweite Säule durch kapitalgedeckte Systeme zu entlasten und die Verantwortung für die Alterssicherung stärker auf den Einzelnen zu übertragen.«[643]

Die einkommensunabhängige staatliche Grundsicherung aus Steuermitteln sowie die ergänzende beitragsbezogene staatliche Zusatzrente werden dabei nach dem Umlageverfahren finanziert, betriebliche und private Zusatzrenten in der Regel nach dem Kapitaldeckungsverfahren.[644] Das Renteneintrittsalter liegt derzeit für Männer bei 65 Jahren und für Frauen bei 60 Jahren; ab 2010 wird dieses stufenweise auf 65 Jahre ange-

---

640 Vgl. ebd.
641 Vgl. ebd.
642 State Earnings Related Pensions Scheme, die staatlich organisierte Zusatzrente.
643 *Devetzi*, Stamatia (2004), 393.
644 Vgl. ebd.

glichen.[645] Die Grundrente betrug dabei für den Zeitraum von 2002 bis 2003 75,50 £ pro Woche oder 3896 £ pro Jahr.[646] Als Anspruchsvoraussetzungen für die staatliche Grundrente gelten dabei Beitragszahlungen für die Dauer von 90 % des potentiellen Arbeitslebens. Eine verminderte Rentenzahlung erhält man bei einer Mindestversicherungszeit von 25 % des potentiellen Arbeitslebens. Für die Lohnersatzrate des zweiten staatlichen Rentensystems gelten stark gestaffelte Sätze: Sie betragen zwischen der unteren Einkommensgrenze (3910 £/Jahr) und dem ersten Schwellenwert (10.800 £/Jahr) 40 % der Differenz, bis zum zweiten Schwellenwert (24650 £/Jahr) 10 % der Differenz und bis zur oberen Einkommensgrenze (30505 £/Jahr) schließlich nochmals 20 % der Differenz.[647] Als Berechnungsgrundlage dient dabei der aggregierte und gemäß der Lohnentwicklung dynamisierte Durchschnittsverdienst während des gesamten Erwerbslebens einer Person.[648]

Neben der staatlichen Grundrente als beitragsbezogene Pauschalleistung besteht im Vereinigten Königreich eine bedürftigkeitsgeprüfte Mindesteinkommensgarantie oder für Renten eine Rentensicherung in Höhe von 98,15 £/Woche oder 5041 £/Jahr (Datenlage: 2003) für eine allein stehende Person.[649] Renten unterhalb dieses Wertes werden nach einer Bedürftigkeitsprüfung auf die Rentensicherung angehoben.

Zusammengefasst erhält man damit folgende Darstellung des Alterssicherungssystems im Vereinigten Königreich:

---

645 Vgl. *Verband Deutscher Rentenversicherungsträger* (2006), 150.

646 Vgl. ebd.

647 Vgl. ebd.

648 Vgl. ebd., 151.

649 Vgl. ebd.

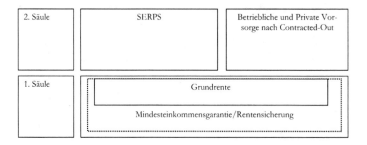

Abbildung 7: Das Alterssicherungssystem im Vereinigten Königreich (Quelle: eigene Darstellung)

1.2.2.2 Kritik

Unter den dargestellten Bedingungen eines dünnen »Veil of Ignorance« ist das Alterssicherungssystem des Vereinigten Königreichs grundsätzlich als sozial ungerecht zu kritisieren. So wird zum Ersten das Prinzip größtmöglicher gleicher Freiheit durch die Gewährleistung einer Grundrente, die unterhalb der öffentlich definierten Mindesteinkommensgarantie liegt, verletzt. Da die sozialhilfeähnliche Mindesteinkommensgarantie die materiellen Grundlagen der Inklusion und Partizipationsfähigkeit an gesellschaftlichen Belangen sicherstellen soll, führt die Gewährleistung einer Grundrente unterhalb dieser Basissicherung zur Exklusion aus der Gesellschaft. Durch den Trend einer zunehmenden Privatisierung der staatlich organisierten zweiten Säule der Alterssicherung wird zum Zweiten ebenso das Prinzip gleicher Chancen verletzt. So führt *Ginn* unter anderem an, dass leistungsorientierte Betriebsrenten nur einer geringen Minderheit zur Verfügung stünden, während die übergroße Mehrheit der privaten Renten beitragsorientiert sei bei gleichzeitiger Privatisierung des Risikos ihrer übergroßen Kapitalmarktabhängigkeit. Zudem hätten diese bei Systemen mit Beitragsprimat gegenüber der Alternative mit sehr hohen Verwaltungs- und Umstellungskosten der Ersparnis auf eine lebenslange Annuität zu rechnen.[650] Weiterhin benachteilige dieser Privatisierungstrend insbesondere Frauen, die infolge einer höheren Lebenserwartung höhere Beitragsleistungen oder niedrigere Rentenzahlungen zu erwarten hätten.[651] Der Anreiz hoher Steuergutschriften bei Wahrnehmung des Contracting-Out käme zudem durch die regressive Wirkung solcher Gutschriften nur ohnehin Besserverdienenden zugute; Geringverdiener bleiben dagegen auf die SERPS-Systeme mit ihren gestaffelten, im europäischen Vergleich stark unterdurchschnittlichen Lohnersatzraten[652] verwiesen.[653] Das Alterssicherungssystem im Vereinigten Königreich erfüllt somit die Bedingungen des Prinzips fairer Chancengleichheit nicht, da Geringverdiener und insbesondere Frauen in dieser Konzeption strukturell benachteiligt werden.

Auch dem Differenzprinzip schließlich genügt das vorgestellte Modell der Alterssicherung nicht. Innerhalb an Beveridge orientierten Typen der Alterssicherung sind gerade aus der Perspektive am wenigsten Begünstigter in der Sozialwahlsituation des Urzustandes vorteilhaftere Konzeptionen zu finden, wie beispielsweise die Alterssicherungskonzeption in den Niederlanden.[654] Der Verweis sicherungsbedürftiger Personen an bedarfsgeprüfte externe Sicherungssysteme zur Gewähr-

---

650 Vgl. *Ginn*, Jay (2004), 186.

651 Vgl. ebd.

652 Zu den Lohnersatzraten des Alterssicherungssystems im Vereinigten Königreich vgl. insbesondere: *Verband Deutscher Rentenversicherungsträger* (2006), 152.

653 Vgl. *Ginn*, Jay (2004), 186f.

654 So gewährt beispielsweise das Alterssicherungssystem in den Niederlanden innerhalb der ersten Säule, AOW, eine Grundrente, die ausdrücklich am Sicherungsziel der Altersarmutsvermeidung orientiert ist. Ihre Höhe ist an den gesetzlich definierten Mindestlohn gekoppelt und wird mit diesem fortgeschrieben. Versichert in diesem System sind alle Einwohner der Niederlande ab dem 15. Lebensjahr. Auch Nicht-Einwohner unterliegen der Versicherungspflicht, falls diese in den Niederlanden lohnsteuerpflichtig sind. Ergänzt wird das AOW-System dabei von branchenspezifischen Zusatzren-

leistung des öffentlich definierten Existenzminimums stellt zudem aus der Perspektive des Differenzprinzips einen schweren Nachteil dieses Modells dar.

Positiv hervorzuheben am Alterssicherungssystem des Vereinigten Königreichs ist aus ethischer Perspektive lediglich deren eindeutige subsidiäre Gestaltung. Die Möglichkeit eines Contracting-Out aus der staatlichen zweiten Säule bietet Personen, die über eine private oder betriebliche Alterssicherung in besserem Umfang verfügen die Chance, diese auch wahrzunehmen. Staatliche Unterstützung trägt hier keinerlei paternalistische Züge und kann ausschließlich auf die Gewährleistung des Sicherungsziels der Armutsvermeidung innerhalb der ersten Säule beschränkt bleiben.

Die Inklusion von Reziprozitätsnormen in die Alterssicherung ist allerdings innerhalb der zweiten Säule ebenfalls nur unvollkommen verwirklicht. Begründet durch die unterschiedlichen Ersatzraten je nach Einkommenshöhe ergeben sich gerade für Durchschnittsverdiener erhebliche Nachteile gegenüber Gering- und Besserverdienenden. Auch innerhalb der zweiten Säule scheinen somit Umverteilungsziele stärker gewichtet, als Lohnersatzziele und Wahrung des Lebensstandards des Einzelnen. Die sehr geringen Ersatzraten geben hierbei auch einen erheblichen Anreiz zur eigenständigen oder betrieblichen Altersvorsorge über Pensionsfonds finanziert nach dem Kapitaldeckungsverfahren.

Für den deutschen Diskurs zur Reform der Alterssicherung wäre die Leitorientierung des Sicherungszieles auf Armutsvermeidung hin positiv hervorzuheben. Die konkrete Ausgestaltung, insbesondere die sehr geringen Ersatzraten wurden allerdings ethisch abgelehnt und können somit kein Modell für Deutschland sein. Ebenso ist ordnungspolitisch das Nebeneinander zwischen einer staatlichen und privatwirtschaftlich organisierten zweiten Säule der Alterssicherung anzufragen. Konsequenter wäre hierbei die eindeutige subsidiäre Beschränkung des Staates auf die Ermöglichung einer umfassenden, gesellschaftlich bezoge-

tensystemen, die zusammen eine Lohnersatzrate von 70% ab dem 65. Lebensjahr in einer durchgängigen Versicherungsbiografie sicherstellen. Vgl. *Bieber*, Ulrich (2004), 139–146.

nen Subsistenzsicherung mit einer angemessenen Leistungshöhe. Das Sicherungsziel der Lebensstandardsicherung kann dem gegenüber auf privatwirtschaftlich organisierte und verwaltete Komponenten übertragen werden.

1.2.3 Das Alterssicherungssystem der Schweiz

1.2.3.1 Darstellung des Modells

Das Alterssicherungssystem der Schweiz ist im Gegensatz zu Großbritannien und Nordirland nach dem Drei-Säulen-Modell aufgebaut. Seine Grundlagen reichen dabei zurück in das späte 19. Jahrhundert, in dem aus gewerkschaftlichen Zusammenschlüssen erste freiwillige Arbeits- und Krankenkassen entstanden.[655] Bereits 1890 wurde beeinflusst von der Sozialgesetzgebung Bismarcks die schweizerische Bundesverfassung um den Artikel 34bis ergänzt. In ihm wurde dem Bund der Auftrag zu einer gesetzlichen Regelung der Kranken- und Unfallversicherung erteilt.[656]

Nach mehreren Volksentscheiden wurde schließlich durch Hinzufügung des Artikels 34^{quater} in die Bundesverfassung diesem ebenfalls die Kompetenz zur Einführung einer Alters-, Invaliditäts- und Hinterlassenenversicherung übertragen, deren gesetzliche Grundlagen 1947 im Gesetz über die Schaffung einer Alters- und Hinterlassenenversicherung (AHV) in einem Referendum vom schweizerischen Volk angenommen wurden.[657] Die gesetzliche Regelung der Invaliditätsvorsorge folgte schließlich 1960. Komplettiert wird das schweizerische Alterssicherungssystem schließlich durch das Bundesgesetz über Ergänzungsleistungen 1966, einer Art Grundsicherungskonzeption vergleichbar der deutschen Sozialhilfe.[658]

655 Vgl. *Becker*, Susanne (2004), 255.
656 Vgl. ebd.
657 Vgl. ebd., 255f.
658 Vgl. ebd., 256.

Nach einer Verfassungsänderung 1972 beruht das schweizerische System der Alterssicherung bis heute auf einer ersten Säule, der Alters-, Hinterlassenen- und Invaliditätssicherung (IV) nach Art. 34^{quater}, der beruflichen Vorsorge, die 1985 obligatorisch wurde, und der privaten freiwilligen Altersvorsorge.[659]

> »Die 1. Säule besteht aus einer umlagefinanzierten staatlichen (Sozial-) Versicherung, die für die gesamte Wohnbevölkerung einen angemessenen Existenzbedarf sicherstellen soll und aus AHV und IV besteht.«[660]

Charakteristisch für das öffentliche Modell der Alterssicherung in der ersten Säule ist ebenfalls, dass deren Leistungen nach unten und oben hin begrenzt sind. So betrug die Mindestrente aus der ersten Säule 2005 12.360 SFR, die Höchstrente das Doppelte dieses Betrages.[661] Im Vergleich zum Durchschnittseinkommen in der Schweiz ergibt sich eine Ersatzrate von mindestens 20 % und höchstens 40 % des Durchschnittsarbeitsentgelts.[662] Die öffentliche Rente der ersten Säule richtet sich dabei nach dem indexierten durchschnittlichen Lebensarbeitsverdienst. Die erste Einkommensgrenze wird hierbei bei einem indexierten Jahresverdienst von 37.080 SFR erreicht. Unter dieser erhält der Versicherte lediglich die festgelegte staatliche Mindestrente; über der Verdienstgrenze beträgt die Rente pauschal 12.854 SFR + 16 % des durchschnittlichen Lebensarbeitsverdienstes pro Jahr.[663] Die erste Säule wird dabei im Umlageverfahren durch Beiträge der Versicherten, deren Arbeitgeber, durch Zinsen des Ausgleichsfonds und staatliche Zuschüsse finanziert.[664] Beiträge werden auf den gesamten Lohn der abhängig Erwerbstätigen und der über drei Monate im Land Tätigen

---

659 Vgl. *Verband Deutscher Rentenversicherungsträger* (2006), 136.
660 *Becker*, Susanne (2004), 257.
661 Vgl. *Verband deutscher Rentenversicherungsträger* (2006), 136.
662 Vgl. ebd.
663 Vgl. ebd.
664 Vgl. *Becker*, Susanne (2004), 262.

erhoben. Die Beitragssätze in diesem Fall betrugen 2002 8,4% des Einkommens ohne Beitragsbemessungs- oder Versicherungspflichtgrenzen für die AHV und zusätzlich 1,4% für die Invaliditätssicherung. Sie sind je hälftig von Arbeitnehmer und Arbeitgeber zu tragen.[665] Ebenfalls versicherungspflichtig sind Selbständige, deren gesamtes Erwerbseinkommen mit einer Beitragsbelastung von 7,8% herangezogen wird, zuzüglich 1,4% für die IV.[666] Bei Nichterwerbstätigen schließlich werden die Einkünfte nach den individuellen Vermögensverhältnissen bestimmt und pauschaliert abgeführt. Es gilt eine Mindestversicherungsprämie von 425 SFR jährlich; der Höchstsatz beträgt 10.100 SFR.[667]

Die obligatorische und ergänzende berufliche Vorsorge (BV) als zweite Säule der schweizerischen Alterssicherung wird von ca. 9000 paritätisch von Arbeitnehmern und Arbeitgebern besetzte Einrichtungen der beruflichen Vorsorge getragen.[668] Die Beitragssätze, genannt Altersgutschriften, sind dabei nach Lebensalter und Geschlecht gestaffelt und betragen zwischen 7% (zwischen 25 und 34 Jahren) und 18% (zwischen 55 und 64 Jahren) des Lohnes.[669] Es gilt in der Ansparphase ein Mindestzinssatz von derzeit 3,25% jährlich, in der Auszahlungsphase ein Mindestumwandlungssatz von 7,2% pro Jahr. Daraus ergibt sich für die zweite Säule eine Lohnersatzquote bei vollständiger durchschnittlicher Erwerbsbiographie von 36% des Durchschnittslohnes.[670] Zusammen mit der ersten Säule der Alterssicherung erreicht damit der obligatorische Bereich ein Nettorentenniveau zwischen 38% bei einem Einkommen von weniger als der Hälfte des Durchschnittsarbeitsverdienstes und 75,7% bei einem Einkommen in Höhe des doppelten Durchschnittsarbeitsverdienstes.[671]

---

665 Vgl. ebd.

666 Vgl. ebd.

667 Vgl. ebd., 363.

668 Vgl. *Murer*, Erwin (2004), 154.

669 Vgl. *Verband Deutscher Rentenversicherungsträger* (2006), 136.

670 Vgl. ebd., 137.

671 Vgl. ebd., 138.

Eine Besonderheit des schweizerischen Rentensystems innerhalb der ersten und zweiten Säule ist zudem seine strenge Individualisierung der Leistungen. So werden innerhalb der Ehe von beiden Partnern erworbene Rentenansprüche aufgeteilt und beiden individuellen Konten je hälftig zugeschrieben. Eine abgeleitete Hinterbliebenensicherung gibt es darüber hinaus nicht.[672]

Private zusätzliche Vorsorge ist möglich und wird im gebundenen Ansparen bis zu einer Höchstgrenze von 6077 SFR pro Jahr steuerlich gefördert.[673]

Ein System von Ergänzungsleistungen wurde für diejenigen Personen geschaffen, deren Rentenhöhe nicht ausreicht, um einen angemessenen Lebensstandard im Alter aufrecht zu erhalten. Diese werden ausschließlich aus Steuermitteln finanziert und orientieren sich der Höhe nach am Differenzbetrag zwischen den anzurechnenden Einkommen / Rentenleistungen und der gesetzlich festgelegten Existenzminimumsschwelle von derzeit 17.300 SFR/Jahr. Auf diese Leistungen besteht ein Rechtsanspruch. Sie unterliegt dem Bedürftigkeitsprinzip.[674]

Zusammengefasst erhält man also folgende Darstellung des schweizerischen Systems der Alterssicherung:

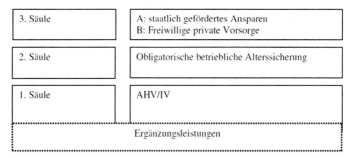

Abbildung 8: Das schweizerische System der Alterssicherung (Quelle: eigene Darstellung)

672 Vgl. *Becker*, Susanne (2004), 281–284.
673 Vgl. *Murer*, Erwin (2004), 255f.
674 Vgl. ebd. 256.

1.2.3.2 Kritik

Unter der Maßgabe des ersten Gerechtigkeitsprinzips, des Prinzips größtmöglicher gleicher Freiheit und zugehöriger freiheitsermöglichender Bedingungen, muss auch das schweizerische Alterssicherungssystem abgelehnt werden. Insbesondere die pauschalisierten Leistungen der AHV / IV in der ersten Säule des Systems entsprechen in ihrer Höhe in einzelnen Fällen nicht dem gesetzlich festgelegten Existenzminimum. Insbesondere für Personen mit unterdurchschnittlichem Verdienst und/oder einer unsteten Berufsbiografie entsprechen die Leistungen nicht dem öffentlich festgelegten Bedarf, der gesellschaftliche Inklusion und Partizipationsmöglichkeiten mit dem Ziel der Ermöglichung vollwertiger Staatsbürgerschaft sicherstellen soll. Für diese Personen findet ein Verweis auf Sicherungseinrichtungen mit strengeren Anspruchsvoraussetzungen, als die der Alterssicherung im Rahmen der AHV, statt. Ein solcher Verweis muss wiederum als Verstoß gegen das Differenzprinzip gewertet werden, da aus der Perspektive am wenigsten begünstigter Gesellschaftsmitglieder vorteilhaftere Sicherungssysteme innerhalb der Europäischen Union etabliert sind.[675] Vorbildlich ist allerdings die Erfüllung des Prinzips fairer Chancengleichheit nach dem zweiten Gerechtigkeitsgrundsatz. Die Parteien im Urzustand würden hier insbesondere die eigenständige Alterssicherung von Frauen hervorheben, wodurch diese wesentlich besser als in vergleichbaren Konzeptionen abgesichert sind. Gesellschaftlich erwünschte Erziehungs- und Pflegetätigkeit, die in der Praxis zumeist von Frauen erbracht wird, ist sowohl in der ersten und zweiten Säule durch das Splitting der Rentenanwartschaften vorbildlich honoriert. Die unterschiedliche Staffelung der Rentenbeiträge zur betrieblichen Alterssicherung nach Geschlechtszugehörigkeit würde ebenfalls aus der Perspektive der Repräsentanten im Urzustand positiv bewertet werden. Sie entsprechen in etwa dem früheren Renteneintrittsalter von Frauen und berücksichtigen ebenso die höheren Rentenlaufzeiten, begründet durch deren längere Lebenserwartung.

---

675 Vgl. die Darstellung des Alterssicherungssystems in den Niederlanden.

Ebenso vorbildlich im schweizerischen Alterssicherungssystem ist die Zuordnung der einzelnen Säulen zueinander. Die betriebliche Alterssicherung ergänzt optimal den Höchstsatz der AHV. Entsprechend erreichen beide Säulen der obligatorischen Alterssicherung in der Schweiz zusammen ein vorbildliches Netto-Rentenniveau von 67,3 %–75,7 % des durchschnittlichen Nettoeinkommens für Verdienste entsprechend oder oberhalb des Durchschnitts. Auch für Geringverdiener entsprechen die Ersatzraten in etwa jenen der Bundesrepublik Deutschland[676], ein durchaus akzeptables Niveau. Hinsichtlich der Inklusion von Reziprozitätsnormen in den Bereich der Alterssicherung wäre die schweizerische Konzeption ebenfalls positiv durch die Repräsentanten im Urzustand zu bewerten. Bereits innerhalb der Leistungen von AHV und IV kommt eine prozentuale Zulage von 16 %, orientiert am Durchschnittseinkommen, zur Anwendung. Die Säulen zwei und drei schließlich honorieren eigene Beiträge zur Alterssicherung vollumfänglich. Umverteilungskomponenten innerhalb dieser Säulen sind hierbei nicht vorgesehen.

Auch die Anpassung des schweizerischen Alterssicherungssystems an wichtige empirische Vorgaben wird an dieser Stelle als vorbildlich hervorgehoben. Durch einen gelungenen Mix zwischen Umlage- und Kapitaldeckungsverfahren, ergänzt um steuerfinanzierte Zulagen in der ersten Säule erreicht das System eine breitest mögliche Lastenverteilung und Risikostreuung. Durch die ebenfalls vorgenommene Einbeziehung anderer Einkünfte von Nicht-Erwerbstätigen wird ebenso eine größtmögliche Beitragsgerechtigkeit erreicht. Diese breite Streuung von Finanzierungsarten und geringer demografischer Risikobehaftetheit ermöglicht schließlich auch die Befürwortung durch risikoaverse Entscheidungspersonen im Urzustand.

Für den deutschen Diskurs zur Fortentwicklung der Alterssicherung bietet die schweizerische Konzeption wichtige Vorbildwirkung durch deren stringente Gliederung zwischen den einzelnen Säulen, einer eindeutig auf Altersarmutsvermeidung ausgerichteten ersten Säule, einer breiten Streuung von Risiken sowie der vorbildlichen eigenständigen Alterssicherung von Frauen.

---

676 Vgl. *Verband Deutscher Rentenversicherungsträger* (2006), 92. 138.

1.2.4 Die Alterssicherungskonzeption der Niederlande

1.2.4.1 Vorstellung des Modells

Entgegen den anderen europäischen Ländern entwickelte sich die staatliche Sozialpolitik in den Niederlanden erst relativ spät. Erst 1919 wurde in einem ersten Gesetz im Zuge der sich relativ spät entwickelnden Industrialisierung ein Gesetz zur Vorsorge gegen Invalidität erlassen.[677] Während des Zweiten Weltkriegs nahm das niederländische System sozialer Sicherung weiter Form an. Inspiriert durch die deutsche Sozialgesetzgebung wurde von der Besatzungsmacht schon während des Krieges eine neue Gesetzgebung im Bereich der Krankenversicherung eingeführt. Die niederländische Regierung, die ihre Geschäfte von London aus führte, wurde dagegen sehr stark von der britischen Sicherungspolitik nach Beveridge beeinflusst.[678] Das niederländische Modell der sozialen Sicherung weißt daher Merkmale beider grundsätzlicher Konzeptionen auf.[679] Die gesetzlichen Grundlagen für das heutige Modell sozialstaatlicher Sicherung wurden vornehmlich in den 1950er Jahren gelegt. So trat 1952 ein Gesetz zur Arbeitslosenversicherung in Kraft, 1957 die gesetzliche Rentenversicherung (AOW), 1959 das Gesetz zur Hinterbliebenensicherung (AWW) und schließlich 1965 das Sozialhilfegesetz.[680] Innerhalb des Systems der sozialen Sicherung insgesamt muss dabei unterschieden werden zwischen einem (1.) Grundsicherungssystem, der Sozialhilfe und verschiedener bedürftigkeitsabhängiger Einzelleistungen, (2.) den Volksversicherungen, (3.) Versicherungen, die nur Erwerbstätige einbeziehen und schließlich (4.) betrieblichen und privatrechtlichen Regelungen.[681]

Die niederländische Konzeption der Alterssicherung beruht auf dem klassischen Drei-Säulen-Modell. Die erste Säule bildet dabei eine staat-

---

677 Vgl. *Bieber*, Ulrich (2004), 137.
678 Vgl. ebd.
679 Vgl. ebd.
680 Vgl. ebd.
681 Vgl. ebd., 138f.

liche Grundrente als Pauschalleistung. Diese wird ergänzt durch eine betriebliche Zusatzsicherung, die, obwohl gesetzlich nicht verpflichtend, dennoch aufgrund von Vereinbarungen der Tarifparteien einen Deckungsgrad von über 90 % der Arbeitnehmerinnen und Arbeitnehmer erreicht. Es kann somit von einer quasi obligatorischen zweiten Säule der Alterssicherung ausgegangen werden.[682] Die dritte Säule beinhaltet alle Formen privater Altersvorsorge.[683]

Die erste Säule der Alterssicherung ist dabei als Volksversicherung gestaltet. Versicherungspflichtig ist jeder Einwohner oder in den Niederlanden Lohnsteuerpflichtiger ab dem 15. Lebensjahr.

> »Hinsichtlich des einbezogenen *Personenkreises* gehen bei den hier betrachteten Ländern die Systeme der Niederlande und der Schweiz am weitesten. Sie sind universell, d.h. daß alle erwachsenen Einwohner unabhängig von der Erwerbsrolle oder dem Familienstatus erfaßt werden. Voraussetzung ist hier nur der dauerhafte *Wohnsitz* im Lande.«[684]

Die Finanzierung der AOW wird dabei aus Steuermitteln aus unselbständiger Arbeit, Renten, Sozialleistungen, Einkünften aus Gewerbebetrieben und selbständiger Tätigkeit sowie aus dem Mietwert selbst genutzten Wohneigentums nach dem Einperioden-Umlageverfahren erbracht.[685] Eine Besonderheit des niederländischen Alterssicherungssystems zum Ausgleich der künftigen demographischen Risiken bildet der so genannte AOW-Sparfonds, der aus Steuermitteln gespeist wird. Die früheste Finanzentnahme aus diesem öffentlichen Fonds, der nach dem Kapitaldeckungsverfahren arbeitet, ist für das Jahr 2020 terminiert und zweckgebunden für die Alterssicherung gesetzlich vorgeschrieben.[686] Die Beitragssätze für das AOW betrugen 2003 17,9 % zuzüglich

---

682 Vgl. *Verband Deutscher Rentenversicherungsträger* (2006), 121.

683 Vgl. *Bieber*, Ulrich (2004), 139.

684 *Döring*, Diether (2002), 38. Hervorhebung im Original.

685 Vgl. *Bieber*, Ulrich (2004), 145f.

686 Vgl. ebd. 146.

1,25 % für die gesetzliche Hinterbliebenensicherung. Der Höchstbeitragssatz ist bei 18,25 % gesetzlich festgeschrieben.[687] Die Leistungen zum AOW werden dabei von den Versicherten jährlich aufgebaut.

> »Jedes Jahr, in dem der Berechtigte vom 15. bis zum 65. Lebensjahr in den Niederlanden gewohnt hat, ohne gleichzeitig in einem anderen Staat beschäftigt gewesen zu sein, oder – falls er kein Einwohner war – wegen einer ausgeübten Beschäftigung der Lohnsteuer in den Niederlanden unterworfen war oder freiwillig versichert war, baut er 2 % seiner AOW-Pensionsanwartschaft auf [...]. Die Höchstrente wird somit nach 50 Versicherungsjahren erreicht.«[688]

Als Rentenhöhe wird dabei nach einer vollen Versicherungsbiographie in den Niederlanden ein Pauschalbetrag von 906,14 EUR monatlich zuzüglich eines jährlichen Urlaubsgeldes von 44,61 EUR gewährt.[689] Sie ist an den gesetzlich definierten Mindestlohn angekoppelt und wird zusammen mit ihm zwei Mal pro Jahr angepasst.[690] Die staatliche Grundrente stellt damit ein relatives Brutto-Rentenniveau von ca. 33 % des durchschnittlichen Erwerbseinkommens sicher.[691]

Auch die eigenständige Alterssicherung von Frauen innerhalb der ersten Säule in den Niederlanden ist vorbildlich. Das AOW ist durch die Anpassung an die dritte EG-Richtlinie über die Gleichstellung von Männern und Frauen streng individualisiert. Begründet durch seine Konstruktionsprinzipien nach dem Wohnsitzprinzip können Lücken im eigenständigen Erwerbsanspruch somit lediglich dann entstehen, wenn vorübergehend oder dauerhaft ein Wohnsitz im Ausland bestand und an diesem keine ausreichenden Alterssicherungsansprüche erwor-

---

687 Vgl. ebd.
688 Ebd., 148.
689 Vgl. ebd.
690 Vgl. *Verband Deutscher Rentenversicherungsträger* (2006), 121.
691 Vgl. *Döring*, Diether (2002), 49.

ben wurden.[692] Eine Diskussion zur Verbesserung der Alterssicherung von Frauen ist somit in den Niederlanden weitgehend auf die Säule zwei beschränkt.

Die zweite Säule der Alterssicherung wird in der Niederlanden durch ca. 64 Branchenpensionsfonds verwaltet. Unter der Bedingung des Angebots einer betrieblichen Alterssicherung, die mindestens denen der Fonds entsprechen, ist es darüber hinaus niederländischen Unternehmen freigestellt, aus diesen Branchenfonds auszuscheiden.[693] Der Deckungsgrad solcher betrieblicher Alterssicherung beträgt in den Niederlanden 90 % aller abhängig Beschäftigten.[694] Die Finanzierung der Altersrenten wird nach dem Kapitaldeckungsverfahren aus Beiträgen von Arbeitnehmern und Arbeitgebern erbracht. Ihre Leistungen sind dabei so aufgebaut, dass zusammen mit der ersten Säule der Alterssicherung eine Nettoersatzquote von ca. 70 % des individuellen Arbeitsentgelts erreicht wird.[695] Innerhalb der Struktur der betrieblichen Alterssicherung herrscht daneben eine große Vielfalt. Zu unterscheiden ist zwischen Fonds, die nach Mittellohnregelung oder Endlohnregelung arbeiten oder Fonds mit Beitrags- oder Leistungsprimat. Der vorherrschende Typus bei ca. 2/3 aller Fonds innerhalb der Niederlande sind Systeme mit Mittellohnregelung und Pläne mit Leistungsprimat. In der Regel werden zur Gewährleistung des Sicherungsniveaus zwischen 1,75 % und 2,25 % der künftigen Rentenansprüche jährlich aufgebaut.[696]

Zusammengefasst erhält man also folgende Darstellung des niederländischen Alterssicherungssystems:

---

692 Vgl. *Bieber*, Ulrich (2004), 159f.
693 Vgl. *Verband Deutscher Rentenversicherungsträger* (2006), 121.
694 Vgl. ebd.
695 Vgl. *Bieber*, Ulrich (2004), 149.
696 Vgl. *Verband Deutscher Rentenversicherungsträger* (2006), 121f.

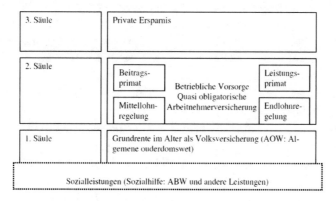

Abbildung 9: Das niederländische Alterssicherungssystem (Quelle: eigene Darstellung)

1.2.4.2 Kritik der Repräsentanten hinter einem dünnen Schleier des Nichtwissens

Unter den Bedingungen eines dünnen Schleiers des Nichtwissens würden die Repräsentanten im Urzustand das niederländische Modell der Alterssicherung überwiegend befürworten. Das System erfüllt die Maßgabe des ersten Gerechtigkeitsgrundsatzes voll umfänglich. Es gewährt eine Sicherung, die – angepasst an den gesetzlich normierten Mindestlohn – grundlegende Inklusions- und Partizipationsmöglichkeiten des Individuums an gesellschaftlichen Belangen gewährleistet. Weiterhin ist der Kreis der Anspruchsberechtigten auf die gesamte Wohnbevölkerung der Niederlande erstreckt und somit quasi umfassend. Ein geringeres Sicherungsniveau, als die gesetzlich vorgeschriebene Grundrente kann sich somit nur in Fällen eines dauerhaften oder vorübergehenden Auslandsaufenthaltes ergeben, bei denen aus dem Gastland ungenügende oder keine Rentenanwartschaften eingebracht werden können. Aus der Perspektive des ersten Gerechtigkeitsgrundsatzes wäre für die Repräsentanten lediglich die sehr lange Aufbauphase von 50 Jahren der Erwerbsbiographie zu bemängeln. Begründet durch diesen

Umstand haben beispielsweise Personen, die 1998 eine AOW-Rente bezogen und in der Türkei geboren sind eine durchschnittliche Rentenkürzung von 36% zu verkraften.[697] Das Risiko eines Verweises solcher Gruppen auf externe Sicherungssysteme, das ABW, ist somit als recht hoch zu bezeichnen.

Das angestrebte Rentenniveau von 70% wird für Einkommensgruppen zwischen dem 0,5 und 2,5 fachen des durchschnittlichen Einkommens erreicht[698], so dass insgesamt von einer im europäischen Vergleich sehr guten Einkommensposition niederländischer Rentnerinnen und Rentner gesprochen werden kann.[699] Die Nettoersatzquote des individuellen Arbeitsentgelts beträgt sogar durchschnittlich etwa 85%, für untere Einkommensgruppen bis zu einem Verdienstniveau des 0,75 fachen des Durchschnittseinkommens überdurchschnittliche 88,2%.[700] Das niederländische Modell der Alterssicherung erfüllt somit die Maßgabe des Prinzips gleich großer Freiheit und zugehöriger freiheitsermöglichender Bedingungen voll umfänglich. Auch hinsichtlich einer Erfüllung des zweiten Gerechtigkeitsgrundsatzes, dem Prinzip fairer Chancengleichheit, ist die erste Säule des niederländischen Alterssicherungsmodells vorbildlich. Die Parteien im Urzustand werden hier insbesondere die strenge Individualisierung der Leistungen hervorheben. Vornehmlich Frauen haben aufgrund der Ausgestaltung der ersten Säule als Volksversicherung keinerlei Nachteile gegenüber Männern hinsichtlich der Leistungshöhe der Versicherung zu befürchten. Die Parteien im Urzustand werden deshalb den Fokus vorrangig auf die betriebliche Alterssicherung richten. Zwar werden seit 1981 in der Ehe erworbene Ansprüche der betrieblichen Alterssicherung zu gleichen Teilen unter den Ehepartnern aufgeteilt, dennoch ist in der Praxis eine wesentlich

---

697 Vgl. *Bieber*, Ulrich (2004), 157.

698 Vgl. *Verband Deutscher Rentenversicherungsträger* (2006), 123.

699 Vgl. hierzu *Hauser*, Richard / *Strengmann-Kuhn*, Wolfgang (2004b), 56–63. Die Autoren machen hierin deutlich, dass im europäischen Vergleich niederländische Rentnerinnen und Rentner die geringste Armutsbetroffenheit, gemessen als relative Einkommensarmut, aufweisen.

700 Vgl. ebd.

schlechtere Absicherung von Ehefrauen in der betrieblichen Alterssicherung zu beklagen. Dies liegt hauptsächlich daran, dass Frauen noch immer zu einem wesentlich höheren Anteil in Branchen arbeiten, die keine Regelungen für Zusatzrenten etabliert haben und weiterhin eher im Bereich flexibler und prekärer Beschäftigung tätig sind.[701] Hier entsprechende Regelungen zur Gleichstellung von Männern und Frauen zu etablieren, ist aber keine vorrangige Fragestellung des Rentenrechts, sondern würde von den Repräsentanten im Urzustand eher der Arbeitsmarktförderung und Familienpolitik zugeschlagen werden.

Auch die Maßgaben des Differenzprinzips würden die Parteien im Urzustand als erfüllt anerkennen. Insbesondere aus der Position am wenigsten begünstigter Gesellschaftsmitglieder heraus würde dabei das niederländische System Zustimmung finden aufgrund dessen hoher Lohnersatzrate, des universalen Charakters der Säule 1 hinsichtlich des einbezogenen Personenkreises und der Aufbringung der Steuermittel sowie der vorbildlichen Abstimmung zwischen gesetzlicher Grundsicherung und betrieblicher Ergänzungssicherung. Insbesondere die sehr günstige Regelung zur Mitnahme von Altersansprüchen durch die Etablierung von Branchenpensionsfonds nach der zweiten Säule würde ebenfalls von den Repräsentanten als vorbildlich herausgestellt werden.

Auch grundlegende Maßgaben des Prinzips der Reziprozität inkludiert das niederländische System vorbildlich. So werden innerhalb der zweiten Säule der Alterssicherung die Anwartschaften beitragsorientiert aufgebaut. Die Leistungen orientieren sich hier an den zuvor eingezahlten Beiträgen zur Sicherstellung einer Bruttoersatzrate von etwa 70% des individuellen Nettoarbeitsentgelts.

Auch grundlegenden empirischen Erfordernissen trägt das niederländische Modell der Alterssicherung Rechnung. Es ist innerhalb der ersten Säule unabhängig von Art und Umfang einer Erwerbstätigkeit gestaltet und ist somit – aufgrund seiner Anknüpfung an das Wohnsitzprinzip als leistungsauslösendem Tatbestand – dem aufgezeigten Wandel der Erwerbstätigkeit vorbildlich angepasst. Auch der prognos-

---

701 Vgl. *Bieber*, Ulrich (2004), 157f.

tizierten demographischen Entwicklung trägt die Konzeption Rechnung. Hervorzuheben ist an dieser Stelle besonders die hervorragende Arbeitsteilung zwischen Umlage- und Kapitaldeckungsverfahren auf der Finanzierungsseite sowie die Einrichtung des Sparfonds nach dem Kapitaldeckungsverfahren aus frei werdenden Steuermitteln im Zuge der niederländischen Haushaltskonsolidierungen. Auch das Sicherungsziel der Altersarmutsvermeidung dürfte durch die Anpassungen der Zahlungen an den gesetzlich normierten Mindestlohn als erfüllt angesehen werden.

Das niederländische Modell der Alterssicherung kann dabei auch für die Reformbemühungen der Alterssicherung in der Bundesrepublik Deutschland als Konzeption mit Vorbildcharakter gelten. Es inkludiert zentrale ethische und empirische Vorgaben voll umfänglich. Eine Reform, orientiert an diesem Modell wäre somit für Deutschland stark empfehlenswert.

2. Bausteine eines sozial gerechten und zukunftsfähigen Alterssicherungssystems für Deutschland

Im Anschluss an den vorliegenden grundlegenden Vergleich verschiedener Alterssicherungstypen innerhalb Europas soll abschließend ein Modell eines ethisch gerechten und zugleich zukunftsfähigen Alterssicherungssystems für die Bundesrepublik Deutschland entwickelt werden. Dies geschieht nachstehend unter Zuhilfenahme einiger innerhalb des deutschen Diskurses vorgebrachter Reformvorschläge.

Folgende drei Modelle werden hierbei nach Auswertung des Ländervergleiches für den deutschen Diskurs herangezogen. Ich orientiere mich in der Auswahl dabei an der grundsätzlichen Systematik zwischen systemimmanenten[702] und systemtranszendenten[703] Lösungsvorschlägen. Dieser folgend wird demnach ein eher systemimmenenter, eine Mischform sowie ein eindeutig systemtranszendenter Lösungsvorschlag unterbreitet werden. Die untersuchten Reformvorschläge stellen also idealtypisch das gesamte Lösungsspektrum dar.

> ▸ Das Modell des Ökonomen Hans-Werner *Sinn*[704], das sich eng an die bisherige Konzeption der deutschen gesetzlichen Rentenversicherung anschließt, diese allerdings durch eine veränderte Zuord-

---

702 Systemimmanente Reformvorschläge zeichnen sich durch eine weitgehende Beibehaltung des Versicherungscharakters der Alterssicherung in der Bundesrepublik Deutschland aus. Ihre zentralen Konststruktionsprinzipien sind demnach: Finanzierung über an Arbeitsentgelte angelehnte Beiträge, Distribution nach dem Einperioden-Umlageverfahren sowie starke Geltung versicherungsmathematischer Äquivalenz zwischen der Höhe und Dauer von Beitragszahlungen und der Höhe von Rentenleistungen.

703 Systemtranszendente Reformvorschläge entwickeln im Gegensatz hierzu das bisherige Alterssicherungssystem in der Bundesrepublik Deutschland fort. Sie lehnen sich zumeist an Beveridge-typische Modelle an und wollen so für die erste Säule eine universale Grundsicherung etablieren, die auf Altersarmutsvermeidung als primärem Sicherungsziel ausgerichtet ist. Die Säulen 2 und 3 übernehmen hier im Verbund die Funktion der Lebensstandardsicherung.

704 Vgl. *Sinn*, Hans-Werner (2003), 337–405.

nung der einzelnen Säulen zueinander, der Hinzufügung einer Kinderkomponente und dem deutlichen Ausbau privater Vorsorge zu reformieren sucht.

- Das Modell der Industriegewerkschaft *Bauen-Agrar-Umwelt*[705], die analog zum niederländischen und schweizerischen System der Alterssicherung ein universelles Grundrentenmodell vorschlägt. Zentrale Kennzeichen eines solchen Modells sind die Kappung sämtlicher Beitragsbemessungsgrenzen, der Einbezug aller Einkommensarten sowie die Einführung einer »Rente nach Grundeinkommen« analog dem schweizerischen Modell.

- Schließlich wird der Vorschlag von Meinhard *Miegel* / Stefanie *Wahl*[706] herangezogen. Dieses Modell zeichnet sich durch eine umfassende Umgestaltung des bisherigen Systems durch Einführung einer universellen, steuerfinanzierten Grundrente analog des niederländischen Modells der Alterssicherung aus. Zentrale Leitvorstellung dieses Reformvorschlages ist die Vermeidung von Altersarmut. Die Absicherung des Lebensstandards wird nach diesem Modell hingegen privatisiert.

Der Schwerpunkt der Analyse dieser Konzeptionen liegt in den Vorschlägen zur Umgestaltung der ersten Säule der Alterssicherung, der gesetzlichen Rentenversicherung. Wie bereits an anderer Stelle besprochen stellt diese durch den Einbezug fast der gesamten deutschen Bevölkerung und der Absicherung von der Höhe nach 66% aller Alterseinkommen des Einzelnen die wichtigste Säule der Alterssicherung in der Bundesrepublik dar.[707]

Aus allen hier dargelegten Lösungsvorschlägen wird dabei in einem ersten Schritt ein grundlegendes idealtypisches Modell einer zukünfti-

---

705 Vgl. *Industriegewerkschaft Bauen-Agrar-Umwelt* (2000).

706 Vgl. *Miegel*, Meinhard / *Wahl*, Stephanie (1999).

707 Vgl. hierzu *Bundesministerium für Gesundheit und Soziale Sicherung* (2006), 14–21.

gen Alterssicherung für die Bundesrepublik Deutschland extrapoliert. In einem zweiten Untersuchungsgang wird auch das hier vorgeschlagene Modell nach ethischen Kriterien untersucht werden.

Abschließend wird auch das hier vorgestellte Modell der Alterssicherung auf Zukunftsfähigkeit hin überprüft werden. Zentrale Maßgabe dieses Untersuchungsschrittes wird die finanzielle Nachhaltigkeit des Reformmodells in Zeiten demographischen Umbruchs, veränderter Erwerbsstrukturen und -verläufe sein.

2.1 Modell eines gerechten und zukunftsfähigen Alterssicherungssystems für die Bundesrepublik Deutschland

2.1.1 Die Ausgestaltung der ersten Säule der Alterssicherung: Vergleichende Darstellung der Reformmodelle

Innerhalb dieses ersten Untersuchungsschrittes auf dem Weg zu einem gerechten und zukunftsfähigen Alterssicherungssystems für die Bundesrepublik Deutschland werden zunächst die bereits erwähnten Reformmodelle von *Sinn*, der Industriegewerkschaft *Bauen-Agrar-Umwelt* sowie von *Miegel / Wahl* hinsichtlich der Ausgestaltung der ersten Säule der Alterssicherung vergleichend dargestellt. Diese Darstellung der verschiedenen Modelle dient dabei der Erarbeitung einer Auswahlliste, auf deren Grundlage die Repräsentanten im Urzustand hinter einem dünnen Schleier des Nichtwissens eine begründete ethische Entscheidung für eines dieser Modelle in einem zweiten Untersuchungsschritt treffen sollen.

2.1.1.1 Das Reformmodell von Hans-Werner Sinn

Hans-Werner *Sinn* widmet sich in seinem Buch: »Ist Deutschland noch zu retten«[708] ausführlich der Problematik der Alterssicherung in der Bundesrepublik Deutschland. In einem ersten Schritt seiner Erörterungen zeigt er zunächst einige »Scheinlösungen«[709] für diesen Bereich auf.

Zu solcher Art Lösungsmöglichkeiten gehören nach *Sinn*: Erhöhung des Bundeszuschusses zur gesetzlichen Rentenversicherung, Einbezug weiterer Einkommensarten, Erweiterung der Beitragszahlerbasis, Einführung einer Bürgerversicherung, subtile Modifikationen der Rentenformel oder Erhöhung des Renteneintrittsalters.[710] Ebenso konstatiert der Autor, dass auch eine Erhöhung der Zuwanderung nach Deutschland lediglich einen geringen Beitrag zur Stabilisierung der Finanzierungssituation der gesetzlichen Rentenversicherung leisten könnte, denn zum Ersten geschieht Immigration in der Realität nicht permanent, sondern wellenförmig, zum Zweiten wäre die benötigte Zahl an Migranten zur Stabilisierung der Altersstruktur der Bevölkerung unrealistisch hoch und zum Dritten schließlich profitieren Zuwanderer trotz einer vermuteten Entlastung des Alterssicherungssystems vielfach in ihrem Lebenslauf von anderen Transferzahlungen des Sozialstaats.[711]

Zur Lösung der demographischen Problematik schlägt *Sinn* demzufolge eine aktive Bevölkerungspolitik nach französischem Vorbild vor, deren integrale Bestandteile für die Bundesrepublik zu übernehmen wären: ein gut ausgebautes Netz an ganztägigen Kinderbetreuungsmöglichkeiten, steuerliches Familien- statt Ehegattensplitting mit voller Wirkung ab dem zweiten bis dritten Kind, flächendeckende und bedarfsgerechte Einführung von Ganztagesschulen sowie einer Verbesserung öffentlicher Rahmenbedingungen für Familien mit Kindern.[712] Auch innerhalb des Alterssicherungssystems sind ökonomische Negativanreize der Kindererziehung zu

---

708 Vgl. *Sinn*, Hans-Werner (2003), 358–398.
709 Ebd., 358.
710 Vgl. ebd., 358–362.
711 Vgl. ebd., 364–369; vgl. ebenso: *Sinn*, Hans-Werner (2005), 78–81.
712 Vgl. *Sinn*, Hans-Werner (2005), 70–73.

beseitigen. Aufbauend auf der ökonomischen Unterscheidung: Bildung von Human- oder Realkapital, schlägt *Sinn* für die erste Säule seines Vier-Säulen-Modells der Alterssicherung in Deutschland eine reduzierte, umlagefinanzierte gesetzliche Altersrente nach bisherigem Muster vor. In diese sollen weder höhere Bundeszuschüsse noch Mittel aus Beitragserhöhungen eingespeist werden. Die demographische Entwicklung wird sich demnach in einem sehr viel langsameren Rentenanstieg als bisher bemerkbar machen.

»Die erste Säule ist die reduzierte, umlagefinanzierte gesetzliche Altersrente nach bisherigem Muster. Sie operiert weiter, wie bisher, aber sie erhält keine höheren Bundesmittel und auch keine Mittel aus Beitragserhöhungen. Sie muss mit dem Geld auskommen, das bei konstanten Beitragssätzen und einem konstanten prozentualen Bundeszuschuss hereinkommt. Die demographische Krise wird sich dann in einer entsprechenden Verlangsamung des Rentenanstiegs äußern.«[713]

2.1.1.2 Das Modell der Industriegewerkschaft Bauen-Agrar-Umwelt

Im Gegensatz zu *Sinn*, beinhaltet das Konzept der Industriegewerkschaft *Bauen-Agrar-Umwelt* wesentlich deutlichere Reformelemente. Zunächst konstatiert die Gewerkschaft eine zunehmende Brüchigkeit der Finanzierungsgrundlagen der gesetzlichen Rentenversicherung hervorgerufen durch die demographische Entwicklung einerseits, aber ebenso durch Wandlungstendenzen am Arbeitsmarkt andererseits.[714] Die Zielsetzung einer Reform der Alterssicherung soll sich dem gegenüber dadurch auszeichnen, dass sie Solidarität zwischen und innerhalb von Generationen sichert, die paritätische Beitragsfinanzierung von Arbeitgebern und Arbeitnehmern aufrecht erhält, lohnbezogene Belastungen des Faktors Arbeit vermindert, Flexibilität beim Renten-

---

713 *Sinn*, Hans-Werner (2003), 396.

714 Vgl. *Bauen-Agrar-Umwelt* (2000), 3.

eintrittsalter ermöglicht, eigenständige Rentenansprüche von Männern und Frauen trotz Erziehungszeiten gewährleistet sowie Altersarmut nachhaltig vermeidet.[715]

Zur Umsetzung dieser Ziele für die Alterssicherung in Deutschland schlägt die Gewerkschaft zunächst eine deutliche Verbreiterung des einbezogenen Personenkreises in die gesetzliche Rentenversicherung vor:

> »Wir müssen zu einer *Versicherungspflicht für alle* kommen, d. h. zu einer Erweiterung der Rentenversicherung auf die gesamte Wohnbevölkerung der Bundesrepublik Deutschland. Dies bezieht auch *Beamte, politische Mandatsträger* und *Selbständige* in die Versicherung mit ein. [...] *Übergangsregelungen* für bisher erworbene Pensions- und andere Ansprüche müssen geschaffen werden.«[716]

Zudem sollen ebenfalls, analog der Verbreiterung des einbezogenen Personenkreises, alle Einkommensarten in die Finanzierung der Alterssicherung einbezogen werden. Die Gewerkschaft führt hierzu im Einzelnen an: Einkommen aus Erwerbstätigkeit, Vermögenserträge, Einkommen aus Vermietung und Verpachtung sowie alle sonstigen zu versteuernden Einkommensarten.[717] Als weitere Neuerung für die erste Säule der Alterssicherung schlägt die Gewerkschaft den Aufbau einer eigenständigen Alterssicherung für alle Bürgerinnen und Bürger vor. Zur Verwirklichung dieses Zieles soll nach schweizerischem Vorbild eine Mindestbeitragszahlung eingeführt werden. Die hierdurch aufgebauten Anwartschaften einer solchen »Rente nach Mindesteinkommen« werden nach *Bauen-Agrar-Umwelt* mittelfristig die derzeitige abgeleitete Hinterbliebenensicherung für Angehörige ablösen.[718] Ferner sollen alle Beitragsbemessungsgrenzen und Versicherungspflichtgrenzen aufgehoben werden. Eine Funktion der bisherigen Beitragsbemessungsgrenze, die

---

715 Vgl. ebd., 4.
716 Ebd., 4f. Hervorhebung im Original.
717 Vgl. ebd., 5.
718 Vgl. ebd.

Begrenzung späterer Rentenzahlungen nach oben hin, soll durch eine neu zu schaffende Kappungsgrenze übernommen werden, die entsprechend der Entwicklung der Bruttolöhne jährlich dynamisiert wird.[719] Begründet durch diese Reformmaßnahmen erhofft sich die Gewerkschaft eine mittelfristige Beitragssatzsenkung um 5,4 Beitragspunkte gegenüber dem bisherigen System nach Ablauf aller Übergangsregelungen.[720]

Neben diesen weit reichenden Umgestaltungsschritten der gesetzlichen Rentenversicherung, schlägt die Gewerkschaft auch einzelne Detailreformen vor. Diese sind im Einzelnen: Flexibilität des Renteneintrittsalters nach 44 Beitragsjahren beginnend ab dem 16. Lebensjahr mit der Möglichkeit eines vorzeitigen oder späteren Rentenbezugs auf 5 Jahre hin, Aufwertung niedriger Arbeitsentgelte begründet durch Erziehungstätigkeiten nach den Grundsätzen einer Rente nach Mindesteinkommen bis zum 10. Lebensjahr eines Kindes auf 100 % des Durchschnittseinkommens sowie Anrechnung von Erziehungszeiten in Höhe des Durchschnittseinkommens für maximal drei Jahre je Kind in der Arbeitslosenversicherung.[721]

Das Konzept der Industriegewerkschaft *Bauen-Agrar-Umwelt* sieht also in der Grundsystematik eine Ausweitung der gesetzlichen Rentenversicherung zu einer Bürgerversicherung vor, die im Prinzip die gesamte Wohnbevölkerung ab dem 16. Lebensjahr in die Versicherungspflicht einschließt. Begründet durch die zusätzliche Ausweitung der einbezogenen Einkommensarten auf alle steuerpflichtigen Einkünfte wird die Alterssicherung sowohl dem einbezogenen Personenkreis nach, als auch den Einkommensarten nach universal. Die Versichertenbasis wird also auf zweifache Weise verbreitert: erstens durch Erweiterung des einbezogenen Personenkreises auf die gesamte Wohnbevölkerung hin, zweitens durch Erweiterung versicherungspflichtiger Einkünfte nach schweizerischem Vorbild auf alle steuerpflichtigen Einkommensarten. Die Konzeption der Industriegewerkschaft ist somit horizontal und vertikal universal.

719 Vgl. ebd., 6.
720 Vgl. ebd., 5.
721 Vgl. ebd., 6–8.

2.1.1.3 Die Alterssicherungskonzeption von Meinhard Miegel und Stefanie Wahl

Gegenüber den Modellen von *Sinn* und der Industriegewerkschaft *Bauen-Agrar-Umwelt* hebt sich die Konzeption von *Miegel* und *Wahl* am deutlichsten von der bisherigen Struktur der Alterssicherung in der Bundesrepublik Deutschland ab. Beide Autoren legen in ihrem Werk »Solidarische Grundsicherung – private Vorsorge. Wege aus der Rentenkrise«[722] einen Vorschlag für eine umfassende Neuordnung des deutschen Alterssicherungssystems vor.

Einleitend konstatieren *Miegel* und *Wahl* zunächst einige Mängel der bisherigen Alterssicherung in der Bundesrepublik, die durch ihre ungenügende Anpassung an demographische, wirtschaftliche und gesellschaftliche Veränderungen verursacht werden.[723] Dem gegenüber benennen beide Autoren folgende Ziele ihres Reformvorschlages: Gleichmäßigere Verteilung der Alterssicherung auf kollektive und private Vorsorge sowie vollständige Umwandlung der bisherigen gesetzlichen Rentenversicherung in eine staatlich organisierte Grundsicherung

---

722 Vgl. *Miegel*, Meinhard / *Wahl*, Stefanie (1999).

723 Vgl. ebd., 36. So ist im Hinblick auf die demographische Entwicklung die gesetzliche Rentenversicherung mit zunehmend höheren Altenlastquotienten konfrontiert bei zugleich schmaler werdender Basis an Beitragszahlern (Vgl. ebd. 36–42). Im Hinblick auf die wirtschaftliche Entwicklung in der Bundesrepublik stellen beide Autoren eine unzureichende Anpassung der gesetzlichen Rentenversicherung an veränderte Erwerbsstrukturen und eine zu enge Anbindung der Alterssicherung des Einzelnen an die gesamtwirtschaftliche Dynamik fest (Vgl. ebd. 42–50). In ihrem Bezug auf gesellschaftliche Veränderungen schließlich gibt die derzeitige Ausgestaltung der gesetzlichen Rentenversicherung die Entwicklung der privaten Haushalte mit einer hohen Zahl an Ehescheidungen besonders in der Hinterbliebenensicherung ebenso nur unzureichend wider. Zudem konstatieren hier beide Autoren eine ungerechtfertigte Ungleichbehandlung von Männern und Frauen sowie von Verheirateten und Unverheirateten durch eine unzureichende Anrechnung von Kindererziehungszeiten und dem in der Vergangenheit möglichen früheren Rentenbeginn von Frauen (Vgl. ebd. 50–56). Als letztes benennen *Miegel* und *Wahl* auch die Möglichkeit einer politischen Manipulation der Alterssicherung durch den Gesetzgeber in Form willkürlicher Beitragserhöhungen oder Leistungskürzungen als entscheidenden Nachteil der bisherigen Konzeption der gegenwärtigen Alterssicherung in der Bundesrepublik.

nach einer angemessenen Übergangsphase zur Abgeltung bereits erworbener Anwartschaften im bisherigen System.[724]

Für die erste Säule der gesetzlichen Alterssicherung in Deutschland schlagen *Miegel* und *Wahl* die Umstellung des Systems auf eine steuerfinanzierte Grundsicherung vor.

> »Mit der Gewährung einer Grundsicherung in bestimmten Lebenslagen erfüllt das Gemeinwesen seine Verpflichtung zu sozialem und solidarischem Handeln. Mit der Grundsicherung ist sichergestellt, daß kein Bürger im Alter, bei Invalidität oder als erwerbsunfähiger Hinterbliebener in existentielle Not gerät.«[725]

Diese Grundsicherung soll dabei auf Antrag bedarfsunabhängig faktisch für die gesamte Wohnbevölkerung unter der Bedingung einer 25-jährigen Steuerpflicht ab Volljährigkeit in Deutschland gezahlt werden. Für den Bereich der Hinterbliebenenvorsorge gilt analog hierzu ebenso die Bedingung einer 25-jährigen Steuerpflichtigkeit des Ehepartners und einer mindestens 7-jährigen Nichterwerbstätigkeit des Zu-Versorgenden ab dessen 50. Lebensjahr. Waisen und Halbwaisen, sowie Erzieherinnen oder Erziehern dieser wird in diesem Modell eine Grundsicherung in Höhe des halben Regelsatzes längstens bis zur Vollendung des 27. Lebensjahres gewährt.[726]

Die Höhe der zu gewährenden Grundsicherung wird nach dem Vorschlag von *Miegel / Wahl* in Abhängigkeit zum durchschnittlichen Nettoarbeitsentgelt aller abhängig Beschäftigten bestimmt und beträgt 40 % des so ermittelten Durchschnittslohnes. Sie wird weiterhin entsprechend der Entwicklung der Durchschnittslöhne jährlich dynamisiert.[727] Als Begründung für eine solche Anknüpfung der Grundsicherungshöhe an die Nettolohnentwicklung geben beide Autoren an, dass

---

724 Vgl. ebd., 62–64.
725 Ebd., 64.
726 Vgl. ebd., 66f.
727 Vgl. ebd., 67f.

sich der allgemeine Lebensstandard einer Gesellschaft maßgeblich von der Entwicklung der Nettolöhne her definieren lasse:

> »Aufgrund der Leistungsunabhängigkeit der Grundsicherung empfiehlt sich ihre Verknüpfung mit dem *Netto*arbeitsentgelt. Dies gilt umso mehr, als sich die Belastung der Bruttoeinkommen nicht nur absolut, sondern auch relativ weiter verändern wird. Der allgemeine Lebensstandard, der für die Bemessung der Grundsicherung maßgeblich ist, wird vom Nettoeinkommen bestimmt.«[728]

Durch die Herstellung einer Relation zwischen Nettolohnentwicklung und Höhe der Grundsicherung sollte also die Teilhabe von Grundsicherungsempfängern an der Wohlstandsentwicklung der gesamten Gesellschaft bewahrt werden.

Die Gegenfinanzierung des Grundsicherungsmodells beider Autoren erfolgt aus allgemeinen Steuermitteln, im Wesentlichen durch die Erhöhung indirekter Steuern:

> »Die Grundsicherung wird ausschließlich aus dem allgemeinen Steueraufkommen finanziert. Das Steueraufkommen wird vornehmlich durch die Erhöhung der indirekten Steuern im erforderlichen Umfang vergrößert. Zugleich entfallen die bisherigen Rentenbeiträge von Arbeitnehmern und Arbeitgebern.«[729]

Für die Steuerfinanzierung eines solchen Grundsicherungsmodells sprechen nach *Miegel / Wahl* folgende zwei Gründe: Zum einen ist die Grundsicherung ihrer Ausgestaltung nach ein allgemeines Grundrecht und sollte deshalb als öffentliche Aufgabe von allen Bürgerinnen und Bürgern getragen werden; zum anderen beinhaltet ein Grundsicherungsmodell starke Umverteilungselemente, die sich sozial gerecht am

---

728 Ebd., 68. Hervorhebung im Original.
729 Ebd., 69.

ehesten über das Steuersystem durch seine Berücksichtigung individueller Leistungsfähigkeit bewerkstelligen ließe.[730] Für die Erhöhung indirekter Steuern spräche nach beiden Autoren die absolut höhere Konsumquote finanziell leistungsfähigerer Menschen gegenüber Durchschnittsverdienern und Menschen mit geringem Einkommen.[731]

Für die Verwaltung einer solchen steuerfinanzierten Grundsicherung im Alter und Hinterbliebenenfall sehen *Miegel* und *Wahl* die Gründung einer Selbstverwaltungskörperschaft unter der Rechtsaufsicht des zuständigen Ministers vor.

> »Das System der Grundsicherung funktioniert weitgehend automatisch. Politische Eingriffe sind nur ausnahmsweise erforderlich. Über die Korrekturbedürftigkeit des Systems sollte ein breiter öffentlicher Konsens bestehen. Regierungen ist damit die Möglichkeit genommen, die Altersversorgung zu manipulieren.«[732]

Meinhard *Miegel* und Stefanie *Wahl* legen mit ihrem Konzept einer steuerfinanzierten Grundrente damit gegenüber dem bisherigen Modell der Alterssicherung in Deutschland eine sehr weitgehende Umgestaltung der ersten Säule der Altersversorgung vor. Die bisherige, an Bismarck orientierte gesetzliche Rentenversicherung, wird nach diesem Modell transformiert hin zu einem eher an Beveridge orientierten System einer universalen Grundleistung für faktisch die gesamte Wohnbevölkerung. Gegenüber dem Modell der Industriegewerkschaft *Bauen-Agrar-Umwelt* wird damit der Kreis der Anspruchsberechtigten im wesentlichen beibehalten, die Art der Gegenfinanzierung aber komplett von einem Beitrags- hin zum Steuer-Transfer-System geändert.

---

730 Vgl. ebd., 69f.
731 Vgl. ebd., 70.
732 Ebd., 71.

2.1.1.4 Wertung der Repräsentanten hinter einem dünnen Schleier des Nichtwissens

In der Wahl einer Grundkonzeption aus den drei vorgelegten Modellen einer zukünftigen Alterssicherung in Deutschland würden sich die Repräsentanten hinter einem dünnen Schleier des Nichtwissens für die Konzeption von Meinhard *Miegel* und Stefanie *Wahl* entscheiden. Folgende Gründe sprächen meiner Ansicht nach für diese Entscheidung der Repräsentanten im Urzustand:

Aus der Perspektive des ersten Gerechtigkeitsgrundsatzes heraus, dem Prinzip gleicher größtmöglicher Freiheit und zugehöriger freiheitsermöglichender Bedingungen, wird dabei zunächst die Konzeption von *Sinn* für die erste Säule der Alterssicherung in Deutschland grundsätzlich abgelehnt. Durch eine pauschale Absenkung des Rentenniveaus der gesetzlichen Rentenversicherung durch Einfrieren von Beitragssätzen und Bundeszuschüssen auf derzeitigem Niveau kann eine Unterversorgung erheblicher Bevölkerungsteile infolge der demographischen Entwicklung nicht ausgeschlossen werden. Da Altersarmut aber eine entscheidende Einschränkung der Freiheit durch faktischen Ausschluss aus der Gesellschaft darstellt, würden die Repräsentanten im Urzustand eine pauschale Absenkung des Rentenniveaus ohne Definition einer Untergrenze ablehnen. Die Konzeption der Personen im Urzustand als risikoaverse Entscheidungspersonen würde eine solche Zurückweisung zusätzlich als begründet erscheinen lassen. Die Modelle der Industriegewerkschaft *Bauen-Agrar-Umwelt*, welches die bisherige Höhe der Rentenzahlungen unangetastet lässt, sowie von *Miegel* und *Wahl* entsprechen dagegen den Bedingungen des ersten Gerechtigkeitsgrundsatzes. Insbesondere das Konzept der Gewerkschaft würde durch die Repräsentanten mit dem Argument der angestrebten Zahlungshöhe befürwortet werden. Lediglich der Rentenumfang in Höhe von 40 % des durchschnittlichen Nettoarbeitsentgelts aller abhängig Beschäftigten, wie von *Miegel / Wahl* vorgesehen, würde durch die Repräsentanten angefragt werden. Obwohl beide Autoren die Höhe der Zahlungen für die Vermeidung von Altersarmut als ausreichend ansehen, würde sich zur Verwirklichung dieses Sicherungszieles eine Anbindung der

Zahlungshöhe entweder an das im Sozialhilferecht definierte soziokulturelle Existenzminimum oder, analog dem niederländischen Modell, an die Höhe von Mindestlöhnen anbieten. Beide Vergleichszahlen spiegeln hierbei besser den gesellschaftlichen Diskurs über die notwendigen materiellen Voraussetzungen für eine Partizipation des Individuums an gesellschaftlichen Belangen wider und sind daher nach einer vermuteten Argumentation der Repräsentanten besser geeignet, das vorrangige Sicherungsziel der Altersarmutsvermeidung auch in der institutionellen Ausgestaltung des Alterssicherungssystems zu spiegeln.

Aus der Perspektive des Prinzips gleicher Chancen ergibt sich eine Ablehnung der Modelle von *Sinn* und der Industriegewerkschaft. Eine grundsätzliche Ungleichbehandlung von Männern und Frauen eines eng an Normalarbeitsverhältnisse in steter Versicherungsbiographie angekoppelten Systems verstößt fundamental gegen dieses Prinzip. Durch die Beibehaltung der derzeitigen Ausgestaltung der gesetzlichen Rentenversicherung widerspricht damit die Konzeption von *Sinn* insbesondere gegen dieses zweite Gerechtigkeitsprinzip. Das Modell der Industriegewerkschaft *Bauen-Agrar-Umwelt* weicht die enge Koppelung des bisherigen Alterssicherungssystems an Normalarbeitsverhältnisse durch den Einbezug weiterer Einkommensarten und die Einführung einer Rente nach Grundeinkommen durch Mindestrentenzahlungen dagegen etwas auf. Aus der Perspektive der Repräsentanten im Urzustand würde dennoch die vermutete unterschiedliche Rentenhöhe nach Geschlechtszugehörigkeit, begründet durch Familien- und Pflegearbeit hauptsächlich von Frauen, als ungenügend abgelehnt werden.[733] Die Einführung von Mindestrentenzahlungen analog dem schweizerischen Modell der Alterssicherung als leistungsauslösender Tatbestand einer Rente nach Mindesteinkommen würde dennoch gegenüber der Konzeption von *Sinn* durch die Repräsentanten im Urzustand positiv als fortschrittlicher hervorgehoben werden. Der Vorschlag einer steuerfinanzierten Grundrente nach *Miegel / Wahl* würde dagegen aus der

---

[733] Ebenso argumentieren unter anderem *Kirner*, Ellen / *Meinhardt*, Volker (2002), die lange Phasen von Mindestbeitragszahlungen für angestrebte Rente nach Mindesteinkommen bemängeln, wodurch eine eigenständige Alterssicherung gerade von Frauen nicht in jedem Falle gewährleistet werden kann.

Perspektive des Prinzips gleicher Chancen grundsätzlich durch die Repräsentanten befürwortet werden. Aufgrund der faktischen Universalisierung des Kreises der Anspruchsberechtigten auf die gesamte Wohnbevölkerung hin und der Festlegung einer unbedingten Leistungshöhe wären Ungleichbehandlungen von Geschlechtern sowie von Verheirateten und nichtehelichen Lebensgemeinschaften im Rentenrecht beseitigt.

Begründet durch das modifizierte Differenzprinzip würde ebenso die Position von *Sinn* im Bezug auf die erste Säule der Alterssicherung in Deutschland abgelehnt werden. Bedingt durch seine Forderung einer generellen Absenkung des Rentenniveaus unabhängig von Bedarfskriterien, könnte gerade die Absicherung am wenigsten Begünstigter, etwa Menschen mit Behinderungen, Menschen in unregelmäßigen Beschäftigungsverhältnissen oder Teilzeitbeschäftigungen, die zudem nicht in der Lage wären, Eigenvorsorge zu betreiben, nicht gewährleistet werden. Ein Verweis dieser Menschen auf externe Grundsicherungssysteme würde aufgrund der Kenntnis der Repräsentanten über vorteilhaftere Sicherungskonzeptionen ebenso zurückgewiesen. Die Modelle der Industriegewerkschaft *Bauen-Agrar-Umwelt* sowie von *Miegel/ Wahl* wären hingegen auch aus der Perspektive des Differenzprinzips zustimmungsfähig. Die Gewährleistung einer Rente nach Mindesteinkommen und die steuerfinanzierte Grundrente entsprechen dabei beide auch im Vergleich alternativer europäischer Rentenmodelle und deutscher Reformvorschläge den Anforderungen dieses Gerechtigkeitsprinzips. Eine Voraussetzung für die Zustimmung der Repräsentanten im Urzustand wäre allerdings in beiden Fällen die Gewährleistung einer Rentenzahlung in ausreichender Höhe, mindestens orientiert am soziokulturellen Existenzminimum.

Durch die teilweise Hebung des rawlsschen »Veil of Ignorance« und dessen Konzeption als einem dünnen Schleier sind den Repräsentanten im Urzustand ebenso die allgemeinen empirischen Rahmenbedingungen des derzeitigen Alterssicherungssystems in Deutschland bekannt. Diese künftigen Rahmenbedingungen wurden innerhalb des ersten Kapitels hauptsächlich unter den Stichwörtern: demographischer Wandel und Entwicklung der Erwerbsarbeit verhandelt.

In der Beurteilung der hier vorgestellten Reformmodelle durch die Repräsentanten im Urzustand ergibt sich eine Ablehnung der Modelle von *Sinn* und der Industriegewerkschaft *Bauen-Agrar-Umwelt* sowie eine Befürwortung der Reformkonzeption von *Miegel / Wahl*. Bedingt durch die aufgezeigte Entwicklung der Erwerbsarbeit kann für das Modell von *Sinn* in der ersten Säule der Alterssicherung zunehmend weniger ein ausreichendes Sicherungsniveau für breite Schichten der Bevölkerung angenommen werden. Ungenügende Absicherung am Arbeitsmarkt und eine Tätigkeit zahlreicher Menschen in prekären Beschäftigungsformen, wie aufgezeigt, würde sich in der Konzeption dieses Autors ebenso in prekärer Absicherung innerhalb der ersten Säule der Alterssicherung spiegeln. Eine somit zu befürchtende Zunahme von Altersarmut würde aber sowohl aus der Perspektive des modifizierten ersten Gerechtigkeitsgrundsatzes als auch aufgrund des Differenzprinzips abgelehnt werden. Eine einseitige Stabilisierung von Beitragssätzen und Bundeszuschüssen zur gesetzlichen Rentenversicherung durch eine pauschale Absenkung des Leistungsniveaus ginge aus der Perspektive risikoaverser Entscheidungspersonen gerade zulasten der am wenigsten Begünstigten am Arbeitsmarkt. Ihre geringe Stellung hier würde ebenso durch die Alterssicherung fortgesetzt.

Auch die Konzeption der Industriegewerkschaft *Bauen-Agrar-Umwelt* würde in diesem Untersuchungsschritt von den Repräsentanten im Urzustand als nicht zukunftsfähig zurückgewiesen werden. Bedingt durch die Inklusion faktisch der gesamten Wohnbevölkerung ab 16 Jahren in eine beitragsfinanzierte, nach dem Umlageverfahren arbeitende Rentenversicherung erwachsen auch für diesen Kreis neuer Beitragszahler Rentenansprüche, die ebenfalls in einem mittelfristigen Zeitraum von den künftigen Beitragszahlern beglichen werden müssten. Das grundsätzliche Problem einer geringer werdenden Basis an Beitragszahlern im Vergleich zur in Zukunft stark anwachsenden Rentnergeneration würde also ebenso schwer wiegende Auswirkungen auf die Finanzierungsbasis dieses Reformmodells haben wie im gegenwärtigen Modell. Der Einbezug aller steuerpflichtigen Einkommensarten in die Finanzierung der gesetzlichen Rentenversicherung bei gleichzeitiger Kappung der Höchstrentenzahlungen würde hier zwar dauerhaft die

Finanzierungsbasis verbreitern[734], allerdings bliebe fraglich, ob eine solche Maßnahme allein zum Ausgleich demographiebedingter Ausfälle an Beitragszahlungen reichen würde. Gerade risikoaverse Entscheidungspersonen würden sich hier mit Verweis auf demographie-resistentere Modelle gegen die Konzeption der Industriegewerkschaft entscheiden. Das Modell von *Miegel / Wahl* würde schließlich von den Repräsentanten befürwortet werden. Beide Autoren begegnen der demographischen Herausforderung in angemessener Weise durch ihren Vorschlag einer Gegenfinanzierung maßgeblich durch Erhöhung indirekter Steuern. Die gesamte Wohnbevölkerung Deutschlands würde sich so an der Finanzierung der Alterssicherung beteiligen. Bedingt durch diesen Einbezug aller Menschen in die Finanzierung wäre der Vorschlag aus der Sicht der Repräsentanten als weitgehend demographiefest zu bezeichnen. Auch auf die Entwicklungstendenzen am Arbeitsmarkt reagiert der Reformvorschlag von *Miegel / Wahl* angemessen. Durch die Anknüpfung der Finanzierung der Alterssicherung an das Steuersystem und die vollständige Aufgabe der lohnbezogenen Beitragsfinanzierung, ist dieser Reformvorschlag immun gegenüber den Wandlungstendenzen am Arbeitsmarkt sowohl hinsichtlich Beitragserhebung und damit der Finanzierungsbasis als auch Altersabsicherung des Einzelnen und damit dem Risiko der Altersarmut durch ungenügende Partizipation am Arbeitsmarkt. Dem Vorschlag gelingt es damit in angemessener Weise zum einen wichtigen empirischen Rahmenbedingungen zu entsprechen, zum anderen ebenso ein akzeptables Sicherungsniveau für den Einzelnen festzuschreiben.

---

734 Vgl. hierzu auch die Berechnungen von *Kirner*, Ellen / *Meinhardt*, Volker (2002). Beide Autoren gehen von einer möglichen Beitragssatzsenkung von mittelfristig 3 Beitragspunkten aus.

2.1.2 Einzelne Reformoptionen für die zweite Säule der Alterssicherung in Deutschland

Mit der zweiten Säule der Alterssicherung wird im internationalen Vergleich zumeist die betriebliche Form der Altersabsicherung bezeichnet. Im Gegensatz zu *Sinn* treffen *Miegel / Wahl* und die Industriegewerkschaft *Bauen-Agrar-Umwelt* in ihren Reformkonzeptionen keine Aussage über die Umgestaltung dieser Säule der Alterssicherung. *Sinn* stellt hier allerdings ebenso keinen expliziten Vorschlag einer Reform der betrieblichen Alterssicherung vor. Unter dem programmatischen Titel: »Kinderrente für Eltern und Riester-Rente für Kinderlose«[735] strebt er allerdings eine Differenzierung zwischen reduzierter umlagefinanzierter Rente für Kinderlose und voller Geldleistungen der gesetzlichen Rentenversicherung nach bisherigem Muster für Erziehende von mindestens drei Kindern an.[736]

> »Wer mindestens drei Kinder großzieht und durchschnittliche Beiträge gezahlt hat, dem soll freilich auf dem Höhepunkt der demographischen Krise eine auskömmliche Rente erhalten bleiben. Wer ein oder zwei Kinder hat, dem kann eine anteilige Rentenkürzung zugemutet werden.«[737]

Zur Begründung einer solchen Staffelung der Rentenleistungen nach Kinderzahl führt der Autor die Möglichkeit einer höheren Eigenvorsorge von Kinderlosen an. Zudem würde ein solcher Reformschritt nach *Sinn* Kindern in der Lebensplanung von jungen Familien wieder ein stärkeres Gewicht beimessen. Eine Korrektur der niedrigen Geburtenraten über Rückführung staatlicher Interventionen in die Familienplanung erschiene hierdurch möglich.[738]

---

735 *Sinn*, Hans-Werner (2003), 389.
736 Vgl. ebd., 389–396.
737 Ebd., 391.
738 Vgl. ebd., 392f.

Zudem macht der Autor die Gerechtigkeit einer solchen Regelung geltend:

» Man mag gegen diesen Vorschlag einwenden, mit der Zahlung des Rentenbeitrags erbrächten junge, kinderlose Bürger bereits eine Leistung für die eigene Rente, und insofern sei es ungerecht, sie auf dem Weg des Riester-Sparens zu einer zweiten Leistung zu zwingen. Dieses Argument verkennt, dass es im Generationenzusammenhang zu den normalen Pflichten einer jeden Generation gehört, *zwei* Leistungen zu erbringen: In der leistungsfähigen Lebensphase muss man seine Eltern *und* seine Kinder ernähren. Die erste der beiden Leistungen wird in Form der Rentenbeiträge erbracht, die in vollem Umfang an die heutigen Rentner fließen. Doch die zweite Leistung wird von vielen Menschen nicht erbracht, weil sie sich gegen Kinder entscheiden oder keine Kinder bekommen können. So gesehen ist es sehr wohl gerecht, nun auch diesen Menschen eine zweite Leistung in Form des Riester-Sparens abzuverlangen. «[739]

Zur Kompensation einer mangelnden Kinderzahl in der Alterssicherung schlägt *Sinn* eine Sparrate von 6–8 % des Bruttoeinkommens jährlich vor. Bereits aufgebaute Anwartschaften in der gesetzlichen Rentenversicherung dürfen hierbei allerdings nicht angetastet werden.[740] Aufgebracht werden sollen die zusätzlichen Mittel zur Begünstigung kinderreicher Erziehender in der Rentenversicherung aus den Beiträgen aller Erwerbstätigen, inklusive der Selbständigen und Beamten.[741] Zur Aufstockung der Rentenleistungen von Kinderlosen oder Menschen mit ein bis zwei Kindern müsste ein kompensierendes Sparen mit fes-

---

739 Ebd., 393.
740 Vgl. ebd., 392.
741 Vgl. ebd., 396.

ten Höchstsätzen in Relation zum Bruttolohn gesetzlich verpflichtend gemacht werden.[742]

Andere explizite Reformvorschläge für die betriebliche Alterssicherung können aus der Betrachtung internationaler Rentensysteme für den deutschen Reformdiskurs abgeleitet werden. Insbesondere das niederländische Modell der Alterssicherung wurde hierbei in vorherigen Untersuchungsschritten als vorbildlich hervorgehoben. Aus dem schweizerischen Rentenmodell sollte allerdings im Gegensatz zu den Niederlanden, in denen die Regelungen der Zusatzversorgung den Tarifparteien vorbehalten bleibt, die Einführung einer betrieblichen Alterssicherung als Obligatorium gesetzlich vorgeschrieben werden.[743]

2.1.3 Kritik der Repräsentanten und Weiterentwicklung der zweiten Säule der Alterssicherung

Bezüglich der Ausgestaltung der zweiten Säule der Alterssicherung in Deutschland würden die Repräsentanten im Urzustand das Reformmodell Hans-Werner *Sinns* und seine Differenzierung zwischen »Elternrente und Riester-Rente« als alleinige Reformoption ablehnen. Obwohl die Unterscheidung der Rentenleistungen nach Anzahl der Kinder beiden Gerechtigkeitsgrundsätzen im Kern entsprechen würde und auch Reziprozitätsnormen im Bereich der Alterssicherung durch die Honorierung gesellschaftlich erwünschter Tätigkeiten zur Geltung bringt, sehen die Repräsentanten dennoch die Stringenz dieses Reformvorhabens in seiner Durchführung innerhalb der gesetzlichen Rentenversicherung nicht gegeben. So macht *Hase* treffend darauf aufmerksam, dass: »[d]urch eine generelle Beitragssenkung für Versicherte mit Kindern [...] die – durch Verfassungsrecht gewährleistete – elementare, bisher strikt egalitäre Regelungsstruktur des deutschen Rentenversicherungsrechts möglicherweise

---

742 Vgl. *Sinn*, Hans-Werner (2005), 83–87.

743 Vgl. zum schweizerischen Rentensystem: *Murer*, Erwin (2004), 152–159; *Becker*, Susanne (2004), 255–283; *Verband deutscher Rentenversicherungsträger* (2006), 136f.

irreparabel beschädigt«[744] würde. Weiterhin argumentiert der Sozialrechtler, dass auch dem Vorschlag, ausschließlich die Renten kinderloser Versicherter zu kürzen, keinerlei Realisierungschancen zuzuerkennen wären.[745] Aufgrund der Tatsache, dass bei einer solchen Maßnahme Teile der Altersversicherungsbeiträge von Kinderlosen zweckentfremdend umgeschichtet werden zugunsten von Personen mit zahlreichen Kindern, würde der bisherige Versicherungsbeitrag zur Steuer umgewandelt. Da Versicherungsbeiträge aber grundgesetzlich im Sinne von Art. 14 Abs. 1 als Eigentum zu behandeln seien, käme eine Zweckentfremdung von Beitragsmitteln der Versicherten zu Umverteilungszwecken einer Enteignung gleich. Eine solche Umwandlung und teilweise Rentenkürzung für Versicherte ohne Kinder seien daher nicht in die Grundkonzeption einer Versicherung zu integrieren.[746] Zusätzlich zu diesen versicherungsrechtlichen Schwierigkeiten macht *Hase* auch Legitimationsprobleme der Versicherungspflicht infolge einer solchen Regelung geltend. Kinderlose Versicherte würden durch Rentenkürzungen hier auf Leistungen verwiesen, die deutlich unter dem Niveau dessen liegen, was der Einzelne mit privater Vorsorge erreichen kann. Die Zweckmäßigkeit eines kollektiven Alterssicherungssystems wäre somit nicht mehr gewährleistet.[747]

> »Schließlich bliebe, weil Kinderlosigkeit zumeist kein ein für allemal feststehendes Datum ist, bei zahllosen Versicherten über erhebliche Strecken der Versicherungsbiografie offen, welche Rente sie nach dem Eintritt des Versicherungsfalles erhalten könnten. [...] Somit hätte die praktische Umsetzung des – hier allerdings schon im Ansatz als verfassungsrechtswidrig eingestuften – Vorschlags ein jahrzehntelanges Nebeneinander ganz unterschiedlich valutierter

---

744 *Hase*, Friedhelm (2003), 71.
745 Vgl. ebd., 70.
746 Vgl. ebd.
747 Vgl. ebd.

sozialversicherungsrechtlicher Positionen und damit Verwerfungen zur Folge, die im Rahmen eines öffentlichen Vorsorgesystems nicht zu bewältigen sind.«[748]

Eine Staffelung der Rentenzahlungen nach Kinderzahl, bzw. eine pauschale Absenkung der Rentenleistungen für Kinderlose nach *Sinn*, zöge somit innerhalb der ersten Säule der Alterssicherung schwerwiegende verfassungsrechtliche Bedenken nach sich und würde folglich durch die Repräsentanten im Urzustand in Kenntnis dieser Argumentationsfigur abgelehnt werden.

Gesucht wird also nach einem Vorschlag, dem es gelingen kann, einerseits von den Repräsentanten befürwortete familienpolitische Ausgleichsmaßnahmen auch innerhalb der Alterssicherung zu verwirklichen, andererseits die dargestellten verfassungsrechtlichen Bedenken auszuräumen.

Eine Möglichkeit, dennoch durchaus sinnvolle familienpolitische Ausgleichsmaßnahmen und eine Honorierung gesellschaftlich erwünschter Erziehungstätigkeit auch im Alterssicherungssystem einzuführen, wäre folglich treffender in Form einer Ergänzungsleistung zur betrieblichen Alterssicherung gegeben. Aufbauend auf dem niederländischen Modells der betrieblichen Alterssicherung könnte ein entsprechender Vorschlag einer Inklusion familienpolitischer Maßnahmen etwa in der begrenzten Übernahme von betrieblichen Alterssicherungsbeiträgen oder deren Aufstockung aus allgemeinen Steuermitteln für die Dauer der Erziehungsphase liegen. Ein solcher Vorschlag hätte die Vorteile, nachteilige Wirkungen einer Erziehungstätigkeit für die Alterssicherung Betroffener zumindest für eine begrenzte Zeit auszugleichen, würde ferner die Unternehmen für Erziehungszeiten von Lohnnebenkosten entlasten und dürfte schließlich nicht zu verfassungsrechtlichen Bedenken führen, da der grundgesetzlich geschützte Verantwortungsraum für Familien nach Art. 6 GG bestärkt wird, gleichzeitig Eigentumsrechte im Sinne von Art. 14 Abs. 1 GG gewahrt bleiben. Auch die Verwirklichung des Grundsatzes der Sozialpflichtigkeit des Eigentums

---

748 Ebd., 70f.

nach Art. 14 Abs. 2 GG wäre durch eine solche Ausgleichsmaßnahme über das Steuersystem innerhalb der zweiten Säule der Alterssicherung gewährleistet.[749]

2.2 Systematisierung: Ein Modell eines gerechten und zukunftsfähigen Alterssicherungssystems für die Bundesrepublik Deutschland

Nach der Vorstellung dreier Modelle für die Weiterentwicklung des deutschen Alterssicherungssystems und der Kritik dieser Modelle durch die Repräsentanten im Urzustand ergibt sich folgendes Verwirklichungsmöglichkeit eines gerechten und zugleich zukunftsfähigen Alterssicherungssystems für die Bundesrepublik Deutschland:

▶ Für die erste Säule einer solchen Alterssicherungskonzeption ergab die Betrachtung der Reformmodelle im Grundsatz eine Befürwortung des Vorschlages von Meinhard *Miegel* und Stefanie *Wahl*. Das Modell der steuerfinanzierten Grundsicherung ist dabei, im Gegensatz etwa zu *Sinn*, eindeutig auf das Sicherungsziel der Altersarmutsvermeidung ausgerichtet. Bedingt durch Verwerfungen infolge der demographischen Entwicklung und dem empirisch nachgewiesenen Wandel der Erwerbsstrukturen und -verläufe entspricht dieses Sicherungsziel auch den Erwartungen risikoaverser Entscheidungspersonen im Urzustand eher, als die Verwirklichung einer Lebensstandardsicherung in Form des versi-

---

749 Für einen wirksamen Familienlastenausgleich über das Steuersystem statt innerhalb der Alterssicherung sprechen sich ebenfalls: *Schmähl*, Winfried / *Rothgang*, Heinz/ *Viebrock*, Holger (2006), 105–109 aus. Nach ihnen sprechen folgende Gründe für eine solche Maßnahme: Erstens sind positive externe Effekte für die Alterssicherung durch Kindererziehung nur schwer zu beziffern, zweitens besteht das Alterssicherungssystem aus teilweise umlage- und kapitalfundierten Elementen, was eine Zurechnung von Ausgleichzahlungen erheblich erschweren dürfte, drittens schließlich reicht die bloße Kinderzahl nicht aus, um positive Effekte für die Alterssicherung herbeizuführen. Daneben müsste sichergestellt sein, dass diese Kinder auch in ihrer späteren Berufstätigkeit der GRV angehören und gut ausgebildet sind, um eine entsprechende Beitragshöhe zu erwirtschaften.

cherungsmathematischen Äquivalenzprinzips. Es wurde argumentiert, dass die Ausrichtung einer steuerfinanzierten Grundsicherung auf Altersarmutsvermeidung als vorrangigem Sicherungsziel dabei sowohl dem Prinzip größtmöglicher gleicher Freiheit als auch dem Differenzprinzip entspricht. Ebenso wurde als positiv auch die eigenständige Alterssicherung von Frauen als Entsprechung zum Prinzip gleicher Chancen hervorgehoben. Das Modell von *Miegel / Wahl* stimmt damit vorbildlich in seiner Grundausrichtung mit den ethischen Anforderungen der Repräsentanten im Urzustand überein. Lediglich die Festlegung der Leistungshöhe auf 40 % des Durchschnittseinkommens aller abhängig Beschäftigten erschiene aus der Perspektive des Urzustandes willkürlich und wäre damit ethischen Anfragen ausgesetzt. Eine Orientierung der Leistungsgrenze am soziokulturellen Existenzminimum, das gesellschaftliche Inklusion gewährleisten soll, und die Dynamisierung der Leistungen entweder nach Inflationsindex oder Entwicklung der Nettolöhne würde das vorrangige Ziel der Altersarmutsvermeidung eher verwirklichen. Eine entsprechende Modifikation der Grundkonzeption beider Autoren würde somit auch aus der Perspektive des Urzustandes zustimmungsfähig sein. Auch hinsichtlich der Anpassung einer künftigen Alterssicherung an vorrangige empirische Rahmenbedingungen der demographischen Entwicklung und der Zukunft der Erwerbsarbeit gilt das Alterssicherungsmodell von *Miegel / Wahl* als vorbildlich. Es entkoppelt zum einen die Höhe der Rentenleistungen von vorheriger Erwerbstätigkeit und stellt zum anderen über die Steuerfinanzierung der Leistungen maßgeblich über indirekte Steuern eine gleichmäßige Beteiligung der gesamten Wohnbevölkerung Deutschlands sicher. Das Modell ist somit erstens zustimmungsfähig für prekär Beschäftigte und zweitens über die gleichmäßige Beteiligung aller demographiefest.

▶ Für die zweite Säule einer künftigen Alterssicherungskonzeption in Deutschland wurde zunächst die Differenzierung zwischen einer Absenkung von Rentenleistungen für Kinderlose und einer Kinderrente nach dem Vorschlag von *Sinn* behandelt. Wie ausgeführt ergeben sich gegenüber einem solchen Modell aber schwerwiegende verfassungsrechtliche Bedenken. Da die vorgebrachte Argumentationsfigur zum allgemeinen Wissensbestand im Urzustand hinter einem dünnen Schleier des Nichtwissens gehört, würde ein derartiger Vorschlag von den Repräsentanten im Urzustand folglich abgelehnt werden. Zweckmäßiger wäre es hier, erwünschte familienpolitische Maßnahmen in Form einer Beitragsübernahme in Betriebsrentensystemen für die Dauer der Elternzeit zu verwirklichen. Eventuelle Nachteile für Erziehende im Alterssicherungssystem könnten dadurch ausgeglichen werden bei einer gleichzeitigen Wahrung des Verfassungskonsenses. Das der Argumentationsfigur des Urzustandes entsprechende Modell der zweiten Säule der Alterssicherung wäre somit eng am niederländischen Konzept orientiert. Es würde über Branchenpensionsfonds mit garantiert hoher Portabilität von Alterssicherungsansprüchen des Einzelnen abgewickelt werden, würde alle Erwerbstätigen umfassen, wäre nach den Regelungen von Leistungsprimat und Mittellohn konzipiert und würde idealerweise Elemente des Familienlastenausgleichs enthalten. Entsprechend der schweizerischen Regelung wäre die zweite Säule der Alterssicherung allerdings als Obligatorium auszugestalten. Eine derartige gesetzliche Norm würde dabei einerseits die Verantwortung von Unternehmen für das Wohl ihrer Mitarbeiter/-innen unterstreichen und gäbe andererseits auch den Belegschaften gegenüber ihren Unternehmen gerade in Zeiten hoher Arbeitslosigkeit Rechtssicherheit in Form von verbindlichen Ansprüchen. Gemeinsam mit der ersten Säule der Alterssicherung wird über die betriebliche Vorsorge damit das Ziel der Lebensstandardsicherung angestrebt.

Zusammengefasst erhält man also folgende Darstellung des vorgeschlagenen Modells eines gerechten und zukunftsfähigen Alterssicherungssystems für die Bundesrepublik Deutschland:

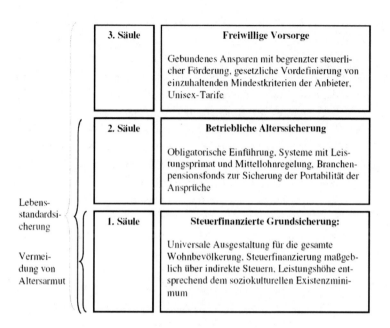

Abbildung 10: Modell eines gerechten und zukunftsfähigen Alterssicherungssystems für Deutschland (Quelle: eigene Darstellung)

2.3 Überprüfung des Modells hinsichtlich seiner Verwirklichung grundlegender christlich-sozialethischer Anforderungen

In Kapitel I der vorliegenden Untersuchung wurde die theologisch-ethische Kurzformel einer *vorrangigen Option für die Armen* als Kernbestand einer modernen christlichen Sozialethik herausgearbeitet. Die Konzeption ist dabei zugleich sozialethischer Fokus als auch Maßstab der Anwendung des sozialethischen Codes: gerecht – ungerecht.[750]

Das im vorangehenden Abschnitt vorgestellte und nach philosophisch-ethischen Kriterien positiv gewürdigte Reformkonzept einer gerechten und zukunftsfähigen Alterssicherung für die Bundesrepublik

---

750 Vgl. *Marx*, Reinhard / *Wulsdorf*, Helge (2002), 172.

Deutschland soll im Folgenden abschließend nach den eingangs gewonnenen Kriterien einer christlichen Sozialethik untersucht werden.

- ▶ Partizipation und Inklusion: Hinsichtlich seiner Gewährleistung des Kriteriums grundlegender Inklusions- und Partizipationsmöglichkeiten an den Belangen der Gesellschaft ist das vorgestellte Reformmodell positiv zu würdigen. Es erfüllt diese Bedingungen in der Ausgestaltung der ersten Säule durch die Merkmale: Universalität für faktisch die gesamte Wohnbevölkerung, Ankoppelung an das Steuersystem, Zahlung in Höhe des soziokulturellen Existenzminimums sowie dessen Dynamisierung nach Preisindex oder Lohnentwicklung die Voraussetzungen für die materielle Sicherstellung einer ethischen gewünschten Partizipation. Insbesondere die Umstellung der Finanzierungsart von Beiträgen auf Steuern macht die Grundsicherung als Basis des vorgestellten Modells unempfindlich gegenüber beschriebenen Wandlungstendenzen am Arbeitsmarkt. Sie gewährleistet auch für Beschäftigte in prekären Tätigkeitsverhältnissen und Teilzeit eine ausreichende Absicherung innerhalb des Alterssicherungssystems. Ein Verweis dieser Menschen auf externe Sicherungssysteme mit zumeist strengeren Leistungsprüfungen und -voraussetzungen kann damit für den Bereich der Alterssicherung faktisch ausgeschlossen werden. Der einzig verbleibende leistungsauslösende Tatbestand für die steuerfinanzierte Grundsicherung ist nach dem beschriebenen Modell eine ausreichend lange Steuerpflichtigkeit in der Bundesrepublik Deutschland. Da sich dieser Tatbestand auch auf die Zahlung indirekter Steuern erstreckt, genügt in diesem Modell also faktisch eine entsprechend lange Wohndauer mit Hauptwohnsitz in Deutschland.
Die Forderung nach materialer Chancengleichheit wird ebenso durch das beschriebene Reformmodell der Alterssicherung in Deutschland eingelöst. Innerhalb der vorgeschlagenen ersten Säule, steuerfinanzierte Grundsicherung, besteht kein Unterschied in der Absicherung zwischen Männern und Frauen sowie verschiedenen Formen von Lebensgemeinschaften. Dies wäre gegenüber den rea-

len Auswirkungen des bisherigen Modells der Alterssicherung mit ihrer zumeist ungenügenden Absicherung von Frauen infolge unsteter Versicherungsbiographien, Ehescheidungen und verstärkter Teilzeitbeschäftigungen als eindeutiger Fortschritt zu bezeichnen. Auch die strenge Individualisierung der Leistungen einer steuerfinanzierten Grundsicherung entspricht diesem Grundsatz. Schließlich ist hier auch das Modell der zeitlich begrenzten Beitragsübernahme für Erziehungszeiten innerhalb der zweiten Säule der Alterssicherung positiv hervorzuheben. Bedingt durch diesen Vorschlag werden auch Erziehungszeiten als Beitrag zu einem gelingenden Generationenvertrag in der Alterssicherung wertgeschätzt und innerhalb der zweiten Säule durch Beitragsübernahmen für die Dauer von Erziehungszeiten honoriert. Aufgrund dieser Ausgestaltung beider Säulen der Alterssicherung werden nachteilige Wirkungen dieser Zeiten innerhalb des bisherigen Systems nachhaltig gemildert.

- Subsidiarität zur Abwehr staatlichen Paternalismus: Das beschriebene Konzept der Alterssicherung für die Bundesrepublik Deutschland ist weiterhin ebenso als subsidiär zu bezeichnen. Bedingt durch wichtige empirische Kenndaten der demographischen Entwicklung, den Erfordernissen einer globalisierten Marktwirtschaft mit hohen Mobilitätsanforderungen an den Einzelnen und der zunehmenden Herausbildung von Single-Haushalten und Zweigenerationenfamilien, muss Altersabsicherung als gesamtgesellschaftliche Aufgabe beschrieben werden, die am besten staatlich zu organisieren ist. Aufgrund des beschriebenen Wandels der Erwerbsarbeit ist diese weiterhin am besten für breite Bevölkerungsschichten über das Steuersystem zu gestalten. Alleine diese Finanzierungsart gewährleistet eine Altersabsicherung in ausreichender Höhe für Tätige in neuen Beschäftigungsformen. Eine universale Gestaltung der ersten Säule einer Alterssicherung entspricht somit auch subsidiären Strukturprinzipien der Gesellschaft. Sie leistet Hilfe zur Selbsthilfe, indem durch die unbedingte Gewährleistung eines soziokulturellen Existenzminimums allererst materielle Grundlagen für Freiräume des Einzelnen als Bedingung der Möglichkeit von Partizipation auch im Alter geschaffen werden, die dieser Funktionen gelingenden Menschseins umwandeln kann. Aufgrund ihrer Beschränkung auf die Gewährleistung eines soziokulturellen Existenzminimums hin werden schließlich Freiräume aller Bürgerinnen und Bürger nicht zu stark eingeschränkt. Die Möglichkeit zur Wahrnehmung subsidiärer Abwehrrechte gegenüber einer Einführung bzw. der Umsetzung eines solchen Modells ist schließlich innerhalb der demokratischen Organisationsform der Gesellschaft durch die Wahrnehmung des aktiven und passiven Wahlrechts gewährleistet. Auch das Rückzugsgebot des Staates als integraler Bestandteil des Subsidiaritätsprinzips ist schließlich innerhalb der vorgeschlagenen Reformkonzeption der Alterssicherung als gewährleistet anzusehen. Die Hilfegewährung beschränkt sich hierbei in ihrem Umfang auf die Sicherstellung von Inklusions- und Partizipationsmöglichkeiten für die gesamte Wohnbevölkerung. Staatlicher Auftrag ist es hierbei also nicht, Lebensstandardsicherung in Abhängigkeit von der früheren Erwerbsbiographie zu gewährleisten, sondern materielle Freiheitsvoraussetzungen im Sinne einer Beteiligungsmöglichkeit an zentralen gesellschaftlichen Institutionen für die Bevölkerung in der Spanne ihres gesamten Lebensverlaufs zu eröffnen.

- Perspektivwechsel zugunsten Armer: Als letztes zentrales Kennzeichen der Rede von einer *vorrangigen Option für die Armen* wurde schließlich ein Perspektivwechsel zugunsten Benachteiligter und Armer in der Gesellschaft angemahnt. Auch aus der Perspektive solcher, bisher ungenügend sozialstaatlich abgesicherter Menschen heraus, ist die vorgelegte Neukonzeption der Alterssicherung in Deutschland aus drei Gründen heraus positiv zu würdigen. Sie stellt erstens insbesondere durch die Abkoppelung der Höhe von Rentenleistungen von Art, Umfang und Dauer früherer Beschäftigungsverhältnisse auch für Inhaber neuer Tätigkeitsformen am Arbeitsmarkt eine Altersabsicherung in ausreichender Höhe sicher. Zweitens sind die Leistungen der ersten Säule streng individualisiert. Eine Benachteiligung von Frauen im öffentlichen Bereich der Alterssicherung wird hierdurch vermieden. Drittens schließlich sind auch Niedriglohngruppen am Arbeitsmarkt aufgrund der Ankoppelung der Alterssicherung am Vorhandensein von Steuerzahlungen des Einzelnen, aber nicht an Art und Höhe dieser gegenüber dem bisherigen System wesentlich besser gestellt.

▸ Der Vorschlag eines dreigliedrigen Alterssicherungssystems mit einer steuerfinanzierten Grundsicherung nach Beveridge als Basis, einer betrieblichen Alterssicherung nach niederländischem Vorbild und obligatorischer Einführung in der zweiten Säule sowie einer gebundenen, steuergeförderten privaten Vorsorge nach schweizerischem Vorbild entspricht damit auch grundlegenden christlich-sozialethischen Erfordernissen. Die so beschriebene Fortentwicklung der Alterssicherung gewährleistet gesellschaftliche Inklusion und Partizipationsmöglichkeiten des Einzelnen, ist subsidiär ausgestaltet und schließlich ebenso aus der Perspektive sozialstaatlich Armer heraus grundsätzlich zu befürworten.

Zusammenfassung und Ausblick

1. Zusammenfassung

Die vorliegende Untersuchung: »Alterssicherung im Spannungsfeld von demographischer Entwicklung und intergenerationeller Gerechtigkeit. Anspruchsrechte der Generationen und ihre Auswirkungen auf mögliche Reformen der deutschen gesetzlichen Rentenversicherung« entstand in den Jahren 2003 bis 2008 am Lehrstuhl für Christliche Sozialwissenschaft an der Katholisch-Theologischen Fakultät der Universität Erfurt.

Resultierend aus einer doppelten Herausforderung, erstens als theologische Arbeit den Ansprüchen einer theologischen Methodenreflexion zur Normfindung zu genügen, zweitens zur Klärung eines aktuellen ökonomischen, politischen und gesamtgesellschaftlichen Problems beizutragen, orientierte ich mich in vorliegender Arbeit an einer anerkannten Praxis sozialethischen Forschens.[751] In Erweiterung der grundlegenden sozialethischen Methode von »Sehen, Urteilen, Handeln«, wissenschaftstheoretisch aufbereitet als »Analyse, Synthese, Operationalisierung«[752], ging die Untersuchung in vier Schritten vor. Innerhalb des ersten Kapitels wurde zunächst der eigene theologisch-sozialethische Standpunkt als »vorrangige Option für die Armen« vorgestellt. Im zweiten Kapitel widmete ich mich anschließend der Untersuchung der »Zeichen der Zeit« im Bezug auf das sozialethische Problem der Installierung eines gerechten und zukunftsfähigen Alterssicherungssystems für die Bundesrepublik Deutschland. Gemäß der Funktionslogik der gesetzlichen Rentenversicherung, als dem am weitest verbreiteten Sicherungssystem in Deutschland, wurden hierin die Faktoren demographische Entwicklung, Wandel der Erwerbsarbeit,

---

[751] Vgl. hierzu exemplarisch: *Heimbach-Steins*, Marianne (1995), *Mack*, Elke (2002a, b), *Drösser*, Gerhard (2004).

[752] Vgl. hierzu: *Mack*, Elke (2002b).

Einkommensverteilung und Armut sowie einige Daten zur Stabilität von Lebensgemeinschaften und eigenständigen Alterssicherung von Frauen vorgestellt. In einem dritten Kapitel wurde die philosophisch-ethische Theorie des politischen Liberalismus, entwickelt von John *Rawls*[753], als Beispiel einer an die theologische Sozialethik anschlussfähigen und dem Zeitkontext entsprechenden Theorie sozialer Gerechtigkeit vorgestellt und diskutiert. Die Theorie von *Rawls* bildet dabei die Brücke zwischen spezifisch theologischen Normen sozialer Gerechtigkeit, die in einer pluralen Gesellschaft durch ihren christlich weltanschaulichen Hintergrund nicht zwanglos von allen Diskursteilnehmern geteilt werden und der anschließenden Normoperationalisierung für ein gesellschaftliches System der Alterssicherung. Im vierten und abschließenden Kapitel wurde schließlich die so gewonnene Theorie sozialer Gerechtigkeit auf die gesetzliche Rentenversicherung in der Bundesrepublik Deutschland angewendet. Ich orientierte mich in dieser Anwendungsleistung am methodischen Vorgehen von *Rawls* selbst durch die Etablierung eines Zwei-Stufen-Ganges. Zunächst wurden in einem ersten Schritt in einer neutralen Situation, gekennzeichnet durch völlige individuelle Tatsachenunkenntnis der Entscheidungspersonen sowie Unkenntnis über den tatsächlichen Zeithorizont, zwei idealtypische Basiskonzepte von Alterssicherungssystemen untersucht und bewertet. In einem zweiten Schritt wurde dann zunächst unter der Bedingung einer teilweisen Hebung des Schleiers des Nichtwissens, völliger individueller Tatsachenunkenntnis der Repräsentanten im Urzustand im Rahmen der derzeitigen empirischen Rahmenbedingungen, die gegenwärtige Ausgestaltung der gesetzlichen Rentenversicherung als sozial ungerecht durch die Repräsentanten zurückgewiesen. Für die Gewinnung eines gerechten und zukunftsfähigen Alterssicherungssystems wurden anschließend verschiedene, an Beveridge orientierte, Sicherungstypen innerhalb der Europäischen Union, dargestellt und bewertet. Mithilfe dreier Konzeptionen im deutschen Reformdiskurs wurde abschließend ein Reformvorschlag entwickelt, der das Alterssicherungssystem in der

---

753 Vgl. hierzu *Rawls*, John (1971, 1977b, 1998, 2003).

Bundesrepublik Deutschland zugleich sozial gerecht und zukunftsfähig ausgestalten soll.
Im Einzelnen sind folgende Ergebnisse zu benennen:

1. Innerhalb des ersten Kapitels wurde das theologisch-ethische Konzept der vorrangigen Option für die Armen vorgestellt und diskutiert. Ausgehend von der südamerikanischen Theologie der Befreiung in den 1960er und 1970er Jahren erfuhr dieses eine breite Wirkungsgeschichte innerhalb der Theologie bis heute. Eine solche Option zu treffen, meint hierbei eine radikale, dennoch nicht ausschließliche, Parteinahme von Christen zugunsten materiell Armer in Form einer gleichberechtigten Suche nach Auswegen aus ihrer gesellschaftlichen, wirtschaftlichen und politischen Exklusion. Mit Hilfe dieses Topos werden hauptsächlich strukturelle Reformen zur Besserstellung materiell Armer angemahnt. Ferner wurde im Rekurs auf einige Befreiungstheologen gezeigt, dass eine solche vorrangige Option für die Armen auch auf biblische Fundamente zurückgeführt werden kann. Insbesondere das Exodusgeschehen als Befreiungshandeln Gottes am Volk Israel, die Sozialverkündigung einiger Propheten sowie Leben und Werk Jesu im Dienste der Armen im Volk bilden zentrale Anknüpfungspunkte in den Schriften des Neuen und Alten Testaments.
In der Diskussion dieser Konzeption wurde die Formel der vorrangigen Option für die Armen in einem zweiten Schritt gegen einige Einwände abgegrenzt. Gegenüber dem Vorwurf, die Option exkludiere alle Nicht-Armen aus der Verkündigung der Kirche, wurde mit Hilfe der zentralen Dokumente der lateinamerikanischen Bischofskonferenz deren Inklusivität betont. Insbesondere die Einfügung des Wortes »vorrangig« in die Formel durch die Konferenz von Puebla de los Angeles, 1979, gibt hierbei dem Bemühen um Inklusivität Ausdruck. Ferner stellt auch das Abschlussdokument der 4. Generalversammlung des lateinamerikanischen Episkopats

in Santo Domingo 1992 in Nummer 178 fest, dass die Formel nicht ausschließlich und nicht ausschließend gemeint sei.[754] Auch gegenüber dem Einwand einer verkürzten marxistischen Gesellschaftsanalyse mit dem Ziel einer revolutionären Umgestaltung der Gesellschaft wurde positiv Stellung bezogen. Es konnte gezeigt werden, dass innerhalb der Rezeptionsgeschichte der Option diese zunehmend reformorientierter verstanden wurde und unabhängig von einer marxistischen Gesellschaftsauffassung Bestand haben konnte. Ebenso wurde darauf aufmerksam gemacht, dass auch innerhalb der frühen südamerikanischen Theologie der Befreiung eine revolutionäre Gesellschaftsumgestaltung nicht unumstritten war. Schließlich wurde auch der Einwand, die Option führe zu einer allein immanenten Heilsauffassung, zurückgewiesen. Vordringlich durch die befreiungstheologische Unterscheidung des Armutsbegriffes in materiell und spirituell Arme, konnte diese Kritik einer Beschränkung des theologischen Begriffes »Heil« auf eine rein quantitativ-innerweltliche Besitzgröße abgewehrt werden.

Für die spätere Rezeptionsgeschichte der theologischen Kurzformel einer vorrangigen Option für die Armen wurde insbesondere der Hirtenbrief der US-amerikanischen Bischofskonferenz »Wirtschaftliche Gerechtigkeit für alle«[755] von 1986 hervorgehoben. Die Formel wurde, als *bevorzugte Behandlung der Armen*, hierdurch aus dem ursprünglich südamerikanischen Kontext gelöst und auf die Erfordernisse westlicher Industrieländer erstmals angewendet. Grundlegender Vergleichsmaßstab für Armut sowohl in den USA als auch in Südamerika bildet der Mangel an Teilhabe dieser Menschen an politischen, wirtschaftlichen und sozialen Belangen ihrer Gesellschaften. Spiegelbildlich wurde daher durch die Bischofskonferenz Beteiligungsgerechtigkeit gefordert. Beteiligungsgerechtigkeit fordert dabei, so wurde gezeigt, die Schaffung von Ermöglichungsbedingungen für die Inklusion von Armut Betroffener in

---

754 Vgl. *CELAM* (1992), 178.

755 Vgl. hierzu: *Nationale Konferenz der katholischen Bischöfe der Vereinigten Staaten von Amerika* (1986).

die Gesellschaft, die Abschaffung struktureller Defizite als Auslöser von Armut, Subsidiarität der Lösungsansätze zur Vermeidung eines politischen oder gesellschaftlichen Paternalismus sowie eine eindeutig reformorientierte Gesellschaftsumgestaltung, die begrenzte Einkommensungleichheit zulässt, zugleich aber materielle Gelingensbedingungen individuell guten Lebens sicherstellt. Ebenso konnte gezeigt werden, dass die Formel der vorrangigen Option für die Armen in Begleitung zu diesem teilkirchlichen Dokument in alle zentralen lehramtlichen Dokumente der Gesamtkirche[756] zu sozialethischen Fragen eingeht. Auch wichtige Dokumente der deutschen christlichen Kirchen greifen die Formel auf und beurteilen mit ihrer Hilfe gegenwärtige soziale Fragen sowie Reformvorschläge des politischen Prozesses. Von hier aus ist die vorrangige Option für die Armen ein zentraler heuristischer Maßstab zur Beurteilung der gegenwärtigen Gesellschaftssituation und der künftigen Ausgestaltung sozialer Sicherungssysteme als reformorientiertes, inklusives, partizipatives und subsidiäres Konzept vorgestellt, das Beteiligungsgerechtigkeit aus der Perspektive am wenigsten Begünstigter einer Gesellschaft, der Armen, einfordert.

2. Im zweiten Kapitel vorliegender Untersuchung, der empirischen Problemanalyse im Bezug auf die Alterssicherung in der Bundesrepublik Deutschland, wurden in einem ersten Schritt zentrale Begriffe der Arbeit und ihre Verwendungsweisen geklärt. Hierbei wurde zunächst der Begriff der Armut in der Bundesrepublik als empirisches Faktum vorgestellt. Es wurde hierbei betont, dass Armut mit Georg *Simmel* als soziales Beziehungsverhältnis zu verstehen ist, das durch Unterstützungsverhältnisse näher bestimmt wird. Hiervon wird eine Form von Armut als relativer Mangel an notwendigen Gütern für die Zwecke des Bedürftigen unterschieden.[757] Gegenüber rein absoluten, wie dem Konzept der Weltbank, und relativen Armutsbestimmungen wurde material-in-

---

756 Vgl. LE 8, SrS 42f., RMa 37, RMi 14, 17, 20, CA 14, 57f.
757 Vgl. hierzu: *Simmel*, Georg (1992).

haltlich Armut mit Amartya *Sen* als »Mangel an Verwirklichungschancen«[758] bestimmt. Gemessen werden sollte daher der Output an Lebenschancen, nicht der Input an Gütern. Als zweiter wichtiger Begriff wurde anschließend jener der Generationen im Sozialstaat vorgestellt. Der These folgend, dass die Institutionen von Bildung und Arbeitsmarkt zusammen mit denen der Sozialpolitik Lebensläufe der Bürger mitgestalten[759], werden Generationen hier als sozial geprägte Tatsache begriffen. Zu unterscheiden sind im Bezug auf die Alterssicherung in Deutschland die Beitragszahlergeneration, Menschen im Erwerbsleben, die Rentnergeneration, Menschen, die aus dem Erwerbsprozess ausgeschieden sind sowie künftige Beitragszahler, Menschen im Kindheits- und Jugendalter. Die mittlere Generation hat hierbei sozialstaatlich zwei Aufgaben zu erfüllen: Zum einen deckt sie durch ihre Beitragsleistungen die Ansprüche der gegenwärtigen Rentnergeneration ab, zum anderen sorgt sie durch die Erziehung von Kindern für die langfristige Stabilität des Rentensystems. Als dritter Kernbegriff vorliegender Arbeit wurde abschließend die Funktionsweise des deutschen Alterssicherungssystems vorgestellt. Ähnlich wie in anderen europäischen Ländern besteht auch in Deutschland ein vielgliedriges und mehrschichtiges System der Alterssicherung aus drei Säulen. Die erste Säule besteht so hauptsächlich aus gesetzlicher Rentenversicherung, als umfassendstem öffentlichen System der Alterssicherung, beamtenrechtlicher Versorgung sowie berufsständischen Versorgungswerken. Die zweite Säule konstituiert sich durch ergänzende Sicherungssysteme betrieblicher Art als freiwilliger Leistung von Unternehmen für ihre Mitarbeiterinnen und Mitarbeiter. Die dritte Säule schließlich bildet das freiwillige zusätzliche Ansparen, zum Teil mit steuerlicher Unterstützung des Staates. Gesetzliche Rentenversicherung und beamtenrechtliche Versorgung arbeiten dabei in Allokation und Distribution der Ruhestandsbezüge nach dem Einperioden-Umlageverfahren. Sie

---

758 Vgl. *Sen*, Amartya (2000c), 110.

759 Vgl. *Leisering*, Lutz / *Müller*, Reiner / *Schumann*, Karl F. (2001), 11.

sind als beitragsbezogene Versicherungssysteme ferner auf den Kreis von Arbeitern und Angestellten, hauptsächlich in Normalarbeitsverhältnissen, sowie Beamten eingegrenzt. Ihre Leistungen dienen dabei der Lebensstandardsicherung der Versicherten, gemäß ihrer früheren Berufsbiografie. Ihren funktionslogischen Ausdruck findet dieses Sicherungsziel in der Geltung des Äquivalenzprinzips. Das heißt, Höhe und Dauer der Einzahlungen in die gesetzliche Rentenversicherung werden ebenso in der Höhe der Rentenleistungen des Einzelnen im Ruhestand gespiegelt. Das grundlegende Konstruktionsprinzip der zweiten und dritten Säule bildet dagegen das Kapitaldeckungsverfahren. Das heißt, während der Berufsbiografie des Einzelnen werden auf idealerweise individualisierten Alterskonten Rentenbeiträge angespart, die dieser dann im Ruhestand als Rentenzahlungen erhält. Während also im Umlageverfahren Beitragszahlungen und Rentenleistungen synchron in einer Periode ablaufen, geschieht dieses im Kapitaldeckungsverfahren zeitlich diachron. Die zweite und dritte Säule dient ebenfalls der Lebensstandardsicherung des Rentenempfängers. Die Vermeidung von Altersarmut stellt hingegen kein eigenständiges Ziel innerhalb des deutschen Systems der Alterssicherung dar.

In einem zweiten Schritt wurden gemäß der Funktionslogik der Alterssicherung in Deutschland die Faktoren demographische Entwicklung, Wandel der Erwerbsarbeit, Daten zur Einkommensverteilung und Armut sowie Erhebungen zur Stabilität von Lebensgemeinschaften und eigenständigen Alterssicherung von Frauen vorgestellt. Bedingt durch die Mittelerhebung und -vergabe im Einperioden-Umlageverfahren ist die gesetzliche Rentenversicherung dabei in besondere Weise abhängig von der zahlenmäßigen Besetzung der verschiedenen sozialstaatlichen Generationen. Es konnte hierbei gezeigt werden, dass infolge der demographischen Entwicklung, einer schrumpfenden und gleichzeitig alternden Bevölkerung in Deutschland, die Generation der Beitragszahler künftig stark zurückgehen wird bei gleichzeitigem erheblichen

Anstieg der Anzahl von Rentenempfängern und von deren Rentenlaufzeiten. Bedingt durch diesen Wandel wurde die gesetzliche Rentenversicherung, als das vordringlichste Alterssicherungssystem in Deutschland als finanziell nicht mehr nachhaltig verworfen. Durch die Beschränkung der vollen Leistungen der gesetzlichen Rentenversicherung auf abhängig Beschäftigte mit einem Arbeitsentgelt in Höhe von mindestens 800 EUR monatlich ist die Versicherung ferner als lohnarbeitszentriert gekennzeichnet worden. Der dargestellte Wandel am Arbeitsmarkt, einer zunehmenden Ergänzung von klassischen Normalarbeitsverhältnissen in Vollzeit durch prekäre Beschäftigungsverhältnisse, Teilzeit, Leiharbeit oder geringfügige Beschäftigung wirkt damit in dreifacher Weise auf die Versicherung und den einzelnen Versicherten zurück: Zum Ersten wird im Hinblick auf die finanzielle Nachhaltigkeit der Versicherung der Kreis der Beitragszahler und die Höhe der Beitragseinnahmen zusätzlich geschmälert; zum Zweiten lassen die aufgezeigten Entwicklungen eine zunehmende Tendenz zu ungenügender Altersabsicherung des Einzelnen durch die öffentliche Alterssicherung erwarten. Zum Dritten schließlich muss auch eine etwaige Reformstrategie durch Erhöhung des gesetzlichen Renteneintrittsalters als nicht nachhaltig zurückgewiesen werden, denn gerade ältere Arbeitnehmerinnen und Arbeitnehmer gelten noch immer als besondere Problemgruppe des Arbeitsmarktes mit einer überdurchschnittlich hohen Betroffenheit von Arbeitslosigkeit und gerade Langzeitarbeitslosigkeit. Bedingt durch den Wandel der Erwerbsarbeit ist die gesetzliche Rentenversicherung damit in ihrer finanziellen Nachhaltigkeit zusätzlich bedroht; für den Einzelnen ist eine verstärkte Tendenz zu Altersarmut zu verzeichnen. Beide Faktoren, jener der demographischen Entwicklung sowie der Wandel der Erwerbsarbeit verstärken damit beide die finanzielle Schieflage der Versicherung und führen tendenziell zu einem wesentlich erhöhten Risiko von Altersarmut und damit der Exklusion Betroffener aus der Gesellschaft. Als dritter Untersuchungsgegenstand wurden schließlich Daten zur Einkommensverteilung und Armut in der Bundesrepublik Deutschland vorgestellt. Innerhalb eines Zeithorizontes von fünf Jahren, zwischen 1998 und 2003, wurde hier ein Trend zu zunehmender Ungleichheit innerhalb der Gruppe abhängig Beschäftigter festgestellt. Gerade die Einkommen der untersten Dezile, Menschen mit besonders geringen Einkommenspositionen, gingen innerhalb des dargestellten Zeitraumes weiter zurück. Der These folgend, dass die gesetzliche Rentenversicherung, als retrospektiv bilanzierendes System, Einkommen des Einzelnen im Lebensverlauf auch in der Zuteilung des Renteneinkommens spiegelt[760], sind es gerade diese Menschen in unteren Einkommenspositionen, deren Anteil am Gesamteinkommen zudem sinkt, die künftig von Altersarmut betroffen sein werden, und dies in stärkerem Maße als bisher. In der Betrachtung von Armut im deutschen Sozialstaat wurde dieses Faktum zunächst auf die primäre Analyse von Einkommensarmut hin eingeschränkt. Als spezifische Betroffenengruppen wurden hierbei Alleinerziehende, Zweipersonenhaushalte mit mehreren Kindern, Arbeitslose sowie Personen ohne Leistungsansprüche ausgewiesen. Altersarmut stellt hingegen gegenwärtig kein vordringliches sozialstaatliches Problem dar, wenngleich auch hier darauf hingewiesen werden muss, dass auch ältere allein stehende Frauen überdurchschnittlich häufig von Einkommensarmut betroffen sind. Die abgeleitete Hinterbliebenensicherung erweist sich damit – gerade in Zeiten hoher Instabilität von Lebensgemeinschaften – als reformbedürftig. Abschließend wurde innerhalb dieses Abschnittes auch auf die Mobilität der Bevölkerung im unteren Einkommensbereich eingegangen. Auf der Basis des Niedrigeinkommenspanels konnte hierbei eine recht hohe Fluktuation dieser Bevölkerungsgruppen festgestellt werden. Dennoch gelang etwa 50% der erfassten Personen überhaupt kein Aufstieg aus diesem Einkommensbereich, weitere 25% konnten diesen nicht nachhaltig verlassen. Gerade ein längerer Verbleib in Einkommensarmut erhöht aber auch

---

760 Vgl. hier: *Allmendiger*, Jutta (1994), 35–40.

das Risiko einer späteren Altersarmut signifikant. Abschließend wurde innerhalb der empirischen Problemanalyse für den Bereich der Alterssicherung in der Bundesrepublik auf die Stabilität von Lebensgemeinschaften und eigenständigen Alterssicherung von Frauen eingegangen. Aufgrund der gleich bleibend hohen Zahl der Ehescheidungen in Deutschland wurde hier insbesondere die abgeleitete Hinterbliebenensicherung als reformbedürftig ausgewiesen denn gerade im Fall von Ehescheidungen sind häufig Frauen durch die Kumulation für sie nachteiliger Faktoren, wie Erziehungs- und Pflegeleistungen im eigenen Haushalt und damit verbundener geringerer Arbeitsmarktpartizipation, benachteiligt gegenüber Männern. Die Leistungen des sozialen Ausgleichs innerhalb der Rentenversicherung reichen dagegen nicht aus, diese nachteiligen Faktoren vollständig zu kompensieren.[761] Das Risiko von Altersarmut ist damit bei Frauen beträchtlich höher als bei Männern.

Das bisherige System der Alterssicherung in Deutschland ist damit aufgrund der dargestellten Faktoren als nicht mehr zukunftsfähig zu bezeichnen und wurde als dringend reformbedürftig ausgewiesen. Es muss einerseits die finanzielle Nachhaltigkeit der Versicherung auch in Zeiten demographischen Wandels und einer Fortentwicklung von Erwerbstätigkeit gewahrt bleiben, andererseits ist auf eine Altersabsicherung des Einzelnen in armutsvermeidender Höhe auch für Menschen in neuen Beschäftigungsverhältnissen und zerbrochenen Lebensgemeinschaften zu achten.

3. Innerhalb des dritten Kapitels wurde die Theorie der sozialen Gerechtigkeit des Politischen Liberalismus, wie von John Rawls vorgebracht, als Beispiel eines an die theologische Ethik anschlussfähigen Konzepts vorgestellt und diskutiert. Sie ist dabei aus verschiedenen, in diesem Kapitel ausführlich erläuterten, Gründen heraus anschlussfähig an die theologische Sozialethik. Sie erfüllt damit eine wichtige Brückenfunktion zwischen einer rein theologischen Ethik, deren zentrale Prämissen in einer pluralen Gesell-

---

[761] Vgl. hierzu: *Schmähl*, Winfried / *Rothgang*, Heinz / *Viebrock*, Holger (2006), 46f.

schaft faktisch nicht zwanglos geteilt werden und der anschließenden Normoperationalisierung in ein gerechtes und zukunftsfähiges Alterssicherungssystem.

Die vorgestellten Gerechtigkeitsgrundsätzen von Rawls lauten dabei in ihrer Endfassung wie folgt:

> »a) Jede Person hat den gleichen unabdingbaren Anspruch auf ein völlig adäquates System gleicher Grundfreiheiten, das mit demselben System von Freiheiten für alle vereinbar ist.
> b) Soziale und ökonomische Ungleichheiten müssen zwei Bedingungen erfüllen: erstens müssen sie mit Ämtern und Positionen verbunden sein, die unter Bedingungen fairer Chancengleichheit allen offenstehen; und zweitens müssen sie den am wenigsten begünstigten Angehörigen der Gesellschaft den größten Vorteil bringen (Differenzprinzip).«[762]

Das erste Prinzip bezieht sich dabei auf die politische Ordnung einer Gesellschaft, ihre wichtigsten Verfassungselemente; der zweite Gerechtigkeitsgrundsatz sorgt für die Einrichtung Freiheit gewährleistender Hintergrundinstitutionen der sozio-ökonomischen Sphäre der Gesellschaft. Das Prinzip gleicher größtmöglicher Freiheit, der erste Gerechtigkeitsgrundsatz, ist dabei dem zweiten Gerechtigkeitsprinzip, dem Grundsatz fairer Chancen und dem Differenzprinzip, lexikalisch vorgeordnet. Als Grundfreiheiten werden von *Rawls* näher hin bestimmt: Gedanken- und Gewissensfreiheit, politische Freiheiten, Vereinigungsfreiheit, Freiheit der Integrität der Person und schließlich durch Rechtsstaatlichkeit abgedeckte Rechte und Freiheiten.[763] Begründet werden beide Gerechtigkeitsgrundsätze in zweifacher Weise: einerseits durch die Idee des Urzustandes[764], als vertragstheoretischem Konstrukt, ande-

---

[762] *Rawls*, John (2003), 78.

[763] Vgl. *Rawls*, John (1992), 79.

[764] Vgl. Rawls, John (2003), 38–44, 132–207.

rerseits durch die Konzeption des Überlegungsgleichgewichts[765] mit wohl erwogenen Urteilen. Die Gerechtigkeitsgrundsätze können damit auch, nach *Rawls*, Gegenstand eines übergreifenden Konsenses zwischen verschiedenen Auffassungen des Guten in pluraler Gesellschaft werden.[766] Abschließend wurde die vorgestellte Theorie des Politischen Liberalismus philosophisch-ethisch im Bezug auf den Anwendungsfall der Suche nach einem gerechten Alterssicherungssystem für die Bundesrepublik anhand dreier Leitfragen diskutiert: Zum Ersten waren einige grundsätzliche Klärungen vorzunehmen, zum Zweiten wurde die Frage nach der Begründung staatlicher Unterstützung als Frage nach dem *Warum Gleichheit?* aufgegriffen, zum Dritten schließlich wurde die Frage nach der Höhe möglicher Unterstützungsleistungen als Frage nach *Gleichheit wovon?* erörtert. Es zeigte sich, dass die Theorie dabei in zweifacher Weise zu modifizieren war. Einerseits wurde innerhalb dieses Kapitels zur Vermeidung realer Mess- und Darstellungsprobleme, welche die Theorie in die Nähe utilitaristischer Argumentationsweisen gebracht hätten, der Topos »größtmöglicher Vorteil« des zweiten Gerechtigkeitsgrundsatzes auf die konstruktivistische Argumentation des Urzustandes hin eingeschränkt. Ein größtmöglicher Vorteil ist demnach durch den Vergleich zwischen relevanten Alternativordnungen, in diesem Fall der Alterssicherung, zu bestimmen. In der Frage nach *Gleichheit wovon?* wurde im Gegensatz zur von *Rawls* vorgelegten Grundgüterliste mit *Sen* durch Verweis auf die Gelingensbedingungen individuell guten Lebens beantwortet. Sie haben gegenüber der rawlsschen Konzeption die Vorzüge einer wesentlich breiteren Vergleichsmetrik und der tatsächlichen Einlösung gleicher Freiheiten durch die Sicherstellung materialer freiheitsermöglichender Bedingungen. Es zeigte sich allerdings im Verlauf der Erörterung, dass auch die von Sen diskutierten Fähigkeiten eingrenzungsbedürftig sind. Die Frage danach, für die Gleichheit welcher Fähigkeiten die

---

765 Vgl. ebd. 59–63.
766 Vgl. ebd., 63–72.

Gesellschaft sorgen muss, wurde daher abschließend mit Anderson demokratietheoretisch beantwortet. Sie wurden negativ als Recht auf alle Fähigkeiten definiert, die für Menschen notwendig sind, um sozialen Unterdrückungsverhältnissen zu entkommen und positiv als Recht auf gleiche Zugangsmöglichkeiten zu allen Fähigkeiten, die für ein Leben als gleicher Staatsbürger notwendig sind.[767] Die gesetzliche Rentenversicherung in Deutschland hat damit die Aufgabe, als öffentliches System der Alterssicherung unter der Maßgabe sozialer Gerechtigkeit, eine fortwährende Partizipation des Einzelnen an grundlegenden gesamtgesellschaftlichen Belangen auch nach der Phase seiner ökonomischen Aktivität dauerhaft zu gewährleisten.

Die Gerechtigkeitsgrundsätze lauten dabei in ihrer nach der philosophisch-ethischen Kritik modifizierten Fassung wie folgt:

> ▶ Jede Person hat den gleichen unbedingten Anspruch auf ein völlig adäquates System an Grundfreiheiten und zugehörigen freiheitsermöglichenden Bedingungen, das mit demselben System von Freiheiten für alle vereinbar ist.
> ▶ Soziale und ökonomische Ungleichheiten müssen zwei Bedingungen erfüllen: Erstens müssen sie mit Ämtern und Positionen verbunden sein, die unter Bedingungen fairer Chancengleichheit allen offen stehen; und zweitens müssen sie den am wenigsten begünstigten Angehörigen der Gesellschaft den gegenüber der Betrachtung relevanter Alternativordnungen größtmöglichen Vorteil bringen.

4. Im Kapitel IV dieser Untersuchung wurde abschließend ein Modell der Alterssicherung für die Bundesrepublik Deutschland anhand des europäischen Vergleiches und der Diskussion deutscher Reformvorschläge entwickelt, das sowohl als zukunftsfähig als auch als gerecht zu bezeichnen ist. In einem ersten Schritt wurden hierzu unter der ethischen Maßgabe einer neutralen Ursprungssituation,

---

767 Vgl. hierzu: *Anderson*, Elizabeth S. (2000), 156–162.

des dichten Schleiers des Nichtwissens, Grundtypen der Alterssicherung in Europa diskutiert. Es zeigte sich hierbei, dass gegenüber Bismarck geprägten Systemen Beveridge orientierte Konzeptionen den Repräsentanten als rational vorzugswürdig erschienen. Insbesondere drei Gründe sprachen für die Entscheidungspersonen in dieser neutralen Ursprungssituation für diese Wahl: erstens sind Beveridge geprägte Systeme in ihrer ersten Säule durch den Leitgedanken der Altersarmutsvermeidung geprägt. Unter den Bedingungen des ersten Gerechtigkeitsgrundsatzes, gleicher größtmöglicher Freiheit, ist Altersarmut, verstanden als Exklusion Betroffener aus der Gesellschaft, unbedingt in allen Lebensphasen zu vermeiden. Im Gegensatz zu Bismarck orientierten Systemen, die Armutsvermeidung bedingt durch die starke Geltung versicherungsmathematischer Äquivalenz innerhalb der Alterssicherung nicht gewährleisten können, schreiben auf Beveridge zurückgehende Konzeptionen Armutsvermeidung als eigenständiges Sicherungsziel der ersten Säule der Alterssicherung fest und sind daher vorzugswürdig. Die Entscheidungspersonen in einer neutralen Situation sprachen sich zweitens für ein stärker universales System der Alterssicherung aus. Dem Maß gleicher Betroffenheit aller Personen von den Lebensrisiken Alter, Invalidität und Tod sollte auch die Ausgestaltung der ersten Säule der Alterssicherung entsprechen. Dadurch, dass Versicherungssysteme der Alterssicherung nach Bismarck tendenziell auf den Kreis der Betragszahler hin eingeschränkt sind, erfüllen diese Konzeptionen die Maßgabe der Universalität nicht und sind deshalb anzulehnen. Beveridge geprägte Alterssicherungssysteme sind dagegen dem einbezogenen Personenkreis nach in der ersten Säule der Alterssicherung universal und daher vorzugswürdig. Auf Beveridge zurückgehende Konzeptionen sind ebenso in der Lage, verschiedenen Wandlungstendenzen des Arbeitsmarktes besser zu begegnen, als Versicherungssysteme nach Bismarck. Drittens schließlich sollte die öffentlich institutionalisierte Alterssicherung nach der Entscheidung der Repräsentanten im Urzustand durch ihren hohen Stellenwert, der universalen Betroffenheit aller Menschen, auch als Aufgabe des gesamten Gemeinwesens betrachtet werden. Dem entspricht die Wahl eines Beveridge geprägten Systems der Alterssicherung. Diese ist sowohl in Beitragserhebung über das Steuersystem als auch in Mittelzuweisung universal auf die gesamte Wohnbevölkerung eines Landes hin ausgerichtet, während Bismarck orientierte System sowohl im Kreis der Beitragszahler, als auch der Leistungsempfänger eingeschränkt sind. Die Nichtabsicherung eines Teiles der Bevölkerung im erstrangigen Alterssicherungssystem würde dadurch auch der risikoaversen Wahlsituation des Urzustandes widersprechen. Schließlich konnten durch diesen ersten grundsätzlichen Vergleich auch bereits Reformvorschläge aus ethischer Sicht zurückgewiesen werden, die eine vollständige Umwandlung der ersten Säule der Alterssicherung in kapitalfundierte Sicherungssysteme[768] vorsehen. Eine solche kapitalfundierte Alterssicherung wäre dabei erstens nicht in der Lage, alle Lebensrisiken, wie Invalidität und Todesfall mit abzudecken, beinhaltet zweitens keinerlei Umverteilungselemente und ist drittens als beitragsorientiertes System nicht in der Lage, eine Rente mindestens in Höhe des soziokulturellen Existenzminimums zu gewährleisten. Zudem werden viertens schließlich die Vorteile eines solchen Überganges, höhere Rendite kapitalfundierter Systeme bei geringerer Demographieanfälligkeit, weitgehend uneinheitlich beantwortet und werden aher von risikoaversen Entscheidungspersonen zurückgewiesen.

In einem zweiten Schritt wurde nachfolgend unter der ethischen Maßgabe eines dünnen Schleiers des Nichtwissens (1.) das derzeitige Modell der Alterssicherung in Deutschland diskutiert und bewertet, (2.) andere, eher Beveridge geprägte, Alterssicherungssysteme europäischer Länder verglichen und schließlich (3.) ein gerechtes und zukunftsfähiges Modell der Alterssicherung für die Bundesrepublik Deutschland anhand dreier deutscher Reformvorschläge entwickelt. (1.) Es wurde aufgezeigt, dass das

---

[768] Solche Vorschläge unterbreiteten unter anderem: *Frankfurter Institut. Stiftung Marktwirtschaft und Politik* (1997), die eine Adaption des chilenischen Übergangs von einem Umlage- zum Kapitaldeckungssystem auch für Deutschland befürworteten, *Neumann*, Manfred (1997), *Dahlmanns*, Gert (1997a, b) sowie *Becker*, Gary S. (1997).

gegenwärtige deutsche Modell der Alterssicherung weder als sozial gerecht noch als zukunftsfähig zu bezeichnen ist. Es ist vor allem aus Gründen des Prinzips gleicher Chancen und des Differenzprinzips heraus als sozial ungerecht durch die Parteien im Urzustand bewertet worden. Das Kernalterssicherungssystem, die gesetzliche Rentenversicherung, erfüllt darüber hinaus auch die Vorgaben des Prinzips gleicher größtmöglicher Freiheit nicht. Insbesondere durch seine enge Ankoppelung an frühere Erwerbstätigkeit in Normalarbeitsverhältnissen in der Gewährleistung eines erstrangigen Sicherungsschutzes werden Frauen gegenüber Männern und Personen in sozialstaatlich prekären Beschäftigungsverhältnissen gegenüber Inhabern solcher Normalarbeitsverhältnisse benachteiligt. Der Verweis dieser Personen auf externe Sicherungssysteme, wie die Grundsicherung im Alter und bei Erwerbsminderung, widersprechen hierbei fundamental dem Prinzip gleicher Chancen und dem Differenzprinzip. Ferner kann auch die starke Geltung versicherungsmathematischer Äquivalenz durch ihre Übertragung der Einkommensposition des Einzelnen während seiner Erwerbsphase auch auf sein Ruhestandseinkommen, als Widerspruch zum Prinzip gleicher größtmöglicher Freiheit gewertet werden, indem dadurch gerade für viele Frauen und Bezieher geringer und unsteter Einkommen, eine ausreichende Sicherungshöhe nicht gewährleistet werden kann. Materiale freiheitsermöglichende Bedingungen werden somit durch die GRV für die Bevölkerung nicht sichergestellt. Schließlich ist das deutsche Kernsystem der Alterssicherung auch als nicht mehr zukunftsfähig durch die Repräsentanten im Urzustand gekennzeichnet worden. Es ist gerade durch seine ungenügende Anpassung an den demographischen Wandels und die aufgezeigten Entwicklungstendenzen am Arbeitsmarkt sowohl aufkommensseitig als auch in seiner Leistungsgewährung nicht mehr nachhaltig und daher dringend reformbedürftig. (2.) wurde innerhalb des europäischen Vergleiches verschiedener auf Beveridge rekurrierender Alterssicherungssysteme dem niederländischen Modell der Alterssicherung gegenüber dem britischen und schweizerischen durch die Entscheidungspersonen im Urzustand der Vorzug gegeben. Es erfüllt die Maßgaben aller Gerechtigkeitsprinzipien, des Prinzips gleicher größtmöglicher Freiheit durch die Bereitstellung von Leistungen in ausreichender Höhe innerhalb eines universalen Sicherungssystems, die Forderungen des Prinzips fairer Chancengleichheit durch die Abkoppelung von Lohnarbeit und strenge Individualisierung von Leistungen und schließlich auch die Erfordernisse des Differenzprinzips in der Einräumung des tatsächlich größtmöglichen Vorteils für gegenwärtig am wenigsten Begünstigte gegenüber möglichen Alternativordnungen. Aus dem schweizerischen Modell der Alterssicherung wurde ferner die Zuordnung der einzelnen Säulen zueinander und die Ausgestaltung betrieblicher Alterssicherung als der empirischen und ethischen Problemlage angemessen herausgestellt. Das deutsche System der Alterssicherung sollte daher gemäß diesen europäischen Vorgaben neu gestaltet werden. Dem entsprechend wurde (3.) anhand aktueller deutscher Reformvorschläge der Alterssicherung ein Modell vorgeschlagen, dass eine universale und steuerfinanzierte Grundsicherung nach *Miegel / Wahl* für die erste Säule vorsieht und entsprechende Vorschläge zur Überführung der bisherigen Alterssicherung in dieses neue Modell unterbreitet. Diese ist auf das Sicherungsziel der Altersarmutsvermeidung hin ausgerichtet und stellt individualisierte Leistungen für die gesamte Wohnbevölkerung unter der Voraussetzung einer ausreichend langen Steuerpflichtigkeit in Deutschland zur Verfügung. Dies würde die Maßgaben des Prinzips gleicher größtmöglicher Freiheit durch die Gewährleistung einer ausreichenden Sicherungshöhe erfüllen, ebenso faire Chancengleichheit zwischen Männern und Frauen sowie Personen in verschiedenen Arbeitsverhältnissen sicherstellen und schließlich ebenso den Sozialvergleichen aus der Perspektive am wenigsten Begünstigter des Differenzprinzips genügen. Eine solche Ausgestaltung wäre darüber hinaus weitgehend demographiefest und darüber hinaus anpassungsfähig an neue Formen der Erwerbsarbeit. Die zweite Säule würde dem schweizerischen Modell entsprechend als obligatorische betriebliche Alterssicherung, der niederländischen Konzeption gemäß mit Leistungsprimat und Mittellohnregelung ausgestaltet werden. Zur besseren Portabilität der Ansprüche würden die individuellen Ersparnisse von einigen Branchenpensionsfonds verwaltet werden. Die betriebliche Alterssicherung dient dabei dem Sicherungsziel der Lebensstandardsicherung des Einzelnen. In ihr würden also Normen der Leistungsgerechtigkeit verwirklicht, Reziprozität der Alterssicherung im Vergleich zur vorherigen Erwerbstätigkeit gewährleistet und schließlich auch Unternehmen als gesellschaftliche Akteure in die Alterssicherung ihrer Belegschaften eingebunden. Ferner wäre gerade durch diesen optimalen Mix aus Umlage- und Kapitaldeckungsverfahren in den beiden Säulen der Alterssicherung auch der risikoaversen Entscheidungsstruktur im Urzustand Rechnung getragen. Die gegenwärtige Dominanz des Umlageverfahrens in der Beitragserhebung und Mittelvergabe wäre damit durch eine wesentlich bessere Risikostreuung in einem etwa 50%igen Mix beider Konstruktionsprinzipien ersetzt. Zur besseren Verwirklichung von Familienleistungen wurde abschließend der Vorschlag *Sinns* diskutiert, der eine abgesenkte öffentliche Alterssicherung in Form der bisherigen gesetzlichen Rentenversicherung bei gleichzeitiger Erhöhung der freiwilligen Ersparnis für Kinderlose vorsieht. Dieser Vorschlag wurde aufgrund schwerer verfassungsrechtlicher Bedenken zurückgewiesen. Stattdessen wurde der Vorschlag einer begrenzten Beitragsübernahme innerhalb der zweiten Säule für die Dauer von Erziehungs- und häuslichen Pflegezeiten unterbreitet. Dies hätte den Vorteil einer Honorierung gesellschaftlich erwünschter Leistungen auch innerhalb der Alterssicherung bei gleichzeitiger Wahrung des Verfassungskonsenses. Für die 3. Säule der Alterssicherung wurde schließlich eine Übernahme des schweizerischen Modells vorgeschlagen, das ein staatlich gefördertes Ansparen bis zu einer vordefinierten Höchstgrenze vorsieht. Auch diese Säule ist damit zusammen mit der betrieblichen Alterssicherung auf Lebensstandardsicherung hin ausgerichtet. Sie erfüllt damit wichtige Reziprozitätsnormen für den Bereich der Alterssicherung, verwirklicht Leistungsgerechtigkeit für die Leistungsträger der Gesellschaft und schafft somit Anreize für größtmögliches individuelles Tätigsein. Durch die steuerliche Förderung werden zudem Menschen mit geringen Einkommenspositionen in die Lage versetzt, eigene Vorsorge zu betreiben und dadurch an der Gesellschaft Teil zu haben.

In einem letzten Schritt innerhalb dieses Abschnittes wurde die vorgeschlagene Neukonzeption der Alterssicherung ebenfalls nach den Maßgaben der theologischen Ethik, der vorrangigen Option für die Armen, untersucht und bewertet. Es konnte hierbei gezeigt werden, dass der Vorschlag zum Ersten einen Perspektivwechsel zugunsten sozialstaatlich Armer vollzieht, in dem er Armutsvermeidung als Sicherungsziel festschreibt und Leistungen in ausreichender Höhe zur Verfügung stellt. Zum Zweiten entspricht er dem Ziel einer Herstellung von Inklusion und Partizipationsmöglichkeiten für die gesamte Bevölkerung. Der Vorschlag genügt diesem Ziel durch seine universale Ausgestaltung, die Zahlungshöhe mindestens auf dem Niveau des soziokulturellen Existenzminimums und durch seine Finanzierungsart aus Steuermitteln und bezieht so Menschen in prekären Beschäftigungsverhältnissen und Frauen in die erstrangige sozialstaatliche Risikoabsicherung ein. Zum Dritten ist der Vorschlag auch subsidiärer gewürdigt worden: Er genügt diesem Prinzip durch die Beschreibung des Kernalterssicherungssystems als gesamtgesellschaftliche Aufgabe, gemäß dem Hilfestellungsgebot, die gleichzeitig auf die Gewährleistung fundamentaler Teilhabechancen an der Gesellschaft beschränkt bleibt gemäß dem Kompetenzanmaßungsverbot. Ebenso ist das staatliche Rückzugsgebot verwirklicht worden, indem Lebensstandardsicherung der Einzelnen als individualisierte Leistung begriffen wird, dem gegenüber aber Armutsfestigkeit als kollektives Ziel der Gesamtgesellschaft zu beschreiben ist. Das vorgeschlagene Alterssicherungssystem in den drei Säulen: universale steuerfinanzierte Grundsicherung, obligatorische betriebliche Alterssicherung mit Familienlastenausgleich sowie steuerlich gefördertes gebundenes Ansparen erfüllt damit die Maßgaben einer theologischen Sozialethik, dem philosophisch-ethischen Konzept des Politischen Liberalismus und schließlich auch den gegenwärtigen empirischen Rahmenbedingungen, es ist damit sozial gerecht und zukunftsfähig zugleich.

2. Ausblick: Das Soziale neu gedacht

Die vorliegende Studie bildete – im Gesamten betrachtet – eine Anwendung christlich-hermeneutischer Leitorientierungen, vorgestellt im vierten Gebot des Dekalogs sowie als vorrangige Option für die Armen, und gerechtigkeitstheoretischer Normreflexion, der beiden modifizierten Gerechtigkeitsprinzipien von John *Rawls*, auf den Bereich der Alterssicherung in der Bundesrepublik Deutschland. Aus dem bisherigen System der Alterssicherung in Deutschland wurde dabei seine grundlegende Drei-Säulen-Systematik übernommen, allerdings mit zwei wesentlichen Neuerungen: die öffentliche Altersvorsorge der ersten Säule wurde gemäß ethischen Vorgaben und empirischen Erfordernissen ausschließlich bedarfsgerecht orientiert am Ziel der Altersarmutsbekämpfung. Ihr Gewicht wurde dem entsprechend im Zusammenspiel mit den beiden anderen Säulen leistungsseitig eher reduziert, gemessen am einbezogenen Personenkreis jedoch erheblich erweitert. Die zweite wesentliche Neuerung besteht in einer deutlichen Verbreiterung der betrieblichen Altersvorsorge, eines Versicherungssystems, das Leistungsgerechtigkeit verwirklichen soll. Es wurde entsprechend den beiden Zielvorgaben aus dem ethischen Diskurs und der empirischen Situation als Obligatorium für alle Beschäftigten eingeführt.

Die Sicht auf das Soziale, die in vorliegender Arbeit vertreten wurde, ist dabei eine neue Zusammenschau von Bedarfs- und Leistungsgerechtigkeit, die aus dem Blick bisher gesellschaftlich am wenigsten Begünstigter unbedingte Subsistenzsicherung als Beteiligungsrecht anmahnt, zugleich aber auch leistungsförderlich diejenigen entlohnt, die gesellschaftliche Beiträge in Form von marktlich entlohnten Erwerbsarbeitsleistungen und anderen erwünschten Tätigkeiten erbringen. Einen grundsätzlichen sozialpolitischen Perspektivwechsel vollzieht die Studie auch in der Fragestellung nach der Art und Weise der Zuteilung sozialstaatlicher Leistungen. Sie wurde durch die empfohlene Abkehr von Bedürftigkeitsprüfungen aller Art innerhalb der ersten Säule als ermöglichend, partizipativ und nicht-paternalistisch vorgestellt. Der

Ansatz empfiehlt dabei nicht zuletzt eine Abkehr vom Sanktionsprinzip hin zur Ziel gerichteten Setzung positiver Anreize für gesellschaftlich erwünschte Leistungen. Sie leistet darüber hinaus subsidiäre Sicherung für diejenigen, die bisher durch die aufgezeigten Entwicklungstendenzen des Arbeitsmarktes in der Alterssicherung diskriminiert wurden in einer unbedingten Gewährleistung des soziokulturellen Existenzminimums auch für diese Personen. Die vorgelegte Sicht des Sozialen erschließt sich dabei folgerichtig als »aktivierend, beteiligend und investiv«[769]. Sie ist dabei aktivierend durch die Schaffung neuer Freiräume für Beschäftigte jenseits klassischer Normalarbeitsverhältnisse und Menschen mit brüchigen Erwerbsbiografien, vor allem auch für Frauen. Es werden weiterhin zweckmäßige Anreize für die Rückkehr zu einem demographischen Gleichgewicht und Arbeitsmarktpartizipation installiert. Sie ist beteiligend, weil sie aus ethischer Perspektive dasjenige als materielle Freiheitsvoraussetzung identifiziert und im Rahmen des ersten Gerechtigkeitsgrundsatzes vorrangig sichert, das Bürgerinnen und Bürgern eines demokratischen Gemeinwesens für die positive Wahrnehmung ihrer Freiheitsrechte zusteht. Sie ist schließlich auch investiv durch die Herstellung einer neuen Vertrauensbeziehung zwischen Bürgerinnen und Bürgern und dem Sozialstaat in der weitgehenden Abkehr von Bedürftigkeitsprüfungen innerhalb der ersten Säule der Alterssicherung sowie der konkreten Ausgestaltung von Anreizmechanismen für Arbeitsmarktpartizipation und der Rückkehr zu einem demographischen Gleichgewicht.

Eine solche Sicht des Sozialen, die aktivierend, beteiligend und investiv zugleich ist, hat schließlich auch weitreichende Folgen für die Sozialpolitik im Gesamten. Obwohl die vorliegende Studie zur Alterssicherung in der Bundesrepublik Deutschland diese nicht en detail beschreiben kann, sollen thesenartig dennoch einige Wirkungen als mögliche Weiterentwicklungen des deutschen Sozialstaats abschließend skizziert werden:

---

[769] Vgl. hierzu auch: *Wiemeyer*, Joachim (2006), 137–153.

1. Das aufgezeigte Modell knüpft weiterhin an die sozialstaatlich leitenden Vorstellungen von Versicherung, Versorgung und Fürsorge[770] an, verändert jedoch ihre Zuordnung grundlegend. Aus der Perspektive am wenigsten Begünstigter heraus wird die Forderung nach gesellschaftlicher Inklusion und die der Förderung von Partizipationsmöglichkeiten erhoben. Als grundlegendes sozialstaatliches Prinzip wird damit das der Fürsorge begriffen. Der Versicherungs- und Vorsorgegedanke baut hingegen darauf auf. Fürsorge wird dabei zunächst allen Bürgerinnen und Bürgern zuteil, allerdings subsidiär beschränkt auf die positive und unbedingte Gewährleistung des soziokulturellen Existenzminimums verstanden als unbedingte Bereitstellung alles Nötigen, um sich als mündiger Bürger innerhalb des demokratischen Gemeinwesens engagieren zu können. Durch diese Beschränkung sozialstaatlicher Fürsorge auf die Bereitstellung des soziokulturellen Existenzminimums und die Definition dessen als Beteiligungsrecht aller an gesellschaftlichen Belangen ist diese Modell ferner ebenso als nicht paternalistisch einzustufen. Der Versicherungsgedanke in der zweiten Säule verwirklicht darüber hinaus Leistungsgerechtigkeit. Diese wird gestärkt innerhalb betrieblicher Arrangements und freiwilliger Vorsorge. Der Sozialstaat wird dadurch demokratietheoretisch als Investition in die Mündigkeit seiner Bürger verstanden und für die Herstellung einer fairen marktwirtschaftlichen Kooperationsgemeinschaft mit Chancengleichheit zum wechselseitigen Vorteil aller Beteiligten verantwortlich gemacht.

2. Aus dem modifizierten Differenzprinzip als Sozialwahlentscheidung aus einem unparteiischen Standpunkt heraus empfiehlt sich ein grundsätzlicher Wandel auch in der Art sozialstaatlicher Hilfezuteilung. Unberührt von der grundsätzlichen Einsicht, dass Hilfeleistungen natürlich denjenigen gegenüber zu rechtfertigen sein sollten, die Hilfestellungen leisten[771], ist dennoch eine Abkehr

---

770 Vgl. hierzu exemplarisch: *Lampert*, Heinz / *Althammer*, Jörg (2001), 227–230.
771 Vgl. hierzu unter anderem: *Fetzer*, Joachim (2007), 168f.

von Sanktionsprinzip hin zu einem Anreizsystem vorzuschlagen. Dies geschieht aus genuin ethischen Motiven und pragmatischen Einsichten heraus. Als ethische Motive sind dabei die folgenden zu benennen: eine sozialstaatliche Bedürftigkeitsprüfung mit entsprechenden Sanktionsmechanismen provoziert in mindestens einigen Fällen verdeckte Armut, könnte zur Autoviktimisierung, gesellschaftlicher Stigmatisierung und Verfestigung von Bedürftigkeit führen. Eine solche Autoviktimisierung widerspricht aber entschieden den zentralen hermeneutischen Grundeinsichten von Beteiligungsgerechtigkeit sowie der vorrangigen Option für die Armen und wird zudem dem ethischen Kriterium des modifizierten Differenzprinzip nicht gerecht.[772] Als pragmatisches Argument für eine solche Abkehr ist die prinzipielle Unmöglichkeit institutioneller Akteure zu benennen, eine solche Bedürftigkeitsprüfung tatsächlich stringent nach einheitlichen Kriterien und systematisch für alle Lebensbereiche durchzuführen.[773]

Entsprechenden sozialpolitische Ansätzen, die eine verstärkte Rückkehr zur Bedürftigkeitsprüfungen vorsehen und jüngst auch gerade von Seiten der Christlichen Sozialethik vorgebracht wurden[774], ist aufgrund dieser Einsichten eine klare Absage zu erteilen.

---

772 In diesem Sinne auch: ebd.: »Die ernsthafte Bereitschaft zu diesem Vorgehen würde auch den gesellschaftlichen Willen voraussetzen, in größerem Umfang das Betteln wieder zu akzeptieren oder auch bürgerliche Freiheitsrechte einzuschränken. [...] Außerdem kollidiert (nicht die Pflicht zur Arbeit, sondern) dieser Versuch der Erzwingung mit dem Lebensrecht und dem Achtungsanspruch jedes Menschen. Wo Menschen den Bezug zu einem Leben in Arbeit verlieren, benötigen sie mehr als obrigkeitlichen Druck, sondern Aufmerksamkeit und auch Führung.«

773 Vgl. hierzu etwa: *Fetzer*, Joachim (2007), 168: »Flächendeckende und auf alle individuellen Lebenslagen passende Sanktionen scheitern wohl an der Notwendigkeit, solche Sanktionen nach einheitlichen Standards zu gestalten, abgesehen davon, dass der Prüfung des Arbeits-»Willens« ohnehin systematische Grenzen gesetzt sind.« Vgl. hierzu ebenso: *Miegel*, Meinhard (2004), 237–239.

774 Vgl. etwa: *Nass*, Elmar (2006). Weit problematischer als die Forderung nach einer Nachweispflicht der Bedürftigkeit für die legitime Bereitstellung öffentlicher Transfers scheint mir dabei die kurzschlüssige anthropologische Fundierung des Ansatzes zu sein, der als Voraussetzung für die Sanktionierbarkeit entsprechenden Fehlverhaltens das Vorliegen tatsächlicher Verantwortlichkeit und damit individueller Freiheit anmaßt.

3. Eine ethisch stringente Umsetzungsmöglichkeit des hier skizzierten sozialstaatlichen Prinzips partizipativer Ermöglichungsgerechtigkeit, die den umschriebenen empirischen Erfordernissen von demographischer Entwicklung, Wandel von Familienformen und Entwicklung der Erwerbsarbeit genügt, scheint mir der Vorschlag einer negativen Einkommensteuer zu sein, welche diesen ethischen Ansatz auf die Sozialpolitik im Ganzen anwendet. Das Grundanliegen aller derartiger Reformvorschläge ist es, einerseits eine weitgehende Vereinfachung des bisherigen deutschen Steuer- und Transfersystems vorzunehmen, andererseits aber ebenso sicherzustellen, dass tatsächlich alle Bedürftigen die ihnen zustehende Hilfe erhalten. Allen derartigen Modellen gemeinsam ist die Ausweitung des gegenwärtigen positiven Lohn- und Einkommensteuerbereichs um einen negativen Teil, zumeist »Bürgergeld« genannt, der als bedingungslose Transferzahlung konzipiert ist. In diesem werden alle steuerfinanzierten und nahezu alle bisher beitragsfinanzierten Transferleistungen zu einem Universaltransfer zusammengefasst. Die Höhe dieses negativen Teiles der Einkommensteuer ergibt sich entweder aus der Orientierung am soziokulturellen Existenzmini-

Eine solche Prüfung individueller Freiheit als Voraussetzung sozialstaatlicher Transferleistungen scheint nicht nur gänzlich unmöglich, sondern im Hinblick auf die positiven Freiheitsrechte des Menschen geradezu gefährlich. Sie ist dabei unmöglich, weil eine solche Überprüfung von Seiten staatlicher Akteure bei diesen einen Wissensbestand voraussetzen würde, der den Staat in die Nähe des gefürchteten hobbes'schen Leviathans rücken würde und umgekehrt Bürgerinnen und Bürgern gerade private Rückzugsräume der Intimität verstellt, die diese für die Entwicklung eigener Identität und gesellschaftlichen Engagements benötigen. Sie ist gefährlich, weil eine solche Trennung zwischen selbst verschuldetem und nicht selbst verschuldetem Unglück als leistungsauslösender Tatbestand für sozialstaatliche Unterstützung leicht auch jedes Tätigsein, das im notwendig immer auch mit Gefahren verbunden ist und sei es gesellschaftlich auch noch so erwünscht, unterminieren könnte. So lägen ja nicht nur die von *Nass* erwähnten Extremsportarten oder etwa das Rauchen im Bereich individueller Verantwortung und damit Freiheit, sondern etwa auch das Fahren mit dem Auto zur eigenen Arbeitsstätte sofern alternativ öffentliche Verkehrsmittel zur Verfügung stünden oder das Bedienen von Maschinen, deren prinzipieller Gefährlichkeit sich der Einzelne bewusst ist. Eine sozialstaatliche Unterscheidung zwischen individueller Verantwortlichkeit und damit Freiheit und Unfreiheit in der Zuteilung von Leistungen würde gerade nicht zu humangerechten Konsequenzen führen, die der Autor mit seinem Ansatz anstrebt.

mum oder am bisherigen Sozialbudget. Die Gegenfinanzierung erfolgt dabei aus dem allgemeinen Steueraufkommen und durch Streichung sämtlicher steuerfinanzierter Transferleistungen, sozialpolitisch motivierter Eingriffe in den Arbeitsmarkt oder die Sozialversicherungen sowie die ersatzlose Streichung intertemporal und interpersonal umverteilender Versicherungsleistungen, wie z. B. der gesetzlichen Rentenversicherung und der Arbeitslosenversicherung. Lediglich Kranken- und Unfallversicherung werden als Versicherungsleistungen beibehalten und entweder durch Aufschläge auf die Bürgergeldzahlung oder die Ausgabe von Versicherungsgutscheinen finanziert. Die positiven und negativen Leistungen einer solchen negativen Einkommensteuer werden dabei zentral bei einer Behörde, zumeist dem Finanzamt, zusammengefasst. Einbezogen in diese Leistungen sind dabei alle deutschen Staatsangehörigen sowie in der Bundesrepublik lebende ausländische Staatsangehörige in Abhängigkeit von ihrer Aufenthaltsdauer in Deutschland. Eine negative Einkommensteuer ist damit sowohl aufbringungs- als auch leistungsseitig als Universalleistung konzipiert. Um Anreize für die Partizipation am Arbeitsmarkt für das Individuum zu setzen werden zumeist geringe Anrechnungssätze für eigenes zusätzliches Einkommen auf das Grundeinkommen / Bürgergeld zwischen 30 % und 70 % vorgeschlagen. Eine solche Maßnahme soll das sozialpolitische Problem der Arbeitslosen-/Armutsfalle, bedingt durch sehr hohe Transferentzugsraten bei Aufnahme einer geringfügig entlohnten Tätigkeit im ALG II oder der Sozialhilfe, lösen, indem sie jede Art von Erwerbsarbeit für das Individuum im gesamten Transfer- und Positivsteuerbereich lohnenswert gestaltet. Die negative Einkommensteuer wäre dabei einheitlich und widerspruchsfrei in Mittelerhebung und Transfergewährung, sozial sicherungstauglich, dadurch dass sie allen in Deutschland Lebenden ein menschenwürdiges Dasein sichert, allgemein und gleichmäßig, verwaltungstechnisch im Höchstmaß effizient und zugleich wettbewerbsneutral. Sie fördert zudem die Arbeitsmarktpartizipation von schlecht ausgebildeten Menschen, Langzeitarbeitslosen und Geringverdienern durch die Setzung positiver Leistungsanreize im Transfersystem.[775] In ihrer Grundkonzeption ist damit eine negative Einkommensteuer auch als Ersatz für die in dieser Studie vorgeschlagene erste Säule einer künftigen gerechten und zukunftsfähigen Alterssicherung denkbar. Sie stellt als steuerfinanzierte Sozialleistung das soziokulturelle Existenzminimum im gesamten Lebensverlauf sicher und ist darüber hinaus mit betrieblicher oder privater Altersvorsorge kombinierbar. Die negative Einkommensteuer setzt gerade dadurch die zentrale christlich ethische Forderung nach Beteiligungsgerechtigkeit mit dem Fokus auf am meisten Benachteiligte um. Sie ist darüber hinaus durch den Verzicht auf Bedürftigkeitsprüfungen liberal und nicht paternalistisch. Dadurch, dass sie staatliche Leistungen auf die unbedingte Sicherstellung von gesellschaftlicher Partizipation beschränkt, darüber hinaus aber ebenso Räume zur Verwirklichung von Leistungsgerechtigkeit eröffnet, ist eine negative Einkommensteuer ebenso eine subsidiäre Leistung. Eine derartige Reformmaßnahme genügt ebenso den gerechtigkeitstheoretischen Forderungen, die in Kapitel III der vorliegenden Studie vorgestellt wurden. Sie wird zum einen der Norm gleicher größtmöglicher Freiheit aller gerecht, indem sie das soziokulturelle Existenzminimum für alle Menschen gewährleistet und dadurch einen positiven Ermöglichungsraum von Freiheit schafft, zum anderen faire Chancengerechtigkeit verwirklicht durch die Gleichbehandlung aller Bürgerinnen und Bürger des demokratischen Gemeinwesens. Schließlich genügt eine solche Maßnahme auch der Maxime des Differenzprinzips, indem sie gegenüber relevanten Alternativordnungen für gesellschaftlich am schlechtest gestellte Individuen den größtmöglichen Vorteil bietet. Sozialpolitische Reformvorhaben, die eine negative Einkommensteuer beinhalten, werden schon seit längerer Zeit wissenschaftlich[776]

---

775 Zur ethischen Diskussion der negativen Einkommensteuer als Grundsicherung vgl. *Lampert*, Martin (2006).

776 Vgl. hierzu etwa: *Friedman*, Milton (1971), 227–232, *Mitschke*, Joachim (1985, 1996, 2003), *Schramm*, Michael (1997, 1998), *Opielka*, Michael (2006, 2007).

und neuerdings politisch[777] diskutiert. Einen derzeit breit erörterten politischen Gestaltungsentwurf bietet Diether *Althaus*.[778] Der Autor entwickelt hierin das integrale Modell einer negativen Einkommensteuer als Ersatz für sämtliche Steuer und Beitrags finanzierten Sozialleistungen, das auf der Leistungsseite das soziokulturelle Existenzminimum jedes Individuums abdeckt, durch eine Transferentzugsrate von 50% positive Anreize zur Aufnahme von Arbeitstätigkeiten setzt sowie ohne Nachweispflicht der Bedürftigkeit Betroffener operiert. Durch die Absenkung von Lohnzusatzkosten für Unternehmen, die Ersparnis des Arbeitgeberanteils in sämtlichen Sozialversicherungen, ermöglicht es zudem im Zusammenspiel mit den im Vergleich zum Status quo sehr geringen Transferentzugsraten die sozialverträgliche Ausweitung des Arbeitsmarktes in den Niedriglohnbereich hinein und senkt damit die Schwelle für den Arbeitsmarkteintritt bislang Ausgeschlossener deutlich ab. Durch die konsequente Gewährleistung des soziokulturellen Existenzminimums geschieht ein solcher Aufbau eines Niedriglohnsektors zudem nicht zulasten der in diesen Bereichen Tätigen, sondern ermöglicht ihnen gerade positiv durch niederschwellige Angebote einen schrittweisen Zugang zum Arbeitsmarkt.[779] Durch die Zusammenfassung aller bisheriger Sozialleistungen im Negativsteuerbereich, die Operie-

---

777 Vgl. hierzu: Die Grüne Grundsicherung, online unter: www.grundsicherung.org/grusi.pdf, Entnahme am 06.10.2007, den Reformvorschlag der Linkspartei, online unter: www.die-linke-grundeinkommen.de, Entnahme am 01.10.2007, sowie den Vorschlag der F.D.P., online unter: www.fdp.de/portal, Entnahme am 19.04.2002.

778 Vgl. zum Vorschlag: http://www.d-althaus.de/fileadmin/PDF/ThesenSolidarischen_B_rgergeld.pdf, entnommen am 08.11.2007. Zur ethischen Diskussion vgl. die Gutachten von *Schramm*, Michael (2007), online unter: http://www.d-althaus.de/fileadmin/PDF/Grundeinkommen-Studie.pdf, Entnahme am 08.11.2007 und *Fetzer*, Joachim (2007), 163–189.

779 Vgl. hierzu auch die sozialethische Bewertung des Niedriglohnsektors von: *Wiemeyer*, Joachim (2005), der den Niedriglohnsektor im Einklang mit den Forderungen von Beteiligungs-, Leistungs- und Chancengerechtigkeit sieht. Bedarfsgerechtigkeit wird im Modell des solidarischen Bürgergeldes durch das Negativsteuerprinzip gewährleistet. Vgl. online unter: http://www.kas.de/db_files/dokumente/arbeitspapiere/7_dokument_dok_pdf_8201_1.pdf?07 0807142840, Entnahme am 08.11.2007.

rung mit einem Flattax-System, eines einheitlichen Steuersatzes von 25 %, im Positivsteuerbereich sowie die Bündelung aller Leistungen zentral beim Finanzamt ermöglicht der Vorschlag ebenso einen raschen und konsequenten Abbau sozialstaatlicher Bürokratie, der Kosten und Leistungen transparent macht und die Effizienz des Sozialstaats deutlich erhöhen dürfte.

Durch den Vorschlag von *Althaus*, das solidarische Bürgergeld auch als Ersatz für die gesetzliche Rentenversicherung zu konzipieren und damit den Einstieg in eine steuerfinanzierte Grundsicherung jenseits der bisherigen bedarfsgeprüften Grundsicherung im Alter zu wagen, ist dieses Modell zudem anknüpfungsfähig für das hier beschriebene und ethisch bewertete Konzept einer dreigliedrigen Alterssicherung nach niederländischem und schweizerischem Vorbild. Trotz der wissenschaftlich noch nicht abschließend diskutierten und aufbereiteten Einwände hinsichtlich der Finanzierbarkeit[780] eines solchen Modells und des voraussichtlich zu erwartenden Arbeitsangebots des Einzelnen[781] sowie der ungeklärten Frage nach einem praktikablen Übergangsszenario aus dem bisherigen Modell sozialer Sicherung, ist der Lösungsvorschlag von *Althaus* sicherlich ein zukunftweisender Neuentwurf sozialstaatlicher Absicherung in Zeiten demographischen Wandels und Fortentwicklung der Erwerbsarbeit in der gegenwärtigen Bundesrepublik. Er sollte daher unbedingt weiter wissenschaftlich und öffentlich in seiner sozialstaatlichen, ökonomischen und ethischen Dimension diskutiert werden.

---

780 Vgl. hierzu die ausführliche Diskussion von: *Opielka*, Michael / *Strengmann-Kuhn*, Wolfgang (2007), 13–142, *Spermann*, Alexander (2007), 143–162, *Hohenleitner*, Ingrid / *Straubhaar*, Thomas (2007), online unter: http://www.d-althaus.de/fileadmin/PDF/Grundeinkommen-Studie.pdf, Entnahme am 08.11.2007, sowie: *Opielka*, Michael (2007), online unter: http://www.d-althaus.de/fileadmin/PDF/Grundeinkommen-Studie.pdf, Entnahme am 08.11.2007.

781 Vgl. hierzu exemplarisch die Diskussion einer Alternativvariante einer negativen Einkommensteuer in *Lampert*, Martin (2006), 80–125.

Literaturverzeichnis

Lehramtliche Dokumente

Consejo Episcopal Latinoamericano (Hg.) (1968 / 1979b): Die Kirche in der gegenwärtigen Umwandlung Lateinamerikas im Lichte des Konzils. Sämtliche Beschlüsse der II. Generalversammlung des Lateinamerikanischen Episkopats, Medellín 24.08.-6. 9. 1968, [*Sekretariat der deutschen Bischofskonferenz* (Hg.): Stimmen der Weltkirche 8], Bonn.

Consejo Episcopal Latinoamericano (Hg.) (1979a): Die Evangelisierung Lateinamerikas in Gegenwart und Zukunft. Schlussdokument der 3. Vollversammlung des lateinamerikanischen Episkopats in Puebla, 13. Februar 1979 [*Sekretariat der deutschen Bischofskonferenz* (Hg.): Stimmen der Weltkirche 8], Bonn.

Consejo Episcopal Latinoamericano (Hg.) (1992): Neue Evangelisierung, Förderung des Menschen, Christliche Kultur. Jesus Christus gestern, heute und in Ewigkeit. Schlussdokument der 4. Generalversammlung der lateinamerikanischen Bischöfe in Santo Domingo, 12.-28. Oktober 1992 [*Sekretariat der Deutschen Bischofskonferenz* (Hg.): Stimmen der Weltkirche 34], Bonn.

Die deutschen Bischöfe-Kommission für gesellschaftliche und soziale Fragen (Hg.) (2003): Das Soziale neu denken. Für eine langfristig angelegte Reformpolitik, Bonn.

Johannes XXIII. (1961 / 1992), Mater et magistra, in: *Bundesverband der katholischen Arbeitnehmer-Bewegung Deutschlands* (Hg.): Texte zur katholischen Soziallehre. Die sozialen Rundschreiben der Päpste und andere kirchliche Dokumente, Bornheim, 8. Auflage, 171–240.

Johannes XXIII. (1963 / 1992), Pacem in terris, in: *Bundesverband der katholischen Arbeitnehmer-Bewegung Deutschlands* (Hg.): Texte zur katholischen Soziallehre. Die sozialen Rundschreiben der Päpste und andere kirchliche Dokumente, Bornheim, 8. Auflage, 241–290.

Johannes Paul II. (1987a): Redemptoris Mater. Über die selige Jungfrau Maria im Leben der pilgernden Kirche, 25. März 1987 [*Sekretariat der Deutschen Bischofskonferenz* (Hg.), Verlautbarungen des Apostolischen Stuhls 75], Bonn.

Johannes Paul II. (1987b): Sollicitudo rei socialis. Zwanzig Jahre nach der Enzyklika Populorum Progressio, 30. Dezember 1987 [*Sekretariat der Deutschen Bischofskonferenz* (Hg.), Verlautbarungen des Apostolischen Stuhls 82], Bonn.

Johannes Paul II. (1990): Redemptoris Missio. Über die fortdauernde Gültigkeit des missionarischen Auftrages, 7. Dezember 1990 [*Sekretariat der Deutschen Bischofskonferenz* (Hg.), Verlautbarungen des Apostolischen Stuhls 100], Bonn.

Johannes Paul II. (1981 / 1992), Laborem Exercens, in: *Bundesverband der katholischen Arbeitnehmer-Bewegung Deutschlands* (Hg.): Texte zur katholischen Soziallehre. Die sozialen Rundschreiben der Päpste und andere kirchliche Dokumente, Bornheim, 8. Auflage, 529–602.

Johannes Paul II. (1991): Centesimus annus. Hundert Jahre Rerum novarum, Stein am Rhein.

Kirchenamt der Evangelischen Kirche in Deutschland/Sekretariat der Deutschen Bischofskonferenz (Hg.) (1997): Für eine Zukunft in Solidarität und Gerechtigkeit. Wort des Rates der Evangelischen Kirche in Deutschland und der Deutschen Bischofskonferenz zur wirtschaftlichen und sozialen Lage in Deutschland, Bonn.

Kirchenamt der Evangelischen Kirche in Deutschland/Sekretariat der Deutschen Bischofskonferenz (Hg.) (2000): Verantwortung und Weitsicht. Gemeinsame Erklärung des Rates der Evangelischen Kirche in Deutschland und der Deutschen Bischofskonferenz zur Reform der Alterssicherung in Deutschland, Bonn – Hannover.

Kongregation für die Glaubenslehre (1984 / 1990): Instruktion über einige Aspekte der »Theologie der Befreiung«, in: *Greinacher*, Norbert (Hg.): Leidenschaft für die Armen. Die Theologie der Befreiung, München-Zürich, 335–346.

Kongregation für die Glaubenslehre (1986 / 1990): Instruktion über die christliche Freiheit und die Befreiung, in: *Greinacher*, Norbert (Hg.): Leidenschaft für die Armen. Die Theologie der Befreiung, München – Zürich, 347–364.

Leo XIII. (1891 / 1992): Rerum novarum, in: *Bundesverband der katholischen Arbeitnehmer-Bewegung Deutschlands* (Hg.): Texte zur katholischen Soziallehre. Die sozialen Rundschreiben der Päpste und andere kirchliche Dokumente, Bornheim, 8. Auflage, 31–70.

Nationale Konferenz der katholischen Bischöfe der Vereinigten Staaten von Amerika (Hg.) (1986): Wirtschaftliche Gerechtigkeit für alle. Die katholische Soziallehre und die amerikanische Wirtschaft [*Sekretariat der deutschen Bischofskonferenz* (Hg.): Stimmen der Weltkirche 26], Bonn.

Paul VI. (1967 / 1992): Populorum Progressio, in: *Bundesverband der katholischen Arbeitnehmer-Bewegung Deutschlands* (Hg.): Texte zur katholischen Soziallehre. Die sozialen Rundschreiben der Päpste und andere kirchliche Dokumente, Bornheim, 8. Auflage, 405- 440.

Paul VI. (1971 / 1992): Octogesima Adveniens, in: *Bundesverband der katholischen Arbeitnehmer-Bewegung Deutschlands* (Hg.): Texte zur katholischen Soziallehre. Die sozialen Rundschreiben der Päpste und andere kirchliche Dokumente, Bornheim, 8. Auflage, 452–493.

Peruanische Bischofskonferenz (1971 / 1990): Gerechtigkeit in der Welt. Dokument der Bischöfe Perus für die Römische Bischofssynode 1971, in: *Greinacher*, Norbert: Leidenschaft für die Armen. Die Theologie der Befreiung, München – Zürich, 70–77.

Pius XI. (1931 / 1992): Quadragesimo Anno, in: *Bundesverband der katholischen Arbeitnehmer-Bewegung Deutschlands* (Hg.): Texte zur katholischen Soziallehre. Die sozialen Rundschreiben der Päpste und andere kirchliche Dokumente, Bornheim, 8. Auflage, 61–122.

Sekretariat der Deutschen Bischofskonferenz (Hg.) (1998): Mehr Beteiligungsgerechtigkeit. Beschäftigung erweitern, Arbeitslose integrieren, Zukunft sichern: Neun Gebote für die Wirtschafts- und Sozialpolitik. Memorandum einer Expertengruppe berufen durch die Kommission IV für gesellschaftliche und soziale Fragen der Deutschen Bischofskonferenz, Bonn.

Sekretariat der Deutschen Bischofskonferenz (Hg.) (2003): Das Soziale neu denken. Für eine langfristig angelegte Reformpolitik [Die deutschen Bischöfe. Kommission für gesellschaftliche und soziale Fragen 28], Bonn.

Vaticanum II (1964): Constitution de Sacra Liturgia. Konstitution über die heilige Liturgie, in: Acta Apostolica Sedis 56, 97–138.

Vaticanum II (1965 / 1992), Gaudium et Spes. Pastoralkonstitution des 2. Vatikanischen Konzils über die Kirche in der Welt von heute, in *Bundesverband der katholischen Arbeitnehmer-Bewegung Deutschlands* (Hg.): Texte zur katholischen Soziallehre. Die sozialen Rundschreiben der Päpste und andere kirchliche Dokumente, Bornheim, 8. Auflage, 291–396.

Literatur

Abesamis, Carlos H.(1988): Eine gute Nachricht für die Armen, in: Concilium 24, 271–276.

Adorno, Theodor W. / *Albert*, Hans / *Dahrendorf*, Ralf / *Habermas*, Jürgen / *Pilot*, Harald / *Popper*, Karl R. (1993): Der Positivismusstreit in der deutschen Soziologie, München.

Alexy, Robert (1997): John Rawls' Theorie der Grundfreiheiten, in: *Philosophische Gesellschaft Bad Homburg, Hinsch*, Wilfried (Hg.): Zur Idee des politischen Liberalismus. John Rawls in der Diskussion, Frankfurt / Main, 263–303.

Allmendinger, Jutta (1994): Lebenslauf und Sozialpolitik. Die Ungleichheit von Mann und Frau und ihr öffentlicher Ertrag, Frankfurt / Main – New York.

Althaus, Diether (2007): Das Solidarische Bürgergeld, in: *Borchard*, Michael (Hg.): Das Solidarische Bürgergeld. Analyse einer Reformidee, Stuttgart, 1–12.

Anderson, Elizabeth S. (2000): Warum eigentlich Gleichheit?, in: *Krebs*, Angelika (Hg.): Gleichheit oder Gerechtigkeit. Texte der neuen Egalitarismuskritik, Frankfurt / Main, 117–171.

Andreß, Hans-Jürgen / *Lipsmeier*, Gero (1995): Was gehört zum notwendigen Lebensstandard und wer kann ihn sich leisten? Ein neues Konzept zur Armutsmessung, in: Aus Politik und Zeitgeschichte. Beilage zur Wochenzeitung Das Parlament 31–32, 35–49.

Anzenbacher, Arno (1998): Christliche Sozialethik. Einführung und Prinzipien, Paderborn – München – Wien – Zürich.

Anzenbacher, Arno (2002a): Einführung in die Ethik, Düsseldorf, 2. Aufl.

Anzenbacher, Arno (2002b): Einführung in die Philosophie, Freiburg / Breisgau – Basel – Wien, 8. Aufl.

Apel, Karl-Otto (1994): Die hermeneutische Dimension von Sozialwissenschaft und ihre normative Grundlage, in: *Apel*, Karl-Otto / *Kettner*, Matthias: Mythos Wertfreiheit? Neue Beiträge zur Objektivität in den Human- und Kulturwissenschaften, Frankfurt / Main – New York, 17–47.

Arneson, Richard J. (1994): Gleichheit oder gleiche Chancen zur Erlangung von Wohlergehen, in: *Honneth*, Axel (Hg.): Pathologien des Sozialen. Die Aufgaben der Sozialphilosophie, Frankfurt / Main, 330–351.

Arrow, Kenneth, J. (1977): Einige ordinal-utilitaristische Bemerkungen über Rawls' Theorie der Gerechtigkeit, in: *Höffe*, Otfried (Hg.): Über Rawls' Theorie der Gerechtigkeit, Frankfurt / Main, 199–223.

Bäcker, Gerhard (2003): Perspektiven älterer Arbeitnehmer auf dem Arbeitsmarkt: Beschäftigung fördern statt Anhebung der Altersgrenzen: Soziale Sicherheit 11, 381–384.

Bäcker, Gerhard (2004a): Die Frage nach der Generationengerechtigkeit: Die Zukunftsfähigkeit der gesetzlichen Rentenversicherung, in: *Verband Deutscher Rentenversicherungsträger* (Hg.): Generationengerechtigkeit – Inhalt, Bedeutung und Konsequenzen für die Alterssicherung. Jahrestagung 2003 des Forschungsnetzwerks Alterssicherung (FNA) am 4. und 5. Dezember 2003 in Erfurt, Bad Homburg, 12–31.

Bäcker, Gerhard (2004b): Der Ausstieg aus der Sozialversicherung. Das Beispiel Rentenversicherung: in: WSI-Mitteilungen 9, 483–487.

Bäcker, Gerhard (2004c): Reform oder Abbau des Sozialstaats? Generationengerechtigkeit in der Sozialpolitik, in: *Burmeister*, Kai / *Böhning*, Björn (Hg.): Generationen & Gerechtigkeit, Hamburg, 76–98.

Ballestrem, Karl (1977): Methodologische Probleme in Rawls' Theorie der Gerechtigkeit, in: *Höffe*, Otfried (Hg.): Über John Rawls' Theorie der Gerechtigkeit, Frankfurt / Main, 108–127.

Barkhaus, Annette / *Hollstein*, Bettina (2003): Ein Sozialstaat der »Sinn macht«? Begründung der Leitidee eines nachhaltig aktivierenden Sozialstaats, in: Zeitschrift für Wirtschafts- und Unternehmensethik 3, 287–306.

Barlösius, Eva (2001): Das gesellschaftliche Verhältnis der Armen. Überlegungen zu einer theoretischen Konzeption der Soziologie der Armut, in: *Barlösius*, Eva/ *Ludwig-Mayerhofer*, Wolfgang (Hg.): Die Armut der Gesellschaft [*Hradil*, Stefan (Hg.): Sozialstrukturanalyse 15], Opladen, 69–96.

Bayerl, Marion (2006): Die Familie als gesellschaftliches Leitbild. Ein Beitrag zur Familienethik aus theologisch-ethischer Perspektive [*Henschel*, Georg / *Römelt*, Josef (Hg.): Erfurter Theologische Studien 92], Würzburg.

Becher, Heribert J. (1971): Georg Simmel. Die Grundlagen seiner Soziologie [*Eisermann*, Gottfried (Hg.): Bonner Beiträge zur Soziologie 12], Stuttgart.

Beck, Ulrich (1986): Risikogesellschaft. Auf dem Weg in eine andere Moderne, Frankfurt / Main.

Becker, Gary S. (1997): Die Sozialversicherung entstaatlichen, in: *Frankfurter Institut. Stiftung Marktwirtschaft und Politik* (Hg.): Rentenkrise. Und wie wir sie meistern können [Frankfurter Institut. Kleine Handbibliothek 21], Bad Homburg, 139–134.

Becker, Irene (2002): Frauenerwerbstätigkeit hält Einkommensarmut von Familien in Grenzen, in: Vierteljahreshefte zur Wirtschaftsforschung 71, 126–146.

Becker, Irene (2003): Einkommens- und Vermögensverteilung in Deutschland: ein Bild mit unscharfen Konturen, in: Andersen, Uwe (Hg.): Einkommens- und Vermögensverteilung in Deutschland, Schwalbach/Ts., 27–61.

Becker, Irene / *Hauser*, Richard (2004): Verteilung der Einkommen 1999–2003. Bericht zur Studie im Auftrag des Bundesministeriums für Gesundheit und Soziale Sicherung, Frankfurt / Main.

Becker, Rolf (1997): Generationen und sozialer Wandel – eine Einleitung, in: *Becker*, Rolf (Hg.): Generationen und sozialer Wandel. Generationsdynamik, Generationenbeziehungen und Differenzierung von Generationen, Opladen, 9–22.

Becker, Susanne (2004): Schweiz, in: *Verband Deutscher Rentenversicherungsträger* (Hg.): Rentenversicherung im internationalen Vergleich 2003 [DRV Schriften 45], Bad Homburg, 255–283.

Bedford-Strohm, Heinrich (1993): Vorrang für die Armen. Auf dem Weg zu einer theologischen Theorie der Gerechtigkeit [Öffentliche Theologie 4], Gütersloh.

Bentham, Jeremy (1879 / 1975): Eine Einführung in die Prinzipien der Moral und der Gesetzgebung, in: *Höffe*, Otfried (Hg.): Einführung in die utilitaristische Ethik. Klassische und zeitgenössische Texte, München, 35–58.

Berger, Ralph (1999): Reform der Alterssicherung. Bedarf und Chancen einer Reform der staatlichen Alterssicherung, Leipzig.

Biancucci, Duilio (1987): Einführung in die Theologie der Befreiung, München.

Bieber, Ulrich (2004): Niederlande, in: *Verband Deutscher Rentenversicherungsträger* (Hg.): Rentenversicherung im internationalen Vergleich 2003 [DRV Schriften 45], Bad Homburg, 137–166.

Birg, Herwig / *Flöthmann*, Ernst-Jürgen (1993): Entwicklung der Familie. Strukturen und ihre Auswirkungen auf die Belastungs- bzw. Transferquotienten zwischen den Generationen, Bielefeld.

Birg, Herwig (2003): Dynamik der demographischen Alterung, Bevölkerungsschrumpfung und Zuwanderung in Deutschland, in: Aus Politik und Zeitgeschichte 20, 6–17.

Birnbacher, Dieter (1980): Verantwortung für zukünftige Generationen, Stuttgart.

Birnbacher, Dieter (1997): Ökophilosophie, Stuttgart.

Birnbacher, Dieter / *Brudermüller*, Gerd (2001): Zukunftsverantwortung und Generationensolidarität, Würzburg.

Blümle, Gerold (1975): Theorie der Einkommensverteilung. Eine Einführung, Berlin – Heidelberg – New York.

Boff, Clodovis / *Pixley*, Jorge (1987): Die Option für die Armen, Düsseldorf.

Boff, Leonardo (1984): Eine kreative Rezeption des II. Vatikanums aus der Sicht der Armen. Die Theologie der Befreiung, in: *Klinger*, Elmar / *Wittstadt*, Klaus (Hg.): Glaube im Prozeß. Christsein nach dem dem II. Vatikanum. Für Karl Rahner, Freiburg – Basel – Wien, 628–654.

Boff, Leonardo / *Elizondo*, Virgil (1986): Theologie aus der Sicht der Armen, in: Concilium 22, 325–327.

Boff, Leonardo / *Boff* Clodovis (1990): Grundschema der Methode der Theologie der Befreiung, in: *Greinacher*, Norbert (Hg.): Leidenschaft für die Armen. Die Theologie der Befreiung, München-Zürich, 206–223.

Bofinger, Peter (2004): Grundprinzipien für eine Reform der Sozialen Sicherungssysteme, in: *Rauscher*, Anton (Hg.): Der Sozialstaat am Scheideweg, Köln, 27–47.

Böhle, Fritz (2000): Alter und Arbeit – Erwerbsarbeit zwischen Markt und Staat als neue Herausforderung für die Arbeitsmarkt- und Sozialpolitik, in: *von Rothkirch*, Christoph (Hg.): Altern und Arbeit: Herausforderung für Wirtschaft und Gesellschaft. Beiträge, Diskussionen und Ergebnisse eines Kongresses mit internationaler Beteiligung, Berlin, 310–338.

Bohmann, Manfred K. (2003): Der Vorrang der Armen. Dreißig Jahre Befreiungstheologie, Frankfurt / Main.

Böhnke, Petra / *Delhey*, Jan (2001): Lebensstandard und Einkommensarmut. Plädoyer für eine erweiterte Armutsforschung, in: *Barlösius*, Eva / *Ludwig-Mayerhofer*, Wolfgang (Hg.): Die Armut der Gesellschaft [*Hradil*, Stefan (Hg.): Sozialstrukturanalyse 15], Opladen, 315–335.

Böhr, Christoph (2004): Erdrückt der Staat die Bürger? Ein Plädoyer für die Neuvermessung von Verantwortungsräumen, in: *Rauscher*, Anton (Hg.): Der Sozialstaat am Scheideweg, Köln, 11–26.

Bomsdorf, Eckard (2004): Horizontale, vertikale und diagonale Gerechtigkeit. Anmerkungen zur Messung von Generationengerechtigkeit in der Alterssicherung, in: *Verband Deutscher Rentenversicherungsträger* (Hg.): Generationengerechtigkeit – Inhalt, Bedeutung und Konsequenzen für die Alterssicherung. Jahrestagung 2003 des Forschungsnetzwerks Alterssicherung (FNA) am 4. und 5. Dezember 2003 in Erfurt, Bad Homburg, 85–93.

Bonino, Miguez J. (1977): Theologie im Kontext der Befreiung, Göttingen.

Bosch, Gerhard (2001): Konturen eines neuen Normalarbeitsverhältnisses, in: WSI-Mitteilungen 4, 219–229.

Bormann, Franz-Josef (2006): Soziale Gerechtigkeit zwischen Fairness und Partizipation. John Rawls und die katholische Soziallehre, Freiburg – Wien.

Börsch-Supan, Axel (2001): Quo vadis Rentenversicherung? Alternativen und Ergänzungen zur umlagefinanzierten Rente, in: *Schmähl*, Winfried / *Ulrich*, Volker (Hg.): Soziale Sicherungssysteme und demographische Herausforderungen, Tübingen, 205–220.

Brosi, Walter (2003): Demographische Entwicklung als Herausforderung für Berufsbildung und Personalentwicklung, in: *Klös*, Hans-Peter / *Weiß*, Reinhold / *Zedler*, Reinhard (Hg.): Demographische Entwicklung – Berufsbildung – Personalentwicklung, Köln, 51–72.

Brussig, Martin / *Knuth*, Matthias / *Schweer*, Oliver (2006): Arbeitsmarktpolitik für ältere Arbeitslose. Erfahrungen mit »Entgeltsicherung« und »Beitragsbonus«, in: IAT-Report 2, 1–15.

Büchele, Herwig (1989): Option für die Armen – eine vorrangige Orientierung der katholischen Soziallehre, in: *Baadte*, Günter / *Rauscher*, Anton (Hg.): Christliche Gesellschaftslehre. Eine Ortsbestimmung [Kirche Heute 3], Graz-Wien-Köln, 107–130.

Bundesamt für Statistik (Hg.) (2006): 11. koordinierte Bevölkerungsvorausberechnung. Annahmen und Ergebnisse, Wiesbaden.

Bundesministerium der Finanzen (Hg.) (2002): Demographischer Wandel und Steueraufkommen, Monatsbericht 11, 67–73.

Bundesministerium für Arbeit und Soziales (Hg.) (2005a): Bericht der Bundesregierung über die gesetzliche Rentenversicherung, insbesondere über die Entwicklung der Einnahmen und Ausgaben, der Nachhaltigkeitsrücklage sowie des jeweils erforderlichen Beitragssatzes in den künftigen 15 Kalenderjahren gemäß § 154 SGB VI (Alterssicherungsbericht 2005), Berlin.

Bundesministerium für Arbeit und Soziales (Hg.) (2005b): Ergänzender Bericht der Bundesregierung zum Rentenversicherungsbericht 2005 gemäß § 154 Abs. 2 SGB VI (Alterssicherungsbericht 2005), Berlin.

Bundesministerium für Gesundheit und Soziale Sicherung (Hg.) (2006): Bundesrepublik Deutschland. Nationaler Strategiebericht Alterssicherung 2005, Berlin.

Burger, Alexander (1996): Deregulierungspotentiale in der Gesetzlichen Rentenversicherung. Reformnotwendigkeiten versus Reformmöglichkeiten, Frankfurt / Main.

Butterwegge, Christoph / *Klundt*, Michael (2002): Die Demografie als Ideologie und Mittel sozialpolitischer Demagogie? Bevölkerungsrückgang, »Vergreisung« und Generationengerechtigkeit, in: *Butterwegge*, Christoph / *Klundt*, Michael: Kinderarmut und Generationengerechtigkeit. Familien- und Sozialpolitik im demografischen Wandel, Opladen, 59–80.

Butterwegge, Christoph u.a. (2004): Armut und Kindheit. Ein regionaler, nationaler und internationaler Vergleich, Wiesbaden, 2. Auflage.

Butzer, Hermann (2005): Die intragenerative Umverteilung in der Alterssicherung, in: *Deutsche Rentenversicherung Bund* (Hg.): Das Soziale in der Alterssicherung. Jahrestagung 2005 des Forschungsnetzwerks Alterssicherung (FNA) am 1. und 2. Dezember 2005 in Berlin [DRV-Schriften 66], Berlin, 137–151.

Chwaszcza, Christine (2000): Vorpolitische Gleichheit? Ronald Dworkins autonomieethische Begründung einer wertneutralen Theorie distributiver Gleichheit, in: *Kersting*, Wolfgang (Hg.): Politische Philosophie des Sozialstaats, Weilerwist, 159–201.

Collet, Giancarlo (1992): ‚Dem Bedürftigsten solidarisch verpflichtet'. Implikationen einer authentischen Rede von der Option für die Armen, in: Jahrbuch für Christliche Sozialwissenschaften 33, 67–84.

Dahlmanns, Gert (1997a): Anschauungsunterricht, in: *Frankfurter Institut. Stiftung Marktwirtschaft und Politik* (Hg.): Rentenreform. Lehren von draußen [Frankfurter Institut: Kleine Handbibliothek 23], Bad Homburg, 7–10.

Dahlmanns, Gert (1997b): Worum es in der Rentenfrage geht, in: *Frankfurter Institut. Stiftung Marktwirtschaft und Politik* (Hg.): Rentenkrise. Und wie wir sie meistern können [Frankfurter Institut. Kleine Handbibliothek 21], Bad Homburg, 7–12.

Dahmen, Ulrich / *Fleischer*, Gunter (2001): Das Buch Joel. Das Buch Amos, in: *Dohmen*, Christoph (Hg.): Neuer Stuttgarter Kommentar. Altes Testament 23 / 2, Stuttgart.

Dallinger, Ursula / *Liebig*, Stefan (2004): Gerechtigkeit zwischen den Generationen in der wohlfahrtsstaatlichen Alterssicherung, in: *Liebig*, Stefan / *Lengfeld*, Holger / *Mau*, Steffen (Hg.): Verteilungsprobleme und Gerechtigkeit in modernen Gesellschaften, Frankfurt / Main, 97–133.

Deutscher Bundestag (Hg.) (2002): Schlussbericht der Enquête-Kommission »Demographischer Wandel. Herausforderungen unserer älter werdenden Gesellschaft an den Einzelnen und die Politik« [Bundesdrucksache 14 / 8800], Berlin.

Deutscher Bundestag (Hg.) (2005): Unterrichtung durch die Bundesregierung. Sozialbericht 2005 [Bundesdrucksache 15 / 5955], Berlin.

Deutscher Bundestag (Hg.) (2006): Unterrichtung durch die Bundesregierung Bericht der Bundesregierung über die gesetzliche Rentenversicherung, insbesondere über die Entwicklung der Einnahmen und Ausgaben, der Nachhaltigkeitsrücklage sowie des jeweils erforderlichen Beitragssatzes in den künftigen 15 Kalenderjahren (Rentenversicherungsbericht 2006) und Gutachten des Sozialbeirats zum Rentenversicherungsbericht.

Deutsche Rentenversicherung (Hg.) (2006): Die Grundsicherung. Eine zusätzliche Sicherheit, Berlin.

Deutsche Rentenversicherung (Hg.) (2007a): Rentenversicherung in Zahlen 2007. Statistik der deutschen Rentenversicherung, Berlin.

Deutsche Rentenversicherung (Hg.) (2007b): Rente an Frauen. Mehr Leistungen durch sozialen Ausgleich, Berlin, 2. Auflage.

Devetzi, Stamatia (2004): Vereinigtes Königreich, in: *Verband Deutscher Rentenversicherungsträger* (Hg.): Rentenversicherung im internationalen Vergleich [DRV Schriften 45], Bad Homburg, 391–418.

Dombois, Reiner (1999): Auf dem Weg zu einem Normalarbeitsverhältnis? Die Erosion des Normalarbeitsverhältnisses und neue Strategien der Erwerbsarbeit, Bremen.

Döhl, Volker (2000): Flexibilisierung von Arbeit und Beschäftigung – Chancen für Ältere, in: *von Rothkirch*, Christoph (Hg.): Altern und Arbeit: Herausforderung für Wirtschaft und Gesellschaft. Beiträge, Diskussionen und Ergebnisse eines Kongresses mit internationaler Beteiligung, Berlin, 129–134.

Döring, Diether (1997): Soziale Sicherheit im Alter? Rentenversicherung auf dem Prüfstand, Berlin.

Döring, Diether (1998): Leitvorstellungen der Politik der sozialen Sicherung unter besonderer Berücksichtigung der Geschichte der Rentenversicherung, in: *Blasche*, Siegfried / *Döring*, Diether (Hg.): Sozialpolitik und Gerechtigkeit, Frankfurt / Main – New York, 214–257.

Döring, Diether (2002): Die Zukunft der Alterssicherung. Europäische Strategien und der deutsche Weg, Frankfurt / Main.

Döring, Walter (2003): Berufsbildung und Arbeitsmarkt im Zeichen der demographischen Entwicklung, in: *Klös*, Hans-Peter / *Weiß*, Reinhold / *Zedler*, Reinhard

(Hg.): Demographische Entwicklung – Berufsbildung – Personalentwicklung, Köln, 20–36.

Dostal, Werner (2001): Demographie und Arbeitsmarkt 2010 – Perspektiven einer dynamischen Erwerbsgesellschaft, in: *Bullinger*, Hans-Jörg (Hg.): Zukunft der Arbeit in einer alternden Gesellschaft, Stuttgart, 32–47.

Drost, André (1998): Politökonomische Theorie der Alterssicherung [Wirtschaftswissenschaftliche Beiträge 167], Heidelberg.

Duncker, Christian (2000): Verlust der Werte? Wertewandel zwischen Meinungen und Tatsachen, Wiesbaden.

Dussel, Enrique (1988): Ethik der Gemeinschaft, Düsseldorf.

Dworkin, Ronald (1981a): What is Equality? Part I: Equality of Welfare, in: Philosophy and Public Affairs 10, 185–246.

Dworkin, Ronald (1981b): What is Equality? Part II: Equality of Ressources, in: Philosophy and Public Affairs 10, 283–345.

Dworkin, Ronald (1987a): What is Equality? Part III: The Place of Liberty, in: Iowa Law Review 1, 72–154.

Dworkin, Ronald (1987b): What is Equality? Part IV: Political Equality, in: University of San Francisco Law Review 22, 1–30.

Eckardt, Martina (2004): »Europäisierung« der Sozialpolitik am Beispiel der Alterssicherung, in: *Frech*, Siegfried / *Schmid*, Josef (Hg.): Sozialstaat, Reform, Umbau, Abbau?, Schwalbach, 135–156.

Eicher, Peter (1991): Option für die Armen, in: *Eicher*, Peter (Hg.): Neues Handbuch theologischer Grundbegriffe 4, München, 128–151.

Eichler, Daniel (2001): Armut, Gerechtigkeit und soziale Grundsicherung. Einführung in eine komplexe Problematik, Wiesbaden.

Eisen, Roland (2000): (Teil-)Privatisierung der Sozialen Sicherung: »Das Modell Chile« als Muster oder Glücksfall?, in: *Schmähl*, Winfried (Hg.): Soziale Sicherung zwischen Markt und Staat [Schriften des Vereins für Socialpolitik 275], Berlin, 141–174.

Faik, Jürgen (1997): Institutionelle Äquivalenzskalen als Basis für Verteilungsanalysen. Eine Modifizierung der Sozialhilfeskala, in: *Becker*, Irene / *Hauser*, Richard (Hg.): Einkommensverteilung und Armut. Deutschland auf dem Weg zur Vierfünftel-Gesellschaft?, Frankfurt / Main – New York, 13–42.

Farmer, Karl (2002): Lang leben und verarmen? Wirtschaftswissenschaftliche und ethische Aspekte der Alterssicherung im 21. Jahrhundert, Münster.

Fetzer, Joachim (2007): Subsidiarität durch solidarisches Bürgergeld. Stellungnahme unter sozialethischen Gesichtspunkten, in: *Borchard*, Michael (Hg.): Das Solidarische Bürgergeld. Analyse einer Reformidee, Stuttgart, 163–188.

Fisch, Andreas (2002): Option für die Armen konkret. Zur sozialethischen Kompetenz der Kirche in Deutschland [Forum Religion und Sozialkultur, Abteilung B, Profile und Projekte 4, hg. von Karl Gabriel], Münster – Hamburg – London, 2. Auflage.

Fischer, Wolfgang (2002): Kultureigene Entwicklung als Herausforderung für die kirchliche Entwicklungsarbeit, in: *Köß*, Hartmut (Hg.): Entwicklungsethische Konkretionen. Herausforderungen, Begründungen, Perspektiven [Forum Religion und Sozialkultur. Abteilung B. Profile und Projekte 10, hg. von Karl Gabriel], Münster – Hamburg – London, 79–98.

Flohr, Florian (1985): Von der Theologie der Befreiung lernen. Die Grundlagen der lateinamerikanischen Befreiungstheologie als Anlaß zur weltweiten Erneuerung kirchlicher Praxis und theologischer Reflexion, in: *Venetz*, Hermann-Josef / *Vorgrimmler*, Herbert (Hg.): Das Lehramt der Kirche und der Schrei der Armen, Freiburg (Schweiz) – Münster, 9–28.

Fornet-Betancourt, Raul (1994): Zukunftsperspektiven des Christentums an der Schwelle zum dritten Jahrtausend aus der Erfahrung Lateinamerikas, in: *Pankoke-Schenk*, Monika / *Evers*, Georg (Hg.): Inkulturation und Kontextualität. Theologien im weltweiten Austausch, Frankfurt / Main, 100–113.

Forst, Rainer (1994): Kontexte der Gerechtigkeit. Politische Philosophie jenseits von Liberalismus und Kommunitarismus, Frankfurt / Main.

Forst, Rainer (1999): Die Rechtfertigung der Gerechtigkeit. Rawls' Politischer Liberalismus und Habermas' Diskurstheorie in der Diskussion, in: *Brunkhorst*, Hauke / *Niesen*, Peter (Hg.): Das Recht der Republik, Frankfurt / Main, 105–168.

Fraling, Bernhard (1992): Gerechtigkeit. Option für die Armen, in: *Ernst*, Wilhelm (Hg.): Gerechtigkeit in Gesellschaft, Wirtschaft und Politik [Studien zur theologischen Ethik 46], Freiburg (Schweiz), 31–56.

Frankfurt, Harry (2000): Gleichheit und Achtung, in: *Krebs*, Angelika (Hg.): Gleichheit oder Gerechtigkeit. Texte der neuen Egalitarismuskritik, Frankfurt / Main, 38–49.

Frankfurter Institut. Stiftung Marktwirtschaft und Politik (1997): Jetzt die Weichen richtig stellen! Vorschlag des Frankfurter Instituts für eine solide Alterssicherung in Deutschland, in: *Frankfurter Institut. Stiftung Marktwirtschaft und Politik* (Hg.): Rentenkrise. Und wie wir sie meistern können [Frankfurter Institut. Kleine Handbibliothek 21], Bad Homburg, 13–26.

Frick, Bernd (2000): Die Anreizwirkungen betrieblicher Sozialleistungen: Möglichkeiten und Grenzen, in: *Schmähl*, Winfried (Hg.): Soziale Sicherung zwischen Markt und Staat [Schriften des Vereins für Socialpolitik 275], Berlin, 189–214.

Friedman, Milton (1971): Kapitalismus und Freiheit, München.

Frieling, Reinhard (1984): Befreiungstheologien. Studien zur Theologie in Lateinamerika, Göttingen.

Gabriel, Karl (2003): Vom Gesellschaftsvertrag zum Gerechtigkeitsdiskurs, in: Wege zum Menschen. Monatszeitschrift für Seelsorge und Beratung, heilendes und soziales Handeln 55, 80–92.

Gabriel, Karl (2004): Solidarität und Generationengerechtigkeit, in: *Verband Deutscher Rentenversicherungsträger* (Hg.): Generationengerechtigkeit – Inhalt, Bedeutung und Konsequenzen für die Alterssicherung. Jahrestagung 2003 des Forschungsnetzwerks Alterssicherung (FNA) am 4. und 5. Dezember 2003 in Erfurt, Bad Homburg, 45–50.

Gadamer, Hans-Georg (1986): Die Universalität des hermeneutischen Problems, in: ders., Gesammelte Werke, Bd. 2, Tübingen, 219–231.

Garcia-Mateo, Rogelio (1986): Die Methode der Theologie der Befreiung. Zur Überwindung des Erfahrungsdefizits in der Theologie, in: Stimmen der Zeit 204, 386–396.

Gensicke, Thomas (2002): Individualität und Sicherheit in neuer Synthese? Wertorientierung und gesellschaftliche Aktivität, in: *Deutsche Shell* (Hg.): Jugend 2002. 14. Shell Jugendstudie, Frankfurt / Main, 139–212.

Ginn, Jay (2004): Rentenpolitik in Großbritannien: Verleugnung und Beschädigung der Solidarität, in: *Verband Deutscher Rentenversicherungsträger* (Hg.): Generationengerechtigkeit – Inhalt, Bedeutung und Konsequenzen für die Alterssicherung. Jahrestagung 2003 des Forschungsnetzwerks Alterssicherung (FNA) am 4. und 5. Dezember 2003 in Erfurt, Bad Homburg, 183–197.

Glootz, Tanja Anette (2005): Alterssicherung im europäischen Wohlfahrtsstaat. Etappen ihrer Entwicklung im 20. Jahrhundert, Frankfurt / Main – New York.

Gödeler, Carl (1941 / 1981): Das Ziel: Beseitigung der Kollektivwirtschaft, in: *Stützel*, Wolfgang / *Watrin*, Christian / *Willgerodt*, Hans / Hohmann, Karl (Hg.): Grundtexte zur Sozialen Marktwirtschaft. Zeugnisse aus zweihundert Jahren ordnungspolitischer Diskussion [hg. von Ludwig-Erhard-Stiftung e. V. Bonn], Stuttgart, 13–15.

Goldstein, Horst (1991): Kleines Lexikon zur Theologie der Befreiung, Düsseldorf.

Gosepath, Stefan (2004): Gleiche Gerechtigkeit. Grundlage eines liberalen Egalitarismus, Frankfurt / Main.

Graeser, Andreas (1999): Philosophie und Ethik, Düsseldorf.

Greinacher, Norbert (1980): Die Kirche der Armen. Zur Theologie der Befreiung, München, 2. Auflage.

Greinacher, Norbert (1986): Der Schrei nach Gerechtigkeit. Elemente einer prophetischen politischen Theologie, München – Zürich.

Greinacher, Norbert (1990): Wie kam es zur Theologie der Befreiung?, in: *Greinacher, Norbert* (Hg.): Leidenschaft für die Armen. Die Theologie der Befreiung, München – Zürich, 23–33.

Grieswelle, Detlef (2002): Gerechtigkeit zwischen den Generationen. Solidarität, Langfristdenken, Nachhaltigkeit in der Wirtschafts- und Sozialpolitik [Abhandlungen zur Sozialethik 47, hg. von Anton Rauscher und Lothar Roos], Paderborn – München – Wien – Zürich.

Grohmann, Heinz (2005): Alterssicherung im Wechsel der Generationen, in: *Birg*, Herwig (Hg.): Auswirkungen der demographischen Alterung und der Bevölkerungsschrumpfung auf Wirtschaft, Staat und Gesellschaft. Plenarvorträge der Jahrestagung der Deutschen Gesellschaft für Demographie an der Universität Bielefeld 4. März 2004, Münster, 3–24.

Gronemeyer, Reimer (1999): Die Zehn Gebote des 21. Jahrhunderts. Moral und Ethik für ein neues Zeitalter, Düsseldorf.

Gutierrez, Gustavo (1990): Bemerkungen zu einer Theologie der Befreiung, in: *Greinacher*, Norbert (Hg.): Leidenschaft für die Armen. Die Theologie der Befreiung, München – Zürich.

Gutierrez, Gustavo (1973): Theologie der Befreiung, München.

Gutierrez, Gustavo (1992): Theologie der Befreiung, Mainz, 10. Auflage.

Gutierrez, Gustavo (1995): Die Armen und die Grundoption, in: *Ellacuría*, Ignacio / *Sobrino*, Jon (Hg.), in: Mysterium Liberationis, Band 1, Luzern, 293–311.

Habermas, Jürgen (1997): Versöhnung durch öffentlichen Vernunftgebrauch, in: *Philosophische Gesellschaft Bad Homburg / Hinsch*, Wilfried (Hg.): Zur Idee des Politischen Liberalismus. John Rawls in der Diskussion, Frankfurt / Main, 169–195.

Hanesch, Walter [u. a.] (1994): Armut in Deutschland. Der Armutsbericht des DGB und des Paritätischen Wohlfahrtsverbandes, Reinbek.

Hanesch, Walter [u. a.] (2000): Armut und Ungleichheit in Deutschland. Der neue Armutsbericht der Hans-Böckler-Stiftung, des DGB und des Paritätischen Wohlfahrtsverbandes, Hamburg.

Hanesch, Walter (2002): Armutskonzepte und Kinderarmut aus der Perspektive der Industrieländer, in: *Holm*, Karin / *Schulz*, Uwe (Hg.): Kindheit in Armut weltweit, Opladen, 47–62.

Harsanyi, John C. (1980): Can the Maximum Principle Serve as a Basis for Morality? A Critique of John Rawls' Theory, in: *Harsanyi*, John C.: Essays on Ethics, Social Behaviour, and Scientific Explanation, Dordrecht, 2. Auflage, 37–63.

Hart, H. L. A. (1977): Freiheit und ihre Priorität bei Rawls, in: *Höffe*, Otfried (Hg.): Über John Rawls' Theorie der Gerechtigkeit, Frankfurt / Main, 131–161.

Hase, Friedhelm (2003): Sozialversicherung und Familie zwischen sozialem Ausgleich und staatlicher Verantwortung. Eine Untersuchung zu Möglichkeiten und Grenzen der Familienbegünstigung im Rahmen des Rentenversicherungsrechts [Verband deutscher Rentenversicherungsträger (Hg.): DRV-Schriften 46], Bad Homburg.

Hauser, Richard (1995a): Das empirische Bild der Armut in der Bundesrepublik Deutschland. Ein Überblick, in: Aus Politik und Zeitgeschichte. Beilage zur Wochenzeitschrift Das Parlament 31 / 32, 3–13.

Hauser, Richard (1995b): Stand und Entwicklungstendenz der Annäherung der sozialen Sicherung in der Europäischen Union: Das Beispiel Alterssicherung, in: *Schmähl*, Winfried / *Rische*, Herbert (Hg.): Internationalisierung von Wirtschaft und Politik. Handlungsspielräume der nationalen Sozialpolitik, Baden-Baden, 139–172.

Hauser, Richard (1997a): Armutsberichterstattung, in: *Noll*, Heinz-Herbert (Hg.): Sozialberichterstattung in Deutschland. Konzepte, Methoden und Ergebnisse für Lebensbereiche und Bevölkerungsgruppen, Weinheim – München, 19–45

Hauser, Richard (1997b): Einkommensverteilung und Einkommensarmut in den alten und neuen Bundesländern von 1990 bis 1995, in: *Becker*, Irene / *Hauser*, Richard (Hg.): Einkommensverteilung und Armut. Deutschland auf dem Weg zur Vierfünftel-Gesellschaft?, Frankfurt / Main – New York, 63–82.

Hauser, Richard (1999): Alternative Konzeptionen der Mindestsicherung für Alte in zwölf Mitgliedsländern der Europäischen Union. Eine institutionelle und empirische Analyse für den Beginn der 90er Jahre, in: *Hauser*, Richard (Hg.): Alternative Konzeptionen der sozialen Sicherung [Schriften des Vereins für Socialpolitik 265], Berlin, 173–210.

Hauser, Richard / *Stein*, Holger (2001): Die Vermögensverteilung und die Reform der gesetzlichen Rentenversicherung in der Bundesrepublik Deutschland. Arbeitspapier Nr. 27, Frankfurt / Main.

Hauser, Richard (2004a): Generationengerechtigkeit, Volksvermögen und Vererbung, in: *Burmeister*, Kai / *Böhning*, Björn (Hg.): Generationen & Gerechtigkeit, Hamburg, 29–44.

Hauser, Richard / *Strengmann-Kuhn*, Wolfgang (2004b): Armut in der älteren Bevölkerung in den Ländern der europäischen Union [DRV-Schriften 54], Berlin.

Hausmanninger, Thomas (1993): Christliche Sozialethik in der späten Moderne. Grundlinien einer modernitätsintegrativen und -korrektiven Strukturenethik, in: *Hausmanninger*, Thomas (Hg.): Christliche Sozialethik zwischen Moderne und Postmoderne, Paderborn – München – Wien – Zürich.

Heimbach-Steins, Marianne (1992): Die »vorrangige Option für die Armen« und das Recht der künftigen Generationen, in: *Ernst*, Wilhelm (Hg.): Gerechtigkeit in Gesellschaft, Wirtschaft und Politik [Studien zur theologischen Ethik 46], Freiburg (Schweiz), 57–67.

Heimbach-Steins, Marianne (1995): Erfahrung: Konversion und Begegnung. Ansatzpunkte einer theologischen Profilierung christlicher Sozialethik, in: *Heimbach-Steins*, Marianne / *Lienkamp*, Andreas / *Wiemeyer*, Joachim: Brennpunkt Sozialethik. Theorien, Aufgaben, Methoden. Für Franz Furger, Freiburg – Basel – Wien, 102–120.

Heinze, Rolf G. / *Olk*, Thomas / *Hilbert*, Josef (1988): Der neue Sozialstaat. Analyse und Reformperspektiven, Freiburg i. Br.

Hengsbach, Friedhelm (1987): Gegen Unmenschlichkeit in der Wirtschaft. Der Hirtenbrief der katholischen Bischöfe der USA »Wirtschaftliche Gerechtigkeit für alle« aus deutscher Sicht kommentiert von Friedhelm Hengsbach SJ, Freiburg – Basel – Wien.

Hengsbach, Friedhelm (1995): Der Prozeß ist die Botschaft. Zur Pluralität der Subjekte kirchlicher Soziallehre, in: *Heimbach-Steins*, Marianne / *Lienkamp*, Andreas / *Wiemeyer*, Joachim: Brennpunkt Sozialethik. Theorien, Aufgaben, Methoden. Für Franz Furger, Freiburg – Basel – Wien, 69–85.

Henriot, Peter / *Holland*, Joe (1984): Social Analysis. Linking faith and justice. Blackburn (Australia).

Hinsch, Wilfried (1998): Rawls' Differenzprinzip und seine sozialpolitischen Implikationen, in: *Blasche*, Siegfried / *Döring*, Diether (Hg.): Sozialpolitik und Gerechtigkeit, Frankfurt / Main – New York, 17–75.

Hobbes, Thomas (1651 / 1992): Leviathan. Oder Stoff, Form und Gewalt eines kirchlichen und bürgerlichen Staates, Frankfurt / Main, 5. Auflage.

Hock, Beate / *Holz*, Gerda / *Simmedinger*, Renate / *Wüstendorfer*, Werner (2000): Gute Kindheit – schlechte Kindheit? Armut und Zukunftschancen von Kindern und Jugendlichen in Deutschland. Abschlussbericht zur Studie im Auftrag des Bundesverbandes der Arbeiterwohlfahrt, Frankfurt / Main.

Höffe, Otfried (1975): Einleitung, in: *Höffe*, Otfried (Hg.): Einführung in die utilitaristische Ethik. Klassische und zeitgenössische Texte, München, 7–34.

Höffe, Otfried (1977a): Rawls' Theorie der politisch-sozialen Gerechtigkeit, in: *Rawls*, John: Gerechtigkeit als Fairneß. Herausgegeben von Otfried Höffe [Praktische Philosophie 6], Freiburg i. Br. – München, 16–34.

Höffe, Otfried (1977b): Kritische Einführung in Rawls' Theorie der Gerechtigkeit, in: *Höffe*, Otfried (Hg.): Über John Rawls' Theorie der Gerechtigkeit, Frankfurt / Main, 11–42.

Höffe, Otfried (1998a): Vorwort, in: *Höffe*, Otfried (Hg.): John Rawls. Eine Theorie der Gerechtigkeit [Klassiker Auslegen 15], Berlin, 1–3.

Höffe, Otfried (1998b): Einführung in Rawls' Theorie der Gerechtigkeit, in: *Höffe*, Otfried (Hg.): John Rawls. Eine Theorie der Gerechtigkeit [Klassiker Auslegen 15], Berlin, 3–26.

Höffe, Otfried (1998c): Zur Gerechtigkeit der Verteilung, in: *Höffe*, Otfried (Hg.): John Rawls. Eine Theorie der Gerechtigkeit [Klassiker Auslegen 15], Berlin, 168–186.

Höffner, Josef (1984): Soziallehre der Kirche oder Theologie der Befreiung? Eröffnungsreferat bei der Herbstvollversammlung der Deutschen Bischofskonferenz [Der Vorsitzende der Deutschen Bischofskonferenz 11], Bonn.

Hoffmann, Edeltraud / *Walwei*, Ulrich (1998): Normalarbeitsverhältnis: Ein Auslaufmodell? Überlegungen zu einem Erklärungsmodell für den Wandel der Beschäftigungsformen, in: Mitteilungen aus der Arbeitsmarkt- und Berufsforschung 3, 409–425.

Holst, Elke / *Schupp*, Jürgen (1999): Erwerbsbeteiligung und Arbeitszeitwünsche 1993 und 1997. West- und Ostdeutschland im Vergleich, in: *Glatzer*, Wolfgang / *Ostner*, Ilona (Hg.): Deutschland im Wandel. Sozialstrukturelle Analysen, Opladen, 289–306.

Homann, Karl (1985): Legitimation und Verfassungsstaat. Vertragstheoretische Interpretation der Demokratie, in: *Boettcher*, Erik / *Herder-Dorneich*, Philipp / *Schenk*, Karl-Ernst (Hg.): Die Vertragstheorie als Grundlage der Parlamentarischen Demokratie [Jahrbuch für Neue Politische Ökonomie 4], Tübingen, 48–72.

Homann; Karl (1988): Rationalität und Demokratie, Tübingen.

Homann, Karl / *Suchanek*, Andreas (2000): Ökonomik. Eine Einführung, Tübingen.

Homburg, Stefan (1997): Kapitaldeckung als praktikable Leitidee, in: *Frankfurter Institut. Stiftung Marktwirtschaft und Politik* (Hg.): Rentenkrise. Und wie wir sie meistern können [Frankfurter Institut. Kleine Handbibliothek 21], Bad Homburg, 61–86.

Hösle, Vittorio (1999): Gerechtigkeit zwischen den Generationen, in: *Gräfin Dönhoff*, Marion / *Sommer*, Theo: Was steht uns bevor? Mutmaßungen über das 21. Jahrhundert. Aus Anlaß des 80. Geburtstags von Helmut Schmidt, Berlin, 189–200.

Huber, Wolfgang (1987): Wirtschaftliche Gerechtigkeit für alle. Zum Wirtschaftshirtenbrief der katholischen Bischöfe in den USA, in: Zeitschrift für evangelische Ethik 31, 365–371.

Jacobs, Herbert (2000): Armut, in: *Allmendinger*, Jutta / *Ludwig-Mayerhofer*, Wolfgang (Hg.): Soziologie des Sozialstaats. Gesellschaftliche Grundlagen, historische Zusammenhänge und aktuelle Entwicklungstendenzen [*Hurrelmann*, Klaus (Hg.): Grundlagentexte Soziologie], Weinheim – München 2000, 237–268.

Kähler, Christoph (2004): Generationengerechtigkeit. Biblisch-Theologische Anmerkungen, in: *Verband Deutscher Rentenversicherungsträger* (Hg.): Generationengerechtigkeit – Inhalt, Bedeutung und Konsequenzen für die Alterssicherung. Jahrestagung 2003 des Forschungsnetzwerks Alterssicherung (FNA) am 4. und 5. Dezember 2003 in Erfurt, Bad Homburg, 32–38.

Kannengießer, Christoph (2003): Zuwanderung als Herausforderung für Arbeitsmarkt und Qualifizierung, in: *Klös*, Hans-Peter / *Weiß*, Reinhold / *Zedler*, Reinhard (Hg.): Demographische Entwicklung – Berufsbildung – Personalentwicklung, Köln, 36–50.

Kant, Immanuel (1991), Werkausgabe. Herausgegeben von Wilhelm Weischedel, Frankfurt / Main, 11. Auflage.

Kaufmann, Franz-Xafer (1997): Herausforderungen des Sozialstaats, Frankfurt / Main.

Kaufmann, Franz-Xaver (2005): Schrumpfende Gesellschaft. Vom Bevölkerungsrückgang und seinen Folgen, Frankfurt / Main.

Keller, Berndt / *Seifert*, Hartmut (2006): Atypische Beschäftigungsverhältnisse. Flexibilität, soziale Sicherheit und Prekarität, in: WSI-Mitteilungen 5, 235–240.

Kernig, Claus D. (2006): Und mehrt Euch? Deutschland und die Weltbevölkerung im 21. Jahrhundert, Bonn.

Kersting, Wolfgang (1997): Methodologische Probleme einer Theorie der sozialen Gerechtigkeit, in: *Koller*, Peter / *Puhl*, Klaus (Hg.): Aktuelle Fragen politischer Philosophie: Gerechtigkeit in Gesellschaft und Weltordnung. Akten des 19. Internationalen Wittgenstein-Symposiums 11. bis 18. August 1996 Kirchberg am Wechsel (Österreich) [Schriftenreihe der Wittgenstein-Gesellschaft 25], Wien, 35–52.

Kersting, Wolfgang (1993): John Rawls zur Einführung, Hamburg.

Kersting, Wolfgang (2000): Politische Solidarität statt Verteilungsgerechtigkeit. Eine Kritik egalitaristischer Sozialstaatsbegründungen, in: *Kersting*, Wolfgang (Hg.): Politische Philosophie des Sozialstaats, Weilerwist, 202–256.

Kersting, Wolfgang (2004): Philosophische Sozialstaatsbegründungen, in: Goldschmidt, Nils / Wohlgemuth, Michael (Hg.): Die Zukunft der sozialen Marktwirtschaft. Sozialethische und ökonomische Grundlagen, Tübingen, 9–26.

Kersting, Wolfgang (2005): Gerechtigkeit und Sozialstaatsbegründung, in: Neumeier, Otto / Sedmak, Clemens / Zichy, Michael (Hg.): Gerechtigkeit. Auf der Suche nach einem Gleichgewicht, Frankfurt / Main – Lancester, 57–87.

Kessler, Francis (2004): Das Beispiel Frankreich, in: *Verband Deutscher Rentenversicherungsträger* (Hg.): Generationengerechtigkeit – Inhalt, Bedeutung und Konsequenzen für die Alterssicherung. Jahrestagung 2003 des Forschungsnetzwerks Alterssicherung (FNA) am 4. und 5. Dezember 2003 in Erfurt, Bad Homburg, 198–208.

Kistler, Ernst (2000): Entwicklung und Perspektiven des Angebotsüberhangs am Arbeitsmarkt, in: *von Rothkirch*, Christoph (Hg.): Altern und Arbeit: Herausforderung für Wirtschaft und Gesellschaft. Beiträge, Diskussionen und Ergebnisse eines Kongresses mit internationaler Beteiligung, Berlin, 102–128.

Klammer, Ute (2001): Flexibilität und soziale Sicherung. Grundsätzliche Überlegungen zu einem komplexen Forschungsfeld, in: *Becker*, Irene / *Ott*, Notburga / *Rolf*, Gabriele (Hg.): Soziale Sicherung in einer dynamischen Gesellschaft, Frankfurt / Main – New York, 130–169.

Kleinhenz, Gerhard D. (2004): Flexibilisierung des Arbeitsmarktes, in: *Rauscher*, Anton (Hg.): Der Sozialstaat am Scheideweg, Köln, 101–117.

Kley, Roland (1989), Vertragstheorien der Gerechtigkeit. Eine philosophische Kritik der Theorien von John Rawls, Robert Nozick und James Buchanan [S[...]t Galler Studien zur Politikwissenschaft 13], Bern – Stuttgart.

Kohlberg, Lawrence (1995): Die Psychologie der Moralentwicklung. Herausgegeben von Wolfgang Althof unter Mitarbeit von Gil Noam und Fritz Oser, Frankfurt / Main.

Koller, Peter (1987): Neue Theorien des Sozialkontrakts [Schriften zur Rechtslehre 124], Berlin.

Koller, Peter (1998): Die Grundsätze der Gerechtigkeit, in: *Höffe*, Otfried (Hg.): John Rawls. Eine Theorie der Gerechtigkeit [Klassiker Auslegen 15], Berlin, 45–70.

Koller, Peter (2001): Zur Semantik der Gerechtigkeit, in: *Koller*, Peter (Hg.): Gerechtigkeit im politischen Diskurs der Gegenwart, Wien, 19–46.

Koller, Peter (2005a): Soziale und ökonomische Ungleichheit, in: *Acham*, Karl (Hg.): Soziale und kulturelle Herausforderungen des 21. Jahrhunderts, Wien, 131–144.

Koller, Peter (2005b): Soziale und globale Gerechtigkeit, in: *Neumeier*, Otto / *Sedmak*, Clemens / *Zichy*, Michael (Hg.): Gerechtigkeit. Auf der Suche nach einem Gleichgewicht, Frankfurt – Lancester, 89–120.

König, Matthias (2001): Das drei Schritte Modell der Unternehmensethik am Beispiel der Diskursethik, in: Zeitschrift für Wirtschafts- und Unternehmensethik 2, 156–183.

Köß, Hartmut (2002): Entwicklungspolitik in Zeiten der Globalisierung. Sozialethische Orientierungen zur Armutsbekämpfung, in: *Köß*, Hartmut (Hg.): Entwicklungsethische Konkretionen. Herausforderungen, Begründungen, Perspektiven [Forum Religion und Sozialkultur. Abteilung B. Profile und Projekte 10, hg. von Karl Gabriel], Münster – Hamburg – London, 15–40.

Korff, Wilhelm (1985a): Norm und Sittlichkeit. Untersuchungen zur Logik der normativen Vernunft, München, 2. Auflage.

Korff, Wilhelm (1985b): Wie kann der Mensch glücken? Perspektiven der Ethik, München.

Korff, Wilhelm (1986): Generation II. Theologische und ethische Aspekte, in: Görres-Gesellschaft (Hg.): Staatslexikon, Bd. 2, Freiburg – Basel – Wien, 7. Auflage, 870–873

Krämer, Walter (2000): Armut in der Bundesrepublik. Zur Theorie und Praxis eines überforderten Begriffs, Frankfurt / Main – New York.

Krebs, Angelika (2000): Einleitung. Die neue Egalitarismuskritik im Überblick, in: *Krebs*, Angelika (Hg.): Gleichheit oder Gerechtigkeit. Texte der neuen Egalitarismuskritik, Frankfurt / Main, 7–33.

Kreikebohm, Ralf (1997): Kommentar zum Sozialgesetzbuch. Gesetzliche Rentenversicherung SGB VI, München.

Kruip, Gerhard (2003): Die Option für die Armen als wirtschaftspolitische Maxime, in: *Schick*, Gerhard: Wirtschaftsordnung und Fundamentalismus, Berlin.

Lamnek, Siegfried (2002): Sein oder Sollen? Die Soziologie und ihr (problematisches) Verhältnis zur Moral, in: Sozialwissenschaften und Berufspraxis 25, 249–264.

Lampert, Heinz / *Bossert*, Alfred (1992): Sozialstaat Deutschland. Entwicklung – Gestalt – Probleme, München.

Lampert, Heinz / *Althammer*, Jörg (2001): Lehrbuch der Sozialpolitik, Berlin [u. a.], 6. Auflage.

Lampert, Heinz / Althammer, Jörg (2004): Lehrbuch der Sozialpolitik, Berlin [u. a.], 7. Auflage.

Lampert, Martin (2005): Arbeitsmarkt und soziale Sicherung in der Perspektive einer christlichen Sozialethik, in: Theologie der Gegenwart 48, 38–48.

Lampert, Martin (2006): Der deutsche Sozialstaat im 21. Jahrhundert. Gefährdungen – Lösungsstrategien – Wertung, Saarbrücken.

Lampert, Martin (2007): Demographischer Wandel in Deutschland. Analyse – Folgen – Handlungsempfehlungen, in: Amos. Gesellschaft gerecht gestalten. Internationale Zeitschrift für christliche Sozialethik 2, 22–30.

Lehmann, Karl (1993): Glauben bezeugen, Gesellschaft gestalten. Reflexionen und Positionen, Freiburg / Br.

Lehmann, Karl (2003): Zusammenhalt und Gerechtigkeit, Solidarität und Verantwortung zwischen den Generationen. Eröffnungsreferat von Kardinal Karl Lehmann, Vorsitzender der Deutschen Bischofskonferenz, bei der Herbst-Vollversammlung der Deutschen Bischofskonferenz am 22. September 2003 in Fulda [Pressemitteilungen der Deutschen Bischofskonferenz], Bonn.

Leibfried, Stephan / *Voges*, Wolfgang (1992): Vom Ende einer Ausgrenzung? Armut und Soziologie, in: *Leibfried*, Stephan / *Voges*, Wolfgang (Hg.): Armut im modernen Wohlfahrtsstaat, Opladen, 9–34.

Leibfried, Stephan / *Leisering*, Lutz [u.a.] (1995): Zeit der Armut. Lebensläufe im Sozialstaat, Frankfurt / Main.

Leisering, Lutz (2000): Wohlfahrtsstaatliche Generationen, in: *Kohli*, Martin / *Szydlik*, Mac (Hg.): Generationen in Familie und Gesellschaft [*Kohli*, Martin (Hg.): Lebenslauf – Alter – Generationen 3], Opladen, 59–76.

Leisering, Lutz / *Müller*, Reiner / *Schumann*, Karl F. (2001): Institutionen und Lebenslauf im Wandel – die institutionentheoretische Perspektive, in: *Leisering*, Lutz / *Müller*, Reiner / *Schumann*, Karl F. (Hg.): Institutionen und Lebensläufe im Wandel. Institutionelle Regulierung von Lebensläufen [*Heinz*, Walter R. (Hg.): Statuspassagen und Lebenslauf 2], Weinheim – München, 11–28.

Lekachman, Robert (1985): Personal Perspective, in: Christianity an Crisis 1, 505–522.

Lessenich, Stephan (2000): Soziologische Erklärungsansätze zu Entstehung und Funktion des Sozialstaats, in: *Allmendinger*, Jutta / *Ludwig-Meyerhofer*, Wolfgang (Hg.): Soziologie des Sozialstaats. Gesellschaftliche Grundlagen, historische Zusammenhänge und aktuelle Entwicklungstendenzen, Weinheim – München, 39–78.

Lessenich, Stephan (2003): Der Arme in der Aktivitätsgesellschaft. Zum sozialen Sinn des »Förderns und Forderns«, in: WSI-Mitteilungen 4, 214–220.

Lindley, Robert (2000): Arbeitsmarktstrategien zur erfolgreichen Unterstützung der Alterung der Bevölkerung, in: *von Rothkirch*, Christoph (Hg.): Altern und Arbeit: Herausforderung für Wirtschaft und Gesellschaft. Beiträge, Diskussionen und Ergebnisse eines Kongresses mit internationaler Beteiligung, Berlin, 135–142.

Locke, John (1690 / 1992): Zwei Abhandlungen über die Regierung. Übersetzt von Hans Jörn Hoffmann. Herausgegeben und eingeleitet von Walter Euchner, Frankfurt / Main, 5. Auflage.

Löffler, Winfried (2001): Soziale Gerechtigkeit. Wurzeln und Gegenwart eines Konzepts in der Christlichen Soziallehre, in: *Koller*, Peter (Hg.): Gerechtigkeit im politischen Diskurs der Gegenwart, Wien, 65–88.

Lohfink, Norbert (1985): »Option für die Armen«. Das Leitwort der Befreiungstheologie im Lichte der Bibel, in: Stimmen der Zeit 203, 449–464.

Lohfink, Norbert (1988): Studien zum Pentateuch [Stuttgarter biblische Aufsatzbände 4], Stuttgart.

López, Eduardo Rivera (1995): Die moralischen Voraussetzungen des Liberalismus, Freiburg i. Br. – München.

Ludwig, Monika / *Leisering*, Lutz / *Buhr*, Petra (1995): Armut verstehen. Betrachtungen vor dem Hintergrund der Bremer Langzeitstudie, in: Aus Politik und Zeitgeschichte. Beilage zur Wochenzeitung Das Parlament 31–32, 24–34.

Ludwig, Monika (1996): Armutskarrieren. Zwischen Abstieg und Aufstieg im Sozialstaat, Opladen.

Mack, Elke (2002a): Gerechtigkeit und gutes Leben. Christliche Ethik im politischen Diskurs, Paderborn – München – Wien – Zürich.

Mack, Elke (2002b): Anmerkungen zur Methode einer theologischen Wirtschafts- und Sozialethik, in: Zeitschrift für Wirtschafts- und Unternehmensethik 2–3, 174–200.

Mack, Elke (2005): Familien in der Krise. Lösungsvorschläge christlicher Sozialethik, München.

Mack, Elke / *Bayerl*, Marion (2007): Elternbindung und Fremdbetreuung. Wie lassen sich Kindeswohl und die Interessen junger Mütter und Frauen in eine Balance bringen?, in: Amos. Gesellschaft gerecht gestalten. Internationale Zeitschrift für christliche Sozialethik 2, 3–10.

Marris, Robin (2001): Das Ende der Armut. Perspektiven für eine gerechtere Zukunft, Bern – Stuttgart – Wien.

Marx, Reinhard / *Wulsdorf*, Helge (2002): Christliche Sozialethik. Konturen – Prinzipien – Handlungsfelder, Paderborn.

Maus, Ingeborg (1998): Der Urzustand, in: *Höffe*, Otfried (Hg.): John Rawls. Eine Theorie der Gerechtigkeit [Klassiker Auslegen 15], Berlin, 71–96.

Meyer, Lutz (1996): John Rawls und die Kommunitaristen. Eine Einführung in Rawls' Theorie der Gerechtigkeit und die kommunitaristische Kritik am Liberalismus [Epistemia. Würzburger Wissenschaftliche Schriften. Reihe Philosophie 187], Würzburg.

Miegel, Meinhard / *Wahl*, Stefanie (1999): Solidarische Grundsicherung – private Vorsorge. Der Weg aus der Rentenkrise, München [u. a.].

Mill, John Stuart (1863 / 1975): Utilitarismus, in: *Höffe*, Otfried (Hg.): Einführung in die utilitaristische Ethik. Klassische und zeitgenössische Texte, München, 59–69.

Mill, John Stuart (1863 / 1993): Utilitarism. On Liberty, Considerations on representative Government, London – Rutland.

Miller, Seymour Michael / *Roby*, Pamela A.(1971): Poverty. Changing social Stratification, in: *Townsend*, Peter (Hg.): The Concept of Poverty, London.

Miller, Richard W. (1977): Rawls und der Marxismus, in: *Höffe*, Otfried (Hg.): Über John Rawls' Theorie der Gerechtigkeit, Frankfurt / Main, 162–196.

Mitschke, Joachim (1985): Steuer- und Transferordnung aus einem Guß. Entwurf der Neugestaltung der direkten Steuern und Sozialtransfers in der Bundesrepublik Deutschland [Schriften zur Ordnungspolitik 2], Baden-Baden.

Mitschke, Joachim (1996): Steuer- und Sozialpolitik für mehr reguläre Beschäftigung, in: Wirtschaftsdienst 75, 75–84.

Mitschke, Joachim (2003): Abstimmung von steuerfinanzierten Sozialleistungen und Einkommensteuer durch Integration, in: *Roose*, Michael (Hg.): Integriertes Steuer- und Sozialsystem, Heidelberg, 463–479.

Mittler-Holzem, Marlies (2001): Ehre Vater und Mutter. Eine Art antiker Sozialversicherung?, in: *Katholisches Bibelwerk e. V.* (Hg.): Entdecken. Lese und Arbeitsbuch zur Bibel. Zehn Gebote, Stuttgart, 70–82.

Moebius, Stephan (2002): Simmel lesen. Moderne, dekonstruktive und postmoderne Lektüren der Soziologie von Georg Simmel, Stuttgart.

Möhring-Hesse, Matthias (2005): Lehren aus dem Generationenvertrag. Sozialethische Überlegungen zur intergenerationellen Gerechtigkeit, in: Theologie und Philosophie 80, 31–55.

Monanzera, Miguel (1974): Theologie der Befreiung. Ansatzpunkt – Ziel – Methode, in: *Brettschneider*, Heribert (Hg.): Theologie und Befreiung [Veröffentlichungen des Missionspriesterseminars St. Augustin bei Bonn 24], St. Augustin, 39–73.

Morath, Konrad (1997): Zur Situation der gesetzlichen Alterssicherung in Deutschland, in: *Frankfurter Institut. Stiftung Marktwirtschaft und Politik* (I Ig.): Rentenreform. Lehre von draußen [Frankfurter Institut. Kleine Handbibliothek 23], Bad Homburg, 11–20.

Morschhäuser, Martina (2000): Personalentwicklung oder Personalaustausch? Perspektiven alter(n)sbezogener Personalplanung, in: *von Rothkirch*, Christoph (Hg.): Altern und Arbeit: Herausforderung für Wirtschaft und Gesellschaft. Beiträge, Diskussionen und Ergebnisse eines Kongresses mit internationaler Beteiligung, Berlin, 282–293.

Müller-Heine, Karin (2000): Zu den Begründungen des Reformbedarfs im sozialen Sicherungssystem: Arbeit und Sozialpolitik 7–8, 36–46.

Muñoz, Ronaldo (1987): Fragen zur evangelischen Option für die Armen, in: *Castillo*, Fernando (Hg.): Die Kirche der Armen in Lateinamerika. Eine theologische Hinführung, Freiburg (Schweiz), 122–133.

Murer, Erwin (2004): Generationengerechtigkeit, inbesondere der Alterssicherung: Das Beispiel Schweiz, in: *Verband Deutscher Rentenversicherungsträger* (Hg.): Generationengerechtigkeit – Inhalt, Bedeutung und Konsequenzen für die Alterssicherung. Jahrestagung 2003 des Forschungsnetzwerks Alterssicherung (FNA) am 4. und 5. Dezember 2003 in Erfurt, Bad Homburg, 152–159.

Naegele, Gerhard (1994): Das System der Sozialhilfe in der Bundesrepublik Deutschland. Strukturprinzipien, Leistungsgrundsätze und aktuelle Problemlagen: Von der allmählichen »Aushöhlung« zur faktischen Zerstörung des Bedarfsprinzips seit 1981 / 82, in: *Schulz*, Joachim (Hg.): Sozialhilfe. Eine systematische Einführung. Ausgewählte Texte, Weinheim – Basel, 120–125.

Nave-Herz, Rosemarie (2007): Familie heute. Wandel der Familienstrukturen und die Folgen für die Erziehung, Darmstadt, 3. Auflage.

Nass, Elmar (2006): Der humangerechte Sozialstaat [*Walter Eucken Institut* (Hg.): Untersuchungen zur Ordnungspolitik 51], Tübingen.

Neumann, Manfred (1997): Vom Umlageverfahren zum Kapitaldeckungsverfahren. Optionen zur Reform der Alterssicherung, in: *Frankfurter Institut. Stiftung Marktwirtschaft und Politik* (Hg.): Rentenkrise. Und wie wir sie meistern können [Frankfurter Institut. Kleine Handbibliothek 21], Bad Homburg, 87–128.

Neumann, Udo (1999): Struktur und Dynamik von Armut. Eine empirische Analyse für die Bundesrepublik Deutschland, Freiburg i. Br.

Neurath, Otto (1981): Empirische Soziologie, in: *Haller*, Rudolf / *Rutte*, Heiner (Hg.): Otto Neurath. Gesammelte philosophische und methodologische Schriften, Band 1, Wien, 423–528.

Nienhaus, Volker (1985): Konsens als praktische Entscheidungsregel, in: *Boettcher*, Erik / *Herder-Dorneich*, Philipp / *Schenk*, Karl-Ernst (Hg.): Die Vertragstheorie als Grundlage der Parlamentarischen Demokratie [Jahrbuch für Neue Politische Ökonomie 4], Tübingen, 137–159.

Nothelle-Wildfeuer, Ursula (2004): Subsidiäre Defizite des Sozialstaats, in: *Rauscher*, Anton (Hg.): Der Sozialstaat am Scheideweg, Köln, 69–100.

Nozick, Robert (1976): Anarchie, Staat, Utopia, München.

Nullmeier, Frank / *Vobruba*, Georg (1994): Gerechtigkeit im sozialpolitischen Diskurs, in: *Döring*, Diether / *Nullmeier*, Frank / *Pioch*, Roswitha / *Vobruba*, Georg: Gerechtigkeit im Wohnfahrtsstaat, Marburg, 11–66.

Nullmeier, Frank (2004a): Der Diskurs der Generationengerechtigkeit in Wissenschaft und Politik, in: *Burmeister*, Kai / *Böhning*, Björn (Hg.): Generationen & Gerechtigkeit, Hamburg, 62–75.

Nullmeier, Frank (2004b): Generationengerechtigkeit aus politikwissenschaftlicher Sicht, in: *Verband Deutscher Rentenversicherungsträger* (Hg.): Generationengerechtigkeit – Inhalt, Bedeutung und Konsequenzen für die Alterssicherung. Jahrestagung 2003 des Forschungsnetzwerks Alterssicherung (FNA) am 4. und 5. Dezember 2003 in Erfurt, Bad Homburg, 65–73.

Nunner-Winkler, Gertrud (1997): Zurück zu Durkheim? Geteilte Werte als Basis gesellschaftlichen Zusammenhalts, in: *Heitmeyer*, Wilhelm (Hg.): Was hält die Gesellschaft zusammen? Bundesrepublik Deutschland auf dem Weg von der Konsens- zur Konfliktgesellschaft, Frankfurt / Main, 360–402.

Nuscheler, Franz (1996): Lern und Arbeitsbuch Entwicklungspolitik, Bonn.

Nussbaum, Martha C. (1999), Gerechtigkeit oder Das gute Leben, Frankfurt / Main.

Opielka, Michael (2006): Gerechtigkeit durch Sozialpolitik?, in: Aus Politik und Zeitgeschichte. Beilage zur Wochenzeitung Das Parlament, 8–9, 32–38.

Opielka, Michael / *Strengmann-Kuhn*, Wolfgang (2007): Das solidarische Bürgergeld. Finanz- und sozialpolitische Analyse eines Reformkonzepts, in: *Borchard*, Michael (Hg.): Das Solidarische Bürgergeld. Analyse einer Reformidee, Stuttgart, 13–142.

Osterhammel, Jürgen (1996): Sozialgeschichte im Zivilisationsvergleich. Zu künftigen Möglichkeiten komparativer Geschichtswissenschaft, in: Geschichte und Gesellschaft 22, 143–164.

Pahl, Veronika (2000): Altern und Arbeit – Chancengleichheit für alle Altersgruppen, in: *von Rothkirch*, Christoph (Hg.): Altern und Arbeit: Herausforderung für Wirtschaft und Gesellschaft. Beiträge, Diskussionen und Ergebnisse eines Kongresses mit internationaler Beteiligung, Berlin, 13–19.

Pilz, Frank (2004): Der Sozialstaat. Ausbau – Kontroversen – Umbau [Bundeszentrale für politische Bildung (Hg.): Schriftenreihe 452], Bonn.

Piñera, José: Auf dem Weg zum mündigen Bürger: Reform der Altersversorgung am Beispiel Chile, in: *Frankfurter Institut. Stiftung Marktwirtschaft und Politik* (Hg.): Rentenreform. Lehren von draußen [Frankfurter Institut: Kleine Handbibliothek 23], Bad Homburg 1997, 21–44.

Pogge, Thomas W. (1998): Gleiche Freiheit für alle?, in: *Höffe*, Otfried (Hg.): John Rawls. Eine Theorie der Gerechtigkeit [Klassiker Auslegen 15], Berlin, 149–168.

Pogge, Thomas W. (1994): John Rawls, München.

Pogge, Thomas W. (2002): Can the Capability-Approach be Justified?, in: Philosophical Topics 30, 167–227.

Popper, Karl (1969): Logik der Forschung, Tübingen, 3. Auflage.

Popper, Karl (1970): Falsche Propheten. Hegel, Marx und die Folgen [Die offene Gesellschaft und ihre Feinde 2], Berlin – München, 2. Auflage.

Putnam, Hilary (2002): The collapse of the fact/value dichotomy, in: *Putnam*, Hilary (Hg.): The collapse of the fact/value dichotomy and other essays, Cambridge (MA) – London, 6–66.

Raffelhüschen, Bernd / *Feist*, Karen (2000): Der Sozialstaat in der Generationenbilanz – Mitgift oder Hypothek, Köln.

Raffelhüschen, Bernd (2001): Der Sozialstaat in der Generationenbilanz. Mitgift oder Hypothek, in: Der überalterte Sozialstaat – Besitzstandwahrung oder Aufbruch? 38. Kolloquium der Walter-Raymond-Stiftung Dresden, 26. bis 28. März 2000 [Veröffentlichungen der Walter-Raymond-Stiftung 40], Stuttgart.

Ratzinger, Joseph (1986): Politik und Erlösung. Zum Verhältnis von Glaube, Rationalität und Irrationalem in der sogenannten Theologie der Befreiung [*Rheinisch-Westfälische Akademie der Wissenschaften* (Hg.): Geisteswissenschaften. Vorträge 279], Opladen, 7–24.

Ratzinger, Joseph (1990): Die Theologie der Befreiung, in: *Greinacher*, Norbert (Hg.): Leidenschaft für die Armen. Die Theologie der Befreiung, München – Zürich, 322–334.

Rawls, John (1971): A Theory of Justice, Cambridge.

Rawls, John (1977a): Gerechtigkeit als Fairneß, in: *Rawls*, John (Hg.): Gerechtigkeit als Fairneß. Herausgegeben von Otfried Höffe [Praktische Philosophie 6], Freiburg i. Br. – München, 34–83.

Rawls, John (1977b): Distributive Gerechtigkeit. Zusätzliche Bemerkungen, in: *Rawls*, John (Hg.): Gerechtigkeit als Fairneß. Herausgegeben von Otfried Höffe [Praktische Philosophie 6], Freiburg i. Br. – München, 84–124.

Rawls, John (1979): Eine Theorie der Gerechtigkeit, Frankfurt / Main.

Rawls, John (1994): Die Idee des Politischen Liberalismus. Aufsätze 1978–1989. Herausgegeben von Wilfried Hinsch, Frankfurt / Main.

Rawls, John (1997): Erwiderung auf Habermas, in: *Hinsch*, Wilfried / *Philosophische Gesellschaft Bad Homburg* (Hg.): Zur Idee des Politischen Liberalismus. John Rawls in der Diskussion, Frankfurt / Main, 196–262.

Rawls, John (1998): Politischer Liberalismus, Frankfurt / Main.

Rawls, John (2003): Gerechtigkeit als Fairneß. Ein Neuentwurf, Frankfurt / Main.

Raz, Joseph (2000): Strenger und rhetorischer Egalitarismus, in: *Krebs*, Angelika (Hg.): Gleichheit oder Gerechtigkeit? Texte der neuen Egalitarismuskritik, Frankfurt / Main, 50–80.

Reese-Schäfer, Walter (1994): Was ist Kommunitarismus?, Frankfurt / Main – New York.

Reese-Schäfer, Walter (1998): Kommunitaristisches Sozialstaatsdenken. Sozialpolitische Gerechtigkeitsimplikationen in der kommunitaristischen Diskussion, in: *Blasche*, Siegfried / *Döring*, Diether (Hg.): Sozialpolitik und Gerechtigkeit, Frankfurt / Main – New York, 75–116.

Reinhard, Hans-Joachim (2001): Demographischer Wandel und Alterssicherung in Deutschland, in: *Reinhard*, Hans-Joachim (Hg.): Demographischer Wandel und Alterssicherung. Rentenpolitik in neun europäischen Ländern und den USA im Vergleich, Baden-Baden, 15–56.

Ribhegge, Hermann (2000): Gibt es ein optimales Mix von Umlage- und Kapitaldeckungsverfahren? Koreferat zu Jörg Althammer, in: *Schmähl*, Winfried (Hg.): Soziale Sicherung zwischen Markt und Staat [Schriften des Vereins für Socialpolitik 275], Berlin, 135–140.

Riedmüller, Barbara (2007): Die Alterssicherung der Frau im europäischen Vergleich, in: *Deutsche Rentenversicherung* (Hg.): Die gesetzliche Rente in Deutschland. 50 Jahre Sicherheit durch Anpassung. Jahrestagung 2007 des Forschungsnetzwerks Alterssicherung (FNA) am 25. und 26. Januar 2007 in Berlin [DRV-Schriften 73], Berlin, 57–72.

Rische, Herbert (1999): Auswirkungen von Veränderungen in der Arbeitswelt auf die Alterssicherung, in: *Schmähl*, Winfried / *Rische*, Herbert (Hg.): Wandel der Arbeitswelt – Folgerungen für die Sozialpolitik, Baden-Baden, 169–188.

Romahn, Regine (2000): Instrumente der alternsgerechten Arbeitsgestaltung, in: *von Rothkirch*, Christoph (Hg.): Altern und Arbeit: Herausforderung für Wirtschaft und Gesellschaft. Beiträge, Diskussionen und Ergebnisse eines Kongresses mit internationaler Beteiligung, Berlin, 271–275.

Römelt, Josef (1996): Vom Sinn moralischer Verantwortung. Zu den Grundlagen christlicher Ethik in komplexer Gesellschaft [Handbuch der Moraltheologie 1], Regensburg.

Romero, Oscar Arnulfo (1990): Zur Frage der Gewalt, in: *Greinacher*, Norbert (Hg.): Leidenschaft für die Armen. Die Theologie der Befreiung, München – Zürich, 201–205.

Rosner, Siegfried (1990): Gesellschaft im Übergang? Zum Wandel von Arbeit, Sozialstruktur und Beschäftigung in der Bundesrepublik, Frankfurt / Main – New York.

Rösner, Hans Jürgen (1996): Globaler Wettbewerb und soziale Sicherung der Arbeitnehmer, in: *Schönig*, Werner / *L'Hoest*, Raphael (Hg.), Sozialstaat wohin? Umbau, Abbau oder Ausbau der Sozialen Sicherung, Darmstadt, 191–216.

Rottländer, Peter (1988): Option für die Armen. Erneuerung der Weltkirche und Umbruch der Theologie, in: *Schillebeeckx*, Edward (Hg.): Mystik und Politik. Theologie im Ringen um Geschichte und Gesellschaft. Johann Baptist Metz zum 60. Geburtstag, Mainz, 72–88.

Rowntree, B. Seebohm (1902 / 1977): Social Theories of the City, London.

Ruland, Franz (2007): Die gesetzliche Rentenversicherung im Wandel der Herausforderungen. Zentrale Reformen nach 1957 bis 2007, in: *Deutsche Rentenversicherung Bund* (Hg.): Die gesetzliche Rente in Deutschland. 50 Jahre Sicherheit durch Anpassung. Jahrestagung des Forschungsnetzwerks Alterssicherung (FNA) am 25. und 26. Januar 2007 in Berlin [DRV-Schriften 73], Berlin, 29–46.

Rürup, Bert (2004): Generationengerechtigkeit und Rentenversicherung, in: *Verband Deutscher Rentenversicherungsträger* (Hg.): Generationengerechtigkeit – Inhalt, Bedeutung und Konsequenzen für die Alterssicherung. Jahrestagung 2003 des Forschungsnetzwerks Alterssicherung (FNA) am 4. und 5. Dezember 2003 in Erfurt, Bad Homburg, 39–44.

Sannett, Richard (2002): Respekt im Zeitalter der Ungleichheit, Berlin.

Sauer, Johannes (2003): Lernkultur Kompetenzentwicklung – betriebliche Perspektiven des BMBF-Forschungsprogramms – Von der Notwendigkeit einer neuen Lernkultur, in: *Klös*, Hans-Peter / *Weiß*, Reinhold / *Zedler*, Reinhard (Hg.): Demographische Entwicklung – Berufsbildung – Personalentwicklung, Köln, 74–83.

Scanlon, Thomas M. (2003): Rawls on Justification, in: *Freeman*, Samuel (Hg.): The Cambridge Companion to Rawls, Cambridge, 139–167.

Schäfers, Michael (1998): Prophetische Kraft der kirchlichen Soziallehre? Armut, Arbeit, Eigentum und Wirtschaftskritik [*Collet*, Giancarlo / *Mette*, Norbert / *Schmälzle*, Udo / *Steinkamp*, Hermann (Hg.): Theologie und Praxis 4], Münster – Hamburg – London.

Scharbert, Josef (1989): Exodus, in: Die neue Echter Bibel, Würzburg.

Schenker, Adrian (1995): »Ehre Vater und Mutter«. Das vierte Gebot in der Gesamtordnung des Dekalogs, in: Communio 24, 11–17.

Scherman, Karl Gustav (2004): Sicherung der Altersversorgung in Schweden – Quo Vadis?, in: *Verband Deutscher Rentenversicherungsträger* (Hg.): Generationengerechtigkeit – Inhalt, Bedeutung und Konsequenzen für die Alterssicherung. Jahrestagung 2003 des Forschungsnetzwerks Alterssicherung (FNA) am 4. und 5. Dezember 2003 in Erfurt, Bad Homburg, 160–182.

Schild, Georg (2003): Die Wohlfahrtsreform von 1996, in: *Fluck*, Winfried / *Werner*, Welf (Hg.): Wie viel Ungleichheit verträgt die Demokratie? Armut und Reichtum in den USA [John F. Kennedy-Institut (Hg.): Nordamerikastudien 17], Frankfurt / Main, 99–118.

Schimany, Peter (2003): Die Alterung der Gesellschaft. Ursachen und Folgen des demographischen Umbruchs, Frankfurt / Main.

Schlegelberger, Bruno / *Sayer*, Josef / *Weber*, Karl (1980): Von Medellín nach Puebla. Gespräche mit lateinamerikanischen Theologen, Düsseldorf.

Schmähl, Winfried (1988): Rentenversicherung, in: *Görres-Gesellschaft* (Hg.): Staatslexikon. Recht – Wirtschaft – Gesellschaft in 5 Bänden (Bd. 4), Freiburg – Basel – Wien, 859–874.

Schmähl, Winfried (2001): Umlagefinanzierte Rentenversicherung in Deutschland. Optionen und Konzepte sowie politische Entscheidungen als Einstieg in einen grundlegenden Transformationsprozeß, in: *Schmähl*, Winfried / *Ulrich*, Volker (Hg.): Soziale Sicherungssysteme und demographische Herausforderungen, Tübingen, 123–204.

Schmähl, Winfried (2004): »Generationsgerechtigkeit« und Alterssicherung – oder: Wie ein vieldeutiger Begriff einseitig instrumentalisiert wird, in: *Burmeister*, Kai / *Böhning*, Björn (Hg.): Generationen & Gerechtigkeit, Hamburg, 45–61.

Schmähl, Winfried / *Rothgang*, Heinz / *Viebrok*, Holger (2006): Berücksichtigung von Familienleistungen in der Alterssicherung. Analyse und Folgerungen aus ökonomischer Sicht [DRV-Schriften 65], Berlin.

Schmid, Johannes (1995): John Rawls' liberale Konzeption zur institutionellen Lösung von Verteilungsproblemen, in: *Pies*, Ingo / *Leschke*, Martin (Hg.): John Rawls' politischer Liberalismus, Tübingen, 103–116.

Schmidt, Walter (2005): Option für die Armen? Erkenntnistheoretische, sozialwissenschaftliche und sozialethische Überlegungen zur Armutsbekämpfung [*Beschorner*, Thomas [u. a.] (Hg.): Schriftenreihe für Wirtschafts- und Unternehmensethik 13], München – Mering.

Schnabel, Reinhold / *Miegel*, Meinhard (2001): Rentenreform 2001. Zögerlicher Einstieg in den Umstieg, Köln.

Schneider, Martin (2001): Soziale Gerechtigkeit, in: *Baumgartner*, Alois / *Putz*, Gertrud (Hg.): Sozialprinzipien – Leitideen in einer sich wandelnden Welt, Innsbruck – Wien, 31–78.

Schöpfer, Hans (1977): Theologie der Gesellschaft. Interdisziplinäre Grundlagenbibliographie zur Einführung in die befreiungs- und polittheologische Problematik, Bern – Frankfurt / Main – Las Vegas.

Schöpfer, Hans (1979): Lateinamerikanische Befreiungstheologie, Berlin – Köln – Mainz.

Schramm, Michael (1996): Religion und Moral in der Moderne. Zur Theoriestrategie einer christlichen Sozialethik, in: *Holderegger*, Adrian: Fundamente der theologischen Ethik. Bilanz und Neuansätze [Studien zur theologischen Ethik 72], Freiburg (Schweiz), 385–402.

Schramm, Michael (1997): Bürgergeld oder Bürgergeld »light«. Ein Weg zum Abbau von Arbeitslosigkeit, in: Theologie der Gegenwart 40, 302–308.

Schramm, Michael (1998): Bürgergeld »light«. Sozialpolitik für den Arbeitsmarkt, in: *Gaertner*, Wulf (Hg.): Wirtschaftsethische Perspektiven IV. Methodische Grundsatzfragen, Unternehmensethik, Kooperations- und Verteilungsprobleme, Berlin, 243–282.

Schramm, Michael (2000): Beteiligen statt Verteilen. Das Armutsproblem in West- und Ostdeutschland, in: *Pittner*, Bertram / *Wollbold*, Andreas (Hg.): Zeiten des Übergangs. Festschrift für Franz Georg Friemel zum 70. Geburtstag [Erfurter Theologische Studien 80], Leipzig, 154–166.

Schreitner, Robert (1992): Abschied vom Gott der Europäer. Zur Entwicklung regionaler Theologien, Salzburg.

Schulz, Joachim (1989): Armut und Sozialhilfe, Stuttgart – Berlin – Köln.

Schürmann, Heinz (1977): Das eschatologische Heil Gottes und die Weltverantwortung des Menschen, in: *Lehmann*, Karl / *Schürmann*, Heinz (Hg.) / *De Carde*-

dal, Olegavio Gonzáles / *Balthasar*, Hans Urs von (Hg.): Theologie der Befreiung [Sammlung Horizonte 10], Einsiedeln, 45-78.

Schwieger, Michael (1987): Zur Theologie der Befreiung. Materialien zum theologischen Denken und christlichen Leben in Lateinamerika [Analysen und Projekte zum Religionsunterricht 20], Göttingen.

Sen, Amartya (1977): Rawls versus Bentham. Eine axiomatische Untersuchung des reinen Verteilungsproblems, in: *Höffe*, Otfried (Hg.): Über John Rawls' Theorie der Gerechtigkeit, Frankfurt / Main, 283-295.

Sen, Amartya (1999): Die Freiheit der Märkte haben wir – wo bleiben Gerechtigkeit und Brüderlichkeit?, in: *Alfred Herrhausen Gesellschaft für internationalen Dialog* (Hg.): Der Kapitalismus im 21. Jahrhundert, München, 19-40.

Sen, Amartya (2000a): Der Lebensstandard. Vorlesung I. Begriffe und Kritik, in: *Sen*, Amartya (Hg.): Der Lebensstandard, Hamburg, 17-41.

Sen, Amartya (2000b): Der Lebensstandard. Vorlesung II. Lebensgestaltung und Fähigkeiten, in: *Sen*, Amartya (Hg.): Der Lebensstandard, Hamburg, 42-67.

Sen, Amartya (2000c): Ökonomie für den Menschen. Wege zu Gerechtigkeit und Solidarität in der Marktwirtschaft, München – Wien.

Sesselmeier, Werner (2006): Die demographische Herausforderung der Alterssicherung, in: Aus Politik und Zeitgeschichte. Beilage zur Wochenzeitung Das Parlament 8-9, 25-31.

Sidgwick, Henry (1874/1975): Die Methoden der Ethik, in: *Höffe*, Otfried (Hg.): Einführung in die utilitaristische Ethik. Klassische und zeitgenössische Texte, München, 98-119.

Sigmund, Paul E. (1990): Liberation Theology at the crossroads. Democracy or revolution?, Oxford.

Simmel, Georg (1908/1992): Soziologie. Untersuchungen über die Formen der Vergesellschaftung [Rammstedt, Ottheim (Hg.): Gesamtausgabe 11], Frankfurt / Main.

Sinn, Hans-Werner (2000): Sozialstaat im Wandel, in: *Hauser*, Richard (Hg.): Die Zukunft des Sozialstaats [Schriften des Vereins für Socialpolitik 271], Berlin, 15-34.

Sinn, Hans-Werner (2003): Ist Deutschland noch zu retten?, München, 4. Auflage.

Sinn, Hans-Werner (2005): Das demographische Defizit. Die Fakten, die Folgen, die Ursachen und die Politikimplikationen, in: *Birg*, Herwig (Hg.): Auswirkungen der demographischen Alterung und der Bevölkerungsschrumpfung auf Wirtschaft, Staat und Gesellschaft. Plenarvorträge der Jahrestagung der Deutschen Gesellschaft für Demographie an der Universität Bielefeld 4. März 2004, Münster, 53-90.

Sommer, Bettina (2004): Die Bevölkerungsentwicklung in den Bundesländern bis zum Jahr 2050, in: *Birg*, Herwig (Hg.): Auswirkungen der demographischen Alterung und der Bevölkerungsschrumpfung auf Wirtschaft, Staat und Gesellschaft. Plenarvorträge der Jahrestagung der Deutschen Gesellschaft für Demographie an der Universität Bielefeld 4. März 2004, Münster, 91–110.

Spermann, Alexander (2007): Das Solidarische Bürgergeld. Anmerkungen zur Studie von Michael Opielka und Wolfgang Strengmann-Kuhn, in: *Borchard*, Michael (Hg.): Das Solidarische Bürgergeld. Analyse einer Reformidee, Stuttgart, 143–162.

Spieß, Christian (2005): Strategien der Anerkennung. Zur sozialethischen Systematik der freien Wohlfahrtspflege, in: *Gabriel*, Karl / *Ritter*, Klaus (Hg.): Solidarität und Markt. Die Rolle der kirchlichen Diakonie im modernen Sozialstaat, Freiburg i. Br., 124–146.

Statistisches Bundesamt (Hg.) (2003): Bevölkerung Deutschlands bis 2050. 10. koordinierte Bevölkerungsvorausberechnung, Wiesbaden.

Statistisches Bundesamt (Hg.) (2006a): 11. Koordinierte Bevölkerungsvorausberechnung. Annahmen und Ergebnisse, Wiesbaden.

Statistisches Bundesamt (Hg.) (2006b): Bevölkerung Deutschlands bis 2050. 11. Koordinierte Bevölkerungsvorausberechnung. Presseexemplar, Wiesbaden.

Statistisches Bundesamt (Hg.) (2006c): Volkswirtschaftliche Gesamtrechnung. Nettoeinkommen und Zahl der Haushalte nach Haushaltsgruppen – je Haushalt, Haushaltsmitglied und Verbrauchereinheit, Wiesbaden.

Suchanek, Andreas (2001): Ökonomische Ethik, Tübingen.

Szydlik, Marc (2005): Intergenerative Umverteilung und Alterssicherung, in: *Deutsche Rentenversicherung Bund* (Hg.): Das Soziale in der Alterssicherung. Jahrestagung 2005 des Forschungsnetzwerks Alterssicherung (FNA) am 1. und 2. Dezember 2005 in Berlin [DRV-Schriften 66], Berlin, 152–161.

Townsend, Peter (1979): Poverty in the United Kingdom, Harmondsworth.

United Nations Development Programme (Hg.) (2004): Human Development Report 2004. Cultural Liberty in today's diverse world, New York.

Van Parijs, Philippe (1995): Real Freedom for All, Oxford.

Veith, Werner (2001): Solidarität der Generationen, in: *Baumgartner*, Alois / *Putz*, Gertrud (Hg.): Sozialprinzipien – Leitideen in einer sich wandelnden Welt, Innsbruck – Wien, 107–124.

Veith, Werner (2005): Was ist eigentlich eine Generation?, in: Lernort Gemeinde 23, 8–13.

Veith, Werner (2006): Intergenerationelle Gerechtigkeit. Ein Beitrag zur sozialethischen Theoriebildung [*Brosseder*, Johannes, *Fischer*, Johannes, *Track*, Joachim (Hg.): Forum Systematik 25], Stuttgart.

Verband deutscher Rentenversicherungsträger (Hg.) (1987): Zur langfristigen Entwicklung der gesetzlichen Rentenversicherung, o. O.

Verband deutscher Rentenversicherungsträger (Hg.) (2004): VDR-Info. Informationen des Verbands deutscher Rentenversicherungsträger 1.

Verband deutscher Rentenversicherungsträger (Hg.) (2006): Renten auf einen Blick. Staatliche Politik im OECD-Ländervergleich. Ausgabe 2005 [*Verband deutscher Rentenversicherungsträger* (Hg.): DRV-Schriften 61], Bad-Homburg.

Vobruba, Georg (1990a): Einleitung, in: *Vobruba*, Georg (Hg.): Strukturwandel der Sozialpolitik, Frankfurt / Main, 7–10.

Vobruba, Georg (1990b): Lohnarbeitszentrierte Sozialpolitik in der Krise der Lohnarbeit, in: *Vobruba*, Georg (Hg.): Strukturwandel der Sozialpolitik, Frankfurt / Main, 11–80.

Vogt, Markus / *Köstner*, Barbara (1996): Mensch und Umwelt. Eine komplexe Beziehung als interdisziplinäre Herausforderung, Dettelbach.

Vogt, Markus (2003): Kann Politik globale Solidarität mit künftigen Generationen organisieren? in: *Müller*, Johannes / *Reder*, Michael (Hrsg.): Der Mensch und die Herausforderung nachhaltiger Solidarität, Stuttgart, 127-183.

Vogt, Markus (2004): Religiöse Potentiale für Nachhaltigkeit. Thesen aus der Perspektive katholischer Theologie, in: *Littig*, Beate (Hg.): Religion und Nachhaltigkeit. Multidisziplinäre Zugänge und Sichtweisen, Münster, 91–118.

Vogt, Markus (2005): Natürliche Ressourcen und intergenerationelle Gerechtigkeit, in: *Heimbach-Steins*, Marianne (Hg.): Christliche Sozialethik. Ein Lehrbuch, Band 2, Regensburg, 137–162.

Volkssolidarität Bundesverband e. V. (Hg.) (2006): Sozialreport 2006. Daten und Fakten zur sozialen Lage in den neuen Bundesländern, Berlin.

von der Pfordten, Dietmar (1993): Sein, Werten, Sollen, in: Archiv für Rechts- und Sozialphilosophie, Stuttgart, 48–69.

Wagner, Gerd (2000): Perspektiven der Alterssicherung, in: *Hauser*, Richard (Hg.): Die Zukunft des Sozialstaats [Schriften des Vereins für Socialpolitik 271], Berlin, 113–166.

Walla, Wolfgang / *Eggen*, Bernd / *Lipinski*, Heike (2006): Der demographische Wandel. Herausforderungen für Politik und Wirtschaft, Stuttgart.

Walzer, Michael (1992): Sphären der Gerechtigkeit. Ein Plädoyer für Pluralität und Gleichheit. Frankfurt / Main – New York.

Walzer, Michael (1993): Die kommunitaristische Kritik am Liberalismus, in: *Honneth*, Axel (Hg.): Kommunitarismus. Eine Debatte über die moralischen Grundlagen moderner Gesellschaften, Frankfurt / Main – New York, 157–180.

Walzer, Michael (2000): Komplexe Gleichheit, in: *Krebs*, Angelika (Hg.): Gleichheit oder Gerechtigkeit? Texte der neuen Egalitarismuskritik, Frankfurt / Main, 172–214.

Weimer, Stefanie / *Mendius*, Hans-Gerhard / *Kistler*, Ernst (2001): Demographischer Wandel und Zukunft der Erwerbsarbeit am Standort Deutschland, in: *Bullinger*, Hans-Jörg (Hg.): Zukunft der Arbeit in einer alternden Gesellschaft, Stuttgart, 25–31.

Welti, Felix (2004): Rechtliche Aspekte von Generationengerechtigkeit, in: *Burmeister*, Kai, *Böhning*, Björn (Hg.): Generationen & Gerechtigkeit, Hamburg, 99–129.

Wiemeyer, Joachim (2002): Flexible Arbeitswelten, in: *Jähnichen*, Traugott / *Maaser*, Wolfgang / *von Soosten*, Joachim (Hg.): Flexible Welten. Sozialethische Herausforderungen auf dem Weg in die Informationsgesellschaft [*Brankelmann*, Günter / *Jähnichen*, Traugott (Hg.): Entwürfe zur christlichen Gesellschaftswissenschaft 11], Münster, 119–131.

Wiemeyer, Joachim (2006): Die Neuausrichtung des Sozialstaats im internationalen Kontext: aktivierend, ermöglichend, investiv, in: *Schramm*, Michael / *Große-Kracht*, Hermann-Josef / *Kostka*, Ulrike (Hg.): Der fraglich gewordene Sozialstaat. Aktuelle Streitfelder – Ethische Grundlagenprobleme, Paderborn – München – Wien – Zürich, 137–153.

Wieting, Axel (1999): Gesetzliche Alterssicherungssysteme in Transformation am Beispiel Australiens, Rußlands und Deutschlands [Versicherungswissenschaft in Hannover (Hg.): Hannoveraner Reihe 9], Karlsruhe.

Wildt, Andreas (1996): Gleichheit, Gerechtigkeit und Optimierung für jeden. Zur Begründung von Rawls' Differenzprinzip, in: *Bayertz*, Kurt (Hg.): Politik und Ethik, Stuttgart, 249–276.

Williams, Bernard (2000): Der Lebensstandard. Interessen und Fähigkeiten, in: *Sen*, Amartya (Hg.): Der Lebensstandard, Hamburg, 98–110.

Wissenschaftliche Dienste des Deutschen Bundestages (Hg.) (2004): Die Schwankungsreserve in der gesetzlichen Rentenversicherung, in: Der Aktuelle Begriff 5, 1–2.

Wolff, Heimfried (2000): Ergebnisse des Forschungsschwerpunkts »Demographischer Wandel und die Zukunft der Erwerbsarbeit«, in: *von Rothkirch*, Christoph (Hg.): Altern und Arbeit: Herausforderung für Wirtschaft und Gesellschaft. Beiträge, Diskussionen und Ergebnisse eines Kongresses mit internationaler Beteiligung, Berlin, 27–44.

Zahn-Elliott, Ursula (2001): Demographischer Wandel und Erwerbsarbeit, in: *Bullinger*, Hans-Jörg (Hg.): Zukunft der Arbeit in einer alternden Gesellschaft, Stuttgart, 7–10.

Zimmermann, Gunter E. (1998): Formen von Armut im Kindes- und Jugendalter, in: *Klocke*, Andreas / *Hurrelmann*, Klaus (Hg.): Kinder und Jugendliche in Armut. Umfang, Auswirkungen und Konsequenzen, Opladen – Wiesbaden, 51–71.

Internetquellen

Deutsche Stiftung Weltbevölkerung: DSW Info. Weltbevölkerung, online unter: http://www.weltbevoelkerung.de/pdf/fs_entwicklung.pdf, Entnahme am 14.03.2007.

Devetzi, Stamatia (2001): Rentenversicherung im internationalen Vergleich (Schweiz, Schweden, Großbritannien), Dresden, online unter: http://www.ifrr.vdr.de/internet/infopool. nsf, Entnahme am 08.05.2003.

Förster, Michael / *d'Ercole*, Mira: Income Distribution and Poverty in OECD Countries in the Second Half of the 1990s [OEDC Social, Employment and Migration Working Papers 22], online unter: http://www.oecd.org/dataoecd/48/9/34483698.pdf, Entnahme am 17.03.2005.

Frick, Joachim R. (2005): SOEP-Monitor. Zeitreihen zur Entwicklung von Indikatoren zu zentralen Lebensbereichen. Beobachtungszeitraum 1984–2005. Analyseebene: Personen, online unter: http://www.diw.de/deutsch/sop/service/soepmonitor/soepmonitor_ person2005. pdf, Entnahme am 19.05.2007.

Friedrich-Ebert-Stiftung (Hg.) (2006): Gesellschaft im Reformprozess. Die Friedrich-Ebert-Stiftung untersucht die Reformbereitschaft der Deutschen, online unter: http://www.fes.de/inhalt/Dokumente/061017_Gesellschaft_im_Reformprozess_ komplett.pdf, Entnahme am 22.05.2007.

Grabka, Markus M./*Frick*, Joachim R. / *Meinhardt*, Volker / *Schupp*, Jürgen (2003): Ältere Menschen in Deutschland: Einkommenssituation und ihr möglicher Beitrag zur Finanzierung der gesetzlichen Rentenversicherung [*Deutsches Institut für Wirtschaftsforschung* (Hg.): Wochenbericht des DIW Berlin 12], online unter: http://www.diw.de/deutsch/produkte/publikationen/wochenberichte/docs/03–12–2.html, Entnahme am 06.12.2006.

Himmelreicher, Ralf K.: Zunehmende Ungleichheit der Alterseinkünfte und zunehmende Altersarmut? Der Einfluss von Erwerbs- und Familienbiographien auf die Rentenhöhe in Deutschland, online unter: http://www.social-science-gesis.de/Dauerbeobachtung/Sozialindikatoren/Veranstaltungen/PDFs/Praes_ Himmelreicher.pdf, Entnahme am 18.05.2007

Hohenleitner, Ingrid / *Strengmann-Kuhn*, Wolfgang (2007): Das Solidarische Bürgergeld. Mehr als sozialutopische Konzepte, in: *Hamburgisches Weltwirtschaftsarchiv* (Hg.): Bedingungsloses Grundeinkommen und Solidarisches Bürgergeld

- mehr als sozialutopische Konzepte, online unter: http://www.d-althaus.de/ fileadmin/PDF/Grundeinkommen-Studie.pdf, Entnahme am: 08.11.2007.

Industriegewerkschaft Bauen-Agrar-Umwelt (Hg.) (2000): Konzeption der Industriegewerkschaft Bauen-Agrar-Umwelt für ein universelles System der gesetzlichen Alterssicherung, Frankfurt / Main, online unter: http://www.labournet.de/diskussion/gewerk-schaft/debatte/senior_baukonzept.pdf, Entnahme am 13.07.2006

Kirner, Ellen/*Meinhardt*, Volker/*Wagner*, Gert (2000): Probleme der Altersvorsorge allein durch Änderung des Finanzierungsverfahrens nicht zu lösen [*Deutsches Institut für Wirtschaftsforschung* (Hg.): Wochenbericht des DIW Berlin 30], online unter: http://www.diw.de/deutsch/produkte/publikationen/wochenberichte/docs/00-30-1.html, Entnahme am 05.12.2006.

Kirner, Ellen / *Meinhardt*, Volker (2002): Finanzielle Konsequenzen der Einführung eines universellen Alterssicherungssystems [Deutsches Institut für Wirtschaftsforschung (Hg.): Wochenbericht des DIW Berlin 45], online unter: http://www.diw.de/deutsch/produkte/publikationen/wochenberichte/docs/02-45-1.html, Entnahme am 11.07.2006.

Leiber, Simone (2005): Formen und Verbreitung betrieblicher Altersvorsorge – Eine Zwischenbilanz, in: WSI-Mitteilungen 6, 314–321. online unter: http:// www.boeckler.de/ pdf/ wsimit_2005_06_leiber.pdf, Entnahme am 12.12.2006.

Ministerium für Arbeit, Gesundheit und Soziales des Landes Nordrhein-Westfalen: Sozialberichte NRW online, online unter: http://www.mags.nrw.de/sozialberichte/sozialindikatoren_nrw/einkommen/einkommensarmut/indikator6_2/index.php, Entnahme am 21.05.2007.

Schramm, Michael (2007): Subsidiäre Befähigungsgerechtigkeit durch das »Solidarische Bürgergeld«, in: *Hamburgisches Weltwirtschaftsarchiv* (Hg.): Bedingungsloses Grundeinkommen und Solidarisches Bürgergeld – mehr als sozialutopische Konzepte, online unter: http://www.d-althaus.de/fileadmin/PDF/Grundeinkommen-Studie.pdf, Entnahme am: 08.11.2007.

Schwarze, Johannes / *Wagner*, Gert G. / *Wunder*, Christoph (2004): Alterssicherung: Gesunkene Zufriedenheit und Skepsis gegenüber privater Vorsorge [*Deutsches Institut für Wirtschaftsforschung* (Hg.): Wochenbericht des DIW Berlin 22], online unter: http://www.diw.de/deutsch/produkte/publikationen/wochenberichte/docs/04-22-1.html, Entnahme am 11.12.2006.

Schwarze, Johannes / *Mühling*, Tanja (2005): Auswertung des Niedrigeinkommenspanels (NIEP) im Hinblick auf eine mehrdimensionale Analyse von Armut. Im Auftrag des Bundesministeriums für Gesundheit und Soziale Sicherung, online unter: http://www.bmas.bund.de/BMAS/Redaktion/Pdf/Publikationen/auswertung-des-niedrigein-kommens-panel,property=pdf,bereich=bmas,sprache=de,rwb=true.pdf, Entnahme am 19.05.2007.

Standfest, Erich (2002): Die finanzielle Entwicklung in der Rentenversicherung [Aktuelles Presseseminar des VDR 11. und 12. November 2002 in Würzburg], online unter: http://www.vdr.de/internet/vdr/infopool.nsf/8cead92937c9595cc1 256a5b00386be8/A95675859013AF2BC1256C6F00359491/USDFILE/ Vortrag+Standfest.pdf, Entnahme am 10.07.2003.

Statistisches Bundesamt (Hg.): Statistik von A bis Z. Einkommens- und Verbrauchsstichprobe, online unter: http://www.destatis.de/presse/deutsch/abisz/einkommens_verbrauchsstichprobe.htm, Entnahme am 19.05.2007.

United Nations. Department of Economic and Social Affairs. World Population Division (Hg.) (2006): World Population Prospects. The 2006 Revision, online unter: http://www.un.org/esa/population/publications/wpp2006/wpp2006.htm, Entnahme am 14.03.2007.

United Nations Development Programme (Hg.) (2006): Human Development Report 2006. Beyond scarcity: Power, poverty and the global water crisis, online unter: http://hdr.undp.org/hdr2006/pdfs/report/HDR06-complete.pdf, Entnahme am 05.07.2007.

Wagner, Gert/*Meinhardt*, Volker/*Leinert*, Johannes/*Kirner*, Ellen (1998): Kapitaldeckung: Kein Wundermittel für die Altersvorsorge [Deutsches Institut für Wirtschaftsforschung (Hg.): DIW-Wochenbericht 46], online unter: http://www.diw.de/deutsch/produkte/publikationen/wochenberichte/docs/98-46-1.html, Entnahme am 10.07.2006.

Wiemeyer, Joachim (2005): Sozialethische Bewertung des Niedriglohnsektors [Konrad-Adenauer-Stiftung (Hg.): Arbeitspapiere 148], online unter: http://www.kas.de//db_files/dokumente/arbeitspapiere/7_dokument_dok_pdf_8201_1.pdf?070807142840, Entnahme am 08.11.2007.

Windhövel, Kerstin M.: Gesetzliche Rentenversicherung und Kapitaldeckung aus neoklassischer Sicht, online unter: http://www.forschung-deutsche-rentenversicherung.de/ForschProtalWeb/fuadoc.pdf?naid=423C09350C48EA55C125 7B500528371&docart=2, Entnahme am 26.07.2006.

ta ethika

herausgegeben von

Prof. Dr. mult. Nikolaus Knoepffler, Universität Jena
und
rof. Dr. Elke Mack, Universität Erfurt

Band 11: Christine Baumbach, Peter Kunzmann (Hrsg.): **Würde – dignité – godnosc – dignity · Die Menschenwürde im internationalen Vergleich**
2010 · 326 Seiten · ISBN 978-3-8316-0939-0

Band 10: Martin Lampert: **Alterssicherung im Spannungsfeld von demographischer Entwicklung und intergenerationeller Gerechtigkeit**
2009 · 370 Seiten · ISBN 978-3-8316-0910-9

Band 9: Katja Thierjung: **Von der Weltordnung zum Weltspiel · Das Verhältnis von Moral, Politik und Wirtschaft in Zeiten der Globalisierung**
2009 · 310 Seiten · ISBN 978-3-8316-0900-0

Band 8: Christian Warns: **Spielregeln eines solidarischen Krankenversicherungswettbewerbs · Wettbewerb, Solidarität und Nachhaltigkeit nach der Gesundheitsreform 2007**
2009 · 388 Seiten · ISBN 978-3-8316-0864-5

Band 7: Martin O'Malley: **Wilhelm Ketteler and the Birth of Modern Catholic Social Thought · A Catholic Manifesto in Revolutionary 1848**
2008 · 204 Seiten · ISBN 978-3-8316-0846-1

Band 6: Sabine Odparlik, Peter Kunzmann, Nikolaus Knoepffler (Hrsg.): **Wie die Würde gedeiht · Pflanzen in der Bioethik**
2008 · 318 Seiten · ISBN 978-3-8316-0818-8

Band 5: Martin O'Malley, Antje Klemm (Hrsg.): **Cancer Research is a Social Endeavor · An Interdisciplinary Introduction to Ethics in Cancer Research**
2008 · 100 Seiten · ISBN 978-3-8316-0755-6

Band 4: Peter Kunzmann, Sabine Odparlik (Hrsg.): **Eine Würde für alle Lebewesen?**
2007 · 148 Seiten · ISBN 978-3-8316-0741-9

Band 3: Dirk Preuß: **... et in pulverem reverteris? · Vom ethisch verantworteten Umgang mit menschlichen Überresten in Sammlungen sowie musealen und sakralen Räumen**
2007 · 104 Seiten · ISBN 978-3-8316-0739-6

Band 2: Nikolaus Knoepffler, Antje Klemm (Hrsg.): **Ernst Abbe als Unternehmer und Sozialreformer – Ein Beitrag zur Wirtschaftsethik**
2007 · 74 Seiten · ISBN 978-3-8316-0705-1

Band 1: Elke Mack: **Familien in der Krise · Lösungsvorschläge Christlicher Sozialethik**
2005 · 106 Seiten · ISBN 978-3-8316-0543-9

Erhältlich im Buchhandel oder direkt beim Verlag:
Herbert Utz Verlag GmbH, München
089-277791-00 · info@utzverlag.de
Gesamtverzeichnis mit mehr als 3000 lieferbaren Titeln:
www.utzverlag.de